तबला ग्रन्थ

तबला
ग्रन्थ

पंडित छोटेलाल मिश्र

कनिष्क पब्लिशर्स, डिस्ट्रीब्यूटर्स
नई दिल्ली-110 002

कनिष्क पब्लिशर्स, डिस्ट्रीब्यूटर्स
4697/5–21 ए, अंसारी रोड, दरियागंज
नई दिल्ली–110 002
फोन: 2327 0497, 2328 8285
फैक्स: 011–2328 8285
E-mail : kanishka_publishing@yahoo.co.in
kanishkabooks@gmail.com

तबला ग्रन्थ

प्रथम संस्करण: 2006
संस्करण: 2024

ISBN: 978-81-7391-844-9

भारत में मुद्रित

कनिष्क पब्लिशर्स, डिस्ट्रीब्यूटर्स, 4697/5–21 ए, अंसारी रोड, दरियागंज, नई दिल्ली–110 002 से मदन सचदेवा द्वारा प्रकाशित; क्वालिटी प्रिंटर्स, दिल्ली द्वारा शब्द–संयोजन तथा नाइस प्रिंटिंग प्रेस, दिल्ली द्वारा मुद्रित।

बाबा विश्वनाथ जी की पावन नगरी 'काशी' के राष्ट्रीय गौरव
प्रातः स्मरणीय संगीत विद्वान-ना धिं धिं ना के जादूगर

मेरे परम पूज्य गुरुदेव
पंडित अनोखेलाल मिश्र जी

के चरणों में सादर समर्पित

आमुख

वर्तमान समय में क्रियात्मक पक्ष पर अच्छी पुस्तकों का अभाव हमेशा महसूस किया जाता रहा है। तबला के विद्यार्थियों को अन्य घरानों के साथ ही बनारस घराने की कुछ विशिष्ट एवं प्राचीन बंदिशों को भी जानना आवश्यक है। अतः इस दिशा में तबला ग्रन्थ का प्रकाशन एक नव्य प्रयास है। जिससे आज के वातावरण में जो प्रतिभावान विद्यार्थी भटके हुए हैं, उन्हें सही मार्गदर्शन प्राप्त हो। अतः आज के विद्वान एवं शिक्षक का कर्त्तव्य बनता है कि लुप्त हो रही प्राचीन एवं दुर्लभ बंदिशों को आम विद्यार्थियों के लिए सुलभ बनाए।

तबला विषय पर अनेक पुस्तकें उपलब्ध हैं जिनके लेखकों ने अपने-अपने क्षेत्र को देखते हुए लिखा है। इन पुस्तकों के द्वारा विद्यार्थियों को लाभ तो अवश्य हुआ है परन्तु बनारस के पक्ष का विवरण बहुत अल्प मात्रा में मिलता है। प्रस्तुत पुस्तक में बनारस घराने की प्राचीन एवं दुर्लभ बंदिशें तथा अन्य घरानों की प्राचीन एवं दुर्लभ बंदिशों को रखने का अभिनव प्रयास किया गया है, साथ ही सात मात्रे से लेकर उन्नीस मात्रे तक के तालों की रचनाएं स्वतंत्र लिखी गई हैं। अतएव यह पुस्तक विशेष महत्वपूर्ण स्थान रखती है।

बनारस हिन्दू विश्वविद्यालय, वाराणसी के संगीत एवं मंच कला संकाय में निर्धारित उच्च शिक्षा हेतु पाठ्यक्रम में क्रियात्मक पक्ष की सामग्री को पढ़ाने के लिए कोई भी पुस्तक उपलब्ध नहीं है और जो उपलब्ध भी है उससे पाठ्यक्रम पूरा नहीं होता। अतः इस पुस्तक का उद्देश्य है कि संकाय के विद्यार्थियों के साथ-साथ देश के समस्त तबला विद्यार्थी एवं शोध बहुविध विशेष रूप से लाभ एवं मार्गदर्शन प्राप्त कर सकेंगे। अतः इस दिशा में 'तबला ग्रन्थ' का प्रकाशन पठनीय तो है ही संग्रहणीय भी है।

परमयोग्य गुरु के शिष्य व एक तबलावादक होने के नाते मेरा कर्त्तव्य बनता है कि जो विधिवत शिक्षा मुझे अपने पूज्य गुरुदेव महर्षिकल्प पंडित अनोखेलाल मिश्र जी द्वारा प्राप्त हुई है, उसे अधिक से अधिक विद्यार्थियों तक पहुँचा सकूं। अतः मैंने अपनी इस पुस्तक में यथा सम्भव पाठ्यक्रम तथा पूज्य गुरुदेव से प्राप्त विशिष्ट दुर्लभ बंदिशों का उल्लेख किया है ताकि कालान्तर में यह भी लुप्त न हो जाएँ।

बनारस घराने के बाज के वर्णों की निकास विधि मेरे द्वारा लिखित 'ताल प्रसून' में उल्लिखित है; साथ ही तबला शास्त्र में व्याप्त पारम्परिक भ्रान्तियों को प्रमाणों के आधार पर यथा संभव दूर करने का एवं क्रियात्मक पक्ष का कुछ विशेष स्पष्टीकरण मेरी पुस्तक 'ताल प्रबन्ध' द्वारा सफल प्रयास किया गया है। इसलिए इस ग्रन्थ के पूर्व 'ताल प्रसून' एवं 'ताल प्रबन्ध' का अध्ययन आवश्यक है। इन दोनों ग्रन्थों को कनिष्क प्रकाशन, नई दिल्ली द्वारा प्रकाशित किया गया है।

एक संदेश विद्यार्थियों के हितार्थ देना आवश्यक समझता हूँ, वह यह कि केवल पुस्तक के माध्यम से कोई भी विद्यार्थी सफल कलाकार नहीं बन सकता। चूंकि संगीत गुरुमुखी विद्या है। अतः गुरु का मार्गदर्शन नितांत आवश्यक है; इसलिए संगीत एवं संगीत के आचार्यों के प्रति आदर तथा सच्ची भक्ति की भावना व गुरु द्वारा दिए गए निर्देशों का पालन करने की पूर्ण चेष्टा करने पर ही कोई विद्यार्थी संगीत की ऊंचाई तक पहुंच सकता है।

अनेक दुर्लभ रचनाओं का उल्लेख एवं कलाकारों का परिचय अगले ग्रन्थ में प्रस्तुत करने का मेरा प्रयास होगा।

छोटेलाल मिश्र

छोटेलाल मिश्र

पता : बी. 27/64
दुर्गा कुण्ड, वाराणसी-221005
दूरभाष-0542-2313952

अनुक्रमणिका

1

तीनताल में पारम्परिक प्राचीन बंदिशें

बनारस घराने का कायदा

घेड़नग	तेटेतेटे	घेड़नग	दिनतक	तकदिन	तकतेटे	घेड़नग	तिनतक
×				2			
केड़नक	तेटेतेटे	केड़नक	तिनतक	तकदिन	तकतेटे	घेड़नग	दिनतक
0				3			

प्रस्तार

घेड़नग	तेटेतेटे	घेड़नग	दिनतक	घेड़नग	तेटेतेटे	घेड़नग	दिनतक
×				2			
घेड़नग	तेटेतेटे	घेड़नग	दिनतक	तकदिन	तकतेटे	घेड़नग	तिनतक
0				3			
केड़नक	तेटेतेट	केड़नक	तिनतक	केड़नक	तेटेतेटे	केड़नक	तिनतक
×				2			
घेड़नग	तेटेतेटे	घेड़नग	दिनतक	तकदिन	तकतेटे	घेड़नग	दिनतक
0				3			

प्रस्तार

घेड़नग	तेटेतेटे	घेड़नग	तेटेतेटे	घेड़नग	तेटेतेटे	घेड़नग	दिनतक
×				2			
घेड़नग	तेटेतेटे	घेड़नग	दिनतक	तकदिन	तकतेटे	घेड़नग	तिनतक
0				3			
केड़नक	तेटेतेटे	केड़नक	तेटेतेटे	केड़नक	तेटेतेटे	केड़नक	तिनतक
×				2			
घेड़नग	तेटेतेट	घेड़नग	दिनतक	तकदिन	तकतेटे	घेड़नग	दिनतक
0				3			

प्रस्तार

घेड़नग	तेटेघेड़	नगतेटे	घेड़नग	दिनतक	तेटेतेटे	घेड़नग	दिनतक
×				2			
घेड़नग	तेटेतेटे	घेड़नग	दिनतक	तकदिन	तकतेटे	घेड़नग	तिनतक
0				3			
केड़नक	तेटेकेड़	नकतेटे	केड़नक	तिनतक	तेटेतेटे	केड़नक	तिनतक
×				2			
घेड़नग	तेटेतेटे	घेड़नग	दिनतक	तकदिन	तकतेटे	घेड़नग	दिनतक
0				3			

प्रस्तार

घेड़नग	घेड़नग	तेटेतेटे	घेड़नग	दिनतक	तेटेतेटे	घेड़नग	दिनतक
×				2			
घेड़नग	तेटेतेटे	घेड़नग	दिनतक	तकदिन	तकतेटे	घेड़नग	तिनतक
0				3			
केड़नक	केड़नक	तेटेतेटे	केड़नक	तिनतक	तेटेतेटे	केड़नक	तिनतक
×				2			
घेड़नग	तेटेतेटे	घेड़नग	दिनतक	तकदिन	तकतेटे	घेड़नग	दिनतक
0				3			

प्रस्तार

तकदिन	तकतेटे	घेड़नग	तिनतक	तकतिन	तकतेटे	घेड़नग	दिनतक
×				2			
तकदिन	तकतेटे	घेड़नग	तिनतक	तकतिन	तकतेटे	घेड़नग	दिनतक
0				3			
तकदिन	तकतेटे	घेड़नग	तिनतक	तकतिन	तकतेटे	घेड़नग	दिनतक
×				2			
तकदिन	तकतेटे	घेड़नग	तिनतक	तकतिन	तकतेटे	घेड़नग	दिनतक
0				3			

प्रस्तार

तकदिन	तकतेटे	घेड़नग	तकदिन	तकदिन	तकतेटे	घेड़नग	तिनतक
×				2			
तकतिन	तकतेटे	केड़नक	तकदिन	तकदिन	तकतेटे	घेड़नग	दिनतक
0				3			
तकदिन	तकतेटे	घेड़नग	तकदिन	तकदिन	तकतेटे	घेड़नग	तिनतक
×				2			
तकतिन	तकतेटे	केड़नक	तकदिन	तकदिन	तकतेटे	घेड़नग	दिनतक
0				3			

प्रस्तार

तकदिन	तकतेटे	घेड़नग	तकदिन	तकदिन	तकतेटे	घेड़नग	तकदिन
×				2			
तकदिन	तकतेटे	घेड़नग	तकदिन	तकदिन	तकतेटे	घेड़नग	तिनतक
0				3			
तकतिन	तकतेटे	केड़नक	तकतिन	तकतिन	तकतेटे	केड़नक	तकतिन
×				2			
तकदिन	तकतेटे	घेड़नग	तकदिन	तकदिन	तकतेटे	घेड़नग	दिनतक
0				3			

प्रस्तार

तकदिन	तकतक	दिनतक	तकदिन	तकदिन	तकतेटे	घेड़नग	तिनतक
×				2			
तकतिन	तकतक	तिनतक	तकतिन	तकदिन	तकतेटे	घेड़नग	दिनतक
0				3			
तकदिन	तकतक	दिनतक	तकदिन	तकदिन	तकतेटे	घेड़नग	तिनतक
×				2			
तकतिन	तकतक	तिनतक	तकतिन	तकदिन	तकतेटे	घेड़नग	दिनतक
0				3			

प्रस्तार

तकदिन	तकतक	दिनतक	तकदिन	तकदिन	तकतक	दिनतक	तकदिन
×				2			
तकदिन	तकतक	दिनतक	तकदिन	तकदिन	तकतेटे	घेड़नग	तिनतक
0				3			
तकतिन	तकतक	तिनतक	तकतिन	तकतिन	तकतक	तिनतक	तकतिन
×				2			
तकदिन	तकतक	दिनतक	तकदिन	तकदिन	तकतेटे	घेड़नग	दिनतक
0				3			

तिहाई

तकदिन	तकतक	दिनतक	तकदिन	तकदिन	तकतेटे	घेड़नग	दिनतक	
×				2				
धा	ऽ	ऽ	ऽ	तकदिन	तकतक	दिनतक	तकदिन	
0				3				
तकदिन	तकतेटे	घेड़नग	दिनतक	धा	ऽ	ऽ	ऽ	
×				2				
तकदिन	तकतक	दिनतक	तकदिन	तकदिन	तकतेटे	घेड़नग	दिनतक	धा
0				3				×

कायदा–2

दिं दिं	तेटेतेटे	घेड़नग	दिनतक	त्रकधेत्	धेटेधेटे	घेड़नग	दिनतक
×				2			
त्रकधेत्	ऽत्रक	धेत्ऽ	त्रकधेत्	धिरधिर	धिरधिर	घेड़नग	तिनतक
0				3			
तिं तिं	तेटेतेटे	केड़नक	तिनतक	त्रकतेत्	तेटेतेटे	केड़नक	तिनतक
×				2			
त्रकधेत्	ऽत्रक	धेत्ऽ	त्रकधेत्	धिरधिर	धिरधिर	घेड़नग	दिनतक
0				3			

प्रस्तार

दिं दिं	तेटेतेटे	घेड़नग	दिनतक	त्रकधेत्	धेटेधेटे	घेड़नग	दिनतक
×				2			
दिं दिं	तेटेतेटे	घेड़नग	दिनतक	त्रकधेत्	धेटेधेटे	घेड़नग	दिनतक
0				3			
दिं दिं	तेटेतेटे	घेड़नग	दिनतक	त्रकधेत्	धेटेधेटे	घेड़नग	दिनतक
×				2			
त्रकधेत्	ऽत्रक	धेत्ऽ	त्रकधेत्	धिरधिर	धिरधिर	घेड़नग	तिनतक
0				3			
तिं तिं	तेटेतेटे	केड़नक	तिनतक	त्रकतेत्	तेटेतेटे	केड़नक	तिनतक
×				2			
तिं तिं	तेटेतेटे	केड़नक	तिनतक	त्रकतेत्	तेटेतेटे	केड़नक	तिनतक
0				3			
दिं दिं	तेटेतेटे	घेड़नग	दिनतक	त्रकधेत्	धेटेधेटे	घेड़नग	दिनतक
×				2			
त्रकधेत्	ऽत्रक	धेत्ऽ	त्रकधेत्	धिरधिर	धिरधिर	घेड़नग	दिनतक
0				3			

प्रस्तार

दिं दिं	तेटेतेटे	घेड़नग	दिनतक	त्रकधेत्	धेटेधेटे	घेड़नग	दिनतक
×				2			
त्रकधेत्	धेटेधेटे	घेड़नग	दिनतक	त्रकधेत्	धेटेधेटे	घेड़नग	दिनतक
0				3			
दिं दिं	तेटेतेटे	घेड़नग	दिनतक	त्रकधेत्	धेटेधेटे	घेड़नग	दिनतक
×				2			
त्रकधेत्	ऽत्रक	धेत्ऽ	त्रकधेत्	धिरधिर	धिरधिर	घेड़नग	तिनतक
0				3			
तिं तिं	तेटेतेटे	केड़नक	तिनतक	त्रकतेत्	तेटेतेटे	केड़नक	तिनतक
×				2			

त्रकतेत्	तेटेतेटे	केड़नक	तिनतक	त्रकतेत्	तेटेतेटे	केड़नक	तिनतक
0				3			
दिं दिं	तेटेतेटे	घेड़नग	दिनतक	त्रकधेत्	धेटेधेटे	घेड़नग	दिनतक
×				2			
त्रकधेत्	ऽत्रक	धेत्ऽ	त्रकधेत्	धिरधिर	धिरधिर	घेड़नग	दिनतक
0				3			

प्रस्तार

दिं दिं	तेटेतेटे	घेड़नग	दिनतक	दिं दिं	तेटेतेटे	घेड़नग	दिनतक
×				2			
दिं दिं	तेटेतेटे	घेड़नग	दिनतक	त्रकधेत्	धेटेधेटे	घेड़नग	दिनतक
0				3			
दिं दिं	तेटेतेटे	घेड़नग	दिनतक	त्रकधेत्	धेटेधेटे	घेड़नग	दिनतक
×				2			
त्रकधेत्	ऽत्रक	धेत्ऽ	त्रकधेत्	धिरधिर	धिरधिर	घेड़नग	तिनतक
0				3			
तिं तिं	तेटेतेटे	केड़नक	तिनतक	तिं तिं	तेटेतेटे	केड़नक	तिनतक
×				2			
तिं तिं	तेटेतेटे	केड़नक	तिनतक	त्रकतेत्	तेटेतेटे	केड़नक	तिनतक
0				3			
दिंदिं	तेटेतेटे	घेड़नग	दिनतक	त्रकधेत्	धेटेधेटे	घेड़नग	दिनतक
×				2			
त्रकधेत्	ऽत्रक	धेत्ऽ	त्रकधेत्	धिरधिर	धिरधिर	घेड़नग	दिनतक
0				3			

प्रस्तार

त्रकधेत्	ऽत्रक	धेत्ऽ	त्रकधेत्	धिरधिर	धिरधिर	घेड़नग	तिनतक
×				2			
त्रकतेत्	ऽत्रक	तेत्ऽ	त्रकधेत्	धिरधिर	धिरधिर	घेड़नग	दिनतक
0				3			
त्रकधेत्	ऽत्रक	धेत्ऽ	त्रकधेत्	धिरधिर	धिरधिर	घेड़नग	तिनतक
×				2			
त्रकतेत्	ऽत्रक	तेत्ऽ	त्रकधेत्	धिरधिर	धिरधिर	घेड़नग	दिनतक
0				3			

प्रस्तार

त्रकधेत्	ऽत्रक	धेत्ऽ	धिरधिर	धिरधिर	धिरधिर	घेड़नग	तिनतक
×				2			
त्रकतेत्	ऽत्रक	तेत्ऽ	धिरधिर	धिरधिर	धिरधिर	घेड़नग	दिनतक
0				3			

त्रकधेत्	ऽत्रक	धेत्ऽ	धिरधिर	धिरधिर	धिरधिर	घेड़नग	तिनतक
×				2			
त्रकतेत्	ऽत्रक	तेत्ऽ	धिरधिर	धिरधिर	धिरधिर	घेड़नग	दिनतक
0				3			

प्रस्तार

त्रकधेत्	ऽधिर	धिरधिर	घेड़नग	धिरधिर	धिरधिर	घेड़नग	तिनतक
×				2			
त्रकतेत्	ऽतिर	तिरतिर	केड़नक	धिरधिर	धिरधिर	घेड़नग	दिनतक
0				3			
त्रकधेत्	ऽधिर	धिरधिर	घेड़नग	धिरधिर	धिरधिर	घेड़नग	तिनतक
×				2			
त्रकतेत्	ऽतिर	तिरतिर	केड़नक	धिरधिर	धिरधिर	घेड़नग	दिनतक
0				3			

तिहाई

त्रकधेत्	ऽधिर	धिरधिर	घेड़नग	धिरधिर	धिरधिर	घेड़नग	दिनतक
×				2			
धा	धा	धा	त्रकधेत्	ऽधिर	धिरधिर	घेड़नग	धिरधिर
0				3			
धिरधिर	घेड़नग	दिनतक	धा	धा	धा	त्रकधेत्	ऽधिर
×				2			
धिरधिर	घेड़नग	धिरधिर	धिरधिर	घेड़नग	दिनतक	धा	धा
0				3			
धा							
×							

कायदा–3

धगि	नधा	तिरकिट	धगि	नधा	तिरकिट	धाधा	तिरकिट
×				2			
धगि	नधा	तिरकिट	तूना	किटतक	तिरकिट	तकताऽ	तिरकिट
0				3			
तकि	नता	तिरकिट	तकि	नता	तिरकिट	ताता	तिरकिट
×				2			
धगि	नधा	तिरकिट	धिंना	किटतक	तिरकिट	तकधाऽ	तिरकिट
0				3			

प्रस्तार

धगि	नधा	तिरकिट	धगि	नधा	तिरकिट	धाधा	तिरकिट
×				2			
धगि	नधा	तिरकिट	धगि	नधा	तिरकिट	धाधा	तिरकिट
0				3			
धगि	नधा	तिरकिट	धगि	नधा	तिरकिट	धाधा	तिरकिट
×				2			
धगि	नधा	तिरकिट	तूना	किटतक	तिरकिट	तकताऽ	तिरकिट
0				3			
तकि	नता	तिरकिट	तकि	नता	तिरकिट	ताता	तिरकिट
×				2			
तकि	नता	तिरकिट	तकि	नता	तिरकिट	ताता	तिरकिट
0				3			
धगि	नधा	तिरकिट	धगि	नधा	तिरकिट	धाधा	तिरकिट
×				2			
धगि	नधा	तिरकिट	धिंना	किटतक	तिरकिट	तकधाऽ	तिरकिट
0				3			

प्रस्तार

धाधा	तिरकिट	धगि	नधा	तिरकिट	धगि	नधा	तिरकिट
×				2			
धगि	नधा	तिरकिट	तूना	किटतक	तिरकिट	तकताऽ	तिरकिट
0				3			
ताता	तिरकिट	तकि	नता	तिरकिट	तकि	नता	तिरकिट
×				2			
धगि	नधा	तिरकिट	धिंना	किटतक	तिरकिट	तकधाऽ	तिरकिट
0				3			

प्रस्तार

धाधा	तिरकिट	धगि	नधा	तिरकिट	धगि	नधा	तिरकिट
×				2			
धाधा	तिरकिट	धगि	नधा	तिरकिट	धगि	नधा	तिरकिट
0				3			
धाधा	तिरकिट	धगि	नधा	तिरकिट	धगि	नधा	तिरकिट
×				2			
धगि	नधा	तिरकिट	तूना	किटतक	तिरकिट	तकताऽ	तिरकिट
0				3			
ताता	तिरकिट	तकि	नता	तिरकिट	तकि	नता	तिरकिट
×				2			

ताता	तिरकिट	तकि	नता	तिरकिट	तकि	नता	तिरकिट
0				3			
धाधा	तिरकिट	धगि	नधा	तिरकिट	धगि	नधा	तिरकिट
×				2			
धगि	नधा	तिरकिट	धिंना	किटतक	तिरकिट	तकधाऽ	तिरकिट
0				3			

प्रस्तार

धगि	नधा	तिरकिट	धाधा	तिरकिट	धगि	नधा	तिरकिट
×				2			
धगि	नधा	तिरकिट	तूना	किटतक	तिरकिट	तकताऽ	तिरकिट
0				3			
तकि	नता	तिरकिट	ताता	तिरकिट	तकि	नता	तिरकिट
×				2			
धगि	नधा	तिरकिट	धिंना	किटतक	तिरकिट	तकधाऽ	तिरकिट
0				3			

प्रस्तार

धगि	नधा	तिरकिट	धाधा	तिरकिट	धगि	नधा	तिरकिट
×				2			
धगि	नधा	तिरकिट	धाधा	तिरकिट	धगि	नधा	तिरकिट
0				3			
धगि	नधा	तिरकिट	धाधा	तिरकिट	धगि	नधा	तिरकिट
×				2			
धगि	नधा	तिरकिट	तूना	किटतक	तिरकिट	तकताऽ	तिरकिट
0				3			
तकि	नता	तिरकिट	ताता	तिरकिट	तकि	नता	तिरकिट
×				2			
तकि	नता	तिरकिट	ताता	तिरकिट	तकि	नता	तिरकिट
0				3			
धगि	नधा	तिरकिट	धाधा	तिरकिट	धगि	नधा	तिरकिट
×				2			
धगि	नधा	तिरकिट	धिंना	किटतक	तिरकिट	तकधाऽ	तिरकिट
0				3			

प्रस्तार

धगि	नधा	तिरकिट	धाधा	धगि	नधा	तिरकिट	धाधा
×				2			
धगि	नधा	तिरकिट	तूना	किटतक	तिरकिट	तकताऽ	तिरकिट
0				3			
तकि	नता	तिरकिट	ताता	तकि	नता	तिरकिट	ताता
×				2			
धगि	नधा	तिरकिट	धिंना	किटतक	तिरकिट	तकधाऽ	तिरकिट
0				3			

प्रस्तार

धगि	नधा	तिरकिट	धाधा	तिरकिट	धाधा	तिरकिट	धाधा
×				2			
धगि	नधा	तिरकिट	तूना	किटतक	तिरकिट	तकताऽ	तिरकिट
0				3			
तकि	नता	तिरकिट	ताता	तिरकिट	ताता	तिरकिट	ताता
×				2			
धगि	नधा	तिरकिट	धिंना	किटतक	तिरकिट	तकधाऽ	तिरकिट
0				3			

प्रस्तार

धगि	नधा	तिरकिट	धाऽतिर	किटधाऽ	तिरकिट	धाधा	तिरकिट
×				2			
धगि	नधा	तिरकिट	तूना	किटतक	तिरकिट	तकताऽ	तिरकिट
0				3			
तकि	नता	तिरकिट	ताऽतिर	किटताऽ	तिरकिट	ताता	तिरकिट
×				2			
धगि	नधा	तिरकिट	धिंना	किटतक	तिरकिट	तकधाऽ	तिरकिट
0				3			

प्रस्तार

धगि	नधा	तिरकिट	तूना	किटतक	तिरकिट	तकताऽ	तिरकिट
×				2			
तकि	नता	तिरकिट	धिंना	किटतक	तिरकिट	तकधाऽ	तिरकिट
0				3			
धगि	नधा	तिरकिट	तूना	किटतक	तिरकिट	तकताऽ	तिरकिट
×				2			
तकि	नता	तिरकिट	धिंना	किटतक	तिरकिट	तकधाऽ	तिरकिट
0				3			

प्रस्तार

किटतक	तिरकिट	तकताऽ	तिरकिट	किटतक	तिरकिट	तकधाऽ	तिरकिट
×				2			
किटतक	तिरकिट	तकताऽ	तिरकिट	किटतक	तिरकिट	तकधाऽ	तिरकिट
0				3			
किटतक	तिरकिट	तकताऽ	तिरकिट	किटतक	तिरकिट	तकधाऽ	तिरकिट
×				2			
किटतक	तिरकिट	तकताऽ	तिरकिट	किटतक	तिरकिट	तकधाऽ	तिरकिट
0				3			

प्रस्तार

किटतक	तिरकिट	तकतिर	किटतक	किटतक	तिरकिट	तकताऽ	तिरकिट
×				2			
किटतक	तिरकिट	तकतिर	किटतक	किटतक	तिरकिट	तकधाऽ	तिरकिट
0				3			
किटतक	तिरकिट	तकतिर	किटतक	किटतक	तिरकिट	तकताऽ	तिरकिट
×				2			
किटतक	तिरकिट	तकतिर	किटतक	किटतक	तिरकिट	तकधाऽ	तिरकिट
0				3			

तिहाई

किटतक	तिरकिट	तकधाऽ	तिरकिट	धाऽ	ऽधा	तिरकिट	धाऽ	
×				2				
ऽधा	तिरकिट	धा	किटतक	तिरकिट	तकधाऽ	तिरकिट	धाऽ	
0				3				
ऽधा	तिरकिट	धाऽ	ऽधा	तिरकिट	धा	किटतक	तिरकिट	
×				2				
तकधाऽ	तिरकिट	धाऽ	ऽधा	तिरकिट	धाऽ	ऽधा	तिरकिट	धा
0				3				×
धा								
×								

उपर्युक्त कायदा आड़लय में

कायदा–4

धगिन	धाऽतिरकिट	धाऽधाऽतिर	किटधाऽगेऽ	तिरकिटतूऽ	नाऽकिटतक	तिरकिटतक	ताऽतिरकिट
×				2			
तकिन	ताऽतिरकिट	ताऽताऽतिर	किटताऽकेऽ	तिरकिटधिंऽ	नाऽकिटतक	तिरकिटतक	धाऽतिरकिट
0				3			

प्रस्तार

धगिन	धाऽतिरकिट	धाऽधाऽतिर	किटधाऽगेऽ	धगिन	धाऽतिरकिट	धाऽधाऽतिर	किटधाऽगेऽ
×				2			
धगिन	धाऽतिरकिट	धाऽधाऽतिर	किटधाऽगेऽ	तिरकिटतूऽ	नाऽकिटतक	तिरकिटतक	ताऽतिरकिट
0				3			
तकिन	ताऽतिरकिट	ताऽताऽतिर	किटताऽकेऽ	तकिन	ताऽतिरकिट	ताऽताऽतिर	कटताऽकेऽ
×				2			
धगिन	धाऽतिरकिट	धाऽधाऽतिर	किटधाऽगेऽ	तिरकिटधिंऽ	नाऽकिटतक	तिरकिटतक	धाऽतिरकिट
0				3			

प्रस्तार

धगिन	धाऽतिरकिट	धगिन	धाऽतिरकिट	धगिन	धाऽतिरकिट	धाऽधाऽतिर	किटधाऽगेऽ
×				2			
धगिन	धाऽतिरकिट	धाऽधाऽतिर	किटधाऽगेऽ	तिरकिटतूऽ	नाऽकिटतक	तिरकिटतक	ताऽतिरकिट
0				3			
तकिन	ताऽतिरकिट	तकिन	ताऽतिरकिट	तकिन	ताऽतिरकिट	ताऽताऽतिर	कटताऽकेऽ
×				2			
धगिन	धाऽतिरकिट	धाऽधाऽतिर	किटधाऽगेऽ	तिरकिटधिंऽ	नाऽकिटतक	तिरकिटतक	धाऽतिरकिट
0				3			

प्रस्तार

धगिन	धगिन	धगिन	धाऽतिरकिट	धगिन	धाऽतिरकिट	धाऽधाऽतिर	किटधाऽगेऽ
×				2			
धगिन	धाऽतिरकिट	धाऽधाऽतिर	किटधाऽगेऽ	तिरकिटतूऽ	नाऽकिटतक	तिरकिटतक	ताऽतिरकिट
0				3			
तकिन	तकिन	तकिन	ताऽतिरकिट	तकिन	ताऽतिरकिट	ताऽताऽतिर	किटताऽकेऽ
×				2			
धगिन	धाऽतिरकिट	धाऽधाऽतिर	किटधाऽगेऽ	तिरकिटधिंऽ	नाऽकिटतक	तिरकिटतक	धाऽतिरकिट
0				3			

प्रस्तार

धगिन	धाऽतिरकिट	धाऽतिरकिट	धाऽतिरकिट	धगिन	धाऽतिरकिट	धाऽधाऽतिर	किटधाऽगेऽ
×				2			
धगिन	धाऽतिरकिट	धाऽधाऽतिर	किटधागे	तिरकिटतूऽ	नाऽकिटतक	तिरकिटतक	ताऽतिरकिट
0				3			
तकिन	ताऽतिरकिट	ताऽतिरकिट	ताऽतिरकिट	तकिन	ताऽतिरकिट	ताऽताऽतिर	किटताऽकेऽ
×				2			
धगिन	धाऽतिरकिट	धाऽधाऽतिर	किटधाऽगेऽ	तिरकिटधिंऽ	नाऽकिटतक	तिरकिटतक	धाऽतिरकिट
0				3			

प्रस्तार

धगिन	धाऽतिरकिट	धाऽधाऽतिर	किटधाऽगेऽ	धाऽधाऽतिर	किटधाऽधाऽ	तिरकिटधाऽ	धाऽतिरकिट
×				2			
धगिन	धाऽतिरकिट	धाऽधाऽतिर	किटधाऽगेऽ	तिरकिटतूऽ	नाऽकिटतक	तिरकिटतक	ताऽतिरकिट
0				3			
तकिन	ताऽतिरकिट	ताऽताऽतिर	किटताऽकेऽ	ताऽताऽतिर	किटताऽताऽ	तिरकिटताऽ	ता-तिरकिट
×				2			
धगिन	धाऽतिरकिट	धाऽधाऽतिर	किटधाऽगेऽ	तिरकिटधिंऽ	नाऽकिटतक	तिरकिटतक	धाऽतिरकिट
0				3			

प्रस्तार

धगिन	धाऽतिरकिट	धाऽऽ	धाऽतिरकिट	तिरकिटतूऽ	नाऽकिटतक	तिरकिटतक	ताऽतिरकिट
×				2			
तकिन	ताऽतिरकिट	ताऽऽ	ताऽतिरकिट	तिरकिटधिंऽ	नाऽकिटतक	तिरकिटतक	धाऽतिरकिट
0				3			
धगिन	धाऽतिरकिट	धाऽऽ	धाऽतिरकिट	तिरकिटतूऽ	नाऽकिटतक	तिरकिटतक	ताऽतिरकिट
×				2			
तकिन	ताऽतिरकिट	ताऽऽ	ताऽतिरकिट	तिरकिटधिंऽ	नाऽकिटतक	तिरकिटतक	धाऽतिरकिट
0				3			

प्रस्तार

धगिन	धाऽतिरकिट	धाऽऽ	धाऽतिरकिट	धगिन	धाऽतिरकिट	धाऽऽ	धाऽतिरकिट
×				2			
धगिन	धाऽतिरकिट	धाऽऽ	धाऽतिरकिट	तिरकिटतूऽ	नाऽकिटतक	तिरकिटतक	ताऽतिरकिट
0				3			
तकिन	ताऽतिरकिट	ताऽऽ	ताऽतिरकिट	तकिन	ताऽतिरकिट	ताऽऽ	ताऽतिरकिट
×				2			
धगिन	धाऽतिरकिट	धाऽऽ	धाऽतिरकिट	तिरकिटधिंऽ	नाऽकिटतक	तिरकिटतक	धाऽतिरकिट
0				3			

प्रस्तार

धगिन	धाऽतिरकिट	धाऽऽ	धाऽतिरकिट	धाऽऽ	धाऽतिरकिट	धाऽऽ	धाऽतिरकिट
×				2			
धगिन	धाऽतिरकिट	धाऽऽ	धाऽतिरकिट	तिरकिटतूऽ	नाऽकिटतक	तिरकिटतक	ताऽतिरकिट
0				3			
तकिन	ताऽतिरकिट	ताऽऽ	ताऽतिरकिट	ताऽऽ	ताऽतिरकिट	ताऽऽ	ताऽतिरकिट
×				2			
धगिन	धाऽतिरकिट	धाऽऽ	धाऽतिरकिट	तिरकिटधिंऽ	नाऽकिटतक	तिरकिटतक	धाऽतिरकिट
0				3			

प्रस्तार

धगिन	धाऽतिरकिट	धाऽऽ	धाऽतिरकिट	धाऽतिरकिट	धाऽतिरकिट	धाऽऽ	धाऽतिरकिट
×				2			
धगिन	धाऽतिरकिट	धाऽऽ	धाऽतिरकिट	तिरकिटतूऽ	नाऽकिटतक	तिरकिटतक	ताऽतिरकिट
0				3			
तकिन	ताऽतिरकिट	ताऽऽ	ताऽतिरकिट	ताऽतिरकिट	ताऽतिरकिट	ताऽऽ	ताऽतिरकिट
×				2			
धगिन	धाऽतिरकिट	धाऽऽ	धाऽतिरकिट	तिरकिटधिंऽ	नाऽकिटतक	तिरकिटतक	धाऽतिरकिट
0				3			

तिहाई

तिरकिटधिंऽ	नाऽकिटतक	तिरकिटतक	धाऽतिरकिट	धाऽऽ	तिरकिटतक	धाऽतिरकिट	धाऽऽ
×				2			
तिरकिटतक	धाऽतिरकिट	धाऽऽ	तिरकिटधिंऽ	नाऽकिटतक	तिरकिटतक	धाऽतिरकिट	धाऽऽ
0				3			
तिरकिटतक	धाऽतिरकिट	धाऽऽ	तिरकिटतक	धाऽतिरकिट	धाऽऽ	तिरकिटधिंऽ	नाऽकिटतक
×				2			
तिरकिटतक	धाऽतिरकिट	धाऽऽ	तिरकिटतक	धाऽतिरकिट	धाऽऽ	तिरकिटतक	धाऽतिरकिट
0				3			
धा							
×							

कायदा–5

धगि	नधा	तिरकिट	धिन	धागे	नागे	धीना	गीना	धागे	तिरकिट	धीना	गीना	धागे	नागे	तीना	कीना
×				2				0				3			
तकि	नता	तिरकिट	तिन	ताके	नाके	तीना	कीना	धागे	तिरकिट	धीना	गीना	धागे	नागे	धीना	गीना
×				2				0				3			

प्रस्तार

धगि	नधा	तिरकिट	धिन	धागे	नागे	धीना	गीना	धगि	नधा	तिरकिट	धिन	धागे	नागे	धीना	गीना
×				2				0				3			
धगि	नधा	तिरकिट	धिन	धागे	नागे	धीना	गीना	धागे	तिरकिट	धीना	गीना	धागे	नागे	तीना	कीना
×				2				0				3			
तकि	नता	तिरकिट	तिन	ताके	नाके	तीना	कीना	तकि	नता	तिरकिट	तिन	ताके	नाके	तीना	कीना
×				2				0				3			
धगि	नधा	तिरकिट	धिन	धागे	नागे	धीना	गीना	धागे	तिरकिट	धीना	गीना	धागे	नागे	धीना	गीना
×				2				0				3			

प्रस्तार

धगि नधा तिरकिट धिन	धागे नागे धीना गीना	धागे नागे धीना गीना	धागे नागे धीना गीना
×	2	0	3
धगि नधा तिरकिट धिन	धागे नागे धीना गीना	धागे तिरकिट धीना गीना	धागे नागे तीना कीना
×	2	0	3
तकि नता तिरकिट तिन	ताके नाके तीना कीना	ताके नाके तीना कीना	ताके नाके तीना कीना
×	2	0	3
धगि नधा तिरकिट धिन	धागे नागे धीना गीना	धागे तिरकिट धीना गीना	धागे नागे धीना गीना
×	2	0	3

प्रस्तार

धगि नधा तिरकिट धिन	धगि नधा तिरकिट धिन	धगि नधा तिरकिट धिन	धागे नागे धीना गीना
×	2	0	3
धगि नधा तिरकिट धिन	धागे नागे धीना गीना	धागे तिरकिट धीना गीना	धागे नागे तीना कीना
×	2	0	3
तकि नता तिरकिट तिन	तकि नता तिरकिट तिन	तकि नता तिरकिट तिन	ताके नाके तीना कीना
×	2	0	3
धगि नधा तिरकिट धिन	धागे नागे धीना गीना	धागे तिरकिट धीना गीना	धागे नागे धीना गीना
×	2	0	3

प्रस्तार

धगि नधा तिरकिट धिन	धिन धगि नधा तिरकिट	धगि नधा तिरकिट धिन	धागे नागे धीना गीना
×	2	0	3
धगि नधा तिरकिट धिन	धागे नागे धीना गीना	धागे तिरकिट धीना गीना	धागे नागे तीना कीना
×	2	0	3
तकि नता तिरकिट तिन	तिन तकि नता तिरकिट	तकि नता तिरकिट तिन	ताके नाके तीना कीना
×	2	0	3
धगि नधा तिरकिट धिन	धागे नागे धीना गीना	धागे तिरकिट धीना गीना	धागे नागे धीना गीना
×	2	0	3

प्रस्तार

धगि नधा तिरकिट धिन	धिन धगि नधा तिरकिट	धगि नधा तिरकिट धिन	धिन धगि नधा तिरकिट
×	2	0	3
धगि नधा तिरकिट धिन	धिन धगि नधा तिरकिट	धगि नधा तिरकिट धिन	धागे नागे तीना कीना
×	2	0	3
तकि नता तिरकिट तिन	तिन तकि नता तिरकिट	तकि नता तिरकिट तिन	तिन तकि नता तिरकिट
×	2	0	3
धगि नधा तिरकिट धिन	धिन धगि नधा तिरकिट	धगि नधा तिरकिट धिन	धागे नागे धीना गीना
×	2	0	3

प्रस्तार

धिन धगि नधा तिरकिट	धिन धगि नधा तिरकिट	धगि नधा तिरकिट धिन	धागे नागे तीना कीना
×	2	0	3
तिन तकि नता तिरकिट	तिन तकि नता तिरकिट	धगि नधा तिरकिट धिन	धागे नागे धीना गीना
×	2	0	3
धिन धगि नधा तिरकिट	धिन धगि नधा तिरकिट	धगि नधा तिरकिट धिन	धागे नागे तीना कीना
×	2	0	3
तिन तकि नता तिरकिट	तिन तकि नता तिरकिट	धगि नधा तिरकिट धिन	धागे नागे धीना गीना
×	2	0	3

प्रस्तार

धिन धिन धगि नधा	तिरकिट धगि नधा तिरकिट	धगि नधा तिरकिट धिन	धागे नागे तीना कीना
×	2	0	3
तिन तिन तकि नता	तिरकिट तकि नता तिरकिट	धगि नधा तिरकिट धिन	धागे नागे धीना गीना
×	2	0	3
धिन धिन धगि नधा	तिरकिट धगि नधा तिरकिट	धगि नधा तिरकिट धिन	धागे नागे तीना कीना
×	2	0	3
तिन तिन तकि नता	तिरकिट तकि नता तिरकिट	धगि नधा तिरकिट धिन	धागे नागे धीना गीना
×	2	0	3

प्रस्तार

धिन धिन धगि नधा	तिरकिट धगि नधा तिरकिट	धिन धिन धगि नधा	तिरकिट धगि नधा तिरकिट
×	2	0	3
धिन धिन धगि नधा	तिरकिट धगि नधा तिरकिट	धगि नधा तिरकिट धिन	धागे नागे तीना कीना
×	2	0	3
तिन तिन तकि नता	तिरकिट तकि नता तिरकिट	तिन तिन तकि नता	तिरकिट तकि नता तिरकिट
×	2	0	3
धिन धिन धगि नधा	तिरकिट धगि नधा तिरकिट	धगि नधा तिरकिट धिन	धागे नागे धीना गीना
×	2	0	3

प्रस्तार

धागे नागे तीना कीना	धागे नागे धीना गीना	धागे नागे तीना कीना	धागे नागे धीना गीना
×	2	0	3
धागे नागे तीना कीना	धागे नागे धीना गीना	धागे नागे तीना कीना	धागे नागे धीना गीना
×	2	0	3

तिहाई

धगि नधा तिरकिट धिन	धागे नागे धीना गीना	धा ऽ धागे नागे	धीना गीना धा ऽ
×	2	0	3
धागे नागे धीना गीना	धा ऽ धगि नधा	तिरकिट धिन धागे नागे	धीना गीना धा ऽ
×	2	0	3
धागे नागे धीना गीना	धा ऽ धागे नागे	धीना गीना धा ऽ	धगि नधा तिरकिट धिन
×	2	0	3
धागे नागे धीना गीना	धा ऽ धागे नागे	धीना गीना धा ऽ	धागे नागे धीना गीना
×	2	0	3
धा			
×			

कायदा–6

धागेतेटे	धागेनागे	धिंनाकत्त	धातिरकिटधे	तेटेधागे	तेटेतेटे	धागेनागे	तिंनाकत्त
×				2			
ताकेतेटे	ताकेनाके	तिंनाकत्त	धातिरकिटधे	तेटेधागे	तेटेतेटे	धागेनागे	धिंनाकत्त
0				3			

प्रस्तार

धागेतेटे	धागेनागे	धिंनाकत्त	धागेतेटे	धागेतेटे	धागेनागे	धिंनाकत्त	धागेतेटे
×				2			
धागेतेटे	धागेनागे	धिंनाकत्त	धातिरकिटधे	तेटेधागे	तेटेतेटे	धागेनागे	तिंनाकत्त
0				3			
ताकेतेटे	ताकेनाके	तिंनाकत्त	ताकेतेटे	ताकेतेटे	ताकेनाके	तिंनाकत्त	ताकेतेटे
×				2			
धागेतेटे	धागेनागे	धिंनाकत्त	धातिरकिटधे	तेटेधागे	तेटेतेटे	धागेनागे	धिंनाकत्त
0				3			

प्रस्तार

धागेतेटे	धागेनागे	धिंनाकत्त	धागेनागे	धिंनाकत्त	धागेनागे	धिंनाकत्त	धागेतेटे
×				2			
धागेतेटे	धागेनागे	धिंनाकत्त	धातिरकिटधे	तेटेधागे	तेटेतेटे	धागेनागे	तिंनाकत्त
0				3			
ताकेतेटे	ताकेनाके	तिंनाकत्त	ताकेनाके	तिंनाकत्त	ताकेनाके	तिंनाकत्त	ताकेतेटे
×				2			
धागेतेटे	धागेनागे	धिंनाकत्त	धातिरकिटधे	तेटेधागे	तेटेतेटे	धागेनागे	धिंनाकत्त
0				3			

प्रस्तार

धातिरकिटधे	तेटेधागे	तेटेतेटे	धातिरकिटधे	तेटेधागे	तेटेतेटे	धागेनागे	तिंनाकत्त
×				2			
तातिरकिटते	तेटेताके	तेटेतेटे	धातिरकिटधे	तेटेधागे	तेटेतेटे	धागेनागे	धिंनाकत्त
0				3			

प्रस्तार

धातिरकिटधे	तेटेधातिर	किटधेतेटे	धातिरकिटधे	तेटेधागे	तेटेतेटे	धागेनागे	तिंनाकत्त
×				2			
तातिरकिटते	तेटेतातिर	किटतेतेटे	धातिरकिटधे	तेटेधागे	तेटेतेटे	धागेनागे	धिंनाकत्त
0				3			

प्रस्तार

धातिरकिटधा	तिरकिटधातिर	किटधेतेटे	धातिरकिटधे	तेटेधागे	तेटेतेटे	धागेनागे	तिंनाकत्त
×				2			
तातिरकिटेता	तिरकिटतातिर	किटतेतेटे	धातिरकिटधे	तेटेधागे	तेटेतेटे	धागेनागे	धिंनाकत्त
0				3			

प्रस्तार

धातिरकिटधे	तेटेधेते	टेधेतेटे	धातिरकिटधे	तेटेधागे	तेटेतेटे	धागेनागे	तिंनाकत्त
×				2			
धातिरकिटते	तेटेतेते	टेतेतेटे	धातिरकिटधे	तेटेधागे	तेटेतेटे	धागेनागे	धिंनाकत्त
0				3			

प्रस्तार

तेटेतेटे	धागेनागे	धिंनाकत्त	तेटेतेटे	धागेनागे	धिंनाकत्त	धागेनागे	तिंनाकत्त
×				2			
तेटेतेटे	ताकेनाके	तिंनाकत्त	तेटेतेटे	धागेनागे	धिंनाकत्त	धागेनागे	धिंनाकत्त
0				3			

प्रस्तार

धागेनागे	तिंनाकत्त	धागेनागे	धिंनाकत्त	धागेनागे	तिंनाकत्त	धागेनागे	धिंनाकत्त
×				2			
धागेनागे	तिंनाकत्त	धागेनागे	धिंनाकत्त	धागेनागे	तिंनाकत्त	धागेनागे	धिंनाकत्त
0				3			

तिहाई

धागेनागे	धिंनाकत्त	धाऽधिंना	कत्तधाऽ	धिंनाकत्त	धाऽधागे	नागेधिंना	कत्तधाऽ
×				2			
धिंनाकत्त	धाऽधिंना	कत्तधाऽ	धागेनागे	धिंनाकत्त	धाऽधिंना	कत्तधाऽ	धिंनाकत्त
0				3			
धा							
×							

कायदा–7

धाऽतिर	किटधिर	धिरधिर	किटतक	धाऽतिर	किटतक	तिंना	किटतक
×				2			
ताऽतिर.	किटतिर	तिरतिर	किटतक	धाऽतिर	किटतक	धिंना	किटतक
0				3			

प्रस्तार-दुगुन लय में है

धाऽतिरकिटधिर	धिरधिरकिटतक	धाऽतिरकिटधिर	धिरधिरकिटतक
×			
धाऽतिरकिटधिर	धिरधिरकिटतक	धाऽतिरकिटतक	तिंनाकिटतक
2			
ताऽतिरकिटतिर	तिरतिरकिटतक	ताऽतिरकिटतिर	तिरतिरकिटतक
0			
धाऽतिरकिटधिर	धिरधिरकिटतक	धाऽतिरकिटतक	धिंनाकिटतक
3			

प्रस्तार

धाऽतिरकिटधिर	धिरधिरकिटतक	ऽ ऽ ऽ धिर	धिरधिरकिटतक
×			
धाऽतिरकिटधिर	धिरधिरकिटतक	धाऽतिरकिटतक	तिंनाकिटतक
2			
ताऽतिरकिटतिर	तिरतिरकिटतक	ऽ ऽ ऽ तिर	तिरतिरकिटतक
0			
धाऽतिरकिटधिर	धिरधिरकिटतक	धाऽतिरकिटतक	धिंनाकिटतक
3			

प्रस्तार

धाऽतिरकिटधिर	धिरधिरकिटतक	ऽ ऽ ऽ धिर	धिरधिरकिटतक
×			
धाऽतिरकिटधिर	धिरधिरकिटतक	ऽ ऽ ऽ धिर	धिरधिरकिटतक
2			
धाऽतिरकिटधिर	धिरधिरकिटतक	ऽ ऽ ऽ धिर	धिरधिरकिटतक
0			
धाऽतिरकिटधिर	धिरधिरकिटतक	धाऽतिरकिटतक	तिंनाकिटतक
3			
ताऽतिरकिटतिर	तिरतिरकिटतक	ऽ ऽ ऽ तिर	तिरतिरकिटतक
×			
ताऽतिरकिटतिर	तिरतिरकिटतक	ऽ ऽ ऽ तिर	तिरतिरकिटतक
2			
धाऽतिरकिटधिर	धिरधिरकिटतक	ऽ ऽ ऽ धिर	धिरधिरकिटतक
0			
धाऽतिरकिटधिर	धिरधिरकिटतक	धाऽतिरकिटतक	धिंनाकिटतक
3			

प्रस्तार

धाऽतिरकिटधिर	धिरधिरकिटतक	धिरधिरकिटतक	धिरधिरकिटतक
×			
धाऽतिरकिटधिर	धिरधिरकिटतक	धाऽतिरकिटतक	तिंनाकिटतक
2			
ताऽतिरकिटतिर	तिरतिरकिटतक	तिरतिरकिटतक	तिरतिरकिटतक
0			
धाऽतिरकिटधिर	धिरधिरकिटतक	धाऽतिरकिटतक	धिंनाकिटतक
3			

प्रस्तार

धाऽतिरकिटधिर	धिरधिरकिटतक	धिरधिरकिटतक	धिरधिरकिटतक
×			
धाऽतिरकिटधिर	धिरधिरकिटतक	धिरधिरकिटतक	धिरधिरकिटतक
2			
धाऽतिरकिटधिर	धिरधिरकिटतक	धिरधिरकिटतक	धिरधिरकिटतक
0			
धाऽतिरकिटधिर	धिरधिरकिटतक	धाऽतिरकिटतक	तिंनाकिटतक
3			
ताऽतिरकिटतिर	तिरतिरकिटतक	तिरतिरकिटतक	तिरतिरकिटतक
×			

ताऽतिरकिटतिर	तिरतिरकिटतक	तिरतिरकिटतक	तिरतिरकिटतक
2			
धाऽतिरकिटधिर	धिरधिरकिटतक	धिरधिरकिटतक	धिरधिरकिटतक
0			
धाऽतिरकिटधिर	धिरधिरकिटतक	धाऽतिरकिटतक	धिंनाकिटतक
3			

प्रस्तार

धाऽतिरकिटधिर	धिरधिरकिटतक	धिरधिरकिटतक	धिरधिरकिटतक
×			
धिरधिरकिटतक	धिरधिरकिटतक	धिरधिरकिटतक	धिरधिरकिटतक
2			
धाऽतिरकिटधिर	धिरधिरकिटतक	धिरधिरकिटतक	धिरधिरकिटतक
0			
धाऽतिरकिटधिर	धिरधिरकिटतक	धाऽतिरकिटतक	तिंनाकिटतक
3			
ताऽतिरकिटतिर	तिरतिरकिटतक	तिरतिरकिटतक	तिरतिरकिटतक
×			
तिरतिरकिटतक	तिरतिरकिटतक	तिरतिरकिटतक	तिरतिरकिटतक
2			
धाऽतिरकिटधिर	धिरधिरकिटतक	धिरधिरकिटतक	धिरधिरकिटतक
0			
धाऽतिरकिटधिर	धिरधिरकिटतक	धाऽतिरकिटतक	धिंनाकिटतक
3			

प्रस्तार

धिरधिरकिटतक	धिरधिरकिटतक	धिरधिरकिटतक	धिरधिरकिटतक
×			
धाऽतिरकिटधिर	धिरधिरकिटतक	धाऽतिरकिटतक	तिंनाकिटतक
2			
तिरतिरकिटतक	तिरतिरकिटतक	तिरतिरकिटतक	तिरतिरकिटतक
0			
धाऽतिरकिटधिर	धिरधिरकिटतक	धाऽतिरकिटतक	धिंनाकिटतक
3			

प्रस्तार

धिरधिरकिटतक	धिरधिरकिटतक	धिरधिरकिटतक	धिरधिरकिटतक
×			
धिरधिरकिटतक	धिरधिरकिटतक	धिरधिरकिटतक	धिरधिरकिटतक
2			
धाऽतिरकिटधिर	धिरधिरकिटतक	धिरधिरकिटतक	धिरधिरकिटतक
0			
धाऽतिरकिटधिर	धिरधिरकिटतक	धाऽतिरकिटतक	तिंनाकिटतक
3			
तिरतिरकिटतक	तिरतिरकिटतक	तिरतिरकिटतक	तिरतिरकिटतक
×			
तिरतिरकिटतक	तिरतिरकिटतक	तिरतिरकिटतक	तिरतिरकिटतक
2			
धाऽतिरकिटधिर	धिरधिरकिटतक	धिरधिरकिटतक	धिरधिरकिटतक
0			
धाऽतिरकिटधिर	धिरधिरकिटतक	धाऽतिरकिटतक	धिंनाकिटतक
3			

प्रस्तार

धाऽतिरकिटधिर	धिरधिरकिटतक	धिरधिरकत्ऽधिर	धिरधिरकिटतक
×			
धाऽतिरकिटधिर	धिरधिरकिटतक	धाऽतिरकिटतक	तिंनाकिटतक
2			
ताऽतिरकिटतिर	तिरतिरकिटतक	तिरतिरकत्ऽतिर	तिरतिरकिटतक
0			
धाऽतिरकिटधिर	धिरधिरकिटतक	धाऽतिरकिटतक	धिंनाकिटतक
3			

प्रस्तार

धाऽतिरकिटधिर	धिरधिरकिटतक	धिरधिरकत्ऽधिर	धिरधिरकिटतक
×			
धाऽतिरकिटधिर	धिरधिरकिटतक	धिरधिरकत्ऽधिर	धिरधिरकिटतक
2			
धाऽतिरकिटधिर	धिरधिरकिटतक	धिरधिरकत्ऽधिर	धिरधिरकिटतक
0			
धाऽतिरकिटधिर	धिरधिरकिटतक	धाऽतिरकिटतक	तिंनाकिटतक
3			
ताऽतिरकिटतिर	तिरतिरकिटतक	तिरतिरकत्ऽतिर	तिरतिरकिटतक
×			

ताऽतिरकिटतिर	तिरतिरकिटतक	तिरतिरकत्ऽतिर	तिरतिरकिटतक
2			
धाऽतिरकिटधिर	धिरधिरकिटतक	धिरधिरकत्ऽधिर	धिरधिरकिटतक
0			
धाऽतिरकिटधिर	धिरधिरकिटतक	धाऽतिरकिटतक	धिंनाकिटतक
3			

प्रस्तार

धिरधिरकत्ऽधिर	धिरधिरकिटतक	धाऽतिरकिटतक	धिंनाकिटतक
×			
धाऽतिरकिटधिर	धिरधिरकिटतक	धाऽतिरकिटतक	तिंनाकिटतक
2			
तिरतिरकत्ऽतिर	तिरतिरकिटतक	ताऽतिरकिटतक	तिंनाकिटतक
0			
धाऽतिरकिटधिर	धिरधिरकिटतक	धाऽतिरकिटतक	धिंनाकिटतक
3			

प्रस्तार

धिरधिरकत्ऽधिर	धिरधिरकिटतक	धाऽतिरकिटतक	धिंनाकिटतक
×			
धिरधिरकत्ऽधिर	धिरधिरकिटतक	धाऽतिरकिटतक	धिंनाकिटतक
2			
धिरधिरकत्ऽधिर	धिरधिरकिटतक	धाऽतिरकिटतक	धिंनाकिटतक
0			
धाऽतिरकिटधिर	धिरधिरकिटतक	धाऽतिरकिटतक	तिंनाकिटतक
3			
तिरतिरकत्ऽतिर	तिरतिरकिटतक	ताऽतिरकिटतक	तिंनाकिटतक
×			
तिरतिरकत्ऽतिर	तिरतिरकिटतक	ताऽतिरकिटतक	तिंनाकिटतक
2			
धिरधिरकत्ऽधिर	धिरधिरकिटतक	धाऽतिरकिटतक	धिंनाकिटतक
0			
धाऽतिरकिटधिर	धिरधिरकिटतक	धाऽतिरकिटतक	धिंनाकिटतक
3			

प्रस्तार

धिरधिरकत्ऽधिर	धिरधिरकिटतक	धिरधिरकिटतक	तिरतिरकिटतक
×			
तिरतिरकत्ऽतिर	तिरतिरकिटतक	धिरधिरकिटतक	धिरधिरकिटतक
2			
धिरधिरकत्ऽधिर	धिरधिरकिटतक	धिरधिरकिटतक	तिरतिरकिटतक
0			
तिरतिरकत्ऽतिर	तिरतिरकिटतक	धिरधिरकिटतक	धिरधिरकिटतक
3			

प्रस्तार

धिरधिरकिटतक	तिरतिरकिटतक	धिरधिरकिटतक	तिरतिरकिटतक
×			
धिरधिरकिटतक	तिरतिरकिटतक	धिरधिरकिटतक	तिरतिरकिटतक
2			
धिरधिरकिटतक	तिरतिरकिटतक	धिरधिरकिटतक	तिरतिरकिटतक
0			
धिरधिरकिटतक	तिरतिरकिटतक	धिरधिरकिटतक	तिरतिरकिटतक
3			

तिहाई

धिरधिरकत्ऽधिर	धिरधिरकिटतक	धाऽतिरकिटतक	धिंनाकिटतक
×			
धा	ऽ	धिरधिरकत्ऽधिर	धिरधिरकिटतक
2			
धाऽतिरकिटतक	धिंनाकिटतक	धा	ऽ
0			
धिरधिरकत्ऽधिर	धिरधिरकिटतक	धाऽतिरकिटतक	धिंनाकिटतक
3			
धा			
×			

कायदा–8

धाऽतिरकिटतक	धाऽतिरकिटतक	धिंनाकिटतक	धाऽतिरकिटधिर
×			
धिरधिरकिटतक	धिरधिरकिटतक	धाऽतिरकिटतक	तिंनाकिटतक
2			
ताऽतिरकिटतक	ताऽतिरकिटतक	तिंनाकिटतक	ताऽतिरकिटधिर
0			
धिरधिरकिटतक	धिरधिरकिटतक	धाऽतिरकिटतक	धिंनाकिटतक
3			

प्रस्तार

धाऽतिरकिटतक	धाऽतिरकिटतक	धिंनाकिटतक	धाऽतिरकिटतक
×			
धाऽतिरकिटतक	धाऽतिरकिटतक	धिंनाकिटतक	धाऽतिरकिटतक
2			
धाऽतिरकिटतक	धाऽतिरकिटतक	धिंनाकिटतक	धाऽतिरकिटधिर
0			
धिरधिरकिटतक	धिरधिरकिटतक	धाऽतिरकिटतक	तिंनाकिटतक
3			
ताऽतिरकिटतक	ताऽतिरकिटतक	तिंनाकिटतक	ताऽतिरकिटतक
×			
ताऽतिरकिटतक	ताऽतिरकिटतक	तिंनाकिटतक	ताऽतिरकिटतक
2			
धाऽतिरकिटतक	धाऽतिरकिटतक	धिंनाकिटतक	धाऽतिरकिटधिर
0			
धिरधिरकिटतक	धिरधिरकिटतक	धाऽतिरकिटतक	धिंनाकिटतक
3			

प्रस्तार

धाऽतिरकिटतक	धाऽतिरकिटतक	धिंनाकिटतक	धाऽतिरकिटतक
×			
धिंनाकिटतक	धाऽतिरकिटतक	धिंनाकिटतक	धाऽतिरकिटतक
2			
धाऽतिरकिटतक	धाऽतिरकिटतक	धिंनाकिटतक	धाऽतिरकिटधिर
0			
धिरधिरकिटतक	धिरधिरकिटतक	धाऽतिरकिटतक	तिंनाकिटतक
3			

ताऽतिरकिटतक	ताऽतिरकिटतक	तिंनाकिटतक	ताऽतिरकिटतक
×			
तिंनाकिटतक	ताऽतिरकिटतक	तिंनाकिटतक	ताऽतिरकिटतक
2			
धाऽतिरकिटतक	धाऽतिरकिटतक	धिंनाकिटतक	धाऽतिरकिटधिर
0			
धिरधिरकिटतक	धिरधिरकिटतक	धाऽतिरकिटतक	धिंनाकिटतक
3			

प्रस्तार

धाऽतिरकिटतक	धाऽतिरकिटतक	धिंनाकिटतक	धाऽतिरकिटतक
×			
धिंनाधिंना	किटतकधिंना	धिंनाकिटतक	धाऽतिरकिटतक
2			
धाऽतिरकिटतक	धाऽतिरकिटतक	धिंनाकिटतक	धाऽतिरकिटधिर
0			
धिरधिरकिटतक	धिरधिरकिटतक	धाऽतिरकिटतक	तिंनाकिटतक
3			
ताऽतिरकिटतक	ताऽतिरकिटतक	तिंनाकिटतक	ताऽतिरकिटतक
×			
तिंनातिंना	किटतकतिंना	तिंनाकिटतक	ताऽतिरकिटतक
2			
धाऽतिरकिटतक	धाऽतिरकिटतक	धिंनाकिटतक	धाऽतिरकिटधिर
0			
धिरधिरकिटतक	धिरधिरकिटतक	धाऽतिरकिटतक	धिंनाकिटतक
3			

प्रस्तार

धाऽतिरकिटतक	धाऽतिरकिटतक	धिंनाकिटतक	धाऽतिरकिटतक
×			
धाऽतिरकिटतक	धिंनाकिटतक	धाऽतिरकिटतक	धिंनाकिटतक
2			
धाऽतिरकिटतक	धाऽतिरकिटतक	धिंनाकिटतक	धाऽतिरकिटधिर
0			
धिरधिरकिटतक	धिरधिरकिटतक	धाऽतिरकिटतक	तिंनाकिटतक
3			
ताऽतिरकिटतक	ताऽतिरकिटतक	तिंनाकिटतक	ताऽतिरकिटतक
×			

ताऽतिरकिटतक	तिंनाकिटतक	ताऽतिरकिटतक	तिंनाकिटतक
2			
धाऽतिरकिटतक	धाऽतिरकिटतक	धिंनाकिटतक	धाऽतिरकिटधिर
0			
धिरधिरकिटतक	धिरधिरकिटतक	धाऽतिरकिटतक	धिंनाकिटतक
3			

प्रस्तार

धाऽतिरकिटधिर	धिरधिरकिटतक	धाऽतिरकिटतक	तिंनाकिटतक
×			
ताऽतिरकिटतिर	तिरतिरकिटतक	धाऽतिरकिटतक	धिंनाकिटतक
2			
धाऽतिरकिटधिर	धिरधिरकिटतक	धाऽतिरकिटतक	तिंनाकिटतक
0			
ताऽतिरकिटतिर	तिरतिरकिटतक	धाऽतिरकिटतक	धिंनाकिटतक
3			

प्रस्तार

धाऽतिरकिटधिर	धिरधिरकिटतक	धाऽतिरकिटधिर	धिरधिरकिटतक
×			
धाऽतिरकिटधिर	धिरधिरकिटतक	धाऽतिरकिटतक	तिंनाकिटतक
2			
ताऽतिरकिटतिर	तिरतिरकिटतक	ताऽतिरकिटतिर	तिरतिरकिटतक
0			
धाऽतिरकिटधिर	धिरधिरकिटतक	धाऽतिरकिटतक	धिंनाकिटतक
3			

प्रस्तार

धाऽतिरकिटधिर	धिरधिरकिटतक	ऽ ऽ ऽ धिर	धिरधिरकिटतक
×			
धाऽतिरकिटधिर	धिरधिरकिटतक	धाऽतिरकिटतक	तिंनाकिटतक
2			
ताऽतिरकिटतिर	तिरतिरकिटतक	ऽ ऽ ऽ तिर	तिरतिरकिटतक
0			
धाऽतिरकिटधिर	धिरधिरकिटतक	धाऽतिरकिटतक	धिंनाकिटतक
3			

प्रस्तार

धाऽतिरकिटधिर	धिरधिरकिटतक	ऽ ऽ ऽ धिर	धिरधिरकिटतक
×			
धाऽतिरकिटधिर	धिरधिरकिटतक	ऽ ऽ ऽ धिर	धिरधिरकिटतक
2			
धाऽतिरकिटधिर	धिरधिरकिटतक	ऽ ऽ ऽ धिर	धिरधिरकिटतक
0			
धाऽतिरकिटधिर	धिरधिरकिटतक	धाऽतिरकिटतक	तिंनाकिटतक
3			
ताऽतिरकिटतिर	तिरतिरकिटतक	ऽ ऽ ऽ तिर	तिरतिरकिटतक
×			
ताऽतिरकिटतिर	तिरतिरकिटतक	ऽ ऽ ऽ तिर	तिरतिरकिटतक
2			
धाऽतिरकिटधिर	धिरधिरकिटतक	ऽ ऽ ऽ धिर	धिरधिरकिटतक
0			
धाऽतिरकिटधिर	धिरधिरकिटतक	धाऽतिरकिटतक	धिंनाकिटतक
3			

प्रस्तार

धाऽतिरकिटधिर	धिरधिरकिटतक	धिरधिरकिटतक	धिरधिरकिटतक
×			
धाऽतिरकिटधिर	धिरधिरकिटतक	धाऽतिरकिटतक	तिंनाकिटतक
2			
ताऽतिरकिटतिर	तिरतिरकिटतक	तिरतिरकिटतक	तिरतिरकिटतक
0			
धाऽतिरकिटधिर	धिरधिरकिटतक	धाऽतिरकिटतक	धिंनाकिटतक
3			

प्रस्तार

धाऽतिरकिटधिर	धिरधिरकिटतक	धिरधिरकिटतक	धिरधिरकिटतक
×			
धाऽतिरकिटधिर	धिरधिरकिटतक	धिरधिरकिटतक	धिरधिरकिटतक
2			
धाऽतिरकिटधिर	धिरधिरकिटतक	धिरधिरकिटतक	धिरधिरकिटतक
0			
धाऽतिरकिटधिर	धिरधिरकिटतक	धाऽतिरकिटतक	तिंनाकिटतक
3			
ताऽतिरकिटतिर	तिरतिरकिटतक	तिरतिरकिटतक	तिरतिरकिटतक
×			

ताऽतिरकिटतिर	तिरतिरकिटतक	तिरतिरकिटतक	तिरतिरकिटतक
2			
धाऽतिरकिटधिर	धिरधिरकिटतक	धिरधिरकिटतक	धिरधिरकिटतक
0			
धाऽतिरकिटधिर	धिरधिरकिटतक	धाऽतिरकिटतक	धिंनाकिटतक
3			

प्रस्तार

धाऽतिरकिटधिर	धिरधिरकिटतक	धिरधिरकिटतक	धिरधिरकिटतक
×			
धिरधिरकिटतक	धिरधिरकिटतक	धिरधिरकिटतक	धिरधिरकिटतक
2			
धाऽतिरकिटधिर	धिरधिरकिटतक	धिरधिरकिटतक	धिरधिरकिटतक
0			
धाऽतिरकिटधिर	धिरधिरकिटतक	धाऽतिरकिटतक	तिंनाकिटतक
3			
ताऽतिरकिटतिर	तिरतिरकिटतक	तिरतिरकिटतक	तिरतिरकिटतक
×			
तिरतिरकिटतक	तिरतिरकिटतक	तिरतिरकिटतक	तिरतिरकिटतक
2			
धाऽतिरकिटधिर	धिरधिरकिटतक	धिरधिरकिटतक	धिरधिरकिटतक
0			
धाऽतिरकिटधिर	धिरधिरकिटतक	धाऽतिरकिटतक	धिंनाकिटतक
3			

प्रस्तार

धिरधिरकिटतक	धिरधिरकिटतक	धिरधिरकिटतक	धिरधिरकिटतक
×			
धाऽतिरकिटधिर	धिरधिरकिटतक	धाऽतिरकिटतक	तिंनाकिटतक
2			
तिरतिरकिटतक	तिरतिरकिटतक	तिरतिरकिटतक	तिरतिरकिटतक
0			
धाऽतिरकिटधिर	धिरधिरकिटतक	धाऽतिरकिटतक	धिंनाकिटतक
3			

प्रस्तार

धिरधिरकिटतक	धिरधिरकिटतक	धिरधिरकिटतक	धिरधिरकिटतक
×			
धिरधिरकिटतक	धिरधिरकिटतक	धिरधिरकिटतक	धिरधिरकिटतक
2			
धाऽतिरकिटधिर	धिरधिरकिटतक	धिरधिरकिटतक	धिरधिरकिटतक
0			
धाऽतिरकिटधिर	धिरधिरकिटतक	धाऽतिरकिटतक	तिंनाकिटतक
3			
तिरतिरकिटतक	तिरतिरकिटतक	तिरतिरकिटतक	तिरतिरकिटतक
×			
तिरतिरकिटतक	तिरतिरकिटतक	तिरतिरकिटतक	तिरतिरकिटतक
2			
धाऽतिरकिटधिर	धिरधिरकिटतक	धिरधिरकिटतक	धिरधिरकिटतक
0			
धाऽतिरकिटधिर	धिरधिरकिटतक	धाऽतिरकिटतक	धिंनाकिटतक
3			

प्रस्तार

धिरधिरकिटतक	तिरतिरकिटतक	धिरधिरकिटतक	तिरतिरकिटतक
×			
धिरधिरकिटतक	तिरतिरकिटतक	धिरधिरकिटतक	तिरतिरकिटतक
2			
धिरधिरकिटतक	तिरतिरकिटतक	धिरधिरकिटतक	तिरतिरकिटतक
0			
धिरधिरकिटतक	तिरतिरकिटतक	धिरधिरकिटतक	तिरतिरकिटतक
3			

तिहाई

धाऽतिंरकिटधिर	धिरधिरकिटतक	धाऽतिरकिटतक	धिंनाकिटतक
×			
धा ऽ ऽ ऽ	धाऽतिरकिटतक	धिंनाकिटतक	धा ऽ ऽ ऽ
2			
धाऽतिरकिटतक	धिंनाकिटतक	धा ऽ ऽ ऽ	धाऽतिरकिटधिर
0			
धिरधिरकिटतक	धाऽतिरकिटतक	धिंनाकिटतक	धा ऽ ऽ ऽ
3			
धाऽतिरकिटतक	धिंनाकिटतक	धा ऽ ऽ ऽ	धाऽतिरकिटतक
×			

धिंनाकिटतक	धा ऽ ऽ ऽ	धाऽतिरकिटधिर	धिरधिरकिटतक
2			
धाऽतिरकिटतक	धिंनाकिटतक	धा ऽ ऽ ऽ	धाऽतिरकिटतक
0			
धिंनाकिटतक	धा ऽ ऽ ऽ	धाऽतिरकिटतक	धिंनाकिटतक
3			
धा			
×			

तिहाई

धाऽतिरकिटधिर	धिरधिरकिटतक	धाऽतिरकिटतक	धिंनाकिटतक
×			
धा ऽ	ऽ किटतक	धिंनाकिटतक	किटतकधिंना
2			
किटतककिटतक	धिंनाकिटतक	धा ऽ ऽ ऽ	धाऽतिरकिटधिर
0			
धिरधिरकिटतक	धाऽतिरकिटतक	धिंनाकिटतक	धा ऽ
3			
ऽ किटतक	धिंनाकिटतक	किटतकधिंना	किटतककिटतक
×			
धिंनाकिटतक	धा ऽ ऽ ऽ	धाऽतिरकिटधिर	धिरधिरकिटतक
2			
धाऽतिरकिटतक	धिंनाकिटतक	धा ऽ	ऽ किटतक
0			
धिंनाकिटतक	किटतकधिंना	किटतककिटतक	धिंनाकिटतक
3			
धा			
×			

आड़लय का कायदा–9

धाऽतिरकिट	धगिन	धाऽऽ	धगिन	धाऽतिरकिट	धगिन	धागेतिं	नाकिना
×				2			
ताऽतिरकिट	तकिन	ताऽऽ	तकिन	धाऽतिरकिट	धगिन	धागेधिं	नागिना
0				3			

प्रस्तार

धाऽतिरकिट	धगिन	धाऽऽ	धगिन	धाऽतिरकिट	धगिन	धाऽऽ	धगिन
×				2			
धाऽतिरकिट	धगिन	धाऽऽ	धगिन	धाऽतिरकिट	धगिन	धागेतिं	नाकिना
0				3			
ताऽतिरकिट	तकिन	ताऽऽ	तकिन	ताऽतिरकिट	तकिन	ताऽऽ	तकिन
×				2			
धाऽतिरकिट	धगिन	धाऽऽ	धगिन	धाऽतिरकिट	धगिन	धागेधिं	नागिना
0				3			

प्रस्तार

धाऽतिरकिट	धगिन	धाऽऽ	धगिन	धाऽऽ	धगिन	धाऽऽ	धगिन
×				2			
धाऽतिरकिट	धगिन	धाऽऽ	धगिन	धाऽतिरकिट	धगिन	धागेतिं	नाकिना
0				3			
ताऽतिरकिट	तकिन	ताऽऽ	तकिन	ताऽऽ	तकिन	ताऽऽ	तकिन
×				2			
धाऽतिरकिट	धगिन	धाऽऽ	धगिन	धाऽतिरकिट	धगिन	धागेधिं	नागिना
0				3			

प्रस्तार

धाऽतिरकिट	धगिन	धाऽतिरकिट	धगिन	धाऽतिरकिट	धगिन	धाऽऽ	धगिन
×				2			
धाऽतिरकिट	धगिन	धाऽऽ	धगिन	धाऽतिरकिट	धगिन	धागेतिं	नाकिना
0				3			
ताऽतिरकिट	तकिन	ताऽतिरकिट	तकिन	ताऽतिरकिट	तकिन	ताऽऽ	तकिन
×				2			
धाऽतिरकिट	धगिन	धाऽऽ	धगिन	धाऽतिरकिट	धगिन	धागेधिं	नागिना
0				3			

प्रस्तार

धाऽतिरकिट	धाऽतिरकिट	धाऽतिरकिट	धगिन	धाऽतिरकिट	धगिन	धाऽऽ	धगिन
×				2			
धाऽतिरकिट	धगिन	धाऽऽ	धगिन	धाऽतिरकिट	धगिन	धागेतिं	नाकिना
0				3			
ताऽतिरकिट	ताऽतिरकिट	ताऽतिरकिट	तकिन	ताऽतिरकिट	तकिन	ताऽऽ	तकिन
×				2			
धाऽतिरकिट	धगिन	धाऽऽ	धगिन	धाऽतिरकिट	धगिन	धागेधिं	नागिना
0				3			

प्रस्तार

धाऽतिरकिट	धाऽतिरकिट	धगिन	धाऽतिरकिट	धाऽतिरकिट	धगिन	धाऽऽ	धगिन
×				2			
धाऽतिरकिट	धगिन	धाऽऽ	धगिन	धाऽतिरकिट	धगिन	धागेतिं	नाकिना
0				3			
ताऽतिरकिट	ताऽतिरकिट	तकिन	ताऽतिरकिट	ताऽतिरकिट	तकिन	ताऽऽ	तकिन
×				2			
धाऽतिरकिट	धगिन	धाऽऽ	धगिन	धाऽतिरकिट	धगिन	धागेधिं	नागिना
0				3			

प्रस्तार

धाऽतिरकिट	धगिन	धागेतिं	नाकिना	ताऽतिरकिट	धगिन	धागेधिं	नागिना
×				2			
धाऽतिरकिट	धगिन	धागेतिं	नाकिना	ताऽतिरकिट	धगिन	धागेधिं	नागिना
0				3			

प्रस्तार

धाऽतिरकिट	धाऽतिरकिट	धगिन	धाऽतिरकिट	धाऽतिरकिट	धगिन	धागेतिं	नाकिना
×				2			
ताऽतिरकिट	ताऽतिरकिट	तकिन	ताऽतिरकिट	धाऽतिरकिट	धगिन	धागेधिं	नागिना
0				3			

प्रस्तार

धाऽतिरकिट	धाऽतिरकिट	धगिन	धाऽतिरकिट	धाऽतिरकिट	धगिन	धाऽतिरकिट	धगिन
×				2			
धाऽतिरकिट	धाऽतिरकिट	धगिन	धाऽतिरकिट	धाऽतिरकिट	धगिन	धागेतिं	नाकिना
0				3			
ताऽतिरकिट	ताऽतिरकिट	तकिन	ताऽतिरकिट	ताऽतिरकिट	तकिन	ताऽतिरकिट	तकिन
×				2			
धाऽतिरकिट	धाऽतिरकिट	धगिन	धाऽतिरकिट	धाऽतिरकिट	धगिन	धागेधिं	नागिना
0				3			

प्रस्तार

धागेधिं	नागिना	धागेधिं	नागिना	धाऽतिरकिट	धगिन	धागेतिं	नाकिना
×				2			
ताकेतिं	नाकिना	ताकेतिं	नाकिना	धाऽतिरकिट	धगिन	धागेधिं	नागिना
0				3			

तिहाई

धाऽतिरकिट	धगिन	धागेधिं	नागिना	धा	धागेधिं	नागिना	धा
×				2			
धागेधिं	नागिना	धा	धाऽतिरकिट	धगिन	धागेधिं	नागिना	धा
0				3			
धागेधिं	नागिना	धा	धागेधिं	नागिना	धा	धाऽतिरकिट	धगिन
×				2			
धागेधिं	नागिना	धा	धागेधिं	नागिना	धा	धागेधिं	नागिना
0				3			
धा							
×							

कायदा–10

धाऽऽधा	ऽऽधाऽ	तिरकिट	नगधेत्	घड़ाऽन	धाधा	धिंना	किटतक
×				2			
तिरकिट	तकताऽ	तिरकिट	नगधेत्	घड़ाऽन	धाधा	तिंना	किटतक
0				3			
ताऽऽता	ऽऽताऽ	तिरकिट	नकतेत्	कड़ाऽन	ताता	तिंना	किटतक
×				2			
तिरकिट	तकताऽ	तिरकिट	नगधेत्	घड़ाऽन	धाधा	धिंना	किटतक
0				3			

प्रस्तार

धाऽऽधा	ऽऽधाऽ	तिरकिट	नगधेत्	घड़ाऽन	धाधा	धिंना	किटतक
×				2			
धाऽऽधा	ऽऽधाऽ	तिरकिट	नगधेत्	घड़ाऽन	धाधा	धिंना	किटतक
0				3			
धाऽऽधा	ऽऽधाऽ	तिरकिट	नगधेत्	घड़ाऽन	धाधा	धिंना	किटतक
×				2			
तिरकिट	तकताऽ	तिरकिट	नगधेत्	घड़ाऽन	धाधा	तिंना	किटतक
0				3			
ताऽऽता	ऽऽताऽ	तिरकिट	नकतेत्	कड़ाऽन	ताता	तिंना	किटतक
×				2			
ताऽऽता	ऽऽताऽ	तिरकिट	नकतेत्	कड़ाऽन	ताता	तिंना	किटतक
0				3			
धाऽऽधा	ऽऽधाऽ	तिरकिट	नगधेत्	घड़ाऽन	धाधा	धिंना	किटतक
×				2			
तिरकिट	तकताऽ	तिरकिट	नगधेत्	घड़ाऽन	धाधा	धिंना	किटतक
0				3			

प्रस्तार

धाऽऽधा	ऽऽधाऽ	तिरकिट	नगधेत्	धाऽऽधा	ऽऽधाऽ	तिरकिट	नगधेत्
×				2			
धाऽऽधा	ऽऽधाऽ	तिरकिट	नगधेत्	घड़ाऽन	धाधा	धिंना	किटतक
0				3			
धाऽऽधा	ऽऽधाऽ	तिरकिट	नगधेत्	घड़ाऽन	धाधा	धिंना	किटतक
×				2			
तिरकिट	तकताऽ	तिरकिट	नगधेत्	घड़ाऽन	धाधा	तिंना	किटतक
0				3			
ताऽऽता	ऽऽताऽ	तिरकिट	नकतेत्	ताऽऽता	ऽऽताऽ	तिरकिट	नकतेत्
×				2			
ताऽऽता	ऽऽताऽ	तिरकिट	नकतेत्	कड़ाऽन	ताता	तिंना	किटतक
0				3			
धाऽऽधा	ऽऽधाऽ	तिरकिट	नगधेत्	घड़ाऽन	धाधा	धिंना	किटतक
×				2			
तिरकिट	तकताऽ	तिरकिट	नगधेत्	घड़ाऽन	धाधा	धिंना	किटतक
0				3			

प्रस्तार

धाऽऽधा	ऽऽधाऽ	तिरकिट	नगधेत्	घड़ाऽन	धाधा	धिंना	किटतक
×				2			
घड़ाऽन	धाधा	धिंना	किटतक	घड़ाऽन	धाधा	धिंना	किटतक
0				3			
धाऽऽधा	ऽऽधाऽ	तिरकिट	नगधेत्	घड़ाऽन	धाधा	धिंना	किटतक
×				2			
तिरकिट	तकताऽ	तिरकिट	नगधेत्	घड़ाऽन	धाधा	तिंना	किटतक
0				3			
ताऽऽता	ऽऽताऽ	तिरकिट	नकतेत्	कड़ाऽन	ताता	तिंना	किटतक
×				2			
कड़ाऽन	ताता	तिंना	किटतक	कड़ाऽन	ताता	तिंना	किटतक
0				3			
धाऽऽधा	ऽऽधाऽ	तिरकिट	नगधेत्	घड़ाऽन	धाधा	धिंना	किटतक
×				2			
तिरकिट	तकताऽ	तिरकिट	नगधेत्	घड़ाऽन	धाधा	धिंना	किटतक
0				3			

प्रस्तार

धाऽऽधा	ऽऽधाऽ	तिरकिट	नगधेत्	घड़ाऽन	धाधा	तिंना	किटतक
×				2			
ताऽऽता	ऽऽताऽ	तिरकिट	नकधेत्	घड़ाऽन	धाधा	धिंना	किटतक
0				3			
धाऽऽधा	ऽऽधाऽ	तिरकिट	नगधेत्	घड़ाऽन	धाधा	तिंना	किटतक
×				2			
ताऽऽता	ऽऽताऽ	तिरकिट	नकधेत्	घड़ाऽन	धाधा	धिंना	किटतक
0				3			

प्रस्तार

धाऽऽधा	ऽऽधाऽ	तिरकिट	नगधेत्	ऽ ऽ	ऽ धा	तिरकिट	नगधेत्
×				2			
धाऽऽधा	ऽऽधाऽ	तिरकिट	नगधेत्	घड़ाऽन	धाधा	तिंना	किटतक
0				3			
ताऽऽता	ऽऽताऽ	तिरकिट	नकतेत्	ऽ ऽ	ऽ ता	तिरकिट	नकतेत्
×				2			
धाऽऽधा	ऽऽधाऽ	तिरकिट	नगधेत्	घड़ाऽन	धाधा	धिंना	किटतक
0				3			

प्रस्तार

धाऽऽधा	ऽऽधाऽ	तिरकिट	नगधेत्	ऽ ऽ	ऽ धा	तिरकिट	नगधेत्
×				2			
धाऽऽधा	ऽऽधाऽ	तिरकिट	नगधेत्	ऽ ऽ	ऽ धा	तिरकिट	नगधेत्
0				3			
धाऽऽधा	ऽऽधाऽ	तिरकिट	नगधेत्	ऽ ऽ	ऽ धा	तिरकिट	नगधेत्
×				2			
धाऽऽधा	ऽऽधाऽ	तिरकिट	नगधेत्	घड़ाऽन	धाधा	तिंना	किटतक
0				3			
ताऽऽता	ऽऽताऽ	तिरकिट	नकतेत्	ऽ ऽ	ऽ ता	तिरकिट	नकतेत्
×				2			
ताऽऽता	ऽऽताऽ	तिरकिट	नकतेत्	ऽ ऽ	ऽ ता	तिरकिट	नकतेत्
0				3			
धाऽऽधा	ऽऽधाऽ	तिरकिट	नगधेत्	ऽ ऽ	ऽ धा	तिरकिट	नगधेत्
×				2			
धाऽऽधा	ऽऽधाऽ	तिरकिट	नगधेत्	घड़ाऽन	धाधा	धिंना	किटतक
0				3			

प्रस्तार

धाऽऽधा	ऽऽधाऽ	तिरकिट	नगधेत	ऽ ऽ	ऽ धा	तिरकिट	नगधेत्
×				2			
ऽ ऽ	ऽ धा	तिरकिट	नगधेत्	ऽ ऽ	ऽ धा	तिरकिट	नगधेत्
0				3			
धाऽऽधा	ऽऽधाऽ	तिरकिट	नगधेत	ऽ ऽ	ऽ धा	तिरकिट	नगधेत्
×				2			
धाऽऽधा	ऽऽधाऽ	तिरकिट	नगधेत्	घड़ाऽन	धाधा	तिंना	किटतक
0				3			
ताऽऽता	ऽऽताऽ	तिरकिट	नकतेत्	ऽ ऽ	ऽ ता	तिरकिट	नकतेत्
×				2			
ऽ ऽ	ऽ ता	तिरकिट	नकतेत्	ऽ ऽ	ऽ ता	तिरकिट	नकतेत्
0				3			
धाऽऽधा	ऽऽधाऽ	तिरकिट	नगधेत	ऽ ऽ	ऽ धा	तिरकिट	नगधेत्
×				2			
धाऽऽधा	ऽऽधाऽ	तिरकिट	नगधेत्	घड़ाऽन	धाधा	धिंना	किटतक
0				3			

प्रस्तार

धा	ऽ धा	तिरकिट	नगधेत	घड़ाऽन	धाधा	तिंना	किटतक
×				2			
ता	ऽ ता	तिरकिट	नकतेत्	घड़ाऽन	धाधा	धिंना	किटतक
0				3			
धा	ऽ धा	तिरकिट	नगधेत्	घड़ाऽन	धाधा	तिंना	किटतक
×				2			
ता	ऽ ता	तिरकिट	नकतेत्	घड़ाऽन	धाधा	धिंना	किटतक
0				3			

प्रस्तार

धा	ऽ धा	तिरकिट	नगधेत्	ऽ ऽ	ऽ धा	तिरकिट	नगधेत्
×				2			
धा	ऽ धा	तिरकिट	नगधेत्	घड़ाऽन	धाधा	तिंना	किटतक
0				3			
ता	ऽ ता	तिरकिट	नकतेत्	ऽ ऽ	ऽ ता	तिरकिट	नकतेत्
×				2			
धा	ऽ धा	तिरकिट	नगधेत्	घड़ाऽन	धाधा	धिंना	किटतक
0				3			

पुनः मुख्य कायदा

धाऽऽधा	ऽऽधाऽ	तिरकिट	नगधेत्	घड़ाऽन	धाधा	धिंना	किटतक
×				2			
तिरकिट	तकताऽ	तिरकिट	नगधेत्	घड़ाऽन	धाधा	तिंना	किटतक
0				3			
ताऽऽता	ऽऽताऽ	तिरकिट	नकतेत्	कड़ाऽन	ताता	तिंना	किटतक
×				2			
तिरकिट	तकताऽ	तिरकिट	नगधेत्	घड़ाऽन	धाधा	धिंना	किटतक
0				3			

प्रस्तार

तिरकिट	तकताऽ	तिरकिट	नगधेत्	घड़ाऽन	धाधा	तिंना	किटतक
×				2			
तिरकिट	तकताऽ	तिरकिट	नगधेत्	घड़ाऽन	धाधा	धिंना	किटतक
0				3			
तिरकिट	तकताऽ	तिरकिट	नगधेत्	घड़ाऽन	धाधा	तिंना	किटतक
×				2			
तिरकिट	तकताऽ	तिरकिट	नगधेत्	घड़ाऽन	धाधा	धिंना	किटतक
0				3			

प्रस्तार

तिरकिट	तकताऽ	तिरकिट	तकताऽ	तिरकिट	तकताऽ	तिरकिट	नगधेत्
×				2			
तिरकिट	तकताऽ	तिरकिट	नगधेत्	घड़ाऽन	धाधा	तिंना	किटतक
0				3			
तिरकिट	तकताऽ	तिरकिट	तकताऽ	तिरकिट	तकताऽ	तिरकिट	नकतेत्
×				2			
तिरकिट	तकताऽ	तिरकिट	नगधेत्	घड़ाऽन	धाधा	धिंना	किटतक
0				3			

प्रस्तार

तिरकिट	तकताऽ	तिरकिट	नगधेत्	ऽ धेत्	ऽ तिर	किटनग	धेत् ऽ
×				2			
तिरकिट	तकताऽ	तिरकिट	नगधेत्	घड़ाऽन	धाधा	तिंना	किटतक
0				3			
तिरकिट	तकताऽ	तिरकिट	नकतेत्	ऽ तेत्	ऽ तिर	किटनग	तेत् ऽ
×				2			
तिरकिट	तकताऽ	तिरकिट	नगधेत्	घड़ाऽन	धाधा	धिंना	किटतक
0				3			

तिहाई

तिरकिट	तकताऽ	तिरकिट	नगधेत्	घड़ाऽन	धाधा	धिंना	किटतक	
×				2				
धा	ऽ	ऽ	ऽ	तिरकिट	तकताऽ	तिरकिट	नगधेत्	
0				3				
घड़ाऽन	धाधा	धिंना	किटतक	धा	ऽ	ऽ	ऽ	
×				2				
तिरकिट	तकताऽ	तिरकिट	नगधेत्	घड़ाऽन	धाधा	धिंना	किटतक	धा
0				3				
×								

तिहाई

तिरकिट	तकताऽ	तिरकिट	नगधेत्	घड़ाऽन	धाधा	धिंना	किटतक
×				2			
धा	नगधेत्	घड़ाऽन	धाधा	धिंना	किटतक	धा	नगधेत्
0				3			
घड़ाऽन	धाधा	धिंना	किटतक	धा	ऽ	तिरकिट	तकताऽ
×				2			
तिरकिट	नगधेत्	घड़ाऽन	धाधा	धिंना	किटतक	धा	नगधेत्
0				3			
घड़ाऽन	धाधा	धिंना	किटतक	धा	नगधेत्	घड़ाऽन	धाधा
×				2			
धिंना	किटतक	धा	ऽ	तिरकिट	तकताऽ	तिरकिट	नगधेत्
0				3			
घड़ाऽन	धाधा	धिंना	किटतक	धा	नगधेत्	घड़ाऽन	धाधा
×				2			
धिंना	किटतक	धा	नगधेत्	घड़ाऽन	धाधा	धिंना	किटतक
0				3			
धा							
×							

बाँट

<u>स्वतंत्र-बाँट</u>–1

धीगे	धीना	तिरकिट	धीना	धागे	नाती	केती	नाड़ा
×				2			
तीके	तीना	तिरकिट	धीना	धागे	नाधी	गेधी	नाड़ा
0				3			

प्रस्तार

धीगे	धीना	तिरकिट	धीना	धीगे	धीना	तिरकिट	धीना	धीगे	धीना	तिरकिट	धीना	धागे	नाती	केती	नाड़ा
×				2				0				3			
तीके	तीना	तिरकिट	तीना	तीके	तीना	तिरकिट	तीना	धीगे	धीना	तिरकिट	धीना	धागे	नाधी	गेधी	नाड़ा
×				2				0				3			

प्रस्तार

धीगे	धीना	धीगे	धीना	धीगे	धीना	तिरकिट	धीना	धीगे	धीना	तिरकिट	धीना	धागे	नाती	केती	नाड़ा
×				2				0				3			
तीके	तीना	तीके	तीना	तीके	तीना	तिरकिट	तीना	धीगे	धीना	तिरकिट	धीना	धागे	नाधी	गेधी	नाड़ा
×				2				0				3			

प्रस्तार

धीगे	धीगे	धीगे	धीना	धीगे	धीना	तिरकिट	धीना	धीगे	धीना	तिरकिट	धीना	धागे	नाती	केती	नाड़ा
×				2				0				3			
तीके	तीके	तीके	तीना	तीके	तीना	तिरकिट	तीना	धीगे	धीना	तिरकिट	धीना	धागे	नाधी	गेधी	नाड़ा
×				2				0				3			

प्रस्तार

धीगे	धीगे	धीना	धीगे	धीगे	धीना	तिरकिट	धीना	धीगे	धीना	तिरकिट	धीना	धागे	नाती	केती	नाड़ा
×				2				0				3			
तीके	तीके	तीना	तीके	तीके	तीना	तिरकिट	तीना	धीगे	धीना	तिरकिट	धीना	धागे	नाधी	गेधी	नाड़ा
×				2				0				3			

प्रस्तार

धीगे	धीना	तिरकिट	धीना	तिरकिट	धीना	तिरकिट	धीना	धीगे	धीना	तिरकिट	धीना	धागे	नाती	केती	नाड़ा
×				2				0				3			
तीके	तीना	तिरकिट	तीना	तिरकिट	तीना	तिरकिट	तीना	धीगे	धीना	तिरकिट	धीना	धागे	नाधी	गेधी	नाड़ा
×				2				0				3			

प्रस्तार

धीगे	धीना	तिरकिट	धीगे	धीना	तिरकिट	धीना	तिरकिट	धीगे	धीना	तिरकिट	धीना	धागे	नाती	केती	नाड़ा
×				2				0				3			
तीके	तीना	तिरकिट	तीके	तीना	तिरकिट	तीना	तिरकिट	धीगे	धीना	तिरकिट	धीना	धागे	नाधी	गेधी	नाड़ा
×				2				0				3			

प्रस्तार

धीऽ	गेधी	ऽगे	धाड़ा	धागे	नाधी	गेधी	नाड़ा	धीगे	धीना	तिरकिट	धीना	धागे	नाती	केती	नाड़ा
×				2				0				3			
तीऽ	केती	ऽके	ताड़ा	ताके	नाती	केती	नाड़ा	धीगे	धीना	तिरकिट	धीना	धागे	नाधी	गेधी	नाड़ा
×				2				0				3			

प्रस्तार

धागे	नाधी	गेधी	नाड़ा	धागे	नाधी	गेधी	नाड़ा	धीगे	धीना	तिरकिट	धीना	धागे	नाती	केती	नाड़ा
×				2				0				3			
ताके	नाती	केती	नाड़ा	ताके	नाती	केती	नाड़ा	धीगे	धीना	तिरकिट	धीना	धागे	नाधी	गेधी	नाड़ा
×				2				0				3			

प्रस्तार

धागे	नाती	केती	नाड़ा	धागे	नाधी	गेधी	नाड़ा	धागे	नाती	केती	नाड़ा	धागे	नाधी	गेधी	नाड़ा
×				2				0				3			
धागे	नाती	केती	नाड़ा	धागे	नाधी	गेधी	नाड़ा	धागे	नाती	केती	नाड़ा	धागे	नाधी	गेधी	नाड़ा
×				2				0				3			

प्रस्तार

धागे	नाधी	गेधी	नाधी	गेधी	नाती	केती	नाड़ा	ताके	नाती	केती	नाधी	गेधी	नाधी	गेधी	नाड़ा
×				2				0				3			
धागे	नाधी	गेधी	नाधी	गेधी	नाती	केती	नाड़ा	ताके	नाती	केती	नाधी	गेधी	नाधी	गेधी	नाड़ा
×				2				0				3			

तिहाई

धागे	नाधी	गेधी	नाड़ा	धा	ऽ	धागे	नाधी	गेधी	नाड़ा	धा	ऽ	धागे	नाधी	गेधी	नाड़ा	धा
×				2				0				3				×

स्वतंत्र-बाँट–2

धाऽतिर	किटधेऽ	तेटे	गिन	धाड़ा	गिन	तिंना	कत्त	धाड़ा	गिन	धाड़ा	गिन	धाड़ा	गिन	तिंना	कत्त
×				2				0				3			
ताऽतिर	किटतेऽ	तेटे	किन	ताड़ा	किन	तिंना	कत्त	धाड़ा	गिन	धाड़ा	गिन	धाड़ा	गिन	धिंना	कत्त
×				2				0				3			

प्रस्तार

धाऽतिर	किटधेऽ	तेटे	गिन	धाऽतिर	किटधेऽ	तेटे	गिन	धाऽतिर	किटधेऽ	तेटे	गिन	धाड़ा	गिन	तिंना	कत्त
×				2				0				3			
धाऽतिर	किटधेऽ	तेटे	गिन	धाड़ा	गिन	तिंना	कत्त	धाड़ा	गिन	धाड़ा	गिन	धाड़ा	गिन	तिंना	कत्त
×				2				0				3			
ताऽतिर	किटतेऽ	तेटे	किन	ताऽतिर	किटतेऽ	तेटे	किन	ताऽतिर	किटतेऽ	तेटे	किन	ताड़ा	किन	तिंना	कत्त
×				2				0				3			
धाऽतिर	किटधेऽ	तेटे	गिन	धाड़ा	गिन	तिंना	कत्त	धाड़ा	गिन	धाड़ा	गिन	धाड़ा	गिन	धिंना	कत्त
×				2				0				3			

प्रस्तार

धाऽतिर	किटधेऽ	तेटे	गिन	धाऽ	ऽधे	तेटे	गिन	धाऽतिर	किटधेऽ	तेटे	गिन	धाड़ा	गिन	तिंना	कत्त
×				2				0				3			
ताऽतिर	किटतेऽ	तेटे	किन	ताऽ	ऽते	तेटे	किन	धाऽतिर	किटधेऽ	तेटे	गिन	धाड़ा	गिन	धिंना	कत्त
×				2				0				3			

प्रस्तार

धाऽतिर	किटधेऽ	तेटे	गिन	ऽऽ	ऽधे	तेटे	गिन	धाऽतिर	किटधेऽ	तेटे	गिन	धाड़ा	गिन	तिंना	कत्त
×				2				0				3			
ताऽतिर	किटतेऽ	तेटे	किन	ऽऽ	ऽते	तेटे	किन	धाऽतिर	किटधेऽ	तेटे	गिन	धाड़ा	गिन	धिंना	कत्त
×				2				0				3			

प्रस्तार

धाऽतिर	किटधेऽ	तेटे	ऽधे	तेटे	ऽधे	तेटे	गिन	धाऽतिर	किटधेऽ	तेटे	गिन	धाड़ा	गिन	तिंना	कत्त
×				2				0				3			
ताऽतिर	किटतेऽ	तेटे	ऽते	तेटे	ऽते	तेटे	किन	धाऽतिर	किटधेऽ	तेटे	गिन	धाड़ा	गिन	धिंना	कत्त
×				2				0				3			

प्रस्तार

धाऽतिर	किटधेऽ	तेटे	ऽधे	ऽधे	ऽधे	तेटे	गिन	धाऽतिर	किटधेऽ	तेटे	गिन	धाड़ा	गिन	तिंना	कत्त
×				2				0				3			
ताऽतिर	किटतेऽ	तेटे	ऽते	ऽते	ऽते	तेटे	किन	धाऽतिर	किटधेऽ	तेटे	गिन	धाड़ा	गिन	धिंना	कत्त
×				2				0				3			

प्रस्तार

धाऽतिर	किटधेऽ	तेटे	ऽधे	ऽधे	ऽधे	तेटे	गिन	धाऽतिर	किटधेऽ	तेटे	गिन	धाड़ा	गिन	तिंना	कत्त
×				2				0				3			
ताऽतिर	किटतेऽ	तेटे	ऽते	ऽते	ऽते	तेटे	किन	धाऽतिर	किटधेऽ	तेटे	गिन	धाड़ा	गिन	धिंना	कत्त
×				2				0				3			

प्रस्तार

धाऽतिर	किटधेऽ	तेटे	ऽधे	ऽधे	ऽधे	तेटे	गिन	धाऽतिर	किटधेऽ	तेटे	गिन	धाड़ा	गिन	तिंना	कत्त
×				2				0				3			
ताऽतिर	किटतेऽ	तेटे	ऽते	ऽते	ऽते	तेटे	किन	धाऽतिर	किटधेऽ	तेटे	गिन	धाड़ा	गिन	धिंना	कत्त
×				2				0				3			

प्रस्तार

धाऽतिर	किटधेऽ	तेटे	ऽधे	ऽधे	ऽधे	तेटे	गिन	धाऽतिर	किटधेऽ	तेटे	गिन	धाड़ा	गिन	तिंना	कत्त
×				2				0				3			
ताऽतिर	किटतेऽ	तेटे	ऽते	ऽते	ऽते	तेटे	किन	धाऽतिर	किटधेऽ	तेटे	गिन	धाड़ा	गिन	धिंना	कत्त
×				2				0				3			

प्रस्तार

धाऽतिर	किटधेऽ	तेटे	गिन	ऽधे	ऽधे	ऽधे	तेटे	धाऽतिर	किटधेऽ	तेटे	गिन	धाड़ा	गिन	तिंना	कत्त
×				2				0				3			
ताऽतिर	किटतेऽ	तेटे	किन	ऽते	ऽते	ऽते	तेटे	धाऽतिर	किटधेऽ	तेटे	गिन	धाड़ा	गिन	धिंना	कत्त
×				2				0				3			

प्रस्तार

धाऽतिर	किटधेऽ	तेटे	गिन	धेते	टेधे	तेटे	गिन	धाऽतिर	किटधेऽ	तेटे	गिन	धाड़ा	गिन	तिंना	कत्त
×				2				0				3			
ताऽतिर	किटतेऽ	तेटे	किन	तेते	टेते	तेटे	किन	धाऽतिर	किटधेऽ	तेटे	गिन	धाड़ा	गिन	धिंना	कत्त
×				2				0				3			

प्रस्तार

धाऽतिर	किटधेऽ	तेटे	गिन	धाड़ा	गिन	तिंना	कत्त	धाड़ा	गिन	तिंना	कत्त	धाड़ा	गिन	तिंना	कत्त
×				2				0				3			
ताऽतिर	किटतेऽ	तेटे	किन	ताड़ा	किन	तिंना	कत्त	धाड़ा	गिन	धिंना	कत्त	धाड़ा	गिन	धिंना	कत्त
×				2				0				3			

प्रस्तार

धाड़ा	गिन	तिंना	कत्त	ताड़ा	गिन	धिंना	कत्त	धाड़ा	गिन	तिंना	कत्त	ताड़ा	गिन	धिंना	कत्त
×				2				0				3			
धाड़ा	गिन	तिंना	कत्त	ताड़ा	गिन	धिंना	कत्त	धाड़ा	गिन	तिंना	कत्त	ताड़ा	गिन	धिंना	कत्त
×				2				0				3			

प्रस्तार

धाड़ा गिन धाड़ागिन	धाड़ा गिन तिंना कत्त	ताड़ा किन ताड़ा किन	धाड़ा गिन धिंना कत्त
×	2	0	3
धाड़ा गिन धाड़ागिन	धाड़ा गिन तिंना कत्त	ताड़ा किन ताड़ा किन	धाड़ा गिन धिंना कत्त
×	2	0	3

तिहाई

धाड़ा गिन धाड़ागिन	धाड़ा गिन धिंना कत्त	धा ऽ ऽ ऽ	धाड़ा गिन धाड़ा गिन	
×	2	0	3	
धाड़ा गिन धिंनाकत्त	धा ऽ ऽ ऽ	धाड़ा गिन धाड़ा गिन	धाड़ा गिन धिंना कत्त	धा
×	2	0	3	×

<u>स्वतंत्र-बाँट</u>–3

गिन्ना धाड़ तकधिं धाड़	धाऽतेटे तेटेघिन तकतिं ताड़
×	2
किन्ना ताड़ तकतिं ताड़	धाऽतेटे तेटेघिन तकधिं धाड़
0	3

प्रस्तार

गिन्नाधाड़ तकधिं धाड़	गिन्ना धाड़ तकधिं धाड़	गिन्ना धाड़ तकधिं धाड़	धाऽतेटे तेटेघिन तकतिं ताड़
×	2	0	3
किन्नाताड़ तकतिं ताड़	किन्ना ताड़ तकतिं ताड़	गिन्ना धाड़ तकधिं धाड़	धाऽतेटे तेटेघिन तकतिं धाड़
×	2	0	3

प्रस्तार

गिन्नाधाड़ गिन्ना धाड़	गिन्ना धाड़ तकधिं धाड़	गिन्ना धाड़ तकधिं धाड़	धाऽतेटे तेटेघिन तकतिं ताड़
×	2	0	3
किन्नाताड़ किन्ना ताड़	किन्ना ताड़ तकतिं ताड़	गिन्ना धाड़ तकधिं धाड़	धाऽतेटे तेटेघिन तकतिं धाड़
×	2	0	3

प्रस्तार

गिन्नाधाड़ तकधिं धाड़	तकधिं धाड़ तकधिं धाड़	गिन्ना धाड़ तकधिं धाड़	धाऽतेटे तेटेघिन तकतिं ताड़
×	2	0	3
किन्नाताड़ तकतिं ताड़	तकतिं ताड़ तकतिं ताड़	गिन्ना धाड़ तकधिं धाड़	धाऽतेटे तेटेघिन तकतिं धाड़
×	2	0	3

प्रस्तार

गिन्नाधाड़ तकधिं धाड़	तकधिं तकधिं तकधिं धाड़	गिन्ना धाड़ तकधिं धाड़	धाऽतेटे तेटेघिन तकतिं ताड़
×	2	0	3
किन्ना ताड़ तकतिं ताड़	तकतिं तकतिं तकतिं ताड़	गिन्ना धाड़ तकधिं धाड़	धाऽतेटे तेटेघिन तकतिं धाड़
×	2	0	3

प्रस्तार

गिन्नाधाड़ तकधिं धाड़	तकधिं तकतक तकधिं धाड़	गिन्ना धाड़ तकधिं धाड़	धाऽतेटे तेटेघिन तकतिं ताड़
×	2	0	3
किन्ना ताड़ तकतिं ताड़	तकतिं तकतक तकतिं ताड़	गिन्ना धाड़ तकधिं धाड़	धाऽतेटे तेटेघिन तकतिं धाड़
×	2	0	3

प्रस्तार

तकधिं तकतक तकधिं धाड़	धाऽतेटे तेटेघिन तकतिं धाड़	गिन्ना धाड़ तकधिं धाड़	धाऽतेटे तेटेघिन तकतिं ताड़
×	2	0	3
तकतिं तकतक तकतिं ताड़	ताऽतेटे तेटेकिन तकतिं ताड़	गिन्ना धाड़ तकधिं धाड़	धाऽतेटे तेटेघिन तकतिं धाड़
×	2	0	3

प्रस्तार

धाऽतेटे तेटेघिन तकतिं ताड़	ताऽतेटे तेटेघिन तकधिं धाड़	धाऽतेटे तेटेघिन तकतिं ताड़	ताऽतेटे तेटेघिन तकधिं धाड़
×	2	0	3
धाऽतेटे तेटेघिन तकति ताड़	ताऽतेटे तेटेघिन तकधिं धाड़	धाऽतेटे तेटेघिन तकति ताड़	ताऽतेटे तेटेघिन तकधिं धाड़
×	2	0	3

प्रस्तार

धाऽतेटे तेटेघिन धाऽतेटे तेटेघिन	धाऽतेटे तेटेघिन तकतिं ताड़
×	2
ताऽतेटे तेटेकिन ताऽतेटे तेटेकिन	धाऽतेटे तेटेघिन तकतिं ताड़
0	3
धाऽतेटे तेटेघिन धाऽतेटे तेटेघिन	धाऽतेटे तेटेघिन तकतिं ताड़
×	2
ताऽतेटे तेटेकिन ताऽतेटे तेटेकिन	धाऽतेटे तेटेघिन तकतिं ताड़
0	3

प्रस्तार

तकतिं ताड़ तकधिं धाड़	तकतिं ताड़ तकधिं धाड़	तकतिं ताड़ तकधिं धाड़	तकतिं ताड़ तकधिं धाड़
×	2	0	3
तकतिं ताड़ तकधिं धाड़	तकतिं ताड़ तकधिं धाड़	तकतिं ताड़ तकधिं धाड़	तकतिं ताड़ तकधिं धाड़
×	2	0	3

तिहाई

तकतिं ताड़ तकधिं धाड़	धा ऽ तकतिं ताड़	तकधिं धाड़ धा ऽ	तकतिं ताड़ तकधिं धाड़	धा
×	2	0	3	×

स्वतंत्र-बाँट–4

चौगुन–

धाड़धाधे	तेटेधाड़	धाड़धातिं	नतिंनाड़	ताड़ताते	तेटेताड़	धाड़धाधिं	नधिंनाड़
×				2			
धाड़धाधे	तेटेधाड़	धाड़धातिं	नतिंनाड़	ताड़ताते	तेटेताड़	धाड़धाधिं	नधिंनाड़
0				3			

पचगुन–

धाड़धाधेटे	धाड़धातिंन	ताड़तातेटे	धाड़धाधिंन	धाड़धाधेटे	धाड़धातिंन	ताड़तातेटे	धाड़धाधिंन
×				2			
धाड़धाधेटे	धाड़धातिंन	ताड़तातेटे	धाड़धाधिंन	धाड़धाधेटे	धाड़धातिंन	ताड़तातेटे	धाड़धाधिंन
0				3			

छःगुन–

धाड़धाधेतेटे	धाड़धातिंनतिं	ताड़तातेतेटे	धाड़धाधिंनधिं	धाड़धाधेतेटे	धाड़धातिंनतिं	ताड़तातेतेटे	धाड़धाधिंनधिं
×				2			
धाड़धाधेतेटे	धाड़धातिंनतिं	ताड़तातेतेटे	धाड़धाधिंनधिं	धाड़धाधेतेटे	धाड़धातिंनतिं	ताड़तातेतेटे	धाड़धाधिंनधिं
0				3			

सातगुन–

धाड़धाधेटेधाड़	धाड़धातिंनताड़	ताड़तातेटेधाड़	धाड़धाधिंनधाड़
×			
धाड़धाधेटेधाड़	धाड़धातिंनताड़	ताड़तातेटेधाड़	धाड़धाधिंनधाड़
2			
धाड़धाधेटेधाड़	धाड़धातिंनताड़	ताड़तातेटेधाड़	धाड़धाधिंनधाड़
0			
धाड़धाधेटेधाड़	धाड़धातिंनताड़	ताड़तातेटेधाड़	धाड़धाधिंनधाड
3			

आठगुन–

धाड़धाधेतेटेधाड़	धाड़धातिंनतिंनाड़	ताड़तातेतेटेधाड़	धाड़धाधिंनधिंनाड़
×			
धाड़धाधेतेटेधाड़	धाड़धातिंनतिंनाड़	ताड़तातेतेटेधाड़	धाड़धाधिंनधिंनाड़
2			
धाड़धाधेतेटेधाड़	धाड़धातिंनतिंनाड़	ताड़तातेतेटेधाड़	धाड़धाधिंनधिंनाड़
0			
धाड़धाधेतेटेधाड़	धाड़धातिंनतिंनाड़	ताड़तातेतेटेधाड़	धाड़धाधिंनधिंनाड
3			

उपर्युक्त मुख्य बाँट का प्रस्तार, आठगुनी लय में लिखा गया है यथा :-

प्रस्तार

धाड़धाधेतेटेधाड़	धाड़धाधेतेटेधाड़	धाड़धाधेतेटेधाड़	धाड़धातिंनतिंनाड़
×			
ताड़तातेतेटेताड़	ताड़तातेतेटेताड	धाड़धाधेतेटेधाड़	धाड़धाधिंनधिंनाड़
2			
धाड़धाधेतेटेधाड़	धाड़धाधेतेटेधाड़	धाड़धाधेतेटेधाड़	धाड़धातिंनतिंनाड़
0			
ताड़तातेतेटेताड़	ताड़तातेतेटेताड	धाड़धाधेतेटेधाड़	धाड़धाधिंनधिंनाड़
3			

प्रस्तार

धाड़धाधेतेटेधाड़	धाधेतेटेधाड़धाड़	धाड़धाधेतेटेधाड़	धाड़धातिंनतिंनाड़
×			
ताड़तातेतेटेताड़	तातेतेटेताड़ताड़	धाड़धाधेतेटेधाड़	धाड़धाधिंनधिंनाड़
2			
धाड़धाधेतेटेधाड़	धाधेतेटेधाड़धाड़	धाड़धाधेतेटेधाड़	धाड़धातिंनतिंनाड़
0			
ताड़तातेतेटेताड़	तातेतेटेताड़ताड़	धाड़धाधेतेटेधाड़	धाड़धाधिंनधिंनाड
3			

प्रस्तार

धाड़धाधेतेटेधाड़	धाधेतेटेधाड़धाड़	धाड़धाधेतेटेधाड़	धाधेतेटेधाड़धाड़
×			
धाड़धाधेतेटेधाड़	धाधेतेटेधाड़धाड़	धाड़धाधेतेटेधाड़	धाड़धातिंनतिंनाड
2			
ताड़तातेतेटेताड़	तातेतेटेताड़ताड़	ताड़तातेतेटेताड़	तातेतेटेताड़ताड़
0			
धाड़धाधेतेटेधाड़	धाधेतेटेधाड़धाड़	धाड़धाधेतेटेधाड़	धाड़धाधिंनधिंनाड़
3			

प्रस्तार

धाड़धाधेतेटेधाड़	धेतेटेधेतेटेधाड़	धाड़धाधेतेटेधाड़	धाड़धातिंनतिंनाड़
×			
ताड़तातेतेटेताड़	तेतेटेतेतेटेताड़	धाड़धाधेतेटेधाड़	धाड़धाधिंनधिंनाड़
2			
धाड़धाधेतेटेधाड़	धेतेटेधेतेटेधाड़	धाड़धाधेतेटेधाड़	धाड़धातिंनतिंनाड़
0			
ताड़तातेतेटेताड़	तेतेटेतेतेटेताड़	धाड़धाधेतेटेधाड़	धाड़धाधिंनधिंनाड़
3			

प्रस्तार

धेतेटेधेतेटेधाड़	धाड़धाधिंनधिंनाड़	धाड़धाधेतेटेधाड़	धाड़धातिंनतिंनाड़
×			
तेतेटेतेतेटेताड़	ताड़तातिंनतिंनाड़	धाड़धाधेतेटेधाड़	धाड़धाधिंनधिंनाड़
2			
धेतेटेधेतेटेधाड़	धाड़धाधिंनधिंनाड़	धाड़धाधेतेटेधाड़	धाड़धातिंनतिंनाड़
0			
तेतेटेतेतेटेताड़	ताड़तातिंनतिंनाड़	धाड़धाधेतेटेधाड़	धाड़धाधिंनधिंनाड
3			

प्रस्तार

धेतेटेधेतेटेधाड़	धाड़धाधिंनधिंनाड़	धेतेटेधेतेटेधाड़	धाड़धाधिंनधिंनाड़
×			
धेतेटेधेतेटेधाड़	धाड़धाधिंनधिंनाड़	धाड़धाधेतेटेधाड़	धाड़धातिंनतिंनाड़
2			
तेतेटेतेतेटेताड़	ताड़तातिंनतिंनाड़	तेतेटेतेतेटेताड़	ताड़तातिंनतिंनाड़
0			
धेतेटेधेतेटेधाड़	धाड़धाधिंनधिंनाड़	धाड़धाधेतेटेधाड़	धाड़धाधिंनधिंनाड़
3			

प्रस्तार

धेतेटेधेतेटेधाड़	धेतेटेधेतेटेधाड़	धेतेटेधेतेटेधाड़	धाड़धातिंनतिंनाड़
×			
तेतेटेतेतेटेताड़	तेतेटेतेतेटेताड़	धेतेटेधेतेटेधाड़	धाड़धाधिंनधिंनाड़
2			
धेतेटेधेतेटेधाड़	धेतेटेधेतेटेधाड़	धेतेटेधेतेटेधाड़	धाड़धातिंनतिंनाड़
0			
तेतेटेतेतेटेताड़	तेतेटेतेतेटेताड़	धेतेटेधेतेटेधाड़	धाड़धाधिंनधिंनाड
3			

प्रस्तार

धेतेटेधेतेटेधेते	टेधेतेटेधेटेधाड़	धेतेटेधेतेटेधाड़	धाड़धातिंनतिंनाड़
×			
तेतेटेतेतेटेतेते	टेतेतेटेतेटेताड़	धेतेटेधेतेटेधाड़	धाड़धाधिंनधिंनाड़
2			
धेतेटेधेतेटेधेते	टेधेतेटेधेटेधाड़	धेतेटेधेतेटेधाड़	धाड़धातिंनतिंनाड़
0			
तेतेटेतेतेटेतेते	टेतेतेटेतेटेताड़	धेतेटेधेतेटेधाड़	धाड़धाधिं नधिंनाड़
3			

प्रस्तार

धेतेटेधेतेटेधेते	टेधेतेटेधेटेधेटे	धेतेटेधेतेटेधाड़	धाड़धातिं नतिंनाड़
×			
तेतेटेतेतेटेतेते	टेतेतेटेतेटेतेटे	धेतेटेधेतेटेधाड़	धाड़धाधिं नधिंनाड़
2			
धेतेटेधेतेटेधेते	टेधेतेटेधेटेधेटे	धेतेटेधेतेटेधाड़	धाड़धातिं नतिंनाड़
0			
तेतेटेतेतेटेतेते	टेतेतेटेतेटेतेटे	धेतेटेधेतेटेधाड़	धाड़धाधिं नधिंनाड़
3			

प्रस्तार

धाड़धातिंनतिंनाड़	ताड़धाधिंनधिंनाड़	धाड़धातिंनतिंनाड़	ताड़धाधिंनधिंनाड़
×			
धाड़धातिंनतिंनाड़	ताड़धाधिंनधिंनाड़	धाड़धातिंनतिंनाड़	ताड़धाधिंनधिंनाड़
2			
धाड़धातिंनतिंनाड़	ताड़धाधिंनधिंनाड़	धाड़धातिंनतिंनाड़	ताड़धाधिंनधिंनाड़
0			
धाड़धातिंनतिंनाड़	ताड़धाधिंनधिंनाड़	धाड़धातिंनतिंनाड़	ताड़धाधिंनधिंनाड़
3			

प्रस्तार

धाड़धाड़धाड़धाड़	धाड़धातिंनतिंनाड़	ताड़ताड़ताड़ताड़	धाड़धाधिंनधिंनाड़
×			
धाड़धाड़धाड़धाड़	धाड़धातिंनतिंनाड़	ताड़ताड़ताड़ताड़	धाड़धाधिंनधिंनाड़
2			
धाड़धाड़धाड़धाड़	धाड़धातिंनतिंनाड़	ताड़ताड़ताड़ताड़	धाड़धाधिंनधिंनाड़
0			
धाड़धाड़धाड़धाड़	धाड़धातिंनतिंनाड़	ताड़ताड़ताड़ताड़	धाड़धाधिंनधिंनाड
3			

प्रस्तार

धिनतधिनधिनाड़	धाड़धातिंनतिंनाड़	तिनततिनतिनाड़	धाड़धाधिंनधिंनाड़
×			
धिनतधिनधिनाड़	धाड़धातिंनतिंनाड़	तिनततिनतिनाड़	धाड़धाधिंनधिंनाड़
2			
धिनतधिनधिनाड़	धाड़धातिंनतिंनाड़	तिनततिनतिनाड़	धाड़धाधिंनधिंनाड़
0			
धिनतधिनधिनाड़	धाड़धातिंनतिंनाड़	तिनततिनतिनाड़	धाड़धाधिंनधिंनाड
3			

प्रस्तार

धिनततिनतिनाड़	तिनतधिनधिंनाड़	धिनततिनतिनाड़	तिनतधिनधिंनाड़
×			
धिनततिनतिनाड़	तिनतधिनधिंनाड़	धिनततिनतिनाड़	तिनतधिनधिंनाड़
2			
धिनततिनतिनाड़	तिनतधिनधिंनाड़	धिनततिनतिनाड़	तिनतधिनधिंनाड़
0			
धिनततिनतिनाड़	तिनतधिनधिंनाड़	धिनततिनतिनाड़	तिनतधिनधिंनाड़
3			

प्रस्तार

धिनततिनतिनाड़	धिनतधिनधिंनाड़	धिनततिनतिनाड़	धिनतधिनधिंनाड़
×			
धिनततिनतिनाड़	धिनतधिनधिंनाड़	धिनततिनतिनाड़	धिनतधिनधिंनाड़
2			
धिनततिनतिनाड़	धिनतधिनधिंनाड़	धिनततिनतिनाड़	धिनतधिनधिंनाड़
0			
धिनततिनतिनाड़	धिनतधिनधिंनाड़	धिनततिनतिनाड़	धिनतधिनधिंनाड़
3			

प्रस्तार

ततिनतिनतिनाड़	तधिनधिनधिनाड़	ततिनतिनतिनाड़	तधिनधि नधिनाड़
×			
ततिनतिनतिनाड़	तधिनधिनधिनाड़	ततिनतिनतिनाड़	तधिनधि नधिनाड़
2			
ततिनतिनतिनाड़	तधिनधिनधिनाड़	ततिनतिनतिनाड़	तधिनधि नधिनाड़
0			
ततिनतिनतिनाड़	तधिनधिनधिनाड़	ततिनतिनतिनाड़	तधिनधि नधिनाड
3			

प्रस्तार

धाड़धिनततिनति	ताड़धिनतधिनधि	धाड़धिनततिनति	ताड़धिनतधिनधि
×			
धाड़धिनततिनति	ताड़धिनतधिनधि	धाड़धिनततिनति	ताड़धिनतधिनधि
2			
धाड़धिनततिनति	ताड़धिनतधिनधि	धाड़धिनततिनति	ताड़धिनतधिनधि
0			
धाड़धिनततिनति	ताड़धिनतधिनधि	धाड़धिनततिनति	ताड़धिनतधिनधि
3			

तिहाई

धाड़धिनततिनति	धाड़धिनतधिनधिं	धाऽऽऽधाड़धिन	तधिनधिंधाऽऽऽ
×			
धाड़धिनतधिनधि	धाऽऽऽधाड़धिन	ततिनतिधाड़धिन	तधिनधिंधाऽऽऽ
धाड़धिनतधिनधि	धाऽऽऽधाड़धिन	तधिनधिधाऽऽऽ	धाड़धिनततिनति
धाड़धिनतधिनधि	धाऽऽऽधाड़धिन	तधिनधिधाऽऽऽ	धाड़धिनतधिनधि
0			
धा			
×			

स्वतंत्र-बाँट (झूलना लय)–5

धगिन	तकधिन	धगिन	धाड़ागिन	धगिन	तकधिन	धगिन	तिंनाकत्त
×				2			
तकिन	तकतिन	तकिन	ताड़ाकिन	धगिन	तकधिन	धगिन	धिंनाकत्त
0				3			

प्रस्तार

धगिन	तकधिन	धगिन	धाड़ागिन	धगिन	तकधिन	धगिन	धाड़ागिन
×				2			
धगिन	तकधिन	धगिन	धाड़ागिन	धगिन	तकधिन	धगिन	तिंनाकत्त
0				3			
तकिन	तकतिन	तकिन	ताड़ाकिन	तकिन	तकतिन	तकिन	ताड़ाकिन
×				2			
धगिन	तकधिन	धगिन	धाड़ागिन	धगिन	तकधिन	धगिन	धिंनाकत्त
0				3			

प्रस्तार

धगिन	तकधिन	धगिन	तकधिन	धगिन	तकधिन	धगिन	धाड़ागिन
×				2			
धगिन	तकधिन	धगिन	धाड़ागिन	धगिन	तकधिन	धगिन	तिंनाकत्त
0				3			
तकिन	तकतिन	तकिन	तकतिन	तकिन	तकतिन	तकिन	ताड़ाकिन
×				2			
धगिन	तकधिन	धगिन	धाड़ागिन	धगिन	तकधिन	धगिन	धिंनाकत्त
0				3			

प्रस्तार

धगिन	तकधिन	धगिन	धाड़ागिन	धगिन	धाड़ागिन	धगिन	धाड़ागिन
×				2			
धगिन	तकधिन	धगिन	धाड़ागिन	धगिन	तकधिन	धगिन	तिंनाकत्त
0				3			
तकिन	तकतिन	तकिन	ताड़ाकिन	तकिन	ताड़ाकिन	तकिन	ताड़ाकिन
×				2			
धगिन	तकधिन	धगिन	धाड़ागिन	धगिन	तकधिन	धगिन	धिंनाकत्त
0				3			

प्रस्तार

धगिन	तकधिन	धाऽगे	तकधिन	धगिन	तकधिन	धगिन	धिंनाकत्त
×				2			
धगिन	तकधिन	धगिन	धाड़ागिन	धगिन	तकधिन	धगिन	तिंनाकत्त
0				3			
तकिन	तकतिन	ताऽके	तकतिन	तकिन	तकतिन	तकिन	तिंनाकत्त
×				2			
धगिन	तकधिन	धगिन	धाड़ागिन	धगिन	तकधिन	धगिन	धिंनाकत्त
0				3			

प्रस्तार

धगिन	तकधिन	तकगे	तकधिन	धगिन	तकधिन	धगिन	धिंनाकत्त
×				2			
धगिन	तकधिन	धगिन	धाड़ागिन	धगिन	तकधिन	धगिन	तिंनाकत्त
0				3			
तकिन	तकतिन	तकके	तकतिन	तकिन	तकतिन	तकिन	तिंनाकत्त
×				2			
धगिन	तकधिन	धगिन	धाड़ागिन	धगिन	तकधिन	धगिन	धिंनाकत्त
0				3			

तिहाई

धगिन	तकधिन	धगिन	धिंनाकत्त	धा	ऽ	धगिन	तकधिन
×				2			
धगिन	धिंनाकत्त	धा	ऽ	धगिन	तकधिन	धगिन	धिंनाकत्त
0				3			
धा							
×							

स्वतंत्र-बाँट–6

धाड़ा	गिगि	नग	धिन	गिन	धिन	धाड़ा	गिन	धिन	गिन	धाड़ा	गिगि	नग	तिन	ताड़ा	किन
×				2				0				3			
ताड़ा	किकि	नक	तिन	किन	तिन	ताड़ा	किन	धिन	गिन	धाड़ा	गिगि	नग	धिन	धाड़ा	गिन
×				2				0				3			

प्रस्तार

धाड़ा	गिगि	नग	धिन	गिन	धिन	धाड़ा	गिन	धाड़ा	गिगि	नग	धिन	गिन	धिन	धाड़ा	गिन
×				2				0				3			
धाड़ा	गिगि	नग	धिन	गिन	धिन	धाड़ा	गिन	धिन	गिन	धाड़ा	गिगि	नग	तिन	ताड़ा	किन
×				2				0				3			
ताड़ा	किकि	नक	तिन	किन	तिन	ताड़ा	किन	ताड़ा	किकि	नक	तिन	किन	तिन	ताड़ा	किन
×				2				0				3			
धाड़ा	गिगि	नग	धिन	गिन	धिन	धाड़ा	गिन	धिन	गिन	धाड़ा	गिगि	नग	धिन	धाड़ा	गिन
×				2				0				3			

प्रस्तार

धाड़ा	गिगि	नग	धिन	धाड़ा	गिगि	नग	धिन	धाड़ा	गिगि	नग	धिन	गिन	धिन	धाड़ा	गिन
×				2				0				3			
धाड़ा	गिगि	नग	धिन	गिन	धिन	धाड़ा	गिन	धिन	गिन	धाड़ा	गिगि	नग	तिन	ताड़ा	किन
×				2				0				3			
ताड़ा	किकि	नक	तिन	ताड़ा	किकि	नक	तिन	ताड़ा	किकि	नक	तिन	किन	तिन	ताड़ा	किन
×				2				0				3			
धाड़ा	गिगि	नग	धिन	गिन	धिन	धाड़ा	गिन	धिन	गिन	धाड़ा	गिगि	नग	धिन	धाड़ा	गिन
×				2				0				3			

प्रस्तार

धाड़ा	गिगि	नग	धिन	ऽऽ	गिगि	नग	धिन	धाड़ा	गिगि	नग	धिन	गिन	धिन	धाड़ा	गिन
×				2				0				3			
धाड़ा	गिगि	नग	धिन	गिन	धिन	धाड़ा	गिन	धिन	गिन	धाड़ा	गिगि	नग	तिन	ताड़ा	किन
×				2				0				3			
ताड़ा	किकि	नक	तिन	ऽऽ	किकि	नक	तिन	ताड़ा	किकि	नक	तिन	किन	तिन	ताड़ा	किन
×				2				0				3			
धाड़ा	गिगि	नग	धिन	गिन	धिन	धाड़ा	गिन	धिन	गिन	धाड़ा	गिगि	नग	धिन	धाड़ा	गिन
×				2				0				3			

प्रस्तार

धाड़ा	गिन	धाड़ा	गिन	धाड़ा	गिगि	नग	धिन	धाड़ा	गिगि	नग	धिन	गिन	धिन	धाड़ा	गिन
×				2				0				3			
धाड़ा	गिगि	नग	धिन	गिन	धिन	धाड़ा	गिन	धिन	गिन	धाड़ा	गिगि	नग	तिन	ताड़ा	किन
×				2				0				3			
ताड़ा	किन	ताड़ा	किन	ताड़ा	किकि	नक	तिन	ताड़ा	किकि	नक	तिन	किन	तिन	ताड़ा	किन
×				2				0				3			
धाड़ा	गिगि	नग	धिन	गिन	धिन	धाड़ा	गिन	धिन	गिन	धाड़ा	गिगि	नग	धिन	धाड़ा	गिन
×				2				0				3			

प्रस्तार

धाड़ा	धाड़ा	धाड़ा	धाड़ा	धाड़ा	गिगि	नग	धिन	धाड़ा	गिगि	नग	धिन	गिन	धिन	धाड़ा	गिन
×				2				0				3			
धाड़ा	गिगि	नग	धिन	गिन	धिन	धाड़ा	गिन	धिन	गिन	धाड़ा	गिगि	नग	तिन	ताड़ा	किन
×				2				0				3			
ताड़ा	ताड़ा	ताड़ा	ताड़ा	ताड़ा	किकि	नक	तिन	ताड़ा	किकि	नक	तिन	किन	तिन	ताड़ा	किन
×				2				0				3			
धाड़ा	गिगि	नग	धिन	गिन	धिन	धाड़ा	गिन	धिन	गिन	धाड़ा	गिगि	नग	धिन	धाड़ा	गिन
×				2				0				3			

प्रस्तार

धिन	गिन	धाड़ा	गिगि	नग	तिन	ताड़ा	किन	तिन	किन	ताड़ा	गिगि	नग	धिन	धाड़ा	गिन
×				2				0				3			
धिन	गिन	धाड़ा	गिगि	नग	तिन	ताड़ा	किन	तिन	किन	ताड़ा	गिगि	नग	धिन	धाड़ा	गिन
×				2				0				3			

प्रस्तार

धिन	गिन	धाड़ा	गिन	धिन	गिन	धाड़ा	गिन	धिन	गिन	धाड़ा	गिगि	नग	तिन	ताड़ा	किन
×				2				0				3			
तिन	किन	ताड़ा	किन	तिन	किन	ताड़ा	किन	धिन	गिन	धाड़ा	गिगि	नग	धिन	धाड़ा	गिन
×				2				0				3			

तिहाई

धिन	गिन	धाड़ा	गिगि	नग	धिन	धाड़ा	गिन	धा	ऽ	ऽ	ऽ	धिन	गिन	धाड़ा	गिगि	
×				2				0				3				
नग	धिन	धाड़ा	गिन	धा	ऽ	ऽ	ऽ	धिन	गिन	धाड़ा	गिगि	नग	धिन	धाड़ा	गिन	धा
×				2				0				3				

स्वतंत्र बाँट–7

धाऽघड़ा	ऽनधिन	गिनतक	धिनगिन	धिनगिन	धाऽघड़ा	ऽनधिन	तुनाकत्त
×				2			
ताऽकड़ा	ऽनतिन	किनतक	तिनकिन	धिनगिन	धाऽघड़ा	ऽनधिन	धिंनाकत्त
0				3			

प्रस्तार

धाऽघड़ा	ऽनधिन	गिनतक	धिनगिन	धाऽघड़ा	ऽनधिन	गिनतक	धिनगिन
×				2			
धाऽघड़ा	ऽनधिन	गिनतक	धिनगिन	धिनगिन	धाऽघड़ा	ऽनधिन	तुनाकत्त
0				3			
ताऽकड़ा	ऽनतिन	किनतक	तिनकिन	ताऽकड़ा	ऽनतिन	किनतक	तिनकिन
×				2			
धाऽघड़ा	ऽनधिन	गिनतक	धिनगिन	धिनगिन	धाऽघड़ा	ऽनधिन	धिंनाकत्त
0				3			

प्रस्तार

धाऽघड़ा	ऽनधिन	धाऽघड़ा	ऽनधिन	धाऽघड़ा	ऽनधिन	गिनतक	धिनगिन
×				2			
धाऽघड़ा	ऽनधिन	गिनतक	धिनगिन	धिनगिन	धाऽघड़ा	ऽनधिन	तुनाकत्त
0				3			
ताऽकड़ा	ऽनतिन	ताऽकड़ा	ऽनतिन	ताऽकड़ा	ऽनतिन	किनतक	तिनकिन
×				2			
धाऽघड़ा	ऽनधिन	गिनतक	धिनगिन	धिनगिन	धाऽघड़ा	ऽनधिन	धिंनाकत्त
0				3			

प्रस्तार

धाऽघड़ा	ऽनधाऽ	घड़ाऽन	धिनगिन	धाऽघड़ा	ऽनधिन	गिनतक	धिनगिन
×				2			
धाऽघड़ा	ऽनधिन	गिनतक	धिनगिन	धिनगिन	धाऽघड़ा	ऽनधिन	तुनाकत्त
0				3			
ताऽकड़ा	ऽनताऽ	कड़ाऽन	तिनकिन	ताऽकड़ा	ऽनतिन	किनतक	तिनकिन
×				2			
धाऽघड़ा	ऽनधिन	गिनतक	धिनगिन	धिनगिन	धाऽघड़ा	ऽनधिन	धिंनाकत्त
0				3			

प्रस्तार

धाऽघड़ा ×	ऽनधिन	गिनतक	धाऽघड़ा	ऽनधिन 2	गिनतक	धिनगिन	धिनगिन
धाऽघड़ा 0	ऽनधिन	गिनतक	धिनगिन	धिनगिन 3	धाऽघड़ा	ऽनधिन	तुनाकत्त
ताऽकड़ा ×	ऽनतिन	किनतक	ताऽकड़ा	ऽनतिन 2	किनतक	तिनकिन	तिनकिन
धाऽघड़ा 0	ऽनधिन	गिनतक	धिनगिन	धिनगिन 3	धाऽघड़ा	ऽनधिन	धिंनाकत्त

प्रस्तार

धाऽघड़ा ×	ऽनधाऽ	धाऽघड़ा	ऽनधाऽ	धाऽघड़ा 2	ऽनधिन	गिनतक	धिनगिन
धाऽघड़ा 0	ऽनधिन	गिनतक	धिनगिन	धिनगिन 3	धाऽघड़ा	ऽनधिन	तुनाकत्त
ताऽकड़ा ×	ऽनताऽ	ताऽकड़ा	ऽनताऽ	ताऽकड़ा 2	ऽनतिन	किनतक	तिनकिन
धाऽघड़ा 0	ऽनधिन	गिनतक	धिनगिन	धिनगिन 3	धाऽघड़ा	ऽनधिन	धिंनाकत्त

प्रस्तार

धाऽघड़ा ×	ऽनघड़ा	ऽनघड़ा	ऽनधाऽ	धाऽघड़ा 2	ऽनधिन	गिनतक	धिनगिन
धाऽघड़ा 0	ऽनधिन	गिनतक	धिनगिन	धिनगिन 3	धाऽघड़ा	ऽनधिन	तुनाकत्त
ताऽकड़ा ×	ऽनकड़ा	ऽनकड़ा	ऽनताऽ	ताऽकड़ा 2	ऽनतिन	किनतक	तिनकिन
धाऽघड़ा 0	ऽनधिन	गिनतक	धिनगिन	धिनगिन 3	धाऽघड़ा	ऽनधिन	धिंनाकत्त

प्रस्तार

धाऽघड़ा ×	ऽनधिन	गिनतक	धिनगिन	धिनगिन 2	तकधिन	गिनतक	धिनगिन
धाऽघड़ा 0	ऽनधिन	गिनतक	धिनगिन	धिनगिन 3	धाऽघड़ा	ऽनधिन	तुनाकत्त
ताऽकड़ा ×	ऽनतिन	किनतक	तिनकिन	तिनकिन 2	तकतिन	किनतक	तिनकिन
धाऽघड़ा 0	ऽनधिन	गिनतक	धिनगिन	धिनगिन 3	धाऽघड़ा	ऽनधिन	धिंनाकत्त

प्रस्तार

धिनगिन	धाऽघड़ा	ऽनधिन	तुनाकत्त	तिनकिन	धाऽघड़ा	ऽनधिन	धिंनाकत्त
×				2			
धिनगिन	धाऽघड़ा	ऽनधिन	तुनाकत्त	तिनकिन	धाऽघड़ा	ऽनधिन	धिंनाकत्त
0				3			

प्रस्तार

धिनगिन	धाऽघड़ा	ऽनधिन	गिनतक	धिनगिन	धाऽघड़ा	ऽनधिन	तुनाकत्त
×				2			
तिनकिन	ताऽकड़ा	ऽनतिन	किनतक	धिनगिन	धाऽघड़ा	ऽनधिन	धिंनाकत्त
0				3			

प्रस्तार

धिनगिन	धाऽघड़ा	ऽनधिन	गिनतक	धिनगिन	तकधिन	गिनतक	तिनकिन
×				2			
तिनकिन	ताऽकड़ा	ऽनतिन	किनतक	धिनगिन	तकधिन	गिनतक	धिनगिन
0				3			

तिहाई

धिनगिन	धाऽघड़ा	ऽनधिन	गिनतक	धिनगिन	धाऽ	ऽधिन	गिनधाऽ
×				2			
ऽऽ	धिनगिन	धा	धिनगिन	धाऽघड़ा	ऽनधिन	गिनतक	धिनगिन
0				3			
धाऽ	ऽधिन	गिनधाऽ	ऽऽ	धिनगिन	धा	धिनगिन	धाऽघड़ा
×				2			
ऽनधिन	गिनतक	धिनगिन	धाऽ	ऽधिन	गिनधाऽ	ऽऽ	धिनगिन
0				3			
धा							
×							

स्वतंत्र बाँट--8

तकिटधा	ऽड़धिन	गिनतक	धिनगिन	तकधिन	तकिटधा	ऽड़धिन	तुनाकत्त
×				2			
तकिटता	ऽडतिन	किनतक	तिनकिन	तकधिन	तकिटधा	ऽड़धिन	धिंनाःकत्त
0				3			

प्रस्तार

तकिटधा	ऽड़धिन	गिनतक	धिनगिन	तकिटधा	ऽड़धिन	गिनतक	धिनगिन
×				2			
तकिटधा	ऽड़धिन	गिनतक	धिनगिन	तकधिन	तकिटधा	ऽड़धिन	तुनाकत्त
0				3			
तकिटता	ऽडतिन	किनतक	तिनकिन	तकिटता	ऽडतिन	किनतक	तिनकिन
×				2			
तकिटधा	ऽड़धिन	गिनतक	धिनगिन	तकधिन	तकिटधा	ऽड़धिन	धिंनाकत्त
0				3			

प्रस्तार

तकिटधा	ऽड़धिन	तकिटधा	ऽड़धिन	तकिटधा	ऽड़धिन	गिनतक	धिनगिन
×				2			
तकिटधा	ऽड़धिन	गिनतक	धिनगिन	तकधिन	तकिटधा	ऽड़धिन	तुनाकत्त
0				3			
तकिटता	ऽडतिन	तकिटता	ऽडतिन	तकिटता	ऽडतिन	किनतक	तिनकिन
×				2			
तकिटधा	ऽड़धिन	गिनतक	धिनगिन	तकधिन	तकिटधा	ऽड़धिन	धिंनाकत्त
0				3			

प्रस्तार

तकिटधा	ऽड़धिन	धिनतकि	टधाऽड़	तकिटधा	ऽड़धिन	गिनतक	धिनगिन
×				2			
तकिटधा	ऽड़धिन	गिनतक	धिनगिन	तकधिन	तकिटधा	ऽड़धिन	तुनाकत्त
0				3			
तकिटता	ऽडतिन	तिनतकि	टताऽड़	तकिटता	ऽड़तिन	किनतक	तिनकिन
×				2			
तकिटधा	ऽड़धिन	गिनतक	धिनगिन	तकधिन	तकिटधा	ऽड़धिन	धिंनाकत्त
0				3			

प्रस्तार

तकिटधा	ऽड़धिन	गिनतक	तकिटधा	ऽड़धिन	गिनतक	तकिटधा	ऽड़धिन
×				2			
तकिटधा	ऽड़धिन	गिनतक	धिनगिन	तकधिन	तकिटधा	ऽड़धिन	तुनाकत्त
0				3			
तकिटता	ऽडतिन	किनतक	तकिटता	ऽडतिन	किनतक	तकिटता	ऽडतिन
×				2			
तकिटधा	ऽड़धिन	गिनतक	धिनगिन	तकधिन	तकिटधा	ऽड़धिन	धिंनाकत्त
0				3			

प्रस्तार

तकिटधा	ऽड़धिन	गिनतकि	टधाऽड़	धिनगिन	तकिटधा	ऽडतकि	टधाऽड़
×				2			
तकिटधा	ऽड़धिन	गिनतक	धिनगिन	तकधिन	तकिटधा	ऽड़धिन	तुनाकत्त
0				3			
तकिटता	ऽडतिन	किनतकि	टताऽड़	तिनकिन	तकिटता	ऽड़तकि	टताऽड़
×				2			
तकिटधा	ऽड़धिन	गिनतक	धिनगिन	तकधिन	तकिटधा	ऽड़धिन	धिंनाकत्त
0				3			

प्रस्तार

तकिटता	ऽडतिन	तकिटधा	ऽड़धिन	तकिटता	ऽडतिन	तकिटधा	ऽड़धिन
×				2			
तकिटता	ऽडतिन	तकिटधा	ऽड़धिन	तकिटता	ऽडतिन	तकिटधा	ऽड़धिन
0				3			

प्रस्तार

तकिटता	ऽडतिन	तकिटधा	ऽड़धिन	धा	ऽ	तकिटता	ऽडतिन	
×				2				
तकिटधा	ऽड़धिन	धा	ऽ	तकिटता	ऽडतिन	तकिटधा	ऽड़धिन	धा
0				3				×

<u>स्वतंत्र बाँट</u>–9

धाड़गेगे	तगधिन	धाड़गिन	तिनकिन	ताड़केके	तगधिन	धाड़गिन	धिनगिन
×				2			
धाड़गेगे	तगधिन	धाड़गिन	तिनकिन	ताड़केके	तगधिन	धाड़गिन	धिनगिन
0				3			

प्रस्तार

धाड़गेगे	तगधिन	धाड़गेगे	तगधिन	धाड़गेगे	तगधिन	धाड़गिन	तिनकिन
×				2			
ताड़केके	तकतिन	ताड़केके	तकतिन	धाड़गेगे	तगधिन	धाड़गिन	धिनगिन
0				3			

प्रस्तार

धाड़गेगे	तगधिन	ऽऽऽगे	तगधिन	धाड़गेगे	तगधिन	धाड़गिन	तिनकिन
×				2			
ताड़केके	तकतिन	ऽऽऽके	तकतिन	धाड़गेगे	तगधिन	धाड़गिन	धिनगिन
0				3			

प्रस्तार

धाड़गेगे	तगधिन	ऽऽऽगे	तगधिन	धाड़गेगे	तगधिन	ऽऽऽगे	तगधिन
×				2			
धाड़गेगे	तगधिन	ऽऽऽगे	तगधिन	धाड़गेगे	तगधिन	धाड़गिन	तिनकिन
0				3			
ताड़केके	तकतिन	ऽऽऽके	तकतिन	ताड़केके	तकतिन	ऽऽऽके	तकतिन
×				2			
धाड़गेगे	तगधिन	ऽऽऽगे	तगधिन	धाड़गेगे	तगधिन	धाड़गिन	धिनगिन
0				3			

प्रस्तार

धाड़गेगे	तगधिन	ऽऽऽगे	तगधिन	ऽऽऽगे	तगधिन	ऽऽऽगे	तगधिन
×				2			
धाड़गेगे	तगधिन	ऽऽऽगे	तगधिन	धाड़गेगे	तगधिन	धाड़गिन	तिनकिन
0				3			
ताड़केके	तकतिन	ऽऽऽके	तकतिन	ऽऽऽके	तकतिन	ऽऽऽके	तकतिन
×				2			
धाड़गेगे	तगधिन	ऽऽऽगे	तगधिन	धाड़गेगे	तगधिन	धाड़गिन	धिनगिन
0				3			

प्रस्तार

धाड़गेगे	तगधिन	तगधिन	तगधिन	धाड़गेगे	तगधिन	धाड़गिन	धिनगिन
×				2			
धाड़गेगे	तगधिन	ऽऽऽगे	तगधिन	धाड़गेगे	तगधिन	धाड़गिन	तिनकिन
0				3			
ताड़केके	तकतिन	ऽऽऽके	तकतिन	ताड़केके	तकतिन	ऽऽऽके	तकतिन
×				2			
धाड़गेगे	तगधिन	ऽऽऽगे	तगधिन	धाड़गेगे	तगधिन	धाड़गिन	धिनगिन
0				3			

प्रस्तार

धाड़गेगे	तगगेगे	तगगेगे	तगधिन	धाड़गेगे	तगधिन	धाड़गिन	तिनकिन
×				2			
ताड़केके	तककेके	तककेके	तगतिन	धाड़गेगे	तगधिन	धाड़गिन	धिनगिन
0				3			
धाड़गेगे	तगगेगे	तगगेगे	तगधिन	धाड़गेगे	तगधिन	धाड़गिन	तिनकिन
×				2			
ताड़केके	तककेके	तककेके	तगतिन	धाड़गेगे	तगधिन	धाड़गिन	धिनगिन
0				3			

प्रस्तार

धाड़गेगे	तगतिन	ताड़गेगे	तगधिन	धाड़गेगे	तगतिन	ताड़गेगे	तगधिन
×				2			
धाड़गेगे	तगतिन	ताड़गेगे	तगधिन	धाड़गेगे	तगतिन	ताड़गेगे	तगधिन
0				3			

पलट

गेगेतग	तिनताड़	गेगेतग	धिनधाड़	गेगेतग	तिनताड़	गेगेतग	धिनधाड़
×				2			
गेगेतग	तिनताड़	गेगेतग	धिनधाड़	गेगेतग	तिनत्राड़	गेगेतग	धिनधाड़
0				3			

पलट

धिनधाड़	गेगेतग	तिनताड़	गेगेतग	धिनधाड़	गेगेतग	तिनताड़	गेगेतग
×				2			
धिनधाड़	गेगेतग	तिनताड़	गेगेतग	धिनधाड	गेगेतग	तिनताड़	गेगेतग
0				3			

तिहाई

धाड़गेगे	तगतिन	ताड़गेगे	तगधिन	धा	ऽ	धाड़गेगे	तगतिन	
×				2				
ताड़गेगे	तगधिन	धा	ऽ	धाड़गेगे	तगतिन	ताड़गेगे	तगधिन	धा
0				3				×

तिहाई

धाड़गेगे	तगतिन	ताड़गेगे	तगधिन	धा	ताड़गेगे	तगधिन	धा	
×				2				
ताड़गेगे	तगधिन	धा	धाड़गेगे	तगतिन	ताड़गेगे	तगधिन	धा	
0				3				
ताड़गेगे	तगधिन	धा	ताड़गेगे	तगधिन	धा	धाड़गेगे	तगतिन	
×				2				
ताड़गेगे	तगधिन	धा	ताड़गेगे	तगधिन	धा	ताड़गेगे	तगधिन	धा
×				2				×

स्वतंत्र बाँट–10

धाऽघिन	तकिटघि	नगधिन	धिंनाकिट	तकधिन	तकिटघि	नगधिन	तिंनाकिट
×				2			
ताऽकिन	तकिटकि	नकतिन	तिंनाकिट	तकधिन	तकिटघि	नगधिन	धिंनाकिट
0				3			

प्रस्तार

धाऽघिन	तकिटघि	नगधिन	धिंनाकिट	धाऽघिन	तकिटघि	नगधिन	धिंनाकिट
×				2			
धाऽघिन	तकिटघि	नगधिन	धिंनाकिट	तकधिन	तकिटघि	नगधिन	तिंनाकिट
0				3			
ताऽकिन	तकिटकि	नकतिन	तिंनाकिट	ताऽकिन	तकिटकि	नकतिन	तिंनाकिट
×				2			
धाऽघिन	तकिटघि	नगधिन	धिंनाकिट	तकधिन	तकिटघि	नगधिन	धिंनाकिट
0				3			

प्रस्तार

धाऽघिन	तकिटघि	नगधिन	धाऽघिन	धाऽघिन	तकिटघि	नगधिन	धिंनाकिट
×				2			
धाऽघिन	तकिटघि	नगधिन	धिंनाकिट	तकधिन	तकिटघि	नगधिन	तिंनाकिट
0				3			
ताऽकिन	तकिटकि	नकतिन	ताऽकिन	ताऽकिन	तकिटकि	नकतिन	तिंनाकिट
×				2			
धाऽघिन	तकिटघि	नगधिन	धिंनाकिट	तकधिन	तकिटघि	नगधिन	धिंनाकिट
0				3			

प्रस्तार

धाऽघिन	तकिटघि	नगधिन	धाऽघिन	तकिटघि	नगधिन	नगधिन	धिंनाकिट
×				2			
धाऽघिन	तकिटघि	नगधिन	धिंनाकिट	तकधिन	तकिटघि	नगधिन	तिंनाकिट
0				3			
ताऽकिन	तकिटकि	नकतिन	ताऽकिन	तकिटकि	नकतिन	नकतिन	तिंनाकिट
×				2			
धाऽघिन	तकिटघि	नगधिन	धिंनाकिट	तकधिन	तकिटघि	नगधिन	धिंनाकिट
0				3			

प्रस्तार

धाऽघिन	तकिटघि	नगधिन	तकिटघि	नगधिन	तकिटघि	नगधिन	धिंनाकिट
×				2			
धाऽघिन	तकिटघि	नगधिन	धिंनाकिट	तकधिन	तकिटघि	नगधिन	तिंनाकिट
0				3			
ताऽकिन	तकिटकि	नकतिन	तकिटकि	नकतिन	तकिटकि	नकतिन	तिंनाकिट
×				2			
धाऽघिन	तकिटघि	नगधिन	धिंनाकिट	तकधिन	तकिटघि	नगधिन	धिंनाकिट
0				3			

प्रस्तार

धाऽघिन	धाऽघिन	धाऽघिन	तकिटघि	नगधिन	तकिटघि	नगधिन	धिंनाकिट
×				2			
धाऽघिन	तकिटघि	नगधिन	धिंनाकिट	तकधिन	तकिटघि	नगधिन	तिंनाकिट
0				3			
ताऽकिन	ताऽकिन	ताऽकिन	तकिटकि	नकतिन	तकिटकि	नकतिन	तिंनाकिट
×				2			
धाऽघिन	तकिटघि	नगधिन	धिंनाकिट	तकधिन	तकिटघि	नगधिन	धिंनाकिट
0				3			

प्रस्तार

तकधिन	तकिटघि	नगधिन	तिंनाकिट	तकतिन	तकिटघि	नगधिन	धिंनाकिट
×				2			
तकधिन	तकिटघि	नगधिन	तिंनाकिट	तकतिन	तकिटघि	नगधिन	धिंनाकिट
0				3			
तकधिन	तकिटघि	नगधिन	तिंनाकिट	तकतिन	तकिटघि	नगधिन	धिंनाकिट
×				2			
तकधिन	तकिटघि	नगधिन	तिंनाकिट	तकतिन	तकिटघि	नगधिन	धिंनाकिट
0				3			

प्रस्तार

तकधिन	तकिटघि	नगधिन	तकिटघि	नगधिन	तकिटघि	नगधिन	तिंनाकिट
×				2			
तकतिन	तकिटकि	नकतिन	तकिटघि	नगधिन	तकिटघि	नगधिन	धिंनाकिट
0				3			
तकधिन	तकिटघि	नगधिन	तकिटघि	नगधिन	तकिटघि	नगधिन	तिंनाकिट
×				2			
तकतिन	तकिटकि	नकतिन	तकिटघि	नगधिन	तकिटघि	नगधिन	धिंनाकिट
0				3			

प्रस्तार

तकिटघि	नगधिन	तकिटघि	नगधिन	तकिटघि	नगधिन	तकधिन	तिंनाकिट
×				2			
तकिटकि	नकतिन	तकिटकि	नकतिन	तकिटघि	नगधिन	तकधिन	धिंनाकिट
0				3			
तकिटघि	नगधिन	तकिटघि	नगधिन	तकिटघि	नगधिन	तकधिन	तिंनाकिट
×				2			
तकिटकि	नकतिन	तकिटकि	नकतिन	तकिटघि	नगधिन	तकधिन	धिंनाकिट
0				3			

तिहाई

तकिटधि	नगधिन	तकधिन	धिंनाकिट	धाऽघिन	तकधिन	धिंनाकिट	धाऽघिन	
×				2				
तकधिन	धिंनाकिट	धा	तकिटधि	नगधिन	तकधिन	धिंनाकिट	धाऽघिन	
0				3				
तकधिन	धिंनाकिट	धाऽघिन	तकधिन	धिंनाकिट	धा	तकिटधि	नगधिन	
×				2				
तकधिन	धिंनाकिट	धाऽघिन	तकधिन	धिंनाकिट	धाऽघिन	तकधिन	धिंनाकिट	धा
0				3				×

रेला

रेला बनारस घराने का–

धिंना	किटतक	धाऽतिर	घेड़नग	तिंना	किटतक	ताऽतिर	किटतक
×				2			
तिंना	किटतक	ताऽतिर	घेड़नग	धिंना	किटतक	धाऽतिर	किटतक
0				3			

प्रस्तार

धिंना	किटतक	धाऽतिर	घेड़नग	धिंना	किटतक	धाऽतिर	घेड़नग
×				2			
धिंना	किटतक	धाऽतिर	घेड़नग	तिंना	किटतक	ताऽतिर	किटतक
0				3			
तिंना	किटतक	ताऽतिर	केड़नक	तिंना	किटतक	ताऽतिर	केड़नक
×				2			
धिंना	किटतक	धाऽतिर	घेड़नग	धिंना	किटतक	धाऽतिर	किटतक
0				3			

प्रस्तार

धिंना	किटतक	धिंना	किटतक	धिंना	किटतक	धाऽतिर	घेड़नग
×				2			
धिंना	किटतक	धाऽतिर	घेड़नग	तिंना	किटतक	ताऽतिर	किटतक
0				3			
तिंना	किटतक	तिंना	किटतक	तिंना	किटतक	ताऽतिर	केड़नक
×				2			
धिंना	किटतक	धाऽतिर	घेड़नग	धिंना	किटतक	धाऽतिर	किटतक
0				3			

प्रस्तार

धिंना	धिंना	धिंना	किटतक	धिंना	किटतक	धाऽतिर	घेड़नग
×				2			
धिंना	किटतक	धाऽतिर	घेड़नग	तिंना	किटतक	ताऽतिर	किटतक
0				3			
तिंना	तिंना	तिंना	किटतक	तिंना	किटतक	ताऽतिर	केड़नक
×				2			
धिंना	किटतक	धाऽतिर	घेड़नग	धिंना	किटतक	धाऽतिर	किटतक
0				3			

प्रस्तार

धिंना	धिंना	किटतक	धिंना	धिंना	किटतक	धाऽतिर	घेड़नग
×				2			
धिंना	किटतक	धाऽतिर	घेड़नग	तिंना	किटतक	ताऽतिर	किटतक
0				3			
तिंना	तिंना	किटतक	तिंना	तिंना	किटतक	ताऽतिर	केड़नक
×				2			
धिंना	किटतक	धाऽतिर	घेड़नग	धिंना	किटतक	धाऽतिर	किटतक
0				3			

पलट

धाऽतिर	घेड़नग	तिंना	किटतक	ताऽतिर	घेड़नग	धिंना	किटतक
×				2			
धाऽतिर	घेड़नग	तिंना	किटतक	ताऽतिर	घेड़नग	धिंना	किटतक
0				3			
धाऽतिर	घेड़नग	तिंना	किटतक	ताऽतिर	घेड़नग	धिंना	किटतक
×				2			
धाऽतिर	घेड़नग	तिंना	किटतक	ताऽतिर	घेड़नग	धिंना	किटतक
0				3			

पलट

घेड़नग	तिंना	किटतक	ताऽतिर	घेड़नग	धिंना	किटतक	धाऽतिर
×				2			
घेड़नग	तिंना	किटतक	ताऽतिर	घेड़नग	धिंना	किटतक	धाऽतिर
0				3			
घेड़नग	तिंना	किटतक	ताऽतिर	घेड़नग	धिंना	किटतक	धाऽतिर
×				2			
घेड़नग	तिंना	किटतक	ताऽतिर	घेड़नग	धिंना	किटतक	धाऽतिर
0				3			

— **इस प्रकार अनेक उलट-पलट किए जा सकते हैं।**

तिहाई

घेड़नग	धिंना	किटतक	धाऽतिर	किटतक	धाऽघेड	नगधिंऽ	नाऽकिट
×				2			
तकधाऽ	तिरकिट	तकधाऽ	घेड़नग	धिंना	किटतक	धाऽतिर	किटतक
0				3			
धा							
×							

रेला-2

धिंऽतिर	किटतक	धाऽतिर	घेड़नग	तिंऽतिर	किटतक	ताऽतिर	किटतक
×				2			
तिंऽतिर	किटतक	ताऽतिर	घेड़नग	धिंऽतिर	किटतक	धाऽतिर	किटतक
0				3			

प्रस्तार

धिंऽतिर	किटतक	धाऽतिर	घेड़नग	धिंऽतिर	किटतक	धाऽतिर	घेड़नग
×				2			
धिंऽतिर	किटतक	धाऽतिर	घेड़नग	तिंऽतिर	किटतक	ताऽतिर	किटतक
0				3			
तिंऽतिर	किटतक	ताऽतिर	केड़नक	तिंऽतिर	किटतक	ताऽतिर	केड़नक
×				2			
धिंऽतिर	किटतक	धाऽतिर	घेड़नग	धिंऽतिर	किटतक	धाऽतिर	किटतक
0				3			

प्रस्तार

धिंऽतिर	किटतक	धिंऽतिर	किटतक	धिंऽतिर	किटतक	धाऽतिर	घेड़नग
×				2			
धिंऽतिर	किटतक	धाऽतिर	घेड़नग	तिंऽतिर	किटतक	ताऽतिर	किटतक
0				3			
तिंऽतिर	किटतक	तिंऽतिर	किटतक	तिंऽतिर	किटतक	ताऽतिर	किटतक
×				2			
धिंऽतिर	किटतक	धाऽतिर	घेड़नग	धिंऽतिर	किटतक	धाऽतिर	किटतक
0				3			

प्रस्तार

धिं ×	ऽ	ऽ	ऽ	धिंऽतिर 2	किटतक	धाऽतिर	घेड़नग
धिंऽतिर 0	किटतक	धाऽतिर	घेड़नग	तिंऽतिर 3	किटतक	ताऽतिर	किटतक
तिं ×	ऽ	ऽ	ऽ	तिंऽतिर 2	किटतक	ताऽतिर	किटतक
धिंऽतिर 0	किटतक	धाऽतिर	घेड़नग	धिंऽतिर 3	किटतक	धाऽतिर	किटतक

प्रस्तार

धिं ×	ऽ	ऽ	धिं	धिंऽतिर 2	किटतक	धाऽतिर	घेड़नग
धिंऽतिर 0	किटतक	धाऽतिर	घेड़नग	तिंऽतिर 3	किटतक	ताऽतिर	किटतक
तिं ×	ऽ	ऽ	तिं	तिंऽतिर 2	किटतक	ताऽतिर	किटतक
धिंऽतिर 0	किटतक	धाऽतिर	घेड़नग	धिंऽतिर 3	किटतक	धाऽतिर	किटतक

प्रस्तार

ऽ ×	धिं 2	ऽ	ऽ	धिंऽतिर	किटतक	धाऽतिर	घेड़नग
धिंऽतिर 0	किटतक	धाऽतिर	घेड़नग	तिंऽतिर 3	किटतक	ताऽतिर	किटतक
ऽ ×	तिं	ऽ	ऽ	तिंऽतिर 2	किटतक	ताऽतिर	किटतक
धिंऽतिर 0	किटतक	धाऽतिर	घेड़नग	धिंऽतिर 3	किटतक	धाऽतिर	किटतक

प्रस्तार

ऽ ×	धिं	ऽ	धिं	धिंऽतिर 2	किटतक	धाऽतिर	घेड़नग
धिंऽतिर 0	क़िटतक	धाऽतिर	घेड़नग	तिंऽतिर 3	किटतक	ताऽतिर	किटतक
ऽ ×	तिं	ऽ	तिं	तिंऽतिर 2	किटतक	ताऽतिर	किटतक
धिंऽतिर 0	किटतक	धाऽतिर	घेड़नग	धिंऽतिर 3	किटतक	धाऽतिर	किटतक

पलट

धाऽतिर ×	घेड़नग	तिंऽतिर	किटतक	ताऽतिर 2	घेड़नग	धिंऽतिर	किटतक
धाऽतिर 0	घेड़नग	तिंऽतिर	किटतक	ताऽतिर 3	घेड़नग	धिंऽतिर	किटतक
धाऽतिर ×	घेड़नग	तिंऽतिर	किटतक	ताऽतिर 2	घेड़नग	धिंऽतिर	किटतक
धाऽतिर 0	घेड़नग	तिंऽतिर	किटतक	ताऽतिर 3	घेड़नग	धिंऽतिर	किटतक

पलट

धा ×	घेड़नग	धिंऽतिर	किटतक	धाऽतिर 2	घेड़नग	तिंऽतिर	किटतक
ता 0	केड़नक	तिंऽतिर	किटतक	धाऽतिर 3	घेड़नग	धिंऽतिर	किटतक
धा ×	घेड़नग	धिंऽतिर	किटतक	धाऽतिर 2	घेड़नग	तिंऽतिर	किटतक
ता 0	केड़नक	तिंऽतिर	किटतक	धाऽतिर 3	घेड़नग	धिंऽतिर	किटतक

पलट

घेड़नग ×	धिंऽतिर	किटतक	धाऽतिर	घेड़नग 2	तिंऽतिर	किटतक	ता
केड़नक 0	तिंऽतिर	किटतक	धाऽतिर	घेड़नग 3	धिंऽतिर	किटतक	धा
घेड़नग ×	धिंऽतिर	किटतक	धाऽतिर	घेड़नग 2	तिंऽतिर	किटतक	ता
केड़नक 0	तिंऽतिर	किटतक	धाऽतिर	घेड़नग 3	धिंऽतिर	किटतक	धा

— इस प्रकार अनेक उलट-पलट किए जा सकते हैं।

तिहाई

धिंऽतिर ×	किटतक	धाऽतिर	घेड़नग	धिंऽतिर 2	किटतक	धाऽतिर	किटतक
धा 0	किटतक	धिंऽतिर	किटतक	धाऽतिर 3	किटतक	धा	किटतक
धिंऽतिर ×	किटतक	धाऽतिर	किटतक	धा 2	ऽ	धिंऽतिर	किटतक

धाऽतिर	घेड़नग	धिंऽतिर	किटतक	धाऽतिर	किटतक	धा	किटतक	
0				3				
धिंऽतिर	किटतक	धाऽतिर	किटतक	धा	किटतक	धिंऽतिर	किटतक	
×				2				
धाऽतिर	किटतक	धा	ऽ	धिंऽतिर	किटतक	धाऽतिर	घेड़नग	
0				3				
धिंऽतिर	किटतक	धाऽतिर	किटतक	धा	किटतक	धिंऽतिर	किटतक	
×				2				
धाऽतिर	किटतक	धा	किटतक	धिंऽतिर	किटतक	धाऽतिर	किटतक	धा
0				3				×

रेला-3

तकतिर	किटतक	धाऽतिर	घेड़नग	तकतिर	किटतक	ताऽतिर	किटतक
×				2			
तकतिर	किटतक	ताऽतिर	घेड़नग	तकतिर	किटतक	धाऽतिर	किटतक
0				3			

प्रस्तार

तकतिर	किटतक	धाऽतिर	घेड़नग	तकतिर	किटतक	धाऽतिर	घेड़नग
×				2			
तकतिर	किटतक	धाऽतिर	घेड़नग	तकतिर	किटतक	ताऽतिर	किटतक
0				3			
तकतिर	किटतक	ताऽतिर	केड़नग	तकतिर	किटतक	ताऽतिर	केड़नग
×				2			
तकतिर	किटतक	धाऽतिर	घेड़नग	तकतिर	किटतक	धाऽतिर	किटतक
0				3			

प्रस्तार

तकतिर	किटतक	तकतिर	किटतक	तकतिर	किटतक	धाऽतिर	घेड़नग
×				2			
तकतिर	किटतक	धाऽतिर	घेड़नग	तकतिर	किटतक	ताऽतिर	किटतक
0				3			
तकतिर	किटतक	तकतिर	किटतक	तकतिर	किटतक	ताऽतिर	केड़नग
×				2			
तकतिर	किटतक	धाऽतिर	घेड़नग	तकतिर	किटतक	धाऽतिर	किटतक
0				3			

प्रस्तार

तकतिर ×	किटतक	धाऽतिर	घेड़नग	धाऽतिर 2	घेड़नग	धाऽतिर	घेड़नग
तकतिर 0	किटतक	धाऽतिर	घेड़नग	तकतिर 3	किटतक	ताऽतिर	किटतक
तकतिर ×	किटतक	ताऽतिर	केड़नग	ताऽतिर 2	केड़नग	ताऽतिर	केड़नग
तकतिर 0	किटतक	धाऽतिर	घेड़नग	तकतिर 3	किटतक	धाऽतिर	किटतक

प्रस्तार

तकतिर ×	किटतक	धा	घेड़नग	तकतिर 2	किटतक	तकतिर	किटतक
तकतिर 0	किटतक	धाऽतिर	घेड़नग	तकतिर 3	किटतक	ताऽतिर	किटतक
तकतिर ×	किटतक	ता	केड़नग	तकतिर 2	किटतक	तकतिर	किटतक
तकतिर 0	किटतक	धाऽतिर	घेड़नग	तकतिर 3	किटतक	धाऽतिर	किटतक

पलट

किटतक ×	तकतिर	किटतक	धा	घेड़नग 2	तकतिर	किटतक	तकतिर
किटतक 0	तकतिर	किटतक	ता	घेड़नग 3	तकतिर	किटतक	तकतिर
किटतक ×	तकतिर	किटतक	धा	घेड़नग 2	तकतिर	किटतक	तकतिर
किटतक 0	तकतिर	किटतक	ता	घेड़नग 3	तकतिर	किटतक	तकतिर

तिहाई

तकतिर ×	किटतक	ता	घेड़नग	तकतिर 2	किटतक	तकतिर	किटतक
धा 0	घेड़नग	तकतिर	किटतक	तकतिर 3	किटतक	धा	घेड़नग
तकतिर ×	किटतक	तकतिर	किटतक	धा 2	ऽ	तकतिर	किटतक
ता 0	घेड़नग	तकतिर	किटतक	तकतिर 3	किटतक	धा	घेड़नग

तकतिर	किटतक	तकतिर	किटतक	धा	घेड़नग	तकतिर	किटतक
×				2			
तकतिर	किटतक	धा	ऽ	तकतिर	किटतक	ता	घेड़नग
0				3			
तकतिर	किटतक	तकतिर	किटतक	धा	घेड़नग	तकतिर	किटतक
×				2			
तकतिर	किटतक	धा	घेड़नग	तकतिर	किटतक	तकतिर	किटतक
0				3			
धा							
×							

रेला-4

धिरधिर	किटतक	धाऽतिर	घेड़नग	तिरतिर	किटतक	ताऽतिर	किटतक
×				2			
तिरतिर	किटतक	ताऽतिर	घेड़नग	धिरधिर	किटतक	धाऽतिर	किटतक
0				3			

प्रस्तार

धिरधिर	किटतक	धाऽतिर	घेड़नग	धिरधिर	किटतक	धाऽतिर	घेड़नग
×				2			
धिरधिर	किटतक	धाऽतिर	घेड़नग	तिरतिर	किटतक	ताऽतिर	किटतक
0				3			
तिरतिर	किटतक	ताऽतिर	केड़नक	तिरतिर	किटतक	ताऽतिर	केड़नक
×				2			
धिरधिर	किटतक	धाऽतिर	घेड़नग	धिरधिर	किटतक	धाऽतिर	किटतक
0				3			

प्रस्तार

धिरधिर	किटतक	धिरधिर	किटतक	धिरधिर	किटतक	धाऽतिर	घेड़नग
×				2			
धिरधिर	किटतक	धाऽतिर	घेड़नग	तिरतिर	किटतक	ताऽतिर	किटतक
0				3			
तिरतिर	किटतक	तिरतिर	किटतक	तिरतिर	किटतक	ताऽतिर	केड़नक
×				2			
धिरधिर	किटतक	धाऽतिर	घेड़नग	धिरधिर	किटतक	धाऽतिर	किटतक
0				3			

प्रस्तार

धिरधिर	किटतक	धाऽतिर	घेड़नग	धाऽतिर	घेड़नग	धाऽतिर	घेड़नग
×				2			
धिरधिर	किटतक	धाऽतिर	घेड़नग	तिरतिर	किटतक	ताऽतिर	किटतक
0				3			
तिरतिर	किटतक	ताऽतिर	केड़नक	ताऽतिर	केड़नक	ताऽतिर	केड़नक
×				2			
धिरधिर	किटतक	धाऽतिर	घेड़नग	धिरधिर	किटतक	धाऽतिर	किटतक
0				3			

प्रस्तार

धिरधिर	किटतक	धाऽतिर	घेड़नग	धिरधिर	किटतक	धिरधिर	किटतक
×				2			
धिरधिर	किटतक	धाऽतिर	घेड़नग	तिरतिर	किटतक	ताऽतिर	किटतक
0				3			
तिरतिर	किटतक	ताऽतिर	केड़नक	तिरतिर	किटतक	तिरतिर	किटतक
×				2			
धिरधिर	किटतक	धाऽतिर	घेड़नग	धिरधिर	किटतक	धाऽतिर	किटतक
0				3			

प्रस्तार

धिरधिर	किटतक	धाऽतिर	घेड़नग	धिरधिर	किटतक	धिरधिर	किटतक
×				2			
धाऽतिर	घेड़नग	धिरधिर	किटतक	तिरतिर	किटतक	ताऽतिर	किटतक
0				3			
तिरतिर	किटतक	ताऽतिर	केड़नक	तिरतिर	किटतक	धिरधिर	किटतक
×				2			
धाऽतिर	घेड़नग	धिरधिर	किटतक	धिरधिर	किटतक	धाऽतिर	किटतक
0				3			

पलट

घेड़नग	धिरधिर	किटतक	धाऽतिर	घेड़नग	धिरधिर	किटतक	धाऽतिर
×				2			
घेड़नग	तिरतिर	किटतक	ताऽतिर	घेड़नग	धिरधिर	किटतक	धाऽतिर
0				3			
घेड़नग	धिरधिर	किटतक	धाऽतिर	घेड़नग	धिरधिर	किटतक	धाऽतिर
×				2			
घेड़नग	तिरतिर	किटतक	ताऽतिर	घेड़नग	धिरधिर	किटतक	धाऽतिर
0				3			

पलट

धाऽतिर	घेड़नग	धिरधिर	किटतक	धाऽतिर	घेड़नग	तिरतिर	किटतक
×				2			
ताऽतिर	केड़नक	तिरतिर	किटतक	ताऽतिर	घेड़नग	धिरधिर	किटतक
0				3			
धाऽतिर	घेड़नग	धिरधिर	किटतक	धाऽतिर	घेड़नग	तिरतिर	किटतक
×				2			
ताऽतिर	केड़नक	तिरतिर	किटतक	ताऽतिर	घेड़नग	धिरधिर	किटतक
0				3			

तिहाई

धाऽतिर	घेड़नग	धिरधिर	किटतक	ताऽतिर	घेड़नग	धिरधिर	किटतक
×				2			
धा	ऽ	ऽ	ऽ	धाऽतिर	घेड़नग	धिरधिर	किटतक
0				3			
ताऽतिर	घेड़नग	धिरधिर	किटतक	धा	ऽ	ऽ	ऽ
×				2			
धाऽतिर	घेड़नग	धिरधिर	किटतक	ताऽतिर	घेड़नग	धिरधिर	किटतक
0				3			
धा							
×							

रेला-5

(यह रेला मुख्यतः पूरब—बाज में प्रचलित है)

धाऽतिर	घेड़नग	दिनतक	धाऽतिर	घेड़नग	दिनतक	ताऽतिर	किटतक
×				2			
ताऽतिर	केड़नक	तिनतक	ताऽतिर	घेड़नग	दिनतक	धाऽतिर	किटतक
0				3			

प्रस्तार

धा	ऽ	ऽ	धाऽतिर	घेड़नग	दिनतक	धाऽतिर	किटतक
×				2			
धाऽतिर	घेड़नग	दिनतक	धाऽतिर	घेड़नग	दिनतक	ताऽतिर	किटतक
0				3			
ता	ऽ	ऽ	ताऽतिर	केड़नक	तिनतक	ताऽतिर	किटतक
×				2			
धाऽतिर	घेड़नग	दिनतक	धाऽतिर	घेड़नग	दिनतक	धाऽतिर	किटतक
0				3			

प्रस्तार

धा	ऽ	ऽ	धाऽतिर	घेड़नग	दिनतक	धाऽतिर	किटतक
×				2			
धा	ऽ	ऽ	धाऽतिर	घेड़नग	दिनतक	धाऽतिर	किटतक
0				3			
धा	ऽ	ऽ	धाऽतिर	घेड़नग	दिनतक	धाऽतिर	किटतक
×				2			
धाऽतिर	घेड़नग	दिनतक	धाऽतिर	घेड़नग	दिनतक	ताऽतिर	किटतक
0				3			
ता	ऽ	ऽ	ताऽतिर	केड़नक	तिनतक	ताऽतिर	किटतक
×				2			
ता	ऽ	ऽ	ताऽतिर	केड़नक	तिनतक	ताऽतिर	किटतक
0				3			
धा	ऽ	ऽ	धाऽतिर	घेड़नग	दिनतक	धाऽतिर	किटतक
×				2			
धाऽतिर	घेड़नग	दिनतक	धाऽतिर	घेड़नग	दिनतक	धाऽतिर	किटतक
0				3			

प्रस्तार

धाऽतिर	किटधाऽ	तिरकिट	धाऽतिर	घेड़नग	दिनतक	धाऽतिर	किटतक
×				2			
धाऽतिर	घेड़नग	दिनतक	धाऽतिर	घेड़नग	दिनतक	ताऽतिर	किटतक
0				3			
ताऽतिर	किटताऽ	तिरकिट	ताऽतिर	केड़नक	तिनतक	ताऽतिर	किटतक
×				2			
धाऽतिर	घेड़नग	दिनतक	धाऽतिर	घेड़नग	दिनतक	धाऽतिर	किटतक
0				3			

प्रस्तार

धाऽतिर	किटधाऽ	तिरकिट	धाऽतिर	घेड़नग	दिनतक	धाऽतिर	किटतक
×				2			
धाऽतिर	किटधाऽ	तिरकिट	धाऽतिर	घेड़नग	दिनतक	धाऽतिर	किटतक
0				3			
धाऽतिर	किटधाऽ	तिरकिट	धाऽतिर	घेड़नग	दिनतक	धाऽतिर	किटतक
×				2			
धाऽतिर	घेड़नग	दिनतक	धाऽतिर	घेड़नग	दिनतक	ताऽतिर	किटतक
0				3			
ताऽतिर	किटताऽ	तिरकिट	ताऽतिर	केड़नक	तिनतक	ताऽतिर	किटतक
×				2			

ताऽतिर	किटताऽ	तिरकिट	ताऽतिर	केड़नक	तिनतक	ताऽतिर	किटतक
0				3			
धाऽतिर	किटधाऽ	तिरकिट	धाऽतिर	घेड़नग	दिनतक	धाऽतिर	किटतक
×				2			
धाऽतिर	घेड़नग	दिनतक	धाऽतिर	घेड़नग	दिनतक	धाऽतिर	किटतक
0				3			

प्रस्तार

धाऽतिर	घेड़नग	दिनतक	धाऽतिर	किटतक	धाऽतिर	घेड़नग	तिनतक
×				2			
ताऽतिर	केड़नक	तिनतक	धाऽतिर	किटतक	धाऽतिर	घेड़नग	दिनतक
0				3			
धाऽतिर	घेड़नग	दिनतक	धाऽतिर	किटतक	धाऽतिर	घेड़नग	तिनतक
×				2			
ताऽतिर	केड़नक	तिनतक	धाऽतिर	किटतक	धाऽतिर	घेड़नग	दिनतक
0				3			

प्रस्तार

धाऽतिर	घेड़नग	दिनतक	धाऽतिर	घेड़नग	दिनतक	धाऽतिर	घेड़नग
×				2			
दिनतक	धाऽतिर	घेड़नग	दिनतक	धाऽऽऽ	धाऽतिर	घेड़नग	तिनतक
0				3			
ताऽतिर	केड़नक	तिनतक	ताऽतिर	केड़नक	तिनतक	ताऽतिर	घेड़नग
×				2			
दिनतक	धाऽतिर	घेड़नग	दिनतक	धाऽऽऽ	धाऽतिर	घेड़नग	दिनतक
0				3			

प्रस्तार

घेड़नग	दिनतक	धाऽतिर	किटधाऽ	घेड़नग	दिनतक	धाऽतिर	किटतक
×				2			
धाऽतिर	घेड़नग	दिनतक	धाऽतिर	घेड़नग	दिनतक	ताऽतिर	किटतक
0				3			
केड़नक	तिनतक	ताऽतिर	किटताऽ	केड़नक	तिनतक	ताऽतिर	किटतक
×				2			
धाऽतिर	घेड़नग	दिनतक	धाऽतिर	घेड़नग	दिनतक	धाऽतिर	किटतक
0				3			

प्रस्तार

दिनतक	धाऽतिर	घेड़नग	दिनतक	धाऽतिर	किटतक	ताऽतिर	किटतक
×				2			
तिनतक	ताऽतिर	केड़नक	तिनतक	धाऽतिर	किटतक	धाऽतिर	किटतक
0				3			
दिनतक	धाऽतिर	घेड़नग	दिनतक	धाऽतिर	किटतक	ताऽतिर	किटतक
×				2			
तिनतक	ताऽतिर	केड़नक	तिनतक	धाऽतिर	किटतक	धाऽतिर	किटतक
0				3			

प्रस्तार

दिनतक	धाऽतिर	घेड़नग	दिनतक	दिनतक	धाऽतिर	घेड़नग	दिनतक
×				2			
दिनतक	धाऽतिर	घेड़नग	दिनतक	धाऽतिर	किटतक	ताऽतिर	किटतक
0				3			
तिनतक	ताऽतिर	केड़नक	तिनतक	तिनतक	ताऽतिर	केड़नक	तिनतक
×				2			
दिनतक	धाऽतिर	घेड़नग	दिनतक	धाऽतिर	किटतक	धाऽतिर	किटतक
0				3			

तिहाई

दिनतक	धाऽतिर	घेड़नग	दिनतक	धाऽतिर	किटतक	धाऽतिर	किटतक	
×				2				
धा	दिनतक	धाऽतिर	किटतक	धाऽतिर	किटतक	धा	दिनतक	
0				3				
धाऽतिर	किटतक	धाऽतिर	किटतक	धा	ऽ	दिनतक	धाऽतिर	
×				2				
घेड़नग	दिनतक	धाऽतिर	किटतक	धाऽतिर	किटतक	धा	दिनतक	
0				3				
धाऽतिर	किटतक	धाऽतिर	किटतक	धा	दिनतक	धाऽतिर	किटतक	
×				2				
धाऽतिर	किटतक	धा	ऽ	दिनतक	धाऽतिर	घेड़नग	दिनतक	
0				3				
धाऽतिर	किटतक	धाऽतिर	किटतक	धा	दिनतक	धाऽतिर	किटतक	
×				2				
धाऽतिर	किटतक	धा	दिनतक	धाऽतिर	किटतक	धाऽतिर	किटतक	धा
0				3				×

रेला-6

धाऽघेड़नग	तिरकिटतक	तकतिरकिट	किन्तड़ाऽन
×			
ताऽकेड़नक	तिरकिटतक	तकतिरकिट	घिन्तड़ाऽन
2			
धाऽघेड़नग	तिरकिटतक	तकतिरकिट	किन्तड़ाऽन
0			
ताऽकेड़नक	तिरकिटतक	तकतिरकिट	घिन्तड़ाऽन
3			

प्रस्तार

धाऽघेड़नग	तिरकिटतक	धाऽघेड़नग	तिरकिटतक
×			
धाऽघेड़नग	तिरकिटतक	तकतिरकिट	किन्तड़ाऽन
2			
ताऽकेड़नक	तिरकिटतक	ताऽकेड़नक	तिरकिटतक
0			
धाऽघेड़नग	तिरकिटतक	तकतिरकिट	घिन्तड़ाऽन
3			

प्रस्तार

धाऽघेड़नग	धाऽघेड़नग	धाऽघेड़नग	तिरकिटतक
×			
धाऽघेड़नग	तिरकिटतक	तकतिरकिट	किन्तड़ाऽन
2			
ताऽकेड़नक	ताऽकेड़नक	ताऽकेड़नक	तिरकिटतक
0			
धाऽघेड़नग	तिरकिटतक	तकतिरकिट	घिन्तड़ाऽन
3			

प्रस्तार

धाऽघेड़नग	धाऽघेड़नग	तिरकिटतक	धाऽघेड़नग
×			
धाऽघेड़नग	तिरकिटतक	तकतिरकिट	किन्तड़ाऽन
2			
ताऽकेड़नक	ताऽकेड़नक	तिरकिटतक	ताऽकेड़नक
0			
धाऽघेड़नग	तिरकिटतक	तकतिरकिट	घिन्तड़ाऽन
3			

प्रस्तार

धाऽघेड़नग ×	तिरकिटतक	तिरकिटतक	तिरकिटतक
धाऽघेड़नग 2	तिरकिटतक	तकतिरकिट	किन्तड़ाऽन
ताऽकेड़नक 0	तिरकिटतक	तिरकिटतक	तिरकिटतक
धाऽघेड़नग 3	तिरकिटतक	तकतिरकिट	घिन्तड़ाऽन

प्रस्तार

धाऽघेड़नग ×	तिरकिटतक	तकतकतिर	किटतकतक
तिरकिटतक 2	तकतिरकिट	तकतिरकिट	किन्तड़ाऽन
ताऽकेड़नक 0	तिरकिटतक	तकतकतिर	किटतकतक
तिरकिटतक 3	तकतिरकिट	तकतिरकिट	घिन्तड़ाऽन

प्रस्तार

तकतकतिर ×	किटतकतक	तिरकिटतक	तकतिरकिट
धाऽघेड़नग 2	तिरकिटतक	तकतिरकिट	किन्तड़ाऽन
तकतकतिर 0	किटतकतक	तिरकिटतक	तकतिरकिट
धाऽघेड़नग 3	तिरकिटतक	तकतिरकिट	घिन्तड़ाऽन

प्रस्तार

तकतिरकिट ×	घिन्तड़ाऽन	तकतिरकिट	घिन्तड़ाऽन
धाऽघेड़नग 2	तिरकिटतक	तकतिरकिट	किन्तड़ाऽन
तकतिरकिट 0	किन्तड़ाऽन	तकतिरकिट	किन्तड़ाऽन
धाऽघेड़नग 3	तिरकिटतक	तकतिरकिट	घिन्तड़ाऽन

तिहाई

धाऽघेड़नग	तिरकिटतक	तकतिरकिट	घिन्तड़ाऽन	
×				
धा	तकतिरकिट	घिन्तड़ाऽन	धा	
2				
तकतिरकिट	घिन्तड़ाऽन	धा	धाऽघेड़नग	
0				
तिरकिटतक	तकतिरकिट	घिन्तड़ाऽन	धा	
3				
तकतिरकिट	घिन्तड़ाऽन	धा	तकतिरकिट	
×				
घिन्तड़ाऽन	धा	धाऽघेड़नग	तिरकिटतक	
2				
तकतिरकिट	घिन्तड़ाऽन	धा	तकतिरकिट	
0				
घिन्तड़ाऽन	धा	तकतिरकिट	घिन्तड़ाऽन	धा
3				×

टुकड़ा-1

तिरकिट	धेत्	तिरकिट	धेत्	धिरधिर	किटतक	धाऽतिर	किटतक	
×				2				
धिरधिर	किटतक	धाऽतिर	किटतक	कत	धा	धिरधिर	किटतक	
0				3				
धा	क्ड़ां	धा	कत	धा	धिरधिर	किटतक	धा	
×				2				
क्ड़ां	धा	कत	धा	धिरधिर	किटतक	धा	क्ड़ां	धा
0				3				×

टुकड़ा-2

तिरकिट	धेत्	तिरकिट	धेत्	धिरधिर	किटतक	धाऽतिर	किटतक	
×				2				
धिरधिर	किटतक	धाऽतिर	किटतक	धिरधिर	किटतक	तक्	क्ड़ां	
0				3				
धा	कत	धा	धिरधिर	किटतक	तक्	क्ड़ां	धा	
×				2				
कत	धा	धिरधिर	किटतक	तक्	क्ड़ां	धा	कत	धा
0				3				×

टुकड़ा-3

तिरकिट	धेत्	तिरकिट	धेत्	धिरधिर	किटतक	धाऽतिर	किटतक	
×				2				
धिरधिर	किटतक	तक्	क्ड़ां	धा	किटतक	तक्	क्ड़ां	
0				3				
धा	किटतक	तक्	क्ड़ां	धा	ऽ	तिरकिट	धेत्	
×				2				
तिरकिट	धेत्	धिरधिर	किटतक	धाऽतिर	किटतक	धिरधिर	किटतक	
0				3				
तक्	क्ड़ां	धा	किटतक	तक्	क्ड़ां	धा	किटतक	
×				2				
तक्	क्ड़ां	धा	ऽ	तिरकिट	धेत्	तिरकिट	धेत्	
0				3				
धिरधिर	किटतक	धाऽतिर	किटतक	धिरधिर	किटतक	तक्	क्ड़ां	
×				2				
धा	किटतक	तक्	क्ड़ां	धा	किटतक	तक्	क्ड़ां	धा
0				3				×

टुकड़ा-4

तिरकिट	धेत्	धिरधिर	किटतक	धाऽतिर	किटतक	धिरधिर	किटतक	
×				2				
तक्	क्ड़ां	धा	धिरधिर	किटतक	तक्	क्ड़ां	धा	
0				3				
धिरधिर	किटतक	तक्	क्ड़ां	धा	ऽ	तिरकिट	धेत्	
×				2				
धिरधिर	किटतक	धाऽतिर	किटतक	धिरधिर	किटतक	तक्	क्ड़ां	
0				3				
धा	धिरधिर	किटतक	तक्	क्ड़ां	धा	धिरधिर	किटतक	
×				2				
तक्	क्ड़ां	धा	ऽ	तिरकिट	धेत्	धिरधिर	किटतक	
0				3				
धाऽतिर	किटतक	धिरधिर	किटतक	तक्	क्ड़ां	धा	धिरधिर	
×				2				
किटतक	तक्	क्ड़ां	धा	धिरधिर	किटतक	तक्	क्ड़ां	धा
0				3				×

टुकड़ा-5

तिरकिट	धेत्	धिरधिर	किटतक	तक्	क्ड़ां	धा	कत	
×				2				
धा	धा	धा	तिरकिट	धेत्	धिरधिर	किटतक	तक्	
0				3				
क्ड़ां	धा	कत	धा	धा	धा	तिरकिट	धेत्	
×				2				
धिरधिर	किटतक	तक्	क्ड़ां	धा	कत	धा	धा	धा
0				3				×

टुकड़ा-6

तिरकिट	धेत्	धिरधिर	किटतक	धिरधिर	किटतक	धिरधिर	किटतक	
×				2				
तक्	क्ड़ां	धा	तिरकिट	धेत्	धिरधिर	किटतक	धिरधिर	
0				3				
किटतक	धिरधिर	किटतक	तक्	क्ड़ां	धा	तिरकिट	धेत्	
×				2				
धिरधिर	किटतक	धिरधिर	किटतक	धिरधिर	किटतक	तक्	क्ड़ां	धा
0				3				×

टुकड़ा (चक्रदार)–7

तिरकिट	धेत्	तिरकिट	धेत्	धिरधिर	किटतक	धाऽतिर	किटतक
×				2			
धिरधिर	किटतक	धाऽतिर	किटतक	धिरधिर	किटतक	तक्	क्ड़ां
0				3			
धा	कत	धा	धा	धा	ऽ	धिरधिर	किटतक
×				2			
तक्	क्ड़ां	धा	कत	धा	धा	धा	ऽ
0				3			
धिरधिर	किटतक	तक्	क्ड़ां	धा	कत	धा	धा
×				2			
धा	ऽ	ऽ	ऽ	तिरकिट	धेत्	तिरकिट	धेत्
0				3			
धिरधिर	किटतक	धाऽतिर	किटतक	धिरधिर	किटतक	धाऽतिर	किटतक
×				2			
धिरधिर	किटतक	तक्	क्ड़ां	धा	कत	धा	धा
0				3			
धा	ऽ	धिरधिर	किटतक	तक्	क्ड़ां	धा	कत
×				2			

धा	धा	धा	ऽ	धिरधिर	किटतक	तक्	क्ड़ां	
0				3				
धा	कत	धा	धा	धा	ऽ	ऽ	ऽ	
×				2				
तिरकिट	धेत्	तिरकिट	धेत्	धिरधिर	किटतक	धाऽतिर	किटतक	
0				3				
धिरधिर	किटतक	धाऽतिर	किटतक	धिरधिर	किटतक	तक्	क्ड़ां	
×				2				
धा	कत	धा	धा	धा	ऽ	धिरधिर	किटतक	
0				3				
तक्	क्ड़ां	धा	कत	धा	धा	धा	ऽ	
×				2				
धिरधिर	किटतक	तक्	क्ड़ा	धा	कत	धा	धा	धा
0				3				×

चक्रदार-टुकड़ा–8

तिरकिट	धेत्	धिरधिर	किटतक	धाऽतिर	किटतक	तिरकिट	धेत्
×				2			
धिरधिर	किटतक	धाऽतिर	किटतक	धिरधिर	किटतक	धाऽतिर	किटतक
0				3			
धिरधिर	किटतक	धिरधिर	किटतक	धिरधिर	किटतक	धाऽतिर	किटतक
×				2			
धिरधिर	किटतक	तक्	क्ड़ां	ऽ	धा	ऽ	कत
0				3			
धा	ऽ	धिरधिर	किटतक	तक्	क्ड़ां	ऽ	धा
×				2			
ऽ	कत	धा	ऽ	धिरधिर	किटतक	तक्	क्ड़ां
0				3			
ऽ	धा	ऽ	कत	धा	ऽ	तिरकिट	धेत्
×				2			
धिरधिर	किटतक	धाऽतिर	किटतक	तिरकिट	धेत्	धिरधिर	किटतक
0				3			
धाऽतिर	किटतक	धिरधिर	किटतक	धाऽतिर	किटतक	धिरधिर	किटतक
×				2			
धिरधिर	किटतक	धिरधिर	किटतक	धाऽतिर	किटतक	धिरधिर	किटतक
0				3			
तक्	क्ड़ां	ऽ	धा	ऽ	कत	धा	ऽ
×				2			

धिरधिर	किटतक	तक्	क्ड़ां	ऽ	धा	ऽ	कत	
0				3				
धा	ऽ	धिरधिर	किटतक	तक्	क्ड़ां	ऽ	धा	
×				2				
ऽ	कत	धा	ऽ	तिरकिट	धेत्	धिरधिर	किटतक	
0				3				
धाऽतिर	किटतक	तिरकिट	धेत्	धिरधिर	किटतक	धाऽतिर	किटतक	
×				2				
धिरधिर	किटतक	धाऽतिर	किटतक	धिरधिर	किटतक	धिरधिर	किटतक	
0				3				
धिरधिर	किटतक	धाऽतिर	किटतक	धिरधिर	किटतक	तक्	क्ड़ां	
×				2				
ऽ	धा	ऽ	कत	धा	ऽ	धिरधिर	किटतक	
0				3				
तक्	क्ड़ां	ऽ	धा	ऽ	कत	धा	ऽ	
×				2				
धिरधिर	किटतक	तक्	क्ड़ां	ऽ	धा	ऽ	कत	धा
0				3				×

टुकड़ा-9

तिरकिट	धेत्	ऽ	धिरधिर	किटतक	तक्	क्ड़ां	ऽ
×				2			
धिरधिर	किटतक	तक्	क्ड़ां	ऽ	धिरधिर	किटतक	तक्
0				3			
क्ड़ां	ऽ	धा	कत	धा	ऽ	तिरकिट	धेत्
×				2			
ऽ	धिरधिर	किटतक	तक्	क्ड़ां	ऽ	धिरधिर	किटतक
0				3			
तक्	क्ड़ां	ऽ	धिरधिर	किटतक	तक्	क्ड़ां	ऽ
×				2			
धा	कत	धा	ऽ	तिरकिट	धेत्	ऽ	धिरधिर
0				3			
किटतक	तक्	क्ड़ां	ऽ	धिरधिर	किटतक	तक्	क्ड़ां
×				2			
ऽ	धिरधिर	किटतक	तक्	क्ड़ां	ऽ	धा	कत
0				3			
धा							
×							

टुकड़ा-10

तिरकिट	धेत्	धिरधिर	किटतक	धाऽतिर	किटतक	तिरकिट	क्ड़ां
×				2			
किटतक	तिरकिट	धा	तिरकिट	क्ड़ां	किटतक	तिरकिट	धा
0				3			
तिरकिट	क्ड़ां	किटतक	तिरकिट	धा	ऽ	तिरकिट	धेत्
×				2			
धिरधिर	किटतक	धाऽतिर	किटतक	तिरकिट	क्ड़ां	किटतक	तिरकिट
0				3			
धा	तिरकिट	क्ड़ां	किटतक	तिरकिट	धा	तिरकिट	क्ड़ां
×				2			
किटतक	तिरकिट	धा	ऽ	तिरकिट	धेत्	धिरधिर	किटतक
0				3			
धाऽतिर	किटतक	तिरकिट	क्ड़ां	किटतक	तिरकिट	धा	तिरकिट
×				2			
क्ड़ां	किटतक	तिरकिट	धा	तिरकिट	क्ड़ां	किटतक	तिरकिट
0				3			
धा							
×							

टुकड़ा-11

इसे उठान के रूप में भी प्रयोग किया जाता है

घेऽतिरकिटतक	तागेतेटे	कताऽगि	नाऽधाऽ	तूऽनाऽ	गिनातुना	धातूनाधा	तूनाधातू	
×				2				
नाऽकता	गिनातुना	धातूनाधा	तूनाधातू	नाऽकता	गिनातुना	धातूनाधा	तूनाधातू	ना
0				3				×

टुकड़ा-12

घेऽतिरकिटतक	तागेतेटे	कताऽगि	नाऽधाऽ	तूऽनाऽ	गिनातुना	धातूनाधा	तूनाधातू	
×				2				
नाऽधातू	नाधातूना	धातूनाऽ	धातूनाधा	तूनाधातू	नाऽऽऽ	कतागिना	तूनाधातू	
0				3				
नाधातूना	धातूनाऽ	धातूनाधा	तूनाधातू	नाऽधातू	नाधातूना	धातूनाऽ	ऽऽकता	
×				2				
गिनातुना	धातूनाधा	तूनाधातू	नाऽधातू	नाधातूना	धातूनाऽ	धातूनाधा	तूनाधातू	ना
0				3				×

टुकड़ा-13

घेऽतिरकिटतक	तागेतेटे	कताऽगि	नाऽऽऽ	कताऽगि	नाऽऽऽ	कताऽगि	नाऽधाऽ	
×				2				
तूऽनाऽ	गिनातुना	धातूनाधा	तूनाधातू	नाऽऽधा	तूनाधातू	नाऽऽधा	तूनाधातू	
0				3				
नाऽकता	गिनातुना	धातूनाधा	तूनाधातू	नाऽऽधा	तूनाधातू	नाऽऽधा	तूनाधातू	
×				2				
नाऽकता	गिनातुना	धातूनाधा	तूनाधातू	नाऽऽधा	तूनाधातू	नाऽऽधा	तूनाधातू	ना
0				3				×

टुकड़ा-14

घेऽतिरकिटतक	तागेतेटे	कताऽगि	नाऽधाऽ	तूऽनाऽ	गिनातुना	गिनातुना	गिनातुना	
×				2				
धातूनाधा	तूनाधातू	ना	धातूनाधा	तूनाधातू	ना	धातूनाधा	तूनाधातू	ना
0				3				×

टुकड़ा-15

दिंदिं	दिंदिं	नगनग	नगनग	त्रकधेतूऽ	ऽऽत्रक	धेतूऽऽऽ	कतकत
×				2			
कतूतेटे	कतगदि	गनधाऽ	नधाऽन	धाऽतेटे	कतगदि	गनधाऽ	नधाऽन
0				3			
धाऽतेटे	कतगदि	गनधाऽ	नधाऽन	धा	ऽ	दिंदिं	दिंदिं
×				2			
नगनग	नगनग	त्रकधेतूऽ	ऽऽऽत्रक	धेतूऽऽऽ	कतकत	कतूतेटे	कतगदि
0				3			
गनधाऽ	नधाऽन	धाऽतेटे	कतगदि	गनधाऽ	नधाऽन	धाऽतेटे	कतगदि
×				2			
गनधाऽ	नधाऽन	धा	ऽ	दिंदिं	दिंदिं	नगनग	नगनग
0				3			
त्रकधेतूऽ	ऽऽत्रक	धेतूऽऽऽ	कतकत	कतूतेटे	कतगदि	गनधाऽ	नधाऽन
×				2			
धाऽतेटे	कतगदि	गनधाऽ	नधाऽन	धाऽतेटे	कतगदि	गनधाऽ	नधाऽन
0				3			
धा							
×							

टुकड़ा-16

दिंदिं	दिंदिं	दिंदिं	दिंदिं	नगनग	नगनग	नगनग	नगनग	
×				2				
त्रकधेत्ऽ	ऽऽत्रक	धेत्ऽऽऽ	त्रकधेत्	धिरधिर	धिरधिर	धिरधिर	धिरधिर	
0				3				
कत्	तेटेकत	गदिगन	धाती	धाऽ	ऽक्र	धाती	धाऽ	
×				2				
ऽक्र	धाती	धा	कत्	तेटेकत	गदिगन	धाती	धाऽ	
0				3				
ऽक्र	धाती	धाऽ	ऽक्र	धाती	धाऽ	कत्	तेटेकत	
×				2				
गदिगन	धाती	धाऽ	ऽक्र	धाती	धाऽ	ऽक्र	धाती	धा
0				3				×

टुकड़ा-17

धाऽतिरकिटधे	तेटेकत	गदिगन	नागेतेटे	घिन्तड़ा	ऽनधाऽ	धिंऽऽऽ	धाऽधाऽ
×				2			
धा	नागेतेटे	घिन्तड़ा	ऽनधाऽ	धिंऽऽऽ	धाऽधाऽ	धा	नागेतेटे
0				3			
घिन्तड़ा	ऽनधाऽ	ऽधिंऽऽ	धाऽधाऽ	धा	ऽ	धाऽतिरकिटधे	तेटेकत
×				2			
गदिगन	नागेतेटे	घिन्तड़ा	ऽनधाऽ	ऽधिंऽऽ	धाऽधाऽ	धा	नागेतेटे
0				3			
घिन्तड़ा	ऽनंधाऽ	ऽधिंऽऽ	धाऽधाऽ	धा	नागेतेटे	घिन्तड़ा	ऽनधाऽ
×				2			
ऽधिंऽऽ	धाऽधाऽ	धा	ऽ	धाऽतिरकिटधे	तेटेकत	गदिगन	नागेतेटे
0				3			
घिन्तड़ा	ऽनधाऽ	ऽधिंऽऽ	धाऽधाऽ	धा	नागेतेटे	घिन्तड़ा	ऽनधाऽ
×				2			
ऽधिंऽऽ	धाऽधाऽ	धा	नागेतेटे	घिन्तड़ा	ऽनधाऽ	ऽधिंऽऽ	धाऽधाऽ
0				3			
धा							
×							

टुकड़ा-18

धाऽतिरकिटधे	तेटेकत	गदिगन	नागेतेटे	कतगदि	गननागे	तेटेकत	गदिगन	
×				2				
नागेतेटे	घिन्तड़ा	ऽनधाऽ	धिं	धाधा	धाऽ	ऽधा	ऽऽ	
0				3				
धा	घिन्तड़ा	ऽनधाऽ	धिं	धाधा	धाऽ	ऽधा	ऽऽ	
×				2				
धा	घिन्तड़ा	ऽनधाऽ	धिं	धाधा	धाऽ	ऽधा	ऽऽ	धा
0				3				×

टुकड़ा-19

धाऽतिरकिटधे	तेटेकत	गदिगन	कतगदि	गनकत	गदिगन	नागेतेटे	घिन्तड़ा	
×				2				
ऽनधाऽ	धिं	धाधा	धाऽ	ऽधा	धाधा	ऽऽ	धाधा	
0				3				
धा	ता	धाधा	धाऽ	ऽधा	धाधा	ऽऽ	धाधा	
×				2				
धा	ता	धाधा	धाऽ	ऽधा	धाधा	ऽऽ	धाधा	धा
0				3				×

टुकड़ा-20

किटतक	तिरकिट	तकतिर	किटतक	तेटेक्ड़ाँ	ऽकत्	ऽक्र	धाती	
×				2				
धाकत्	ऽक्र	धाती	धाकत्	ऽक्र	धाती	धा	ताक्र	
0				3				
धाती	धाकत्	ऽक्र	धाती	धाकत्	ऽक्र	धाती	धा	
×				2				
ताक्र	धाती	धाकत्	ऽक्र	धाती	धाकत्	ऽक्र	धाती	धा
0				3				×

टुकड़ा-21

धिरधिरकिटतक	ता	कतघेघे	दिं	नगधेत्	ऽकत	घिन्तड़ा	ऽनधाऽ
×				2			
तूना	कते	टे,धिरधिर	किटतकतकिट	धा,धिरधिर	किटतकतकिट	धा,धिरधिर	किटतकतकिट
0				3			
धा	कते	टे,धिरधिर	किटतकतकिट	धा,धिरधिर	किटतकतकिट	धा,धिरधिर	किटतकतकिट
×				2			
धा	कते	टे,धिरधिर	किटतकतकिट	धा,धिरधिर	किटतकतकिट	धा,धिरधिर	किटतकतकिट
0				3			
धा							
×							

टुकड़ा-22

धिरधिरकिटतक	ता	कतघेघे	दिं	नगधेत्	ऽऽकत	घिन्तड़ा	ऽनधाऽ	
0				3				
तूना	कते	टेधा	ऽता	ऽन	धाऽ	धिरधिरकिटतक	धा,धिरधिर	
×				2				
किटतक,धा	धिरधिरकिटतक	धा	धिरधिरकिटतक	ता	कतघेघे	दिं	नगधेत्	
0				3				
ऽऽकत	घिन्तड़ा	ऽनधाऽ	तूना	कते	टेधा	ऽता	ऽन	
×				2				
धाऽ	धिरधिरकिटतक	धा,धिरधिर	किटतक,धा	धिरधिरकिटतक	धा	धिरधिरकिटतक	ता	
0				3				
कतघेघे	दिं	नगधेत्	ऽऽकत	घिन्तड़ा	ऽनधाऽ	तूना	कते	
×				2				
टेधा	ऽता	ऽन	धाऽ	धिरधिरकिटतक	धा,धिरधिर	किटतक,धा	धिरधिरकिटतक	धा
0				3				×

टुकड़ा-23

किटतक	तिरकिट	तकतिर	किटतक	तेटेक्ड़ाँ	ऽकत्	ऽक्र	धाती
×				2			
धाऽ	ऽक्र	धाती	धाऽ	ऽक्र	धाती	धाऽ	ऽक्र
0				3			
धाती	धाऽ	ऽक्र	धाती	धाऽ	ऽक्र	धाती	धाऽ
×				2			
ऽक्र	धाती	धाऽ	ऽक्र	धाती	धाऽ	ऽक्र	धाती
0				3			
धा							
×							

टुकड़ा-24

धाऽन	धिकिट	नगिन	धिकिट	धिक्क	ताऽन	धिग्गि	दिगिन
×				2			
धगेऽ	दिगिन	धाऽदिं	ऽताऽ	कत्ऽऽ	तिरकिटतक	ताऽन	ताऽक्र
0				3			
धाऽन	धाऽन	धाऽक्र	धाऽन	धाऽन	धाधाऽ	ऽऽक्र	धाऽन
×				2			
धाऽन	धाधा	धा	धगेऽ	दिगिन	धाऽदिं	ऽताऽ	कत्ऽऽ
0				3			

तिरकिटतक	ताऽन	ताऽक्र	धाऽन	धाऽन	धाऽक्र	धाऽन	धाऽन
×				2			
धाधाऽ	ऽऽक्र	धाऽन	धाऽन	धाधा	धा	धगेऽ	दिगिन
0				3			
धाऽदिं	ऽताऽ	कत्ऽऽ	तिरकिटतक	ताऽन	ताऽक्र	धाऽन	धाऽन
×				2			
धाऽक्र	धाऽन	धाऽन	धाधाऽ	ऽऽक्र	धाऽन	धाऽन	धाधा
0				3			
धा							
×							

फरमाइशी–चक्रदार (टुकड़ा)–25

धाऽनधि	किटनगि	नधिकिट	धिक्कता	ऽनधिग्	गदिगन	धगेऽदि	गिनधाऽ
×				2			
दिंऽताऽ	कत्ऽऽतिर	किटतकताऽ	नताकिटतक	दिंऽऽदिं	ऽऽनागे	तेटेधाऽ	नधाऽन
0				3			
धा,किटतक	दिंऽऽदिं	ऽऽनागे	तेटेधाऽ	नधाऽन	धा,किटतक	दिंऽऽदिं	ऽऽनागे
×				2			
तेटेधाऽ	नधाऽन	धा	धाऽनधि	किटनगि	नधिकिट	धिक्कता	ऽनधिग्
0				3			
गदिगन	धगेऽदि	गिनधाऽ	दिंऽताऽ	कत्ऽऽतिर	किटतकताऽ	नताकिटतक	दिंऽऽदि
×				2			
ऽऽनागे	तेटेधाऽ	नधाऽन	धा,किटतक	दिंऽऽदिं	ऽऽनागे	तेटेधाऽ	नधाऽन
0				3			
धा,किटतक	दिंऽऽदिं	ऽऽनागे	तेटेधाऽ	नधाऽन	धा	धाऽनधि	किटनगि
×				2			
नधिकिट	धिक्कता	ऽनधिग्	गदिगन	धगेऽदि	गिनधाऽ	दिंऽताऽ	कत्ऽऽतिर
0				3			
किटतकताऽ	नताकिटतक	दिंऽऽदिं	ऽऽनागे	तेटेधाऽ	नधाऽन	धा,किटतक	दिंऽऽदिं
×				2			
ऽऽनागे	तेटेधाऽ	नधाऽन	धा,किटतक	दिंऽऽदिं	ऽऽनागे	तेटेधाऽ	नधाऽन
0				3			
धा							
×							

चक्रदार-टुकड़ा-26

धिरधिरकिटतक	तकिटधा	धिरधिरकिटतक	तकिटधा	धिरधिरकिटतक	तकिटधा	ऽतकिट	धातकिट
×				2			
धाऽ	किटत	कतक	धिनगि	नतक	तेत्ऽऽ	धागेतिरकिट	घिन्तड़ाऽन
0				3			
धाऽ	ऽदिं	ऽऽ	नाऽ	ऽता	ऽऽ	धा	दिं
×				2			
ना	ता	कत्ऽधिरधिर	किटतकधिरधिर	किटतकधिरधिर	किटतकतकिट	धाती	धाऽकत्
0				3			
धिरधिरकिटतक	धिरधिरकिटतक	धिरधिरकिटतक	तकिटधा	तीधा	कत्ऽधिरधिर	किटतकधिरधिर	किटतकधिरधिर
×				2			
किटतकतकिट	धाती	धा	धिरधिरकिटतक	तकिटधा	धिरधिरकिटतक	तकिटधा	धिरधिरकिटतक
0				3			
तकिटधा	ऽतकिट	धातकिट	धाऽ	किटत	कतक	धिनगि	नतक
×				2			
तेत्	धागेतिरकिट	घिन्तड़ाऽन	धाऽ	ऽदिं	ऽऽ	नाऽ	ऽता
0				3			
ऽऽ	धा	दिं	ना	ता	कत्ऽधिरधिर	किटतकधिरधिर	किटतकधिरधिर
×				2			
किटतकतकिट	धाती	धाऽकत्	धिरधिरकिटतक	धिरधिरकिटतक	धिरधिरकिटतक	तकिटधा	तीधा
0				3			
कत्ऽधिरधिर	किटतकधिरधिर	किटतकधिरधिर	किटतकतकिट	धाती	धा	धिरधिरकिटतक	तकिटधा
×				2			
धिरधिरकिटतक	तकिटधा	धिरधिरकिटतक	तकिटधा	ऽतकिट	धातकिट	धाऽ	किटत
0				3			
कतक	धिनगि	नतक	तेत्	धागेतिरकिट	घिन्तड़ाऽन	धाऽ	ऽदिं
×				2			
ऽऽ	नाऽ	ऽता	ऽऽ	धा	दिं	ना	ता
0				3			
कत्ऽधिरधिर	किटतकधिरधिर	किटतकधिरधिर	किटतकतकिट	धाती	धाऽकत्	धिरधिरकिटतक	धिरधिरकिटतक
×				2			
धिरधिरकिटतक	तकिटधा	तीधा	कत्ऽधिरधिर	किटतकधिरधिर	किटतकधिरधिर	किटतकतकिट	धाती
0				3			
धा							
×							

चक्रदार-टुकड़ा-27

धिरकिट	तकतक्	क्ड़ाँ	तिरकिट
×			
किटतक	धाऽतिर	किटतक	धा
0			
किटतक	तिरकिट	तकधिर	किटतक
×			
किटतक	तिरकिट	तकधिर	किटतक
0			
किटतक	तिरकिट	तकधिर	किटतक
×			
क्ड़ाँ	तिरकिट	तकतिर	किटतक
0			
किटतक	धा	क्ड़ाँ	किटतक
×			
तकधिर	किटतक	धा	ऽ
0			
तकधिर	किटतक	धा	ऽ
×			
तकधिर	किटतक	धा	ऽ
0			
तकतिर	किटतक	धेत्	धिरधिर
×			
क्ड़ाँ	किटतक	तिरकिट	तकतिर
0			
धा	ऽ	तिरकिट	तकतिर
×			
धा	ऽ	तिरकिट	तकतिर
0			
धा			
×			

तकतिर	किटतक	धेत्	धिरधिर
2			
क्ड़ाँ	किटतक	तिरकिट	तकतिर
3			
धा	ऽ	तिरकिट	तकतिर
2			
धा	ऽ	तिरकिट	तकतिर
3			
धा	ऽ	धिरकिट	तकतक्
2			
धेत्	धिरधिर	किटतक	धाऽतिर
3			
तिरकिट	तकतिर	किटतक	तिरकिट
2			
तिरकिट	तकतिर	किटतक	तिरकिट
3			
तिरकिट	तकतिर	किटतक	तिरकिट
2			
धिरकिट	तकतक्	क्ड़ाँ	तिरकिट
3			
किटतक	धाऽतिर	किटतक	धा
2			
किटतक	तिरकिट	तकधिर	किटतक
3			
किटतक	तिरकिट	तकधिर	किटतक
2			
किटतक	तिरकिट	तकधिर	किटतक
3			

बढ़इया का टुकड़ा–28

धिरकिटतक	तकधड़ाऽन	धाऽदिंऽताऽ	घेघेतेटेकत
×			
गिदिगिदगिदि	गिदिन्नाऽड़	धादिन्नाऽड़	धाऽतित्ताऽ
2			
धा	तकिटताऽन	ताऽनताऽन	ताऽऽऽऽक्र
0			
धाऽनधाऽन	धाऽक्रधाऽन	धाऽनधाऽक्र	धाऽनधाऽन
3			
धा	तकिटताऽन	ताऽनताऽन	ताऽऽऽऽक्र
×			
धाऽनधाऽन	धाऽक्रधाऽन	धाऽनधाऽक्र	धाऽनधाऽन
2			
धा	तकिटताऽन	ताऽनताऽन	ताऽऽऽऽक्र
0			
धाऽनधाऽन	धाऽक्रधाऽन	धाऽनधाऽक्र	धाऽनधाऽन
3			
धा			
×			

टुकड़ा-29

ताऽकत	धाऽऽऽधेटेतेटे	किटतकतिरकिट	तकधिरधिरकिट
×			
धाऽऽऽधेटेतेटे	किटतकतिरकिट	तकधिरधिरकिट	धाऽऽऽधेटेतेटे
2			
किटतकतिरकिट	तकधिरधिरकिट	धा	ताऽकत
0			
धाऽऽऽधेटेतेटे	किटतकतिरकिट	तकधिरधिरकिट	धाऽऽऽधेटेतेटे
3			
किटतकतिरकिट	तकधिरधिरकिट	धाऽऽऽधेटेतेटे	किटतकतिरकिट
×			
तकधिरधिरकिट	धा	ताऽकत	धाऽऽऽधेटेतेटे
2			
किटतकतिरकिट	तकधिरधिरकिट	धाऽऽऽधेटेतेटे	किटतकतिरकिट
0			
तकधिरधिरकिट	धाऽऽऽधेटेतेटे	किटतकतिरकिट	तकधिरधिरकिट
3			
धा			
×			

टुकड़ा-30

धिरधिरकत्	धिरधिरकत्	धिरधिरकिटतक	धाऽतिरकिटतक
×			
धाऽतिरकिटतक	धिरधिरकत्	धिरधिरकिटतक	धाऽतिरकिटतक
2			
धिरधिरकत्	ऽधिरधिर	कतऽ	धिरधिरकत्
0			
ऽधिरधिर	किटतकतकिट	धाऽधिरधिर	किटतकतकिट
3			
धाऽधिरधिर	किटतकतकिट	धाऽधिरधिर	कतऽधिरधिर
×			
किटतकतकिट	धाऽधिरधिर	किटतकतकिट	धाऽधिरधिर
2			
किटतकतकिट	धाऽधिरधिर	कतऽधिरधिर	किटतकतकिट
0			
धाऽधिरधिर	किटतकतकिट	धाऽधिरधिर	किटतकतकिट
3			
धा			
×			

टुकड़ा-31

कत्धिरधिर	किटतकधिरधिर	किटतकतकिट	धाऽधिरधिर
×			
किटतकधिरधिर	किटतकतकिट	धाऽधिरधिर	किटतकधिरधिर
2			
किटतकतकिट	धा	ता	कत्धिरधिर
0			
किटतकधिरधिर	किटतकतकिट	धाऽधिरधिर	किटतकधिरधिर
3			
किटतकतकिट	धाऽधिरधिर	किटतकधिरधिर	किटतकतकिट
×			
धा	ता	कत्धिरधिर	किटतकधिरधिर
2			
किटतकतकिट	धाऽधिरधिर	किटतकधिरधिर	किटतकतकिट
0			
धाऽधिरधिर	किटतकधिरधिर	किटतकतकिट	धा
3			
ता			
×			

बढ़इया का फरमाइशी-चक्रदार–32

धिरकिटतक ×	तकधड़ाऽन	धाऽदिंऽताऽ	घेघेतेटेकत
गिदिगिदगिदि 2	गिदिन्नाऽड़	धादिन्नाऽड़	धाऽतित्ताऽ
धा 0	तकिटताऽन	ताऽनताऽन	ताऽऽऽऽक्र
धाऽनधाऽन 3	धाऽक्रधाऽन	धाऽनधाऽक्र	धाऽनधाऽन
धाऽऽऽऽक्र ×	धाऽनधाऽन	धाऽक्रधाऽन	धाऽनधाऽक्र
धाऽनधाऽन 2	धाऽऽऽऽक्र	धाऽनधाऽन	धाऽक्रधाऽन
धाऽनधाऽक्र 0	धाऽनधाऽन	धा	धिरकिटतक
तकधड़ाऽन 3	धाऽदिंऽताऽ	घेघेतेटेकत	गिदिगिदिगिदि
गिदिन्नाऽड़ ×	धादिन्नाऽड़	धाऽतित्ताऽ	धा
तकिटताऽन 2	तऽनताऽन	ताऽऽऽऽक्र	धाऽनधाऽन
धाऽक्रधाऽन 0	धाऽनधाऽक्र	धाऽनधाऽन	धाऽऽऽऽक्र
धाऽनधाऽन 3	धाऽक्रधाऽन	धाऽनधाऽक्र	धाऽनधाऽन
धाऽऽऽऽक्र ×	धाऽनधाऽन	धाऽक्रधाऽन	धाऽनधाऽक्र
धाऽनधाऽन 2	धा	धिरकिटतक	तकधड़ाऽन
धाऽदिंऽताऽ 0	घेघेतेटेकत	गिदिगिदिगिदि	गिदिन्नाऽड़
धादिन्नाऽड़ 3	धाऽतित्ताऽ	धा	तकिटताऽन
ताऽनताऽन ×	तऽऽऽऽक्र	धाऽनधाऽन	धाऽक्रधाऽन
धाऽनधाऽक्र 2	धाऽनधाऽन	धाऽऽऽऽक्र	धाऽनधाऽन
धाऽक्रधाऽन 0	धाऽनधाऽक्र	धाऽनधाऽन	धाऽऽऽऽक्र
धाऽनधाऽन 3	धाऽक्रधाऽन	धाऽनधाऽक्र	धाऽनधाऽन
धा ×			

चक्रदार-टुकड़ा-33

धागेतेटे	धागेतेटे	तागेतेटे	तागेतेटे	क्रधेतेटे	धागेतेटे	क्रधेतेटे	धागेतेटे
×				2			
धेटेक्रधे	तेटेधागे	तेटेकत	गदिगन	धाऽघिन्	तड़ाऽन	धाऽघिन्	तड़ाऽन
0				3			
धाऽघिन्	तड़ाऽन	धा,धिरधिर	कत्ऽ	ऽता	ऽधिरधिर	धिरधिरकिटतक	धिरधिरधिरधिर
×				2			

किटतकधिरधिर	धिरधिरकिटतक	धाऽधिरधिर	धिरधिरकिटतक
0			
धिरधिरधिरधिर	किटतकधिरधिर	धिरधिरकिटतक	धाऽधिरधिर
3			
धिरधिरकिटतक	धिरधिरधिरधिर	किटतकधिरधिर	धिरधिरकिटतक
×			
धा	ऽ	धागेतेटे	धागेतेटे
2			

तागेतेटे	तागेतेटे	क्रधेतेटे	धागेतेटे	क्रधेतेटे	धागेतेटे	धेटेक्रधे	तेटेधागे
0				3			
तेटेकत	गदिगन	धाऽघिन्	तड़ाऽन	धाऽघिन्	तड़ाऽन	धाऽघिन्	तड़ाऽन
×				2			
धा,धिरधिर	कत्ऽ	ऽता	ऽधिरधिर	धिरधिरकिटतक	धिरधिरधिरधिर	किटतकधिरधिर	
धिरधिरकिटतक							
0				3			

धाऽधिरधिर	धिरधिरकिटतक	धिरधिरधिरधिर	किटतकधिरधिर
×			
धिरधिरकिटतक	धाऽधिरधिर	धिरधिरकिटतक	धिरधिरधिरधिर
2			
किटतकधिरधिर	धिरधिरकिटतक	धा	ऽ
0			

धागेतेटे	धागेतेटे	तागेतेटे	तागेतेटे	क्रधेतेटे	धागेतेटे	क्रधेतेटे	धागेतेटे
3				×			
धेटेक्रधे	तेटेधागे	तेटेकत	गदिगन	धाऽघिन्	तड़ाऽन	धाऽघिन्	तड़ाऽन
2				0			
धाऽघिन्	तड़ाऽन	धा,धिरधिर	कत्ऽ	ऽता	ऽधिरधिर	धिरधिरकिटतक	धिरधिरधिरधिर
3				×			

किटतकधिरधिर	धिरधिरकिटतक	धाऽधिरधिर	धिरधिरकिटतक
2			
धिरधिरधिरधिर	किटतकधिरधिर	धिरधिरकिटतक	धाऽधिरधिर
0			
धिरधिरकिटतक	धिरधिरधिरधिर	किटतकधिरधिर	धिरधिरकिटतक
3			
धा			
×			

चक्रदार–टुकड़ा–झूलना लय-34

धगिन	धागेतेटे	तगिन	तागेतेटे	धागिन	धेटेधेटे	धगिन	धेटेधाऽ
×				2			
गिदगिं	नागतेटे	कऽत	तागेतेटे	क्रधान्	धाधा,किटतक	दीं,किटतक	नाऽतिरकिटतक
0				3			
तिरकिटतक	धेत्ताक्रांऽ	धाऽक्र	धानूधाधा	धाऽक्र	धानूधाधा	धाऽक्र	धानूधाधा
×				2			
धाऽक्र	धेत्ताक्रांऽ	धाऽक्र	धानूधाधा	धाऽक्र	धानूधाधा	धाऽक्र	धानूधाधा
0				3			
धाऽक्र	धेत्ताक्रांऽ	धाऽक्र	धानूधाधा	धाऽक्र	धानूधाधा	धाऽक्र	धानूधाधा
×				2			
धा	ऽ	ऽ	ऽ	धगिन	धागेतेटे	तगिन	तागेतेटे
0				3			
धगिन	धेटेधेटे	धगिन	धेटेधाऽ	गिदगिं	नागेतेटे	कऽत	तागेतेटे
×				2			
क्रधान्	धाधा,किटतक	दीं,किटतक	नाऽतिरकिटतक	तिरकिटतक	धेत्ताक्रांऽ	धाऽक्र	धानूधाधा
0				3			
धाऽक्र	धानूधाधा	धाऽक्र	धानूधाधा	धाऽक्र	धेत्ताक्रांऽ	धाऽक्र	धानूधाधा
×				2			
धाऽक्र	धानूधाधा	धाऽक्र	धानूधाधा	धाऽक्र	धेत्ताक्रांऽ	धाऽक्र	धानूधाधा
0				3			
धाऽक्र	धानूधाधा	धाऽक्र	धानूधाधा	धा	ऽ	ऽ	ऽ
×				2			
धगिन	धागेतेटे	तगिन	तागेतेटे	धगिन	धेटेधेटे	धगिन	धेटेधाऽ
0				3			
गिदगिं	नागतेटे	कऽत	तागेतेटे	क्रधान्	धाधा,किटतक	दीं,किटतक	नाऽतिरकिटतक
×				2			
तिरकिटतक	धेत्ताक्रांऽ	धाऽक्र	धानूधाधा	धाऽक्र	धानूधाधा	धाऽक्र	धानूधाधा
0				3			
धाऽक्र	धेत्ताक्रांऽ	धाऽक्र	धानूधाधा	धाऽक्र	धानूधाधा	धाऽक्र	धानूधाधा
×				2			
धाऽक्र	धेत्ताक्रांऽ	धाऽक्र	धानूधाधा	धाऽक्र	धानूधाधा	धाऽक्र	धानूधाधा
0				3			
धा							
×							

टुकड़ा–झूलना लय–35

धगिन	धागेतेटे	तगिन	तागेतेटे	धगिन	धेटेधेटे	धगिन	धेटेधाऽ
×				2			
गिदगिं	नागतेटे	कऽत	तागेतेटे	क्रधान्	धाधा,किटतक	दीं,किटतक	नाऽतिरकिटतक
0				3			
तिरकिटतक	धेत्ताक्रांऽ	धाऽक्र	धान्‌धाधा	धाऽक्र	धान्‌धाधा	धाऽक्र	धान्‌धाधा
×				2			
धा,	धाधा,किटतक	दीं,किटतक	नाऽतिरकिटतक	तिरकिटतक	धेत्ताक्रांऽ	धाऽक्र	धान्‌धाधा
0				3			
धाऽक्र	धान्‌धाधा	धाऽक्र	धान्‌धाधा	धा,	धाधा,किटतक	दीं,किटतक	नाऽतिरकिटतक
×				2			
तिरकिटतक	धेत्ताक्रांऽ	धाऽक्र	धान्‌धाधा	धाऽक्र	धान्‌धाधा	धाऽक्र	धान्‌धाधा
0				3			
धा							
×							

टुकड़ा–झूलना लय–36

धाऽन	धेटेधेटे	नगिन	धेटेधेटे	धगिन	तकधिन	तकधि	नगधिन
×				2			
धगिन	तकधिन	तकधि	नगधिन	धा	धगिन	धागेतेटे	तगिन
0				3			
तागेतेटे	क्रधागे	धागेतेटे	धाऽन	धा,किटतक	धाऽन	धाऽधाऽ	धाऽत
×				2			
धा,किटतक	धाऽन	धाऽधाऽ	धाऽत	धा,किटतक	धाऽन	धाऽधाऽ	धाऽत
0				3			
धा							
×							

चक्रदार–टुकड़ा–झूलना लय–37

धगिन	धाऽक्रधे	तेटेध	गिनधाऽ	तकिट	धाऽगिन	धाऽक्र	धाऽतेटे
×				2			
कतेटे	तेटेक्रधे	तेटेक	तेटेधाऽ	दिंऽत	नाऽतिरकिटतक	तकतिरकिट	क्ड़ाँऽकिटतक
0				3			
तिरकिटतक	धिरधिरकिटतक	धाऽत	धा,किटतक	तिरकिटतक	धिरधिरकिटतक	धाऽत	धा,किटतक
×				2			
तिरकिटतक	धिरधिरकिटतक	धा	धगिन	धाऽक्रधे	तेटेध	गिनधाऽ	तकिट
0				3			

धाऽगिन	धाऽक्र	धाऽतेटे	कतेटे	तेटेक्रधे	तेटेक	तेटेधाऽ	दिंऽत
×				2			
नाऽतिरकिटतक	तकतिरकिट	क्ड़ाँऽकिटतक	तिरकिटतक	धिरधिरकिटतक	धाऽत	धा,किटतक	तिरकिटतक
0				3			
धिरधिरकिटतक	धाऽत	धा,किटतक	तिरकिटतक	धिरधिरकिटतक	धा	धगिन	धाऽक्रधे
×				2			
तेटेध	गिनधाऽ	तकिट	धाऽगिन	धाऽक्र	धाऽतेटे	कतेटे	तेटेक्रधे
0				3			
तेटेक	तेटेधाऽ	दिंऽत	नाऽतिरकिटतक	तकतिरकिट	क्ड़ाँऽकिटतक	तिरकिटतक	धिरधिरकिटतक
×				2			
धाऽत	धा,किटतक	तिरकिटतक	धिरधिरकिटतक	धाऽत	धा,किटतक	तिरकिटतक	धिरधिरकिटतक
0				3			
धा							
×							

कुआड़लय का टुकड़ा–38

धाऽताऽन	धागेदिगिन	नागेतेटेक	तेटेताऽन	दिंऽनातेटे	धेटेक्रधेऽ	धेटेधाऽन	धाऽकतेटे	
×				2				
धाऽक्रधाती	धाऽताऽन	धाऽकतेटे	धाऽक्रधाती	धाऽताऽन	धाऽकतेटे	धाऽक्रधाती	धाऽताऽन	धा
0				3				
धा								
×								

कुआड़लय का टुकड़ा–39

धात्रकधिन	तात्रकधिन	धिटताधिन	तिरकिटतकताऽ		
×					
घिंऽतधाऽ	घिंऽतधाऽ	धिटताघेड़नग	तिरकिटतकताऽ		
2					
तिरकिटतकताऽतिरकिटतक	घिंऽताधिन	धात्रकधिन	तिरकिटतकताऽतिरकिटतक		
0					
घिंऽताधिन	धात्रकधिन	तिरकिटतकताऽतिरकिटतक	घिंऽताधिन	धात्रकधिन	धा
3					×

कुआड़लय का टुकड़ा–40

धागेतेटेक्रधेऽधेतेटे	क्रधेतेटेकतगदिगन	नागेतेटेकतेटेतगिन	धाऽतित्धाऽक्रधाऽन
×			
धाऽऽऽकतगदिगन	नागेतेटेकतेटेतगिन	धाऽतित्धाऽक्रधाऽन	धाऽऽऽकतगदिगन
2			
नागेतेटेकतेटेतगिन	धाऽतित्धाऽक्रधाऽन	धा	धागेतेटेक्रधेऽधेतेटे
0			

क्रधेतेटेकतगदिगन	नागेतेटेकतेटेतगिन	धाऽतित्धाऽक्रधाऽन	धाऽऽऽकतगदिगन	
3				
नागेतेटेकतेटेतगिन	धाऽतित्धाऽक्रधाऽन	धाऽऽऽकतगदिगन	नागेतेटेकतेटेतगिन	
×				
धाऽतित्धाऽक्रधाऽन	धा	धागेतेटेक्रधेऽधेतेटे	क्रधेतेटेकतगदिगन	
2				
नागेतेटेकतेटेतगिन	धाऽतित्धाऽक्रधाऽन	धाऽऽऽकतगदिगन	नागेतेटेकतेटेतगिन	
0				
धाऽतित्धाऽक्रधाऽन	धाऽऽऽकतगदिगन	नागेतेटेकतेटेतगिन	धाऽतित्धाऽक्रधाऽन	धा
3				×

कुआड़ छंद का टुकड़ा–41

धागेतेटे	क्रधेऽधे	तेटे,क्रधे	तेटेकत	गदिगन	नागेतेटे	कतेटेत	गिन,धाऽ	
×				2				
तित्धाऽ	क्रधाऽन	धाऽतेटे	कतेटेत	गिन,धाऽ	तित्धाऽ	क्रधाऽन	धाऽतेटे	
0				3				
कतेटेत	गिन,धाऽ	तित्धाऽ	क्रधाऽन	धा	ऽ	धागेतेटे	क्रधेऽधे	
×				2				
तेटेक्रधे	तेटेकत	गदिगन	नागेतेटे	कतेटेत	गिनधाऽ	तित्धाऽ	क्रधाऽन	
0				3				
धाऽतेटे	कतेटेत	गिनधाऽ	तित्धाऽ	क्रधाऽन	धाऽतेटे	कतेटेत	गिनधाऽ	
×				2				
तित्धाऽ	क्रधाऽन	धा	ऽ	धागेतेटे	क्रधेऽधे	तेटेक्रधे	तेटेकत	
0				3				
गदिगन	नागेतेटे	कतेटेत	गिनधाऽ	तित्धाऽ	क्रधाऽन	धाऽतेटे	कतेटेत	
×				2				
गिनधाऽ	तित्धाऽ	क्रधाऽन	धाऽतेटे	कतेटेत	गिनधाऽ	तित्धाऽ	क्रधाऽन	धा
0				3				×

उठान-1

ताऽत्रक	धेतेटेता	किटतकतिं	नाऽतिरकिटतक	तकतिरकिटघिन्	तड़ाऽननाती	धाऽनाती	धाऽनाती	
×				2				
धाऽऽघिन्	तड़ाऽननाती	धाऽनाती	धाऽनाती	धाऽऽघिन्	तड़ाऽननाती	धाऽनाती	धाऽनाती	धा
0				3				×

उठान-2

ताऽत्रक	धेतेटेता	किटतकतिं	नाऽतिरकिटतक	तकतिरकिटतक	तिंऽनातिर	किटतकतकतिर	किटतकतिं
×				2			
नाऽतिरकिटतक	तकतिरकिर्टधिन्	तड़ाऽननाती	धाऽतकतिर	किटधिन्तड़ाऽन	नातीधाऽ	तकतिरकिटधिन्	तड़ाऽननाती
0				3			
धाऽकिटतक	तकतिरकिटधिन्	तड़ाऽननाती	धाऽतकतिर	किटधिन्तड़ाऽन	नातीधाऽ	तकतिरकिटधिन्	तड़ाऽननाती
×				2			
धाऽकिटतक	तकतिरकिटधिन्	तड़ाऽननाती	धाऽतकतिर	किटधिन्तड़ाऽन	नातीधाऽ	तकतिरकिटधिन्	तड़ाऽननाती
0				3			
धा							
×							

उठान-3

किटतक	ता	किटतक	ता	तूना	किटतक	ताऽतिर	किटतक
×				2			
धेत्	धिरधिर	किटतक	धेत्	धिरधिर	किटतक	धाऽतिर	किटतक
0				3			
किटतक	ता	धिरधिर	किटतक	धा	ता	किटतक	ता
×				2			
धिरधिर	किटतक	धा	ता	किटतक	ता	धिरधिर	किटतक
0				3			
धा							
×							

उठान-4

किटतक	ता	किटतक	ता	तूना	किटतक	ताऽतिर	किटतक
×				2			
धेत्	धिरधिर	किटतक	धेत्	धिरधिर	किटतक	धाऽतिर	किटतक
0				3			
धा	ऽ	किटतक	ता	धिरधिर	किटतक	धा	धिरधिर
×				2			
किटतक	धा	धिरधिर	किटतक	धा	ऽ	किटतक	ता
0				3			
धिरधिर	किटतक	धा	धिरधिर	किटतक	धा	धिरधिर	किटतक
×				2			
धा	ऽ	किटतक	ता	धिरधिर	किटतक	धा	धिरधिर
0				3			
किटतक	धा	धिरधिर	किटतक	धा	ऽ	किटतक	ता
×				2			

किटतक	ता	तूना	किटतक	ताऽतिर	किटतक	धेत्	धिरधिर
0				3			
किटतक	धेत्	धिरधिर	किटतक	धाऽतिर	किटतक	धा	ऽ
×				2			
किटतक	ता	धिरधिर	किटतक	धा	धिरधिर	किटतक	धा
0				3			
धिरधिर	किटतक	धा	ऽ	किटतक	ता	धिरधिर	किटतक
×				2			
धा	धिरधिर	किटतक	धा	धिरधिर	किटतक	धा	ऽ
0				3			
किटतक	ता	धिरधिर	किटतक	धा	धिरधिर	किटतक	धा
×				2			
धिरधिर	किटतक	धा	ऽ	किटतक	ता	किटतक	ता
0				3			
तूना	किटतक	ताऽतिर	किटतक	धेत्	धिरधिर	किटतक	धेत्
×				2			
धिरधिर	किटतक	धाऽतिर	किटतक	धा	ऽ	किटतक	ता
0				3			
धिरधिर	किटतक	धा	धिरधिर	किटतक	धा	धिरधिर	किटतक
×				2			
धा	ऽ	किटतक	ता	धिरधिर	किटतक	धा	धिरधिर
0				3			
किटतक	धा	धिरधिर	किटतक	धा	ऽ	किटतक	ता
×				2			
धिरधिर	किटतक	धा	धिरधिर	किटतक	धा	धिरधिर	किटतक
0				3			
धा							
×							

उठान-5

घेतिरकिटतक	ताऽत्रक	धेत्ता	तिरकिटधेत्	तगित्र	धाऽत्रक	धेत्धेत्	धेत्धेत्
×				2			
धेटेधेटे	धागेतेटे	धेटेधागे	तेटे,तेटे	क्रधेतेटे	धागेतेटे	कतेटेधे	तेटेक्रधे
0				3			
तेटेधागे	तेटे,धागे	दिंऽऽऽ	नागेतेटे	तेटेकता	ऽनकत्	तेटेकता	ऽनकत्
×				2			

धिरधिरकिटतक	धाऽऽऽ	ता,किटतक	तेटेकतगदिगन
0			
धा,किटतक	तेटेकतगदिगन	धा,किटतक	तेटेकतगदिगन
3			
धाऽकता	ऽनकत्	धिरधिरकिटतक	धाऽऽऽ
×			

ता,किटतक	तेटेकतगदिगन	धा,किटतक	तेटेकतगदिगन
2			
धा,किटतक	तेटेकतगदिगन	धा	घेतिरकिटतक
0			

ताऽत्रक	धेत्ता	तिरकिटधेत्	तगिन्न	धाऽत्रक	धेत्धेत्	धेत्धेत्	धेटेधेटे
3				×			
धागेतेटे	धेटेधागे	तेटे,तेटे	क्रधेतेटे	धागेतेटे	कतेटेधे	तेटेक्रधे	तेटेधागे
2				0			
तेटे,धागे	दिंऽऽऽ	नागेतेटे	तेटेकता	ऽनकत्	तेटेकता	ऽनकत्	धिरधिरकिटतक
3				×			

धाऽऽऽ	ता,किटतक	तेटेकतगदिगन	धा,किटतक
2			
तेटेकतगदिगन	धा,किटतक	तेटेकतगदिगन	धाऽकता
0			
ऽनकत्	धिरधिरकिटतक	धाऽऽऽ	ता,किटतक
3			
तेटेकतगदिगन	धा,किटतक	तेटेकतगदिगन	धा,किटतक
×			
तेटेकतगदिगन	धा	घेतिरकिटतक	ताऽत्रक
2			

धेत्ता	तिरकिटधेत्	तगिन्न	धाऽत्रक	धेत्धेत्	धेत्धेत्	धेटेधेटे	धागेतेटे
0				3			
धेटेधागे	तेटे,तेटे	क्रधेतेटे	धागेतेटे	कतेटेधे	तेटेक्रधे	तेटेधागे	तेटे,धागे
×				2			
दिंऽऽऽ	नागेतेटे	तेटेकता	ऽनकत्	तेटेकता	ऽनकत्	धिरधिरकिटतक	धाऽऽऽ
0				3			

ता,किटतक	तेटेकतगदिगन	धा,किटतक	तेटेकतगदिगन
×			
धा,किटतक	तेटेकतगदिगन	धाऽता	ऽनकत्
2			
धिरधिरकिटतक	धाऽऽऽ	ता,किटतक	तेटेकतगदिगन
0			
धा,किटतक	तेटेकतगदिगन	धा,किटतक	तेटेकतगदिगन
3			
धा			
×			

उठान–6

ताऽत्रकधेत्ता	त्रकधेत्तात्रक	धेत्तात्रकधेत्	धेटेधेटेधागेतेटे
×			
कतेटेधेतेटेधागे	दिंऽऽधेतेटेधागे	दिंऽऽधेतेटेधागे	दिंऽऽनातेटेक्रधे
2			

तेटेधाऽनधाऽन	धाऽक्रधेतेटेधाऽ	नधाऽनधाऽक्रधे	तेटेधाऽनधाऽन
0			
धा-त्रकधेतु	धेटेधेटेधागेतेटे	कतेटेधेतेटेधागे	दिंऽऽधेतेटेधागे
3			
दिंऽऽधेतेटेधागे	दिंऽऽनातेटेक्रधे	तेटेधाऽनधाऽन	धाऽक्रधेतेटेधाऽ
×			
नधाऽनधाऽक्रधे	तेटेधाऽनधाऽन	धा-त्रकधेतु	धेटेधेटेधागेतेटे
2			
कतेटेधेतेटेधागे	दिंऽऽधेतेटेधागे	दिंऽऽधेतेटेधागे	दिंऽऽनातेटेक्रधे
0			
तेटेधाऽनधाऽन	धाऽक्रधेतेटेधाऽ	नधाऽनधाऽक्रधे	तेटेधाऽनधाऽन
3			
धा			
×			

उठान-7

धात्रकधे	तेटेऽधे	तेटेक्रधा	तेटेगिन	तेटेगिन	तिंनागिन	तिरकिटतकतऽकिटतिन	
×				2			
तकिटता	ऽड़तक	दिंऽऽना	तेटेगिन	तिरकिटधिंना	कतक्रधा	तेटेगिन	धिंनाकत
0				3			
धातूनाक	तेटेकत	क्रधाऽन	क्रधाऽन	क्रधाऽन	धाऽधातू	नाकतेटे	कतक्रधा
×				2			
ऽनक्रधा	ऽनक्रधा	ऽनधाऽ	धातूनाक	तेटेकत	क्रधाऽन	क्रधाऽन	क्रधाऽन
0				3			
धा							
×							

उठान-8

धात्रकधे	तेटेऽधे	तेटेक्रधा	तेटेगिन	तेटेगिन	तिंनागिन	तिरकिटतकतऽकिटतिन		
×				2				
तकिटता	ऽड़तक	दिंऽऽना	तेटेगिन	तिरकिटधिंना	कतक्रधा	तेटेगिन	धिंनाकत	
0				3				
धातूनाक	तेटेकत	क्रधाऽन	धाऽधातू	नाकतेटे	कतक्रधा	ऽनधाऽ	धातूनाक	
×				2				
तेटेकत	क्रधाऽन	धा	धातूनाक	तेटेकत	क्रधाऽन	धाऽधातू	नाकतेटे	
0				3				
कतक्रधा	ऽनधाऽ	धातूनाक	तेटेकत	क्रधाऽन	धा	धातूनाक	तेटेकत	
×				2				
क्रधाऽन	धाऽधातू	नाकतेटे	कतक्रधा	ऽनधाऽ	धातूनाक	तेटेकत	क्रधाऽन	धा
0				3				×

उठान-9

धात्रकधे	तेटेऽधे	तेटेक्रधा	तेटेगिन	तेटेगिन	तिंनागिन	तिरकिटतकतऽ	किटतिन
×				2			
तकिटता	ऽड़तक	दिंऽऽना	तेटेगिन	तिरकिटधिंना	कतक्रधा	तेटेगिन	धिंनाकत
0				3			
धातूनाक	तेटेकत	क्रधाऽन	क्रधाऽन	क्रधाऽन	धाऽतेटे	कतक्रधा	ऽनक्रधा
×				2			
ऽनक्रधा	ऽनधाऽ	तेटेकत	क्रधाऽन	क्रधाऽन	क्रधाऽन	धा	ऽ
0				3			
ऽ	धातूनाक	तेटेकत	क्रधाऽन	क्रधाऽन	क्रधाऽन	धाऽतेटे	कतक्रधा
×				2			
ऽनक्रधा	ऽनक्रधा	ऽनधाऽ	तेटेकत	क्रधाऽन	क्रधाऽन	क्रधाऽन	धा
0				3			
ऽ	ऽ	धातूनाक	तेटेकत	क्रधाऽन	क्रधाऽन	क्रधाऽन	धाऽतेटे
×				2			
कतक्रधा	ऽनक्रधा	ऽनक्रधा	ऽनधाऽ	तेटेकत	क्रधाऽन	क्रधाऽन	क्रधाऽन
0				3			
धा							
×							

उठान-10

धात्रकधे	तेटेऽधे	तेटेक्रधा	तेटेगिन	तेटेगिन	तिंनागिन	तिरकिटतकतऽ	किटतिन
×				2			
तकिटता	ऽड़तक	दिंऽऽना	तेटेगिन	तिरकिटधिंना	कतक्रधा	तेटेगिन	धिंनाकत
0				3			
धातूनाक	तेटेकत	क्रधाऽन	धाऽधातू	नाकतेटे	कतक्रधा	ऽनधाऽ	धातूनाक
×	2						
तेटेकत	क्रधाऽन	धा	धात्रकधे	तेटेऽधे	तेटेक्रधा	तेटेगिन	तेटेगिन
0				3			
तिंनागिन	तिरकिटतकतऽ	किटतिन	तकिटता	ऽड़तक	दिंऽऽना	तेटेगिन	तिरकिटधिंना
×				2			
कतक्रधा	तेटेगिन	धिंनाकत	धातूनाक	तेटेकत	क्रधाऽन	धाऽधातू	नाकतेटे
0				3			
कतक्रधा	ऽनधाऽ	धातूनाक	तेटेकत	क्रधाऽन	धा	धात्रकधे	तेटेऽधे
×				2			
तेटेक्रधा	तेटेगिन	तेटेगिन	तिंनागिन	तिरकिटतकतऽ	किटतिन	तकिटता	ऽड़तक
0				3			
दिंऽऽना	तेटेगिन	तिरकिटधिंना	कतक्रधा	तेटेगिन	धिंनाकत	धातूनाक	तेटेकत
×				2			
क्रधाऽन	धाऽधातू	नाकतेटे	कतक्रधा	ऽनधाऽ	धातूनाक	तेटेकत	क्रधाऽन
0				3			
धा							
×							

गत-कायदा

तकि	टधा	तिरकिट	धेटे	धगि	नधि	नग	धिन
×				2			
नत	कधा	तिरकिट	धेत्ऽ	धिरधिर	किटतक	ताऽतिर	किटतक
0				3			
तकि	टता	तिरकिट	तेटे	तकि	नति	नक	तिन
×				2			
नत	कधा	तिरकिट	धेत्	धिरधिर	किटतक	धाऽतिर	किटतक
0				3			

प्रस्तार

तकि	टधा	तिरकिट	धेटे	धगि	नधि	नग	धिन
×				2			
तकि	टधा	तिरकिट	धेटे	धगि	नधि	नग	धिन
×				3			
तकि	टधा	तिरकिट	धेटे	धगि	नधि	नग	धिन
×				2			
नत	कधा	तिरकिट	धेत्	धिरधिर	किटतक	धाऽतिर	किटतक
0				3			
तकि	टता	तिरकिट	तेटे	तकि	नति	नक	तिन
0				2			
तकि	टता	तिरकिट	तेटे	तकि	नति	नक	तिन
0				3			
तकि	टधा	तिरकिट	धेटे	धगि	नधि	नग	धिन
×				2			
नत	कधा	तिरकिट	धेत्	धिरधिर	किटतक	धाऽतिर	किटतक
0				3			

प्रस्तार

तकि	टधा	तिरकिट	धेटे	तकि	टधा	तिरकिट	धेटे
×				2			
तकि	टधा	तिरकिट	धेटे	धगि	नधि	नग	धिन
0				3			
तकि	टधा	तिरकिट	धेटे	धगि	नधि	नग	धिन
×				2			
नत	कधा	तिरकिट	धेत्	धिरधिर	किटतक	ताऽतिर	किटतक
0				3			

तकि	टता	तिरकिट	तेटे	तकि	टता	तिरकिट	तेटे
×				2			
तकि	टता	तिरकिट	तेटे	तकि	नति	नक	तिन
0				3			
तकि	टधा	तिरकिट	धेटे	धगि	नधि	नग	धिन
×				2			
नत	कधा	तिरकिट	धेत्	धिरधिर	किटतक	धाऽतिर	किटतक
0				3			

प्रस्तार

तकि	टधा	तिरकिट	धेटे	धगि	नधि	नग	धिन
×				2			
धगि	नधि	नग	धिन	धगि	नधि	नग	धिन
0				3			
तकि	टधा	तिरकिट	धेटे	धगि	नधि	नग	धिन
×				2			
नत	कधा	तिरकिट	धेत्	धिरधिर	किटतक	ताऽतिर	किटतक
0				3			
तकि	टता	तिरकिट	तेटे	तकि	नति	नक	तिन
×				2			
तकि	नति	नक	तिन	तकि	नति	नक	तिन
0				3			
तकि	टधा	तिरकिट	धेटे	धगि	नधि	नग	धिन
×				2			
नत	कधा	तिरकिट	धेत्	धिरधिर	किटतक	धाऽतिर	किटतक
0				3			

प्रस्तार

नत	कधा	तिरकिट	धेत्	धिरधिर	किटतक	ताऽतिर	किटतक
×				2			
नत	कता	तिरकिट	धेत्	धिरधिर	किटतक	धाऽतिर	किटतक
0				3			
नत	कधा	तिरकिट	धेत्	धिरधिर	किटतक	ताऽतिर	किटतक
×				2			
नत	कता	तिरकिट	धेत्	धिरधिर	किटतक	धाऽतिर	किटतक
0				3			

प्रस्तार

नत	कधा	तिरकिट	धेत्	नत	कधा	तिरकिट	धेत्
×				2			
नत	कधा	तिरकिट	धेत्	धिरधिर	किटतक	ताऽतिर	किटतक
0				3			
नत	कता	तिरकिट	तेत्	नत	कता	तिरकिट	तेत्
×				2			
नत	कधा	तिरकिट	धेत्	धिरधिर	किटतक	धाऽतिर	किटतक
0				3			

प्रस्तार

नत	कधा	तिरकिट	धेत्	धाऽतिर	किटधाऽ	तिरकिट	धेत्
×				2			
नत	कधा	तिरकिट	धेत्	धिरधिर	किटतक	ताऽतिर	किटतक
0				3			
नत	कता	तिरकिट	तेत्	ताऽतिर	किटताऽ	तिरकिट	तेत्
×				2			
नत	कधा	तिरकिट	धेत्	धिरधिर	किटतक	धाऽतिर	किटतक
0				3			

प्रस्तार

नत	कधा	तिरकिट	धेत्	तिरकिट	धेत्	तिरकिट	धेत्
×				2			
नत	कधा	तिरकिट	धेत्	धिरधिर	किटतक	ताऽतिर	किटतक
0				3			
नत	कता	तिरकिट	तेत्	तिरकिट	तेत्	तिरकिट	तेत्
×				2			
नत	कधा	तिरकिट	धेत्	धिरधिर	किटतक	धाऽतिर	किटतक
0				3			

प्रस्तार

नत	कधा	तिरकिट	धेत्	ऽ ऽ	ऽ धा	तिरकिट	धेत्
×				2			
नत	कधा	तिरकिट	धेत्	धिरधिर	किटतक	ताऽतिर	किटतक
0				3			
नत	कता	तिरकिट	तेत्	ऽ ऽ	ऽ ता	तिरकिट	तेत्
×				2			
नत	कधा	तिरकिट	धेत्	धिरधिर	किटतक	धाऽतिर	किटतक
0				3			

तिहाई

नत	कधा	तिरकिट	धेत्	धिरधिर	किटतक	धाऽतिर	किटतक
×				2			
धा	ऽ	ऽ	ऽ	नत	कधा	तिरकिट	धेत्
0				3			
धिरधिर	किटतक	धाऽतिर	किटतक	धा	ऽ	ऽ	ऽ
×				2			
नत	कधा	तिरकिट	धेत्	धिरधिर	किटतक	धाऽतिर	किटतक
0				3			
धा							
×							

गत-कायदा-2

धाऽघेड़	नगतेत्	ऽध	गिन	धाऽ	ऽध	गिन	तेत्
×				2			
गिन	गत	कगि	नग	धिरधिर	किटतक	ताऽतिर	किटतक
0				3			
ताऽकेड़	नकतेत्	ऽत	किन	ताऽ	ऽत	किन	तेत्
×				2			
गिन	गत	कगि	नग	धिरधिर	किटतक	धाऽतिर	किटतक
0				3			

प्रस्तार

धाऽघेड़	नगतेत्	ऽध	गिन	धाऽ	ऽध	गिन	तेत्
×				2			
धाऽघेड़	नगतेत्	ऽध	गिन	धाऽ	ऽध	गिन	तेत्
0				3			
धाऽघेड़	नगतेत्	ऽध	गिन	धाऽ	ऽध	गिन	तेत्
×				2			
गिन	गत	कगि	नग	धिरधिर	किटतक	ताऽतिर	किटतक
0				3			
ताऽकेड़	नकतेत्	ऽत	किन	ताऽ	ऽत	किन	तेत्
×				2			
ताऽकेड़	नकतेत्	ऽत	किन	ताऽ	ऽत	किन	तेत्
0				3			
धाऽघेड़	नगतेत्	ऽध	गिन	धाऽ	ऽध	गिन	तेत्
×				2			
गिन	गत	कगि	नग	धिरधिर	किटतक	धाऽतिर	किटतक
0				3			

प्रस्तार

गिन	गत	कगि	नग	धिरधिर	किटतक	ताऽतिर	किटतक
×				2			
किन	कत	ककि	नक	धिरधिर	किटतक	धाऽतिर	किटतक
0				3			
गिन	गत	कगि	नग	धिरधिर	किटतक	ताऽतिर	किटतक
×				2			
किन	कत	ककि	नक	धिरधिर	किटतक	धाऽतिर	किटतक
0				3			

प्रस्तार

गिन	गत	कगि	नग	गिन	गत	कगि	नग
×				2			
गिन	गत	कगि	नग	धिरधिर	किटतक	ताऽतिर	किटतक
0				3			
किन	कत	ककि	नक	किन	कत	ककि	नक
×				2			
गिन	गत	कगि	नग	धिरधिर	किटतक	धाऽतिर	किटतक
0				3			

प्रस्तार

गिन	गत	कगि	नग	ऽऽ	ऽत	कगि	नग
×				2			
गिन	गत	कगि	नग	धिरधिर	किटतक	ताऽतिर	किटतक
0				3			
किन	कत	ककि	नक	ऽऽ	ऽत	ककि	नक
×				2			
गिन	गत	कगि	नग	धिरधिर	किटतक	धाऽतिर	किटतक
0				3			

तिहाई

गिन	गत	कगि	नग	धिरधिर	किटतक	धाऽतिर	किटतक	
×				2				
धा	ऽ	ऽ	ऽ	गिन	गत	कगि	नग	
0				3				
धिरधिर	किटतक	धाऽतिर	किटतक	धा	ऽ	ऽ	ऽ	
×				2				
गिन	गत	कगि	नग	धिरधिर	किटतक	धाऽतिर	किटतक	धा
0				3				×

गत-कायदा-3

धिंऽऽक्र	धिंऽनाऽ	घेड़नग	दिनतक	धिरधिर	धिरधिर	घेड़नग	दिनतक
×				2			
तेटेघड़ा	ऽनधाऽ	घेड़नग	दिनतक	दिनतक	तकदिन	तकतक	तिनतक
0				3			
तिंऽऽक्र	तिंऽनाऽ	केड़नक	तिनतक	तिरतिर	तिरतिर	केड़नक	तिदतक
0				2			
तेटेघड़ा	ऽनधाऽ	घेड़नग	दिनतक	दिनतक	तकदिन	तकतक	दिनतक
0				3			

प्रस्तार

धिंऽऽक्र	धिंऽनाऽ	घेड़नग	दिनतक	धिरधिर	धिरधिर	घेड़नग	दिनतक
×				2			
धिंऽऽक्र	धिंऽनाऽ	घेड़नग	दिनतक	धिरधिर	धिरधिर	घेड़नग	दिनतक
0				3			
धिंऽऽक्र	धिंऽनाऽ	घेड़नग	दिनतक	धिरधिर	धिरधिर	घेड़नग	दिनतक
×				2			
तेटेघड़ा	ऽनधाऽ	घेड़नग	दिनतक	दिनतक	तकदिन	तकतक	तिनतक
0				3			
तिंऽऽक्र	तिंऽनाऽ	केड़नक	तिनतक	तिरतिर	तिरतिर	केड़नक	तिनतक
×				2			
तिंऽऽक्र	तिंऽनाऽ	केड़नक	तिनतक	तिरतिर	तिरतिर	केड़नक	तिनतक
0				3			
धिंऽऽक्र	धिंऽनाऽ	घेड़नग	दिनतक	धिरधिर	धिरधिर	घेड़नग	दिनतक
×				2			
तेटेघड़ा	ऽनधाऽ	घेड़नग	दिनतक	दिनतक	तकदिन	तकतक	दिनतक
0				3			

प्रस्तार

धिंऽऽक्र	धिंऽनाऽ	घेड़नग	दिनतक	धिरधिर	धिरधिर	घेड़नग	दिनतक
×				2			
धिरधिर	धिरधिर	घेड़नग	दिनतक	धिरधिर	धिरधिर	घेड़नग	दिनतक
0				3			
धिंऽऽक्र	धिंऽनाऽ	घेड़नग	दिनतक	धिरधिर	धिरधिर	घेड़नग	दिनतक
×				2			
तेटेघड़ा	ऽनधाऽ	घेड़नग	दिनतक	दिनतक	तकदिन	तकतक	तिनतक
0				3			
तिंऽऽक्र	तिंऽनाऽ	केड़नक	तिनतक	तिरतिर	तिरतिर	केड़नक	तिनतक
×				2			

तिरतिर	तिरतिर	केड़नक	तिनतक	तिरतिर	तिरतिर	केड़नक	तिनतक
0				3			
धिंऽऽक्र	धिंऽनाऽ	घेड़नग	दिनतक	धिरधिर	धिरधिर	घेड़नग	दिनतक
×				2			
तेटेघड़ा	ऽनधाऽ	घेड़नग	दिनतक	दिनतक	तकदिन	तकतक	दिनतक
0				3			

प्रस्तार

धिंऽऽक्र	धिंऽनाऽ	घेड़नग	दिनतक	धिंऽऽक्र	धिंऽनाऽ	घेड़नग	दिनतक
×				2			
धिंऽऽक्र	धिंऽनाऽ	घेड़नग	दिनतक	धिरधिर	धिरधिर	घेड़नग	दिनतक
0				3			
धिंऽऽक्र	धिंऽनाऽ	घेड़नग	दिनतक	धिरधिर	धिरधिर	घेड़नग	दिनतक
×				2			
तेटेघड़ा	ऽनधाऽ	घेड़नग	दिनतक	दिनतक	तकदिन	तकतक	तिनतक
0				3			
तिंऽऽक्र	तिंऽनाऽ	केड़नक	तिनतक	तिंऽऽक्र	तिंऽनाऽ	केड़नक	तिनतक
×				2			
तिंऽऽक्र	तिंऽनाऽ	केड़नक	तिनतक	तिरतिर	तिरतिर	केड़नक	तिनतक
0				3			
धिंऽऽक्र	धिंऽनाऽ	घेड़नग	दिनतक	धिरधिर	धिरधिर	घेड़नग	दिनतक
×				2			
तेटेघड़ा	ऽनधाऽ	घेड़नग	दिनतक	दिनतक	तकदिन	तकतक	दिनतक
0				3			

प्रस्तार

धिंऽऽक्र	धिंऽनाऽ	धिंऽऽक्र	धिंऽनाऽ	धिंऽऽक्र	धिंऽनाऽ	घेड़नग	दिनतक
×				2			
धिंऽऽक्र	धिंऽनाऽ	घेड़नग	दिनतक	धिरधिर	धिरधिर	घेड़नग	दिनतक
0				3			
धिंऽऽक्र	धिंऽनाऽ	घेड़नग	दिनतक	धिरधिर	धिरधिर	घेड़नग	दिनतक
×				2			
तेटेघड़ा	ऽनधाऽ	घेड़नग	दिनतक	दिनतक	तकदिन	तकतक	तिनतक
0				3			
तिंऽऽक्र	तिंऽनाऽ	तिंऽऽक्र	तिंऽनाऽ	तिंऽऽक्र	तिंऽनाऽ	केड़नक	तिनतक
×				2			
थ्तंऽऽक्र	तिंऽनाऽ	केड़नक	तिनतक	तिरतिर	तिरतिर	केड़नक	तिनतक
0				3			
धिंऽऽक्र	धिंऽनाऽ	घेड़नग	दिनतक	धिरधिर	धिरधिर	घेड़नग	दिनतक
×				2			
तेटेघड़ा	ऽनधाऽ	घेड़नग	दिनतक	दिनतक	तकदिन	तकतक	दिनतक
0				3			

प्रस्तार

तेटेघड़ा	ऽनधाऽ	घेड़नग	दिनतक	दिनतक	तकदिन	तकतक	दिनतक
×				2			
तेटेकड़ा	ऽनताऽ	केड़नक	तिनतक	दिनतक	तकदिन	तकतक	दिनतक
0				3			
तेटेघड़ा	ऽनधाऽ	घेड़नग	दिनतक	दिनतक	तकदिन	तकतक	दिनतक
×				2			
तेटेकड़ा	ऽनताऽ	केड़नक	तिनतक	दिनतक	तकदिन	तकतक	दिनतक
0				3			

प्रस्तार

तेटेघड़ा	ऽनधाऽ	घेड़नग	दिनतक	तेटेघड़ा	ऽनधाऽ	घेड़नग	दिनतक
×				2			
तेटेघड़ा	ऽनधाऽ	घेड़नग	दिनतक	दिनतक	तकदिन	तकतक	दिनतक
0				3			
तेटेकड़ा	ऽनताऽ	केड़नक	तिनतक	तेटेकड़ा	ऽनताऽ	केड़नक	तिनतक
×				2			
तेटेघड़ा	ऽनधाऽ	घेड़नग	दिनतक	दिनतक	तकदिन	तकतक	दिनतक
0				3			

प्रस्तार

तेटेघड़ा	ऽनधाऽ	तेटेघड़ा	ऽनधाऽ	तेटेघड़ा	ऽनधाऽ	घेड़नग	दिनतक
×				2			
तेटेघड़ाऽनधाऽ		घेड़नग	दिनतक	दिनतक	तकदिन	तकतक	दिनतक
0				3			
तेटेकड़ा	ऽनताऽ	तेटेकड़ा	ऽनताऽ	तेटेकड़ा	ऽनताऽ	केड़नक	तिनतक
×				2			
तेटेघड़ा	ऽनधाऽ	घेड़नग	दिनतक	दिनतक	तकदिन	तकतक	दिनतक
0				3			

प्रस्तार

तेटेघड़ा	ऽनधाऽ	ऽऽघड़ा	ऽनधाऽ	तेटेघड़ा	ऽनधाऽ	घेड़नग	दिनतक
×				2			
तेटेघड़ा	ऽनधाऽ	घेड़नग	दिनतक	दिनतक	तकदिन	तकतक	दिनतक
0				3			
तेटेकड़ा	ऽनताऽ	ऽऽकड़ा	ऽनताऽ	तेटेकड़ा	ऽनताऽ	केड़नक	तिनतक
×				2			
तेटेघड़ा	ऽनधाऽ	घेड़नग	दिनतक	दिनतक	तकदिन	तकतक	दिनतक
0				3			

तिहाई

तेटेघड़ा	ऽनधाऽ	घेड़नग	दिनतक	दिनतक	तकदिन	तकतक	दिनतक
×				2			
धा	धा	धा	तेटेघड़ा	ऽनधाऽ	घेड़नग	दिनतक	दिनतक
0				3			
तकदिन	तकतक	दिनतक	धा	धा	धा	तेटेघड़ा	ऽनधाऽ
×				2			
घेड़नग	दिनतक	दिनतक	तकदिन	तकतक	दिनतक	धा	धा
0				3			
धा							
×							

गत-कायदा-4

तिरकिट	तकतिर	किटतक	धा-	तिरकिट	तकतिर	किटतक	दिं-
×				2			
तिरकिट	तकतिर	किटतक	धेत्-	धिरधिर	किटतक	ताऽतिर	किटतक
0				3			
तिरकिट	तकतिर	किटतक	ता-	तिरकिट	तकतिर	किटतक	तिं-
×				2			
तिरकिट	तकतिर	किटतक	धेत्-	धिरधिर	किटतक	धाऽतिर	किटतक
0				3			

प्रस्तार

तिरकिट	तकतिर	किटतक	धा-	तिरकिट	तकतिर	किटतक	धा-
×				2			
तिरकिट	तकतिर	किटतक	दिं-	तिरकिट	तकतिर	किटतक	दिं-
0				3			
तिरकिट	तकतिर	किटतक	धेत्-	तिरकिट	तकतिर	किटतक	धेत्-
×				2			
धिरधिर	किटतक	ताऽतिर	किटतक	धिरधिर	किटतक	ताऽतिर	किटतक
0				3			
तिरकिट	तकतिर	किटतक	ता-	तिरकिट	तकतिर	किटतक	ता-
×				2			
तिरकिट	तकतिर	किटतक	तिं-	तिरकिट	तकतिर	किटतक	तिं-
0				3			
तिरकिट	तकतिर	किटतक	धेत्-	तिरकिट	तकतिर	किटतक	धेत्-
×				2			
धिरधिर	किटतक	धाऽतिर	किटतक	धिरधिर	किटतक	धाऽतिर	किटतक
0				3			

प्रस्तार

तिरकिट	तकतिर	किटतक	धा-	तिरकिट	धा-	तिरकिट	धा-
×				2			
तिरकिट	तकतिर	किटतक	दिं-	तिरकिट	दिं-	तिरकिट	दिं-
0				3			
तिरकिट	तकतिर	किटतक	धेत्-	तिरकिट	धेत्-	तिरकिट	धेत्-
×				2			
धिरधिर	किटतक	ताऽतिर	किटतक	धिरधिर	किटतक	ताऽतिर	किटतक
0				3			
तिरकिट	तकतिर	किटतक	ता-	तिरकिट	ता-	तिरकिट	ता-
×				2			
तिरकिट	तकतिर	किटतक	तिं-	तिरकिट	तिं-	तिरकिट	तिं-
0				3			
तिरकिट	तकतिर	किटतक	धेत्-	तिरकिट	धेत्-	तिरकिट	धेत्-
×				2			
धिरधिर	किटतक	धाऽतिर	किटतक	धिरधिर	किटतक	धाऽतिर	किटतक
0				3			

प्रस्तार

तिरकिट	तकतिर	किटतक	धा-	ऽ ऽ	ऽतिर	किटतक	धा-
×				2			
तिरकिट	तकतिर	किटतक	दिं-	ऽ ऽ	ऽतिर	किटतक	दिं-
0				3			
तिरकिट	तकतिर	किटतक	धेत्-	ऽ ऽ	ऽतिर	किटतक	धेत्-
×				2			
धिरधिर	किटतक	ताऽतिर	किटतक	धिरधिर	किटतक	ताऽतिर	किटतक
0				3			
तिरकिट	तकतिर	किटतक	ता-	ऽ ऽ	ऽतिर	किटतक	ता-
×				2			
तिरकिट	तकतिर	किटतक	तिं-	ऽ ऽ	ऽतिर	किटतक	तिं-
0				3			
तिरकिट	तकतिर	किटतक	धेत्-	ऽ ऽ	ऽतिर	किटतक	धेत्-
×				2			
धिरधिर	किटतक	धाऽतिर	किटतक	धिरधिर	किटतक	धाऽतिर	किटतक
0				3			

प्रस्तार

तिरकिट	तकतिर	किटतक	तिरकिट	धाऽ	ऽतिर	किटतक	धा-
×				2			
तिरकिट	तकतिर	किटतक	तिरकिट	दिंऽ	ऽतिर	किटतक	दिं-
0				3			
तिरकिट	तकतिर	किटतक	तिरकिट	धेत्ऽ	ऽतिर	किटतक	धेत्-
×				2			
धिरधिर	किटतक	ता-तिर	किटतक	धिरधिर	किटतक	ताऽतिर	किटतक
0				3			
तिरकिट	तकतिर	किटतक	तिरकिट	ताऽ	ऽतिर	किटतक	ता-
×				2			
तिरकिट	तकतिर	किटतक	तिरकिट	तिंऽ	ऽतिर	किटतक	तिं-
0				3			
तिरकिट	तकतिर	किटतक	तिरकिट	धेत्ऽ	ऽतिर	किटतक	धेत्-
×				2			
धिरधिर	किटतक	धाऽतिर	किटतक	धिरधिर	किटतक	धाऽतिर	किटतक
0				3			

प्रस्तार

तिरकिट	तकतिर	किटतक	किटतक	तिरकिट	तकतिर	किटतक	धा-
×				2			
तिरकिट	तकतिर	किटतक	किटतक	तिरकिट	तकतिर	किटतक	दिं-
0				3			
तिरकिट	तकतिर	किटतक	किटतक	तिरकिट	तकतिर	किटतक	धेत्-
×				2			
धिरधिर	किटतक	धिरधिर	किटतक	धिरधिर	किटतक	ताऽतिर	किटतक
0				3			
तिरकिट	तकतिर	किटतक	किटतक	तिरकिट	तकतिर	किटतक	ता-
×				2			
तिरकिट	तकतिर	किटतक	किटतक	तिरकिट	तकतिर	किटतक	तिं-
0				3			
तिरकिट	तकतिर	किटतक	किटतक	तिरकिट	तकतिर	किटतक	धेत्-
×				2			
धिरधिर	किटतक	धिरधिर	किटतक	धिरधिर	किटतक	धाऽतिर	किटतक
0				3			

तिहाई

तिरकिट	तकतिर	किटतक	धेत्-	धिरधिर	किटतक	धाऽतिर	किटतक
×				2			
धा	ऽ	ऽ	ऽ	तिरकिट	तकतिर	किटतक	धेत्-
0				3			
धिरधिर	किटतक	धाऽतिर	किटतक	धा	ऽ	ऽ	ऽ
×				2			
तिरकिट	तकतिर	किटतक	धेत्-	धिरधिर	किटतक	धाऽतिर	किटतक
0				3			
धा							
×							

गत-कायदा-5

धिरधिर	किटतक	धा	धिरधिर	किटतक	धा	धिरधिर	किटतक
×				2			
धिरधिर	ऽधिर	धिरऽ	धिरधिर	धिरधिर	किटतक	तिंना	किटतक
0				3			
तिरतिर	किटतक	ता	तिरतिर	किटतक	ता	तिरतिर	किटतक
×				2			
धिरधिर	ऽधिर	धिरऽ	धिरधिर	धिरधिर	किटतक	धिंना	किटतक
0				3			

प्रस्तार

धिरधिर	किटतक	धा	धिरधिर	किटतक	धा	धिरधिर	किटतक
×				2			
धिरधिर	किटतक	धा	धिरधिर	किटतक	धा	धिरधिर	किटतक
0				3			
धिरधिर	किटतक	धा	धिरधिर	किटतक	धा	धिरधिर	किटतक
×				2			
धिरधिर	ऽधिर	धिरऽ	धिरधिर	धिरधिर	किटतक	तिंना	किटतक
0				3			
तिरतिर	किटतक	ता	तिरतिर	किटतक	ता	तिरतिर	किटतक
×				2			
तिरतिर	किटतक	ता	तिरतिर	किटतक	ता	तिरतिर	किटतक
0				3			
धिरधिर	किटतक	धा	धिरधिर	किटतक	धा	धिरधिर	किटतक
×				2			
धिरधिर	ऽधिर	धिरऽ	धिरधिर	धिरधिर	किटतक	धिंना	किटतक
0				3			

प्रस्तार

धिरधिर	ऽधिर	धिरऽ	धिरधिर	धिरधिर	किटतक	तिंना	किटतक
×				2			
धिरधिर	ऽधिर	धिरऽ	धिरधिर	धिरधिर	किटतक	धिंना	किटतक
0				3			
धिरधिर	ऽधिर	धिरऽ	धिरधिर	धिरधिर	किटतक	तिंना	किटतक
×				2			
धिरधिर	ऽधिर	धिरऽ	धिरधिर	धिरधिर	किटतक	धिंना	किटतक
0				3			

प्रस्तार

धिरधिर	ऽधिर	धिरऽ	धिरधिर	धिरधिर	किटतक	तिंना	किटतक
×				2			
धिरधिर	किटतक	तिंना	किटतक	धिरधिर	किटतक	तिंना	किटतक
0				3			
धिरधिर	ऽधिर	धिरऽ	धिरधिर	धिरधिर	किटतक	धिंना	किटतक
×				2			
धिरधिर	किटतक	धिंना	किटतक	धिरधिर	किटतक	धिंना	किटतक
0				3			

प्रस्तार

धिरधिर	ऽधिर	धिरऽ	धिरधिर	धिरधिर	किटतक	धिरधिर	किटतक
×				2			
धिरधिर	ऽधिर	धिरऽ	धिरधिर	धिरधिर	किटतक	तिंना	किटतक
0				3			
तिरतिर	ऽतिर	तिरऽ	तिरतिर	तिरतिर	किटतक	तिरतिर	किटतक
×				2			
धिरधिर	ऽधिर	धिरऽ	धिरधिर	धिरधिर	किटतक	धिंना	किटतक
0				3			

प्रस्तार

धिरधिर	किटतक	धिंना	किटतक	धिरधिर	किटतक	धिंना	किटतक
×				2			
धिरधिर	ऽधिर	धिरऽ	धिरधिर	धिरधिर	किटतक	तिंना	किटतक
0				3			
तिरतिर	किटतक	तिंना	किटतक	तिरतिर	किटतक	तिंना	किटतक
×				2			
धिरधिर	ऽधिर	धिरऽ	धिरधिर	धिरधिर	किटतक	धिंना	किटतक
0				3			

प्रस्तार

धिरधिर	किटतक	धिरधिर	किटतक	धिरधिर	किटतक	धिरधिर	किटतक
×				2			
धिरधिर	ऽधिर	धिरऽ	धिरधिर	धिरधिर	किटतक	तिंना	किटतक
0				3			
तिरतिर	किटतक	तिरतिर	किटतक	तिरतिर	किटतक	तिरतिर	किटतक
×				2			
धिरधिर	ऽधिर	धिरऽ	धिरधिर	धिरधिर	किटतक	धिंना	किटतक
0				3			

प्रस्तार

धिरधिर	किटतक	तिंना	किटतक	धिरधिर	किटतक	धिंना	किटतक
×				2			
धिरधिर	किटतक	तिंना	किटतक	धिरधिर	किटतक	धिंना	किटतक
0				3			
धिरधिर	किटतक	तिंना	किटतक	धिरधिर	किटतक	धिंना	किटतक
×				2			
धिरधिर	किटतक	तिंना	किटतक	धिरधिर	किटतक	धिंना	किटतक
0				3			

तिहाई

धिरधिर	ऽधिर	धिरऽ	धिरधिर	धिरधिर	किटतक	धिंना	किटतक
×				2			
धा	धा	धा	धिरधिर	ऽधिर	धिरऽ	धिरधिर	धिरधिर
0				3			
किटतक	धिंना	किटतक	धा	धा	धा	धिरधिर	ऽधिर
×				2			
धिरऽ	धिरधिर	धिरधिर	किटतक	धिंना	किटतक	धा	धा
0				3			
धा							
×							

गत-कायदा-6

दींऽगिन	तकधिन	धागेत्रक	धिंन्नाकत्त	धादीं	ऽगिन	धागेत्रक	धिंन्नाकत्त
×				2			
घेड़नग	धाऽघेड़	नगदींऽ	घेड़नग	तकधिन	घेघेनग	धिरधिरकिटतक	ताऽतिरकिटतक
0				3			
तींऽकिन	तकतिन	ताकेत्रक	तिंन्नाकत्त	तातीं	ऽकिन	ताकेत्रक	तिंन्नाकत्त
×				2			
घेड़नग	धाऽघेड़	नगदींऽ	घेड़नग	तकधिन	घेघेनग	धिरधिरकिटतक	धाऽतिरकिटतक
0				3			

प्रस्तार

दींऽगिन	तकधिन	धागेत्रक	धिंन्नाकत्त	धादीं	ऽगिन	धागेत्रक	धिंन्नाकत्त
×				2			
दींऽगिन	तकधिन	धागेत्रक	धिंन्नाकत्त	धादीं	ऽगिन	धागेत्रक	धिंन्नाकत्त
0				3			
दींऽगिन	तकधिन	धागेत्रक	धिंन्नाकत्त	धादीं	ऽगिन	धागेत्रक	धिंन्नाकत्त
×				2			
घेड़नग	धाऽघेड़	नगदींऽ	घेड़नग	तकधिन	घेघेनग	धिरधिरकिटतक	ताऽतिरकिटतक
0				3			
तींऽकिन	तकतिन	ताकेत्रक	तिंन्नाकत्त	तातीं	ऽकिन	ताकेत्रक	तिंन्नाकत्त
×				2			
तींऽकिन	तकतिन	ताकेत्रक	तिंन्नाकत्त	तातीं	ऽकिन	ताकेत्रक	तिंन्नाकत्त
0				3			
दींऽगिन	तकधिन	धागेत्रक	धिंन्नाकत्त	धादीं	ऽगिन	धागेत्रक	धिंन्नाकत्त
×				2			
घेड़नग	धाऽघेड़	नगदींऽ	घेड़नग	तकधिन	घेघेनग	धिरधिरकिटतक	धाऽतिरकिटतक
0				3			

प्रस्तार

दींऽगिन	तकधिन	धागेत्रक	धिंन्नाकत्त	दींऽगिन	तकधिन	धागेत्रक	धिंन्नाकत्त
×				2			
दींऽगिन	तकधिन	धागेत्रक	धिंन्नाकत्त	धादीं	ऽगिन	धागेत्रक	धिंन्नाकत्त
0				3			
दींऽगिन	तकधिन	धागेत्रक	धिंन्नाकत्त	धादीं	ऽगिन	धागेत्रक	धिंन्नाकत्त
×				2			
घेड़नग	धाऽघेड़	नगदींऽ	घेड़नग	तकधिन	घेघेनग	धिरधिरकिटतक	ताऽतिरकिटतक
0				3			
तींऽकिन	तकतिन	ताकेत्रक	तिंन्नाकत्त	तींऽकिन	तकतिन	ताकेत्रक	तिंन्नाकत्त
×				2			
तींऽकिन	तकतिन	ताकेत्रक	तिंन्नाकत्त	तातीं	ऽकिन	ताकेत्रक	तिंन्नाकत्त
0				3			
दींऽगिन	तकधिन	धागेत्रक	धिंन्नाकत्त	धादीं	ऽगिन	धागेत्रक	धिंन्नाकत्त
×				2			
घेड़नग	धाऽघेड़	नगदींऽ	घेड़नग	तकधिन	घेघेनग	धिरधिरकिटतक	धाऽतिरकिटतक
0				3			

प्रस्तार

दीं॰गिन	तकधिन	धागेत्रक	धिंन्नाकत्त	धादीं	ऽगिन	धागेत्रक	धिंन्नाकत्त
×				2			
धादीं	ऽगिन	धागेत्रक	धिंन्नाकत्त	धादीं	ऽगिन	धागेत्रक	धिंन्नाकत्त
0				3			
दींऽगिन	तकधिन	धागेत्रक	धिंन्नाकत्त	धादीं	ऽगिन	धागेत्रक	धिंन्नाकत्त
×				2			
घेड़नग	धाऽघेड़	नगदींऽ	घेड़नग	तकधिन	घेघेनग	धिरधिरकिटतक	ताऽतिरकिटतक
0				3			
तींऽकिन	तकतिन	ताकेत्रक	तिंन्नाकत्त	तातीं	ऽकिन	ताकेत्रक	तिंन्नाकत्त
×				2			
तातीं	ऽकिन	ताकेत्रक	तिंन्नाकत्त	तातीं	ऽकिन	ताकेत्रक	तिंन्नाकत्त
0				3			
दींऽगिन	तकधिन	धागेत्रक	धिंन्नाकत्त	धादीं	ऽगिन	धागेत्रक	धिंन्नाकत्त
×				2			
घेड़नग	धाऽघेड़	नगदींऽ	घेड़नग	तकधिन	घेघेनग	धिरधिरकिटतक	धाऽतिरकिटतक
0				3			

प्रस्तार

घेड़नग	धाऽघेड़	नगदींऽ	घेड़नग	तकधिन	घेघेनग	धिरधिरकिटतक	ताऽतिरकिटतक
×				2			
केड़नक	ताऽकेड़	नकतींऽ	केड़नक	तकधिन	घेघेनग	धिरधिरकिटतक	धाऽतिरकिटतक
0				3			

प्रस्तार

घेड़नग	धाऽघेड़	नगदींऽ	घेड़नग	घेड़नग	धाऽघेड़	नगदींऽ	घेड़नग
×				2			
घेड़नग	धाऽघेड़	नगदींऽ	घेड़नग	तकधिन	घेघेनग	धिरधिरकिटतक	ताऽतिरकिटतक
0				3			
केड़नक	ताऽकेड़	नकतींऽ	केड़नक	केड़नक	ताऽकेड़	नकतींऽ	केड़नक
×				2			
घेड़नग	धाऽघेड़	नगदींऽ	घेड़नग	तकधिन	घेघेनग	धिरधिरकिटतक	धाऽतिरकिटतक
0				3			

तिहाई

तकधिन ×	घेघेनग	धिरधिरकिटतक	धाऽतिरकिटतक
धा 2	ऽ	तकधिन	घेघेनग
धिरधिरकिटतक 0	धाऽतिरकिटतक	धा	ऽ
तकधिन 3	घेघेनग	धिरधिरकिटतक	धाऽतिरकिटतक
धा ×			

गत–कायदा–7 (लखनऊ)

धाऽतिर ×	किटतक	धा	धाऽतिर	किटतक 2	धा	धाऽतिर	किटतक
धाऽतिर 0	किटधाऽ	तिरकिट	धाऽतिर	घेड़नग 3	दिनतक	तिरतिर	किटतक
ताऽतिर ×	किटतक	ता	ताऽतिर	किटतक 2	ता	ताऽतिर	किटतक
धाऽतिर 0	किटधाऽ	तिरकिट	धाऽतिर	घेड़नग 3	दिनतक	धिरधिर	किटतक

प्रस्तार

धाऽतिर ×	किटतक	धा	धाऽतिर	किटतक 2	धा	धाऽतिर	किटतक
धाऽतिर 0	किटतक	धा	धाऽतिर	किटतक 3	धा	धाऽतिर	किटतक
धाऽतिर ×	किटतक	धा	धाऽतिर	किटतक 2	धा	धाऽतिर	किटतक
धाऽतिर 0	किटधाऽ	तिरकिट	धाऽतिर	घेड़नग 3	दिनतक	तिरतिर	किटतक
ताऽतिर ×	किटतक	ता	ताऽतिर	किटतक 2	ता	ताऽतिर	किटतक
ताऽतिर 0	किटतक	ता	ताऽतिर	किटतक 3	ता	ताऽतिर	किटतक
धाऽतिर ×	किटतक	धा	धाऽतिर	किटतक 2	धा	धाऽतिर	किटतक
धाऽतिर 0	किटधाऽ	तिरकिट	धाऽतिर	घेड़नग 3	दिनतक	धिरधिर	किटतक

प्रस्तार

धाऽतिर	किटतक	धा	धाऽतिर	किटतक	धा	धा	धाऽतिर
×				2			
किटतक	धा	धा	धाऽतिर	किटतक	धा	धाऽतिर	किटतक
0				3			
धाऽतिर	किटतक	धा	धाऽतिर	किटतक	धा	धाऽतिर	किटतक
×				2			
धाऽतिर	किटधाऽ	तिरकिट	धाऽतिर	घेड़नग	दिनतक	तिरतिर	किटतक
0				3			
ताऽतिर	किटतक	ता	ताऽतिर	किटतक	ता	ता	ताऽतिर
×				2			
किटतक	ता	ता	ताऽतिर	किटतक	ता	ताऽतिर	किटतक
0				3			
धाऽतिर	किटतक	धा	धाऽतिर	किटतक	धा	धाऽतिर	किटतक
×				2			
धाऽतिर	किटधाऽ	तिरकिट	धाऽतिर	घेड़नग	दिनतक	धिरधिर	किटतक
0				3			

प्रस्तार

धाऽतिर	किटतक	धाऽतिर	किटतक	धाऽतिर	किटतक	धाऽतिर	किटतक
×				2			
धाऽतिर	किटधाऽ	तिरकिट	धाऽतिर	घेड़नग	दिनतक	तिरतिर	किटतक
0				3			
ताऽतिर	किटतक	ताऽतिर	किटतक	ताऽतिर	किटतक	ताऽतिर	किटतक
×				2			
धाऽतिर	किटधाऽ	तिरकिट	धाऽतिर	घेड़नग	दिनतक	धिरधिर	किटतक
0				3			

प्रस्तार

धाऽतिर	किटधाऽ	तिरकिट	धाऽतिर	घेड़नग	दिनतक	तिरतिर	किटतक
×				2			
ताऽतिर	किटताऽ	तिरकिट	धाऽतिर	घेड़नग	दिनतक	धिरधिर	किटतक
0				3			
धाऽतिर	किटधाऽ	तिरकिट	धाऽतिर	घेड़नग	दिनतक	तिरतिर	किटतक
×				2			
ताऽतिर	किटताऽ	तिरकिट	धाऽतिर	घेड़नग	दिनतक	धिरधिर	किटतक
0				3			

प्रस्तार

धाऽतिर	किटधाऽ	तिरकिट	धाऽतिर	घेड़नग	दिनतक	धिरधिर	किटतक
×				2			
धिरधिर	किटतक	धाऽतिर	किटधाऽ	तिरकिट	धाऽतिर	घेड़नग	तिनतक
0				3			
ताऽतिर	किटताऽ	तिरकिट	ताऽतिर	केड़नक	तिनतक	तिरतिर	किटतक
×				2			
धिरधिर	किटतक	धाऽतिर	किटधाऽ	तिरकिट	धाऽतिर	घेड़नग	दिनतक
0				3			

प्रस्तार

धिरधिर	किटतक	धाऽतिर	किटधाऽ	तिरकिट	धाऽतिर	घेड़नग	तिनतक
×				2			
तिरतिर	किटतक	ताऽतिर	किटधाऽ	तिरकिट	धाऽतिर	घेड़नग	दिनतक
0				3			
धिरधिर	किटतक	धाऽतिर	किटधाऽ	तिरकिट	धाऽतिर	घेड़नग	तिनतक
×				2			
तिरतिर	किटतक	ताऽतिर	किटधाऽ	तिरकिट	धाऽतिर	घेड़नग	दिनतक
0				3			

तिहाई

धिरधिर	किटतक	धाऽतिर	किटधाऽ	तिरकिट	धाऽतिर	घेड़नग	दिनतक	
×				2				
धा	ऽ	ऽ	ऽ	धिरधिर	किटतक	धाऽतिर	किटधाऽ	
0				3				
तिरकिट	धाऽतिर	घेड़नग	दिनतक	धा	ऽ	ऽ	ऽ	
×				2				
धिरधिर	किटतक	धाऽतिर	किटधाऽ	तिरकिट	धाऽतिर	घेड़नग	दिनतक	धा
0				3				×

गत-कायदा-8

धगिनकत्	ऽधगिन	धाऽऽध	गिनधाऽ
×			
धाधाकिटतक	धातिरकिटधिर	धिरधिरकिटतक	तातिरकिटतक
2			
तकिनकत्	ऽतकिन	ताऽऽत	किनताऽ
0			
धाधाकिटतक	धातिरकिटधिर	धिरधिरकिटतक	धातिरकिटतक
3			

प्रस्तार

धगिनकत्	ऽधगिन	धाऽऽध	गिनधाऽ
×			
धगिनकत्	ऽधगिन	धाऽऽध	गिनधाऽ
2			
धगिनकत्	ऽधगिन	धाऽऽध	गिनधाऽ
0			
धाधाकिटतक	धातिरकिटधिर	धिरधिरकिटतक	तातिरकिटतक
3			
तकिनकत्	ऽतकिन	ताऽऽत	किनताऽ
×			
तकिनकत्	ऽतकिन	ताऽऽत	किनताऽ
2			
धगिनकत्	ऽधगिन	धाऽऽध	गिनधाऽ
0			
धाधाकिटतक	धातिरकिटधिर	धिरधिरकिटतक	धातिरकिटतक
3			

प्रस्तार

धगिनकत्	ऽधगिन	धगिनकत्	ऽधगिन
×			
धगिनकत्	ऽधगिन	धाऽऽध	गिनधाऽ
2			
धगिनकत्	ऽधगिन	धाऽऽध	गिनधाऽ
0			
धाधाकिटतक	धातिरकिटधिर	धिरधिरकिटतक	तातिरकिटतक
3			
तकिनकत्	ऽतकिन	तकिनकत्	ऽतकिन
×			
तकिनकत्	ऽतकिन	ताऽऽत	किनताऽ
2			
धगिनकत्	ऽधगिन	धाऽऽध	गिनधाऽ
0			
धाधाकिटतक	धातिरकिटधिर	धिरधिरकिटतक	धातिरकिटतक
3			

प्रस्तार

धगिनकत्	ऽधगिन	धाऽऽध	गिनधाऽ
×			
ऽऽऽध	गिनधाऽ	ऽऽऽध	गिनधाऽ
2			
धगिनकत्	ऽधगिन	धाऽऽध	गिनधाऽ
0			
धाधाकिटतक	धातिरकिटधिर	**धिरधिरकिटतक**	तातिरकिटतक
3			
तकिनकत्	ऽतकिन	ताऽऽत	किनताऽ
×			
ऽऽऽत	किनताऽ	ऽऽऽत	किनताऽ
2			
धगिनकत्	ऽधगिन	धाऽऽध	गिनधाऽ
0			
धाधाकिटतक	धातिरकिटधिर	धिरधिरकिटतक	धातिरकिटतक
3			

प्रस्तार

धगिनकत्	ऽधगिन	धाऽऽध	गिनधाऽ
×			
ऽधाऽध	गिनधाऽ	ऽधाऽध	गिनधाऽ
2			
धगिनकत्	ऽधगिन	धाऽऽध	गिनधाऽ
0			
धाधाकिटतक	धातिरकिटधिर	धिरधिरकिटतक	तातिरकिटतक
3			
तकिनकत्	ऽतकिन	ताऽऽत	किनताऽ
×			
ऽताऽत	किनताऽ	ऽताऽत	किनताऽ
2			
धगिनकत्	ऽधगिन	धाऽऽध	गिनधाऽ
0			
धाधाकिटतक	धातिरकिटधिर	धिरधिरकिटतक	धातिरकिटतक
3			

प्रस्तार

धाधाकिटतक ×	धातिरकिटधिर	धिरधिरकिटतक	तातिरकिटतक
ताताकिटतक 2	तातिरकिटधिर	धिरधिरकिटतक	धातिरकिटतक
धाधाकिटतक 0	धातिरकिटधिर	धिरधिरकिटतक	तातिरकिटतक
ताताकिटतक 3	तातिरकिटधिर	धिरधिरकिटतक	धातिरकिटतक

प्रस्तार

धाधाकिटतक ×	धातिरकिटधा	तिरकिटधातिर	किटधातिरकिट
धाधाकिटतक 2	धातिरकिटधिर	धिरधिरकिटतक	तातिरकिटतक
ताताकिटतक 0	तातिरकिटता	तिरकिटतातिर	किटतातिरकिट
धाधाकिटतक 3	धातिरकिटधिर	धिरधिरकिटतक	धातिरकिटतक

प्रस्तार

धाधाकिटतक ×	धातिरकिटधिर	धिरधिरकिटतक	धातिरकिटतधिर
धिरधिरकिटतक 2	धातिरकिटधिर	धिरधिरकिटतक	तातिरकिटतक
ताताकिटतक 0	तातिरकिटतिर	तिरतिरकिटतक	तातिरकिटधिर
धिरधिरकिटतक 3	धातिरकिटधिर	धिरधिरकिटतक	धातिरकिटतक

प्रस्तार

धाधाकिटतक ×	धातिरकिटधिर	धिरधिरकिटतक	धिरधिरकिटतक
धाधाकिटतक 2	धातिरकिटधिर	धिरधिरकिटतक	तातिरकिटतक
ताताकिटतक 0	तातिरकिटतिर	तिरतिरकिटतक	तिरतिरकिटतक
धाधाकिटतक 3	धातिरकिटधिर	धिरधिरकिटतक	धातिरकिटतक

तिहाई

धाधाकिटतक ×	धातिरकिटधिर	धिरधिरकिटतक	धातिरकिटतक	
धाऽऽधिर 2	धिरधिरकिटतक	धातिरकिटतक	धाऽऽधिर	
धिरधिरकिटतक 0	धातिरकिटतक	धा	धाधाकिटतक	
धातिरकिटधिर 3	धिरधिरकिटतक	धातिरकिटतक	धाऽऽधिर	
धिरधिरकिटतक ×	धातिरकिटतक	धाऽऽधिर	धिरधिरकिटतक	
धातिरकिटतक 2	धा	धाधाकिटतक	धातिरकिटधिर	
धिरधिरकिटतक 0	धातिरकिटतक	धाऽऽधिर	धिरधिरकिटतक	
धातिरकिटतक 3	धाऽऽधिर	धिरधिरकिटतक	धातिरकिटतक	धा ×

गत-कायदा-9

धाऽतिर ×	किटतक	धा-	धाऽतिर	किटतक 2	धा-	धाऽतिर	किटतक
धाऽतिर 0	किटधाऽ	घेड़नग	धेत् ऽ	धिरधिर 3	किटतक	ताऽतिर	किटतक
ताऽतिर ×	किटतक	ता-	ताऽतिर	किटतक 2	ता-	ताऽतिर	किटतक
धाऽतिर 0	किटधाऽ	घेड़नग	धेत् ऽ	धिरधिर 3	किटतक	धाऽतिर	किटतक

प्रस्तार

धाऽतिर ×	किटतक	धा-	धाऽतिर	किटतक 2	धा-	धाऽतिर	किटतक
धाऽतिर 0	किटतक	धा-	धाऽतिर	किटतक 3	धा-	धाऽतिर	किटतक
धाऽतिर ×	किटतक	धा-	धाऽतिर	किटतक 2	धा-	धाऽतिर	किटतक
धाऽतिर 0	किटधाऽ	घेड़नग	धेत् ऽ	धिरधिर 3	किटतक	ताऽतिर	किटतक
ताऽतिर ×	किटतक	ता-	ताऽतिर	किटतक 2	ता-	ताऽतिर	किटतक

ताऽतिर	किटतक	ता-	ताऽतिर	किटतक	ता-	ताऽतिर	किटतक
0				3			
धाऽतिर	किटतक	धा-	धाऽतिर	किटतक	धा-	धाऽतिर	किटतक
×				2			
धाऽतिर	किटधाऽ	घेड़नग	धेत् ऽ	धिरधिर	किटतक	धाऽतिर	किटतक
0				3			

प्रस्तार

धाऽतिर	किटतक	धा-	धाऽतिर	किटतक	धाऽतिर	किटतक	धा-
×				2			
धाऽतिर	किटधाऽ	घेड़नग	धेत् ऽ	धिरधिर	किटतक	ताऽतिर	किटतक
0				3			
ताऽतिर	किटतक	ता-	ताऽतिर	किटतक	ताऽतिर	किटतक	ता-
×				2			
धाऽतिर	किटधाऽ	घेड़नग	धेत् ऽ	धिरधिर	किटतक	धाऽतिर	किटतक
0				3			

प्रस्तार

धाऽतिर	किटतक	धा-	धाऽतिर	किटतक	धाऽतिर	किटतक	धा-
×				2			
धाऽतिर	किटतक	धा-	धाऽतिर	किटतक	धाऽतिर	किटतक	धा-
0				3			
धाऽतिर	किटतक	धा-	धाऽतिर	किटतक	धाऽतिर	किटतक	धा-
×				2			
धाऽतिर	किटधाऽ	घेड़नग	धेत् ऽ	धिरधिर	किटतक	ताऽतिर	किटतक
0				3			
ताऽतिर	किटतक	ता-	ताऽतिर	किटतक	ताऽतिर	किटतक	ता-
×				2			
ताऽतिर	किटतक	ता-	ताऽतिर	किटतक	ताऽतिर	किटतक	ता-
0				3			
धाऽतिर	किटतक	धा-	धाऽतिर	किटतक	धाऽतिर	किटतक	धा-
×				2			
धाऽतिर	किटधाऽ	घेड़नग	धेत् ऽ	धिरधिर	किटतक	धाऽतिर	किटतक
0				3			

प्रस्तार

धाऽतिर	किटतक	धा-	ऽ	किटतक	धा-	ऽ	किटतक
×				2			
धाऽतिर	किटधाऽ	घेड़नग	धेत् ऽ	धिरधिर	किटतक	ताऽतिर	किटतक
0				3			
ताऽतिर	किटतक	ता-	ऽ	किटतक	ता-	ऽ	किटतक
×				2			
धाऽतिर	किटधाऽ	घेड़नग	धेत् ऽ	धिरधिर	किटतक	धाऽतिर	किटतक
0				3			

प्रस्तार

धाऽतिर	किटधाऽ	घेड़नग	धेत् ऽ	धिरधिर	किटतक	ताऽतिर	किटतक
×				2			
ताऽतिर	किटताऽ	केड़नक	तेत् ऽ	धिरधिर	किटतक	धाऽतिर	किटतक
0				3			
धाऽतिर	किटधाऽ	घेड़नग	धेत् ऽ	धिरधिर	किटतक	ताऽतिर	किटतक
×				2			
ताऽतिर	किटताऽ	केड़नक	तेत् ऽ	धिरधिर	किटतक	धाऽतिर	किटतक
0				3			

प्रस्तार

धाऽतिर	किटधाऽ	घेड़नग	धेत् ऽ	धाऽतिर	किटधाऽ	घेड़नग	धेत् ऽ
×				2			
धाऽतिर	किटधाऽ	घेड़नग	धेत् ऽ	धिरधिर	किटतक	धाऽतिर	किटतक
0				3			
ताऽतिर	किटताऽ	केड़नक	तेत् ऽ	ताऽतिर	किटताऽ	केड़नक	तेत् ऽ
×				2			
धाऽतिर	किटधाऽ	घेड़नग	धेत् ऽ	धिरधिर	किटतक	ताऽतिर	किटतक
0				3			

तिहाई

धाऽतिर	किटधाऽ	घेड़नग	धेत् ऽ	धिरधिर	किटतक	धाऽतिर	किटतक
×				2			
धा	धेत् ऽ	धिरधिर	किटतक	धाऽतिर	किटतक	धा	धेत् ऽ
0				3			
धिरधिर	किटतक	धाऽतिर	किटतक	धा	ऽ	धाऽतिर	किटधाऽ
×				2			
घेड़नग	धेत् ऽ	धिरधिर	किटतक	धाऽतिर	किटतक	धा	धेत् ऽ
0				3			

धिरधिर	किटतक	धाऽतिर	किटतक		धा	धेत् ऽ	धिरधिर	किटतक
×					2			
धाऽतिर	किटतक	धा	ऽ		धाऽतिर	किटधाऽ	घेड़नग	धेत् ऽ
0					3			
धिरधिर	किटतक	धाऽतिर	किटतक		धा	धेत् ऽ	धिरधिर	किटतक
×					2			
धाऽतिर	किटतक	धा	धेत् ऽ		धिरधिर	किटतक	धाऽतिर	किटतक
0					3			
धा								
×								

गत-1

धगिनध	गिनधाऽ	धाऽघेघे	नगधिन		गिनधागे	नागेधिन	धगिनधा	गेदिगिन
×					2			
तकतिन	गिनतिन	तगिनता	ऽकधाऽ		धाऽघेघे	नगधिन	कतकघे	नगघेन
0					3			
तकिनत	किनताऽ	ताऽकेके	नकतिन		किनताके	नाकेतिन	तकिनता	केतिकिन
×					2			
तकतिन	गिनतिन	तगिनता	ऽकधाऽ		धाऽघेघे	नगधिन	कतकघे	नगघेन
0					3			

गत-2

धेत्ऽधा	तिरकिटतक	धातिरघेड़	नगदिनतक		धातिरघेड़	नगदिनतक	तिरकिटतक	तातिरकिट
×					2			
किटतकता	तिरकिटतक	किटतकता	तिरकिटतक		धातिरघेड़	नगदिनतक	धातिरघेड़	नगदिनतक
0					3			
तेत्ऽता	तिरकिटतक	तातिरकेड़	नकतिनतक		तातिरकेड़	नकतिनतक	तिरकिटतक	तातिरकिट
×					2			
किटतकता	तिरकिटतक	किटतकता	तिरकिटतक		धातिरघेड़	नगदिनतक	धातिरघेड़	नगदिनतक
0					3			

गत-3

कऽत	धेतेटे	कतग	दिगन		धाऽतिरकिट	धेतेटे	कतग	दिगन
×					2			
नड़न	ड़नड़	तिनति	नतिन		धाऽतिरकिट	धेतेटे	कतग	दिगन
0					3			
कऽत	तेतेटे	कतक	तिकन		ताऽतिरकिट	तेतेटे	कतक	तिकन
×					2			
नड़न	ड़नड़	तिनति	नतिन		धाऽतिरकिट	धेतेटे	कतग	दिगन
0					3			

गत-4

कऽत	धेतेटे	कतग	दिगन	धाऽतिरकिट	धेतेटे	कतग	दिगन
×				2			
धाऽति	ऽधाऽ	गिदिंऽ	नाऽड़	धाऽतिरकिट	धेतेटे	कतग	दिगन
0				3			
तकत	कतिन	गिनत	कतिन	ताऽतिरकिट	तेतेटे	कतक	तिकन
×				2			
धेत्ऽधेत्	ऽतिरकिट	धेत्ऽत	ड़ाऽन	धाऽतिरकिट	धेतेटे	कतग	दिगन
0				3			
कऽत	तेतेटे	कतक	तिकन	ताऽतिरकिट	तेतेटे	कतक	तिकन
×				2			
ताऽति	ऽताऽ	कितिंऽ	नाऽड़	ताऽतिरकिट	तेतेटे	कतक	तिकन
0				3			
तकत	कतिन	गिनत	कतिन	ताऽतिरकिट	तेतेटे	कतक	तिकन
×				2			
धेत्ऽधेत्	ऽतिरकिट	धेत्ऽत	ड़ाऽन	धाऽतिरकिट	धेतेटे	कतग	दिगन
0				3			

गत-5

धाऽक्र	धेतेटे	धाऽतिरकिट	धेतेटे	कऽत	धेतेटे	कतग	दिगन
×				2			
धिग्गि	दाऽन	धिग्ग	दिगन	धाऽतिरकिट	धेतेटे	कतग	दिगन
0				3			
कऽतिरकिट	धेतेटे	कऽतिरकिट	धेतेटे	धेटेधे	टेधेटे	तिरकिटतक	तिरकिटतक
×				2			
धेत्ऽधेत्	ऽतिरकिट	धेत्ऽत	ड़ाऽन	धाऽतिरकिट	धेतेटे	कतक	तिकन
0				3			
ताऽक्र	तेतेटे	ताऽतिरकिट	तेतेटे	कऽत	तेतेटे	कतक	तिकन
×				2			
तिक्कि	ताऽन	तिक्क	तिकन	ताऽतिरकिट	तेतेटे	कतक	तिकन
0				3			
कऽतिरकिट	धेतेटे	कऽतिरकिट	धेतेटे	धेटेधे	टेधेटे	तिरकिटतक	तिरकिटतक
×				2			
धेत्ऽधेत्	ऽतिरकिट	धेत्ऽत	ड़ाऽन	धाऽतिरकिट	धेतेटे	कतग	दिगन
0				3			

गत-पंजाबी-6 (इसे तिधारी गत भी कहते हैं)

इसके प्रत्येक बोल को क्रमशः 1, 2, 3, बार भी बजाया जाता है,
या केवल 3-3 बार, जैसे–

1.

धिन	धगि	नत	किट	धाड़ा	गिन	तक	धिन	तक	नड़	तकि	नधा	त्रक	धगि	नधि	नग
×				2				0				3			
तिन	तकि	नत	किट	ताड़ा	किन	तक	तिन	तक	नड़	तकि	नधा	त्रक	धगि	नधि	नग
×				2				0				3			

2.

धिनधिन	धगिनध	गिनतकि	टतकिट	धाड़ागिन	धाड़ागिन	तकधिन	तकधिन
×				2			
तकतक	नड़नड़	तकिनत	किनधात्र	कधगिन	धात्रकध	गिनधिन	गधिनग
0				3			
तिनतिन	तकिनत	किनतकि	टतकिट	ताड़ाकिन	ताड़ाकिन	तकतिन	तकतिन
×				2			
तकतक	नड़नड़	तकिनत	किनधात्र	कधगिन	धात्रकध	गिनधिन	गधिनग
0				3			

3.

धिनधि	नधिन	धगिन	धगिन	धगिन	तकिट	तकिट	तकिट
×				2			
धाड़ागि	नधाड़ा	गिनधा	ड़ागिन	तकधि	नतक	धिनत	कधिन
0				3			
तकत	कतक	नड़न	ड़नड़	तगिन	तगिन	तगिन	धातिरकिट
×				2			
धगिन	धातिरकिट	धगिन	धातिरकिट	धगिन	घिनग	घिनग	घिनग
0				3			
तिनति	नतिन	तकिन	तकिन	तकिन	तकिट	तकिट	तकिट
×				2			
ताड़ाकि	नताड़ा	किनता	ड़ाकिन	तकति	नतक	तिनत	कतिन
0				3			
तकत	कतक	नड़न	ड़नड़	तगिन	तगिन	तगिन	धातिरकिट
×				2			
धगिन	धातिरकिट	धगिन	धातिरकिट	धगिन	घिनग	घिनग	घिनग
0				3			

गत–लाहौरी–7 (इसे दोधारी गत भी कहते हैं)

गिनाऽ	धाऽड़	गिनाऽ	धाऽड़	धागेना	गेधिन	धागेना	गेधिन
×				2			
तकिट	धाऽड़	तकिट	धाऽड़	तकधि	नतक	तकधि	नतक
0				3			
तकत	कनड़	नड़त	कतक	तेटेते	टेकत	कतगि	दिंगिदिं
×				2			

घेघेदिं	ऽदिंऽ	घेघेदिं	ऽदिंऽ	घेतिरकिट	तकतेत्ऽ	घेतिरकिट	तकतेत्ऽ
0				3			
किनाऽ	ताऽड़	किनाऽ	ताऽड़	ताकेना	केतिन	ताकेना	केतिन
×				2			
तकिट	ताऽड़	तकिट	ताऽड़	तकति	नतक	तकति	नतक
0				3			
तकत	कनड़	नड़त	कतक	तेटेते	टेकत	कतगि	दिंगिदिं
×				2			
घेघेदिं	ऽदिंऽ	घेघेदिं	ऽदिंऽ	घेतिरकिट	तकतेत्ऽ	घेतिरकिट	तकतेत्ऽ
0				3			

चारबाग-गत-8

गिनधाऽ	गिनधाऽ	गिनधाऽ	गिनधाऽ
×			
धाड़ागिन	धाड़ागिन	धाड़ागिन	धाड़ागिन
2			
धाऽगिन	धाऽगिन	धाऽगिन	धाऽगिन
0			
दिनतक	दिनतक	दिनतक	दिनतक
3			
तकदिन	तकदिन	तकदिन	तकदिन
×			
तकतक	तकतक	नड़नड़	नड़नड़
2			
तिरकिटतक	तिरकिटतक	तिरकिटतक	तिरकिटतक
0			
धाऽगिन	धाऽगिन	धाऽगिन	धाऽगिन
3			
किनताऽ	किनताऽ	किनताऽ	किनताऽ
×			
ताड़ाकिन	ताड़ाकिन	ताड़ाकिन	ताड़ाकिन
2			
ताऽकिन	ताऽकिन	ताऽकिन	ताऽकिन
0			
तिनतक	तिनतक	तिनतक	तिनतक
3			
तकतिन	तकतिन	तकतिन	तकतिन
×			
तकतक	तकतक	नड़नड़	नड़नड़
2			
तिरकिटतक	तिरकिटतक	तिरकिटतक	तिरकिटतक
0			
धाऽगिन	धाऽगिन	धाऽगिन	धाऽगिन
3			

गत-9

गिनाऽधा ×	ऽड़धाऽ	ऽऽऽधा	ऽड़धाऽ
धिंऽनाऽकिटतक 2	धाऽतिरकिटतक	तिंऽनाऽकिटतक	ताऽतिरकिटतक
ध्ड़ाऽऽनधाऽतिर 0	किटतकध्ड़ाऽऽन	धाऽतिरकिटतक	धाऽतिरकिटतक
धाऽतिरकिटधिर 3	धिरधिरतिटतक	धिरधिरकिटतक	ताऽतिरकिटतक
किनाऽता ×	ऽड़ताऽ	ऽऽऽता	ऽड़ताऽ
तिंऽनाऽकिटतक 2	ताऽतिरकिटतक	तिंऽनाऽकिटतक	ताऽतिरकिटतक
ध्ड़ाऽऽनधाऽतिर 0	किटतकध्ड़ाऽऽन	धाऽतिरकिटतक	धाऽतिरकिटतक
धाऽतिरकिटधिर 3	धिरधिरतिटतक	धिरधिरकिटतक	धाऽतिरकिटतक

सूचना—निम्नलिखित गत को केवल तिगुन, छःगुन तथा बारहगुन में बजाया जायगा तो उसे केवल 'गत' कहेंगे। अगर इसका कुछ विस्तार किया जाएगा तो 'गत-कायदा' कहा जाएगा और जब क्रमशः 3, 4, 6, 8, 12 गुन बजाया जायगा तो उसे 'दर्जे की गत' कहा जाएगा।

दर्जे की—गत—10

तिगुन-

धाऽऽ ×	घिनग	तकिट	घिनग	धाऽतिरकिट धेतेटे 2	कतग	दिगन
नगिन 0	नगिन	तकिट	घिनग	धाऽतिरकिट धेतेटे 3	कतग	दिगन
ताऽऽ ×	किनक	तकिट	किनक	ताऽतिरकिट तेतेटे 2	कतक	तिकन
नगिन 0	नगिन	तकिट	घिनग	धाऽतिरकिट धेतेटे 3	कतग	दिगन

चौगुन-

धाऽऽघि ×	नगघिन	तकिटघि	नगघिन
धाऽतिरकिटधे 2	तेटेकत	कतगदि	गनघिन
नगिनन 0	गिनघिन	तकिटघि	नगघिन
धाऽतिरकिटधे 3	तेटेकत	कतगदि	गनतक

ताऽऽकि ×	नककिन	तकिटकि	नककिन
ताऽतिरकिटते 2	तेटेकत	कतकति	कनकिन
नगिनन 0	गिनघिन	तकिटघि	नगघिन
धाऽतिरकिटधे 3	तेटेकत	कतगदि	गनतक

छःगुन-

धाऽऽधिनग ×	तकिटधिनग	धाऽतिरकिटधेतेटे	कतगदिगन
नगिननगिन 2	तकिटधिनग	धाऽतिरकिटधेतेटे	कतगदिगन
ताऽऽकिनक 0	तकिटकिनक	ताऽतिरकिटतेतेटे	कतकतिकन
नगिननगिन 3	तकिटधिनग	धाऽतिरकिटधेतेटे	कतगदिगन

अठगुन-

धाऽऽघिनगघिन ×	तकिटघिनगघिन	धाऽतिरकिटधेतेटेकत	कतगदिगनघिन
नगिननगिनधिन 2	तकिटघिनगघिन	धाऽतिरकिटधेतेटेकत	कतगदिगनतक
ताऽऽकिनककिन 0	तकिटकिनककिन	ताऽतिरकिटतेतेटेकत	कतकतिकनकिन
नगिननगिनघिन 3	तकिटघिनगघिन	धाऽतिरकिटधेतेटेकत	कतगदिगनतक

बारह गुन-

धाऽऽधिनगतकिटधिनग ×	धाऽतिरकिटधेतेटेकतगदिगन	नगिननगिनतकिटधिनग	धाऽतिरकिटधेतेटेकतगदिगन
ताऽऽकिनकतकिटकिनक 2	ताऽतिरकिटतेतेटेकतकतिकन	नगिननगिनतकिटधिनग	धाऽतिरकिटधेतेटेकतगदिगन
धाऽऽधिनगतकिटधिनग 0	धाऽतिरकिटधेतेटेकतगदिगन	नगिननगिनतकिटधिनग	धाऽतिरकिटधेतेटेकतगदिगन
ताऽऽकिनकतकिटकिनक 3	ताऽतिरकिटतेतेटेकतकतिकन	नगिननगिनतकिटधिनग	धाऽतिरकिटधेतेटेकतगदिगन

गत-11

धिन	धिन	धिन	धिन	धगि	नध	गिन	धागे
×				2			
नागे	धिन	घेड़	नग	तिरकिट	तूना	केड़	नक
0				3			
तिरकिट	तूना	केड़	नक	तेटे	किना	तेटे	किना
×				2			
तेटे	तेटे	कत	कत	धाऽतिर	किटधे	तेटे	कत
0				3			
कता	ऽके	तिरकिट	धेत्	तगि	ऽन	धाऽ	तेत्
×				2			
कऽतिर	किटतक	तेटे	कत	घेघे	नाना	केऽधिर	किटतक
0				3			
तिन	तिन	तिन	तिन	तकि	नत	किन	ताके
×				2			
नाके	तिन	केड़	नक	तिरकिट	तूना	केड़	नक
0				3			
तिरकिट	तूना	केड़	नक	तेटे	किना	तेटे	किना
×				2			
तेटे	तेटे	कत	कत	धाऽतिर	किटधे	तेटे	कत
0				3			
कता	ऽके	तिरकिट	धेत्	तगि	ऽन	धाऽ	तेत्
×				2			
कऽतिर	किटतक	तेटे	कत	घेघे	नाना	केऽधिर	किटतक
0				3			

गत-12

दींऽधिन	तकधिन	धागेत्रक	तूनाकत्त	तकधिन	तकधिन	धागेत्रक	तूनाकत्त
×				2			
घिनधाऽ	धाऽतेटे	कतकत	किटतक	धाऽतिरकिटधे	तेटेघेड़	नगतक	तिरकिट
0				3			
धेटेधेटे	धगिनधा	गदिगन	धागेत्रक	धिनघड़ा	ऽनधिन	धागेत्रक	तूनाकत्त
×				2			
तिटतिट	तगिनता	गदिगन	तागेत्रक	ताऽकिटतकताऽ	किटतकधिरकिट	ताऽकिटतकधिर	किटताऽकिटतक
0				3			
तींऽकिन	तकतिन	ताकेत्रक	तूनाकत्त	तकतिन	तकतिन	ताकेत्रक	तूनाकत्त
×				2			
किनताऽ	ताऽतेटे	कतकत	किटतक	ताऽतिरकिटते	तेटेकेड़	नकतक	तिरकिट
0				3			
धेटेधेटे	धगिनधा	गदिगन	धागेत्रक	धिनघड़ा	ऽनधिन	धागेत्रक	तूनाकत्त
×				2			
तिटतिट	तगिनता	गदिगन	तागेत्रक	ताऽकिटतकताऽ	किटतकधिरकिट	ताऽकिटतकधिर	किटताऽकिटतक
0				3			

जनानी गत–13

घेनगत	किटधिन	धागेत्रक	धिनगिन	धा	ऽ	धिनगिन	तकधिन
×				2			
घेनगत	किटधिन	धागेत्रक	धिनगिन	धिनगिन	तकधिन	धागेत्रक	तूनाकत्त
0				3			
तिनतड़ा	ऽनतिन	ताकेत्रक	धिनगिन	धागेत्रक	धिनगिन	तिनतड़ा	ऽनतिन
×				2			
ताकेत्रक	धिनगिन	धागेत्रक	धिनगिन	तिनतड़ा	ऽनतिन	ताकेत्रक	धिनगिन
0				3			
केनकत	किटतिन	ताकेत्रक	तिनकिन	ता	ऽ	तिनकिन	तकतिन
×				2			
केनकत	किटतिन	ताकेत्रक	तिनकिन	तिनकिन	तकतिन	ताकेत्रक	तूनाकत्त
0				3			
तिनतड़ा	ऽनतिन	ताकेत्रक	धिनगिन	धागेत्रक	धिनगिन	तिनतड़ा	ऽनतिन
×				2			
ताकेत्रक	धिनगिन	धागेत्रक	धिनगिन	तिनतड़ा	ऽनतिन	ताकेत्रक	धिनगिन
0				3			

जनानी गत–14

धा	धिनगिन	धागेत्रक	धिनगिन	धिनघड़ा	ऽनधिन	धागेत्रक	धिनगिन
×				2			
घेनगत	किटधिन	धागेत्रक	धिनगिन	धिनगिन	तकधिन	धागेत्रक	तूनाकत्त
0				3			
तिनतड़ा	ऽनतिन	ताकेत्रक	धिनगिन	धागेत्रक	तिनकिन	ताकेत्रक	धिनगिन
×				2			
धागेत्रक	तिनकिन	ताकेत्रक	धिनगिन	धागेत्रक	तिनकिन	ताकेत्रक	धिनगिन
0				3			
ता	तिनकिन	ताकेत्रक	तिनकिन	तिनकड़ा	ऽनतिन	ताकेत्रक	तिनकिन
×				2			
केनकत	किटतिन	ताकेत्रक	तिनकिन	तिनकिन	तकतिन	ताकेत्रक	तूनाकत्त
0				3			
तिनतड़ा	ऽनतिन	ताकेत्रक	धिनगिन	धागेत्रक	तिनकिन	ताकेत्रक	धिनगिन
×				2			
धागेत्रक	तिनकिन	ताकेत्रक	धिनगिन	धागेत्रक	तिनकिन	ताकेत्रक	धिनगिन
0				3			

गत-15

धाऽघे ×	ड़नग	धाऽघे	ड़नग	तिरकि 2	टतक	तिरकि	टतक
धिंना 0	किटतक	धा	ऽ	धाऽघे 3	ड़नग	धाऽघे	ड़नग
तिरकि ×	टतक	तिरकि	टतक	तिरकि 2	टधेत्	ऽ	ऽ
धाऽति 0	रघेड़	नगति	नतक	ताऽति 3	रघेड़	नगदि	नतक
ताऽके ×	ड़नक	ताऽके	ड़नक	तिरकि 2	टतक	तिरकि	टतक
तिंना 0	किटतक	ता	ऽ	ताऽके 3	ड़नक	ताऽके	ड़नक
तिरकि ×	टतक	तिरकि	टतक	तिरकि 2	टधेत्	ऽ	ऽ
धाऽति 0	रघेड़	नगति	नतक	ताऽति 3	रघेड़	नगदि	नतक

गत-16

घेड़नग ×	तकधाऽ	ऽऽघेड़	नगतक	धाऽ 2	ऽनग	धेत्	धेत्
धाऽघेड़ 0	नगतिर	किटतक	धाऽघेड़	नगतिर 3	किटतक	धिरधिर	किटतक
तकिटत ×	किटधेत्	तगिन्न	धाऽ	कऽ 2	तक	ऽत	धाऽतिरकिटधे
तेटेकत 0	गदिगन	धाऽतिरकिटधे	तेटेकत	गदिगन 3	धाऽतिरकिटधे	तेटेकत	गदिगन
केड़नक ×	तकताऽ	ऽऽकेड़	नकतक	ताऽ 2	ऽनक	तेत्	तेत्
ताऽकेड़ 0	नकतिर	किटतक	ताऽकेड़	नकतिर 3	किटतक	धिरधिर	किटतक
तकिटत ×	किटधेत्	तगिन्न	धाऽ	कऽ 2	तक	ऽत	धाऽतिरकिटधे
तेटेकत 0	गदिगन	धाऽतिरकिटधे	तेटेकत	गदिगन 3	धाऽतिरकिटधे	तेटेकत	गदिगन

गत-जनानी-17

धिनगिनतक	तकधिनगिन	धाड़ाघिघिनग	धिनधाड़ागिन	धाऽऽ	ऽऽऽ	ऽघिनग	धिनधाड़ागिन
×				2			
धिनगिनतक	तकधिनगिन	धाड़ाघिघिनग	धिनधाड़ागिन	धिनगिनधाड़ा	गिनधिनगिन	धाड़ाघिघिनग	धिनधाड़ागिन
0				3			
तकतिनगिन	तकतिनगिन	तकतिनगिन	तकतिनगिन	तकतिनतक	तिनतकतिन	तकतकतक	नड़नड़नड़
×				2			
ताऽऽ	ऽऽऽ	ऽघिनग	धिनधाड़ागिन	धिनगिनतक	तकधिनगिन	धाड़ाघिघिनग	धिनधाड़ागिन
0				3			
धाऽऽ	ऽऽऽ	ऽघिनग	धिनधाड़ागिन	धिनगिनतक	तकधिनगिन	धाड़ाघिघिनग	धिनधाड़ागिन
×				2			
धाऽऽ	ऽऽऽ	ऽघिनग	धिनधाड़ागिन	धिनगिनतक	तकधिनगिन	धाड़ाघिघिनग	धिनधाड़ागिन
0				3			
तिनकिनतक	तकतिनकिन	ताड़ाकिकिनक	तिनताड़ाकिन	ताऽऽ	ऽऽऽ	ऽकिनक	तिनताड़ाकिन
×				2			
तिनकिनतक	तकतिनकिन	ताड़ाकिकिनक	तिनताड़ाकिन	तिनकिनताड़ा	किनतिनकिन	ताड़ाकिकिनक	तिनताड़ाकिन
0				3			
तकतिनकिन	तकतिनकिन	तकतिनकिन	तकतिनकिन	तकतिनतक	तिनतकतिन	तकतकतक	नड़नड़नड़
×				2			
ताऽऽ	ऽऽऽ	ऽघिनग	धिनधाड़ागिन	धिनगिनतक	तकधिनगिन	धाड़ाघिघिनग	धिनधाड़ागिन
0				3			
धाऽऽ	ऽऽऽ	ऽघिनग	धिनधाड़ागिन	धिनगिनतक	तकधिनगिन	धाड़ाघिघिनग	धिनधाड़ागिन
×				2			
धाऽऽ	ऽऽऽ	ऽघिनग	धिनधाड़ागिन	धिनगिनतक	तकधिनगिन	धाड़ाघिघिनग	धिनधाड़ागिन
0				3			

गत-जनानी-18

धिनगिनतकतकधिनगिन	धाड़ाघिघिनगधिनधाड़ागिन	धा ऽ	ऽघिनगधिनधाड़ागिन
×			
धिनगिनतकतकधिनगिन	धाड़ाघिघिनगधिनधाड़ागिन	धिनगिनधाड़ागिनधिनगिन	धाड़ाघिघिनगधिनधाड़ागिन
2			
तकतिनतकतिनतकतिन	तकतिनतकतिनतकतिन	तकतकतकतकतकतक	तकतकतकतकतकतक
0			
धिरधिरधिरधिरधिरधिर	धिरधिरधिरधिरधिरधिर	धात्रकधात्रकधात्रक	धात्रकधात्रकधात्रक
3			
तिनकिनतकतकतिनकिन	ताड़ाकिकिनकतिनताड़ाकिन	ता ऽ	ऽकिनकतिनताड़ाकिन
×			
तिनकिनतकतकतिनकिन	ताड़ाकिकिनकतिनताड़ाकिन	तिनकिनताड़ाकिनतिनकिन	ताड़ाकिकिनकतिनताड़ाकिन
2			
तकतिनतकतिनतकतिन	तकतिनतकतिनतकतिन	तकतकतकतकतकतक	तकतकतकतकतकतक
0			
धिरधिरधिरधिरधिरधिर	धिरधिरधिरधिरधिरधिर	धात्रकधात्रकधात्रक	धात्रकधात्रकधात्रक
3			

गत-19

धाऽऽ	घिनग	दिनत	कतेटे	घेड़न	गदिन	तकत	कतक
×				2			
तिनतु	नाकिट	धाऽधा	ऽगिन	धात्रक	धेतेटे	कतग	दिगन
0				3			
ताऽऽ	किनक	तिनत	कतेटे	केड़न	कतिन	तकत	कतक
×				2			
तिनतु	नाकिट	धाऽधा	ऽगिन	धात्रक	धेतेटे	कतग	दिगन
0				3			

उपर्युक्त गत की तिपल्ली निम्न प्रकार होगी—

तिपल्ली–गत–20

धाऽऽ	ऽगिऽ	ऽऽन	ऽगऽ	दिऽन	ऽतऽ	कऽते	ऽटेऽ
×				2			
घेड़न	गदिन	तकत	कतक	तिनतुनाकिट	धाऽधाऽगिन	धाऽत्रकधेतेटे	कतगदिगन
0				3			
ताऽऽ	ऽकिऽ	ऽऽन	ऽकऽ	तिऽन	ऽतऽ	कऽते	ऽटेऽ
×				2			
केड़न	कतिन	तकत	कतक	तिनतुनाकिट	धाऽधाऽगिन	धाऽत्रकधेतेटे	कतगदिगन
0	3						

गोपुच्छा-गत-21

धिन्ना	किटतक	तक्घेड़ा	ऽनधाऽ	धिन्ना	किटतक	घेड़नग	धाऽतेटे
×				2			
घेड़नग	दिनतक	घेड़नग	तिरकिट	दींऽघेड़	नगधाऽ	घेड़नग	दिनतक
0				3			
तिरकिट	तकतिर	किटतक	तिरकिट	तिं	ऽ	ता	ऽ
×				2			
धा	ऽ	तेत्	ऽ	घेड़	नग	तगि	ऽन
0				3			
तिन्ना	किटतक	तक्केड़ा	ऽनताऽ	तिन्ना	किटतक	केड़नक	ताऽतेटे
×				2			
केड़नक	तिनतक	केड़नक	तिरकिट	तींऽकेड़	नकताऽ	केड़नक	तिनतक
0				3			
तिरकिट	तकतिर	किटतक	तिरकिट	तिं	ऽ	ता	ऽ
×				2			
धा	ऽ	तेत्	ऽ	घेड़	नग	तगि	ऽन
0				3			

दुपल्ली-गत-22

धेटे	क्रधा	ऽन	धागे	तिरकिट	धिन	घेड़	नग
×				2			
धिनघेड़	नगधिन	गिनधागे	नागेधिन	धागेत्रक	धिनघेड़	नगधिन	तूनाकत्ता
0				3			
तेटे	क्रता	ऽन	ताके	तिरकिट	तिन	केड़	नक
×				2			
धिनघेड़	नगधिन	गिनधागे	नागेधिन	धागेत्रक	धिनघेड़	नगधिन	धिंनाकत्ता
0				3			

दुपल्ली-गत-23

तक	धिन	तकि	टघि	नागे	धिन	घेड़	नग
×				2			
दिनतक	तकिटधा	ऽड़धाऽ	घेड़नग	धिनगिन	तकधिन	गिनतक	धिनगिन
0				3			
तक	तिन	तकि	टकि	नाके	तिन	केड़	नक
×				2			
दिनतक	तकिटधा	ऽड़धाऽ	घेड़नग	धिनगिन	तकधिन	गिनतक	धिनगिन
0				3			

तिपल्ली-गत-24

धगेऽ	तकिट	धागेति	रकिट
×			
धाऽतिरकिट	धेतेटे	कतग	दिगन
2			
तिरकिट	धाऽतिरकिटधे	तेटेकत	गदिगन
0			
धगेऽतकिट	धागेतिरकिट	धाऽतिरकिटधे	तेटेकतगदिगन
3			

तिपल्ली-गत-25

धेतूऽध	ड़ाऽन	धागेऽ	दिगिन	क्रधेऽ	धेतेटे	कतग	दिगन
×				2			
क्रधेतेटे	क्रधेऽधे	तेटेकत	गदिगन	धेतूऽधड़ाऽन	धागेऽदिगिन	क्रधेऽधेतेटे	कतगदिगन
0				3			

चौपल्ली-गत-26

धाऽ	गेऽ	धीऽ	नाऽ	घेऽ	नाऽ	तीऽ	नाऽ
×				2			
धाऽदिं	ऽताऽ	धाऽकि	टतक	तिरकि	टतक	नगन	गनग
0				3			
धगेऽत	किटतक	धिनतक	धिनतक	धिरधिरकिटतक	धाऽतिरकिटतक	तक्ड़ाँ	तक्ड़ाँ
×				2			
धिरधिरकिटतक	धाऽतिरकिटतक	तक्ड़ाँ	तक्ड़ाँ	धिरधिरकिटतक	धाऽतिरकिटतक	तक्ड़ाँ	तक्ड़ाँ
0							

चौपल्ली-गत-27

धगिन	धगिन	तकिट	तकिट	तकधि	नतक	तेटेघे	ड़नग
×				2			
धाऽदीं	ऽकत्ऽ	धाऽक्र	धाऽन	धाऽ	ऽकत्	ऽऽ	धगिनध
0				3			
गिनतकि	टतकिट	तकधिन	तकतेटे	घेड़नग	धाऽदींऽ	कत्ऽधाऽ	क्रधाऽन
×				2			
धा	कत	धगिनधगिन	तकिटतकिट	तकधिनतक	तेटेघेड़नग	धाऽदींऽकत्ऽ	धाऽक्रधाऽन
0				3			
धाऽक्रधाऽन		धाऽक्रधाऽन	धातकधिनतक	तेटेघेड़नग	धाऽदींऽकत्ऽ	धाऽक्रधाऽन	धाऽक्रधाऽन
×				2			
धाऽक्रधाऽन		धा तकधिनतकतेटेघेड़नग		धाऽदींऽकत्ऽ	धाऽक्रधाऽन	धाऽक्रधाऽन	धाऽक्रधाऽन
0				3			

गत–28 (फर्रूखाबाद)

तकत	कधिन	तकत	कधिन	तकत	कधिन	तागेतेटे	कताऽन
×				2			
तकतक	धिनतक	धिनतक	तकतक	धिनतक	धिनतक	तकतक	धिनतक
0				3			
तिटकता	केड़नग	तिटकता	केड़नग	धेरधेर	धेरधेर	घेड़नग	धिनतक
×				2			

ताऽकत्धेर	धेरधेरकिटतक	ताऽतिरकिटतक	ताऽकत्धेर
0			
धेरधेरकिटतक	ताऽतिरकिटतक	ताऽकत्धेर	धेरधेरकिटतक
3			

गत–29 (फर्रूखाबाद)

धिनगिन	तकधिन	धागेत्रक	धीनागिना	तकिटत	किटधागे	त्रकधिन	घिड़नग
×				2			
तिंऽनाना	केकेतागे	तेटेतिंना	किड़नग	तकधिन	तकधिन	तकधिन	धीनागिन
0				3			
तिनकिन	तकतिन	ताकेत्रक	तीनाकिना	तकिटत	किटताके	त्रकतिन	किड़नक
×				2			
तिंऽनाना	केकेतागे	तेटेतिंना	किड़नग	तकधिन	तकधिन	तकधिन	धीनागिन
0				3			

गत–दर्जे की–30

तिगुन–

धाऽते	टेतेटे	गिंऽते	टेतेटे	घिंऽत	ड़ाऽन	धगिन	धगिन
×				2			
धगेऽ	दिगिन	घिनगि	दिगिन	धाऽत	घिनग	धिनतिं	नाकत
0				3			
ताऽते	टेतेटे	किंऽते	टेतेटे	किंऽत	ड़ाऽन	तकिन	तकिन
×				2			
धगेऽ	दिगिन	घिनगि	दिगिन	धाऽत	घिनग	धिनधिं	नाकत
0				3			

चौगुन-

धाऽतेटे	तेटेतेटे	गिंऽतेटे	तेटेतेटे	घिंऽतड़ा	ऽनधिन	धगिनध	गिनधिन
×				2			
धगेऽदि	गिनघिन	घिनगिदि	गिनघिन	धाऽतघि	नगधिन	धिनतिंना	किटतक
0				3			
ताऽतेटे	तेटेतेटे	किंऽतेटे	तेटेतेटे	किंऽतड़ा	ऽनतिन	तकिनत	किनतिन
×				2			
धगेऽदि	गिनघिन	घिनगिदि	गिनघिन	धाऽतघि	नगधिन	धिनधिंना	किटतक
0				3			

छःगुन-

धाऽतेटेतेटे	गिंऽतेटेतेटे	घिंऽतड़ाऽन	धगिनधगिन
×			
धगेऽदिगिनघिन	घिनगिदिगिनघिन	धाऽतघिनगधिन	धिनतिंनाकिटतक
2			
ताऽतेटेतेटे	किंऽतेटेतेटे	किंऽतड़ाऽन	तकिनतकिन
0			
धगेऽदिगिनधिन	घिनगिदिगिनधिन	धाऽतघिनगधिन	धिनधिंनाकिततक
3			

अठगुन-

धाऽतेटेतेटेतेटे ×	गिंऽतेटेतेटेतेटे	घिंऽतड़ाऽनधिन	धगिनधगिनधिन
धगेऽदिगिनघिन 2	घिनगिदिगिनघिन	धाऽतघिनगधिन	धिनतिंनाकिटतक
ताऽतेटेतेटेतेटे 0	किंऽतेटेतेटेतेटे	किंऽतड़ाऽनतिन	तकिनतकिनतिन
धगेऽदिगिनघिन 3	घिनगिदिगिनघिन	धाऽतघिनगधिन	धिनधिंनाकिटतक

बारहगुन-

धाऽतेटेतेटेगिंऽतेटेतेटे ×	घिंऽतड़ाऽनधगिनधगिन	धगेऽदिगिनघिनगिदिगिन	धाऽतघिनगधिनधिंनाकत
ताऽतेटेतेटेकिंऽतेटेतेटे 2	किंऽतड़ाऽनतकिनतकिन	धगेऽदिगिनघिनगिदिगिन	धाऽतघिनगधिनधिंनाकत
धाऽतेटेतेटेगिंऽतेटेतेटे 0	घिंऽतड़ाऽनधगिनधगिन	धगेऽदिगिनघिनगिदिगिन	धाऽतघिनगधिनधिंनाकत
ताऽतेटेतेटेकिंऽतेटेतेटे 3	किंऽतड़ाऽनतकिनतकिन	धगेऽदिगिनघिनगिदिगिन	धाऽतघिनगधिनधिंनाकत

गत–31 (दिल्ली)

धा ×	ऽ	धाती	गिना	धा 2	ऽ	ऽ	धाती
धगि 0	नधा	तीध	गिना	धाती 3	धागे	धिंना	गिना
ती ×	ती	ती	किटतक	ना 2	ना	ना	किटतक
तिरकिट 0	तकताऽ	तिरकिट	धाती	धगि 3	नाधा	तीध	गिना
ता ×	ऽ	ताती	किना	ता 2	ऽ	ऽ	ताती
तकि 0	नता	तीत	किना	ताती 3	ताके	तिंना	किना
ती ×	ती	ती	किटतक	ना 2	ना	ना	किटतक
तिरकिट 0	तकताऽ	तिरकिट	धाती	धगि 3	नाधा	तीध	गिना

गत-32 (अनागत)

धाऽ	ऽधे	तेटे	गिन	धागे	त्रक	धेटे	गेगे
×				2			
नग	धिन	धिंना	किट	तिरकिट	तिंना	किटतक	तिरकिट
0				3			
तिंना	किटतक	तिंना	ऽकिट	तकतिर	किटतक	ताऽतिर	किटधिन
×				2			
गिनधाऽ	तिरकिट	धिनगिन	धाऽतिर	किटधिन	गिनधाऽ	तिरकिट	धा......
0				3			
धा	किटतक	तिंना	ऽकिट	तकतिर	किटतक	ताऽतिर	किटधिन
×				2			
गिनधाऽ	तिरकिट	धिनगिन	धाऽतिर	किटधिन	गिनधाऽ	तिरकिट	धा......
0				3			
धा	किटतक	तिंना	ऽकिट	तकतिर	किटतक	ताऽतिर	किटधिन
×				2			
गिनधाऽ	तिरकिट	धिनगिन	धाऽतिर	किटधिन	गिनधाऽ	तिरकिट	धा......
0				3			
धा							
×							

फर्द–1

धाऽतेटे	तेटेधागे	तेटेघड़ा	ऽनधागे	तेटेतेटे	क्रधातेटे	गिनातेटे	गिनातुना
×				2			
तातेटेता	तेटेक्रता	तेटेतेटे	धातेटेधा	तेटेधगि	नधगिन	तिरकिटतकताऽ	गेऽधिरकिटतक
0				3			

फर्द-2

धाऽतेटे	तेटेधागे	तेटेक्रधा	तेटेतेटे	धातेटेधे	तेटेक्रधा	तेटेतेटे	गिनातुना
×				2			
तातेटेक्र	तातेटेता	तेटेतेटे	धातेटेधे	तेटेघड़ा	ऽनकतुऽ	तिरकिटतकताऽ	गेऽधिरकिटतक
0				3			

फर्द-3

धाऽतेटे	क्रधातेटे	धातेटेधा	गेगेतेटे	गेगेतेटे	तेटेगेगे	तेटेगेगे	दिंऽऽऽ
×				2			
नानातेटे	नातेटेना	गिनातेटे	नानातेटे	धेटे,धाऽघेड़	नगतेतुऽध	गिन,तिरकिट	तकधिरकिटतक
0				3			

फर्द-4

धाऽतेटे	क्रधातेटे	धातेटेधा	गेगेतेटे	गेगेतेटे	तेटेगेगे	तेटेगेगे	दिंऽऽऽ
×				2			
नानातेटे	नातेटेना	तिंनातेटे	नानातेटे	धेटेधाऽ	घेड़नगतेतूऽ	तिरकिटतकताऽ	गेऽधिरकिटतक
0				3			

फर्द-5

धेटेधेटे	क्रधातेटे	धातेटेधा	ऽधगिन	धेतेटेक्र	धा,किटतक	धेटेक्रधा	तेटेतूना
×				2			
तातेटेता	तेटेक्रता	किनातेटे	किनातूना	तकधाऽतक	धाऽ,किटतक	तिरकिटतकताऽ	गेऽधिरकिटतक
0				3			

फर्द-6

धेटेक्रधा	नधातूना	किटतकधाऽतिर	किटधेऽतेऽटेऽ
×			
धाऽतिरकिटधे	तेटेधागे	तूना,किटतक	धाऽतिरकिटतक
2			
तिरकिटतकतिं	ऽतिरकिटतक	ताऽधगि	नधगिन
0			
धिरधिरकिटध	गिन,किटतक	तिरकिटतकताऽ	गेऽधिरकिटतक
3			

गत-फर्द-7

धेटेक्रधा	ऽनधागे	तेटेक्रधा	तेटेधागे
×			
दींऽऽना	तेटेतेटे	गिनातेटे	गिनातुना
2			
तकिटधा	ऽनतक	दीं	कत्
0			
धिरधिरकिटतक	धाऽतिरकिटतक	तिरकिटतकताऽ	गेऽधिरकिटतक
3			
तेटेक्रता	ऽनताके	तेटेक्रता	तेटेताके
×			
तींऽऽना	तेटेतेटे	किनातेटे	किनातुना
2			
तकिटधा	ऽनतक	दीं	कत्
0			
धिरधिरकिटतक	धाऽतिरकिटतक	तिरकिटतकताऽ	गेऽधिरकिटतक
3			

गत-फर्द-8

धेटेक्रधा ×	ऽनधागे	दींऽऽक्र	धाऽतेत्
धिरधिरकिटतक 2	धाऽतिरकिटतक	धिरधिरकिटतक	धाऽतिरकिटतक
नगिनता 0	के,तिरकिटतक	ताऽऽध	गिनतूना
गिदिन्ना 3	किटतकधातित्	धाऽऽत	कत्धिरकिटतक
तेटेक्रता ×	ऽनताके	तींऽऽक्र	ताऽतेत्
तिरतिरकिटतक 2	ताऽतिरकिटतक	तिरतिरकिटतक	ताऽतिरकिटतक
नगिनता 0	के,तिरकिटतक	ताऽऽध	गिनतूना
गिदिन्ना 3	किटतकधातित्	धाऽऽत	कत्धिरकिटतक

गत-फर्द-9

धाऽतेटे ×	धागेतेटे	क्रधातेटे	धागेतेटे
धगिनत 2	किटधागे	तेटेक्रधा	तेटेतेटे
धातेटेधा 0	तेटेधागे	दिंदिं	तेटेतेटे
कत्तधा 3	ऽनधाऽ	कत्ऽ,तिरकिट	तकधिरकिटतक
ताऽतेटे ×	ताकेतेटे	क्रतातेटे	ताकेतेटे
तकिनत 2	किटताके	तेटेक्रता	तेटेतेटे
धातेटेधा 0	तेटेधागे	दिंदिं	तेटेतेटे
कत्तधा 3	ऽनधाऽ	कत्ऽ,तिरकिट	तकधिरकिटतक

गत-फर्द-10

धेटेक्रधा ×	ऽनधागे	तेटेक्रधा	तेटेधागे
दींऽऽना 2	तेटेतेटे	घिनातेटे	घिनातुना
कतघिना 0	तेटेकत	घिनगत	किटधिन
धाऽऽक्राँ 3	ऽनकत्	तिरकिटतकताऽ	गेऽधिरकिटतक
तेटेक्रता ×	ऽनताके	तेटेक्रता	तेटेताके
तींऽऽना 2	तेटेतेटे	किनातेटे	किनातुना
कतघिना 0	तेटेकत	घिनगत	किटधिन
धाऽऽक्राँ 3	ऽनकत्	तिरकिटतकताऽ	गेऽधिरकिटतक

गत-फर्द-11

घेड़नग ×	तकधाऽ	ऽऽघेड़	नगतक	धा 2	ऽ	घेड़नग	तकधाऽ
धिरधिर 0	किटतक	धिरधिर	किटतक	धिरधिर 3	किटतक	तिंना	किटतक
तिंना ×	तिंना	किटतक	तिंना	तिंना 2	किटतक	तिंना	किटतक
नगधेत् 0	ऽऽतिर	किटतक	धेत् ऽ	तिरकिट 3	तकताऽ	गेऽधिर	किटतक
केड़नक ×	तकताऽ	ऽऽकेड़	नकतक	ता 2	ऽ	केड़नक	तकताऽ
तिरतिर 0	किटतक	तिरतिर	किटतक	तिरतिर 3	किटतक	तिंना	किटतक
तिंना ×	तिंना	किटतक	तिंना	तिंना 2	किटतक	तिंना	किटतक
नगधेत् 0	ऽऽतिर	किटतक	धेत् ऽ	तिरकिट 3	तकताऽ	गेऽधिर	किटतक

उड़ान का फर्द–12

गिदिं	ऽना	किटतक	धाऽ	तिरकिट	धाऽतिर	किटधाऽ	घेड़नग
×				2			
धाऽ	तिरकिट	धाऽतिर	किटधाऽ	घेड़नग	तिरकिट	तकधिर	धिरकिट
0				3			
नगि	नत	कऽतिर	किटतक	ताऽ	ऽता	घेड़नग	घेड़नग
×				2			
धाऽघेड़	नगतिर	किटतक	धाऽतिर	किटतक	तिरकिट	तकधिर	किटतक
0				3			
कितिं	ऽना	किटतक	ताऽ	तिरकिट	ताऽतिर	किटताऽ	केड़नक
×				2			
ताऽ	तिरकिट	ताऽतिर	किटताऽ	केड़नक	तिरकिट	तकतिर	तिरकिट
0				3			
नगि	नत	कऽतिर	किटतक	ताऽ	ऽता	घेड़नग	घेड़नग
×				2			
धाऽघेड़	नगतिर	किटतक	धाऽतिर	किटतक	तिरकिट	तकधिर	किटतक
0				3			

गत–फर्द या फर्दी–गत–13

धेटेधेटे	तेटेतेटे	धगिनत	किटधागे	नागेधिन	घेड़नग	त्रकतूना	केड़नक
×				2			
त्रगिनूत्र	गिनूधेत्	तड़ाऽन	धेत्ता	धेत्तगि	न्नधागे	तिरकिटतकताऽ	गेऽधिरक़िटतक
0				3			
तेटेतेटे	तेटेतेटे	तकिनत	किटताके	नाकेतिन	केड़नक	त्रकतूना	केड़नक
×				2			
त्रगिनूत्र	गिनूधेत्	तड़ाऽन	धेत्ता	धेत्तगि	न्नधागे	तिरकिटतकताऽ	गेऽधिरकिटतक
0				3			

2

दिल्ली, अजराड़ा, लखनऊ, फर्रूखाबाद एवं पंजाब घराने की प्राचीन बंदिशें

कायदा-1

(कुछ लोग तेटे को 'तिट' सम्बोधित करते हैं, वे लोग चाहें तो 'तिट' ही सम्बोधित करें)

धाते	टेधा	तेटे	धाधा	तेटे	धागे	तिंना	कीना
0				3			
धाते	टेता	तेटे	धाधा	तेटे	धागे	धिंना	गीना
0				3			

प्रस्तार

धाते	टेधा	तेटे	धाधा	धाते	टेधा	तेटे	धाधा
×				2			
धाते	टेधा	तेटे	धाधा	तेटे	धागे	तिंना	कीना
0				3			
ताते	टेता	तेटे	ताता	ताते	टेता	तेटे	ताता
×				2			
धाते	टेधा	तेटे	धाधा	तेटे	धागे	धिंना	गीना
0				3			

प्रस्तार

धाते	टेधा	तेटे	धाधा	तेटे	धाधा	तेटे	धाधा
×				2			
धाते	टेधा	तेटे	धाधा	तेटे	धागे	तिंना	कीना
0				3			
ताते	टेता	तेटे	ताता	तेटे	ताता	तेटे	ताता
×				2			
धाते	टेधा	तेटे	धाधा	तेटे	धागे	धिंना	गीना
0				3			

प्रस्तार

धाते	टेधा	तेटे	धाते	टेधा	तेटे	धाधा	धाधा
×				2			
धाते	टेधा	तेटे	धाधा	तेटे	धागे	तिंना	कीना
0				3			
ताते	टेता	तेटे	ताते	टेता	तेटे	ताता	ताता
×				2			
धाते	टेधा	तेटे	धाधा	तेटे	धागे	धिंना	गीना
0				3			

प्रस्तार

धाते	टेते	टेधा	तेटे	तेटे	धागे	धिंना	गीना
×				2			
धाते	टेधा	तेटे	धाधा	तेटे	धागे	तिंना	कीना
0				3			
ताते	टेते	टेता	तेटे	तेटे	ताके	तिंना	कीना
×				2			
धाते	टेधा	तेटे	धाधा	तेटे	धागे	धिंना	गीना
0				3			

प्रस्तार

तेटे	धाते	टेते	टेधा	तेटे	धागे	धिंना	गीना
×				2			
धाते	टेधा	तेटे	धाधा	तेटे	धागे	तिंना	कीना
0				3			
तेटे	ताते	टेते	टेता	तेटे	ताके	तिंना	कीना
×				2			
धाते	टेधा	तेटे	धाधा	तेटे	धागे	धिंना	गीना
0				3			

प्रस्तार

तेटे	तेटे	धाते	टेधा	गीना	धागे	धिंना	गीना
×				2			
धाते	टेधा	तेटे	धाधा	तेटे	धागे	तिंना	कीना
0				3			
तेटे	ताते	टेते	टेता	कीना	ताके	तिंना	कीना
×				2			
धाते	टेधा	तेटे	धाधा	तेटे	धागे	धिंना	गीना
0				3			

प्रस्तार

तेटे	तेटे	धाते	टेधा	गीना	धागे	धिंना	गीना
×				2			
धाते	टेधा	तेटे	धाधा	तेटे	धागे	तिंना	कीना
0				3			
तेटे	ताते	टेते	टेता	कीना	ताके	तिंना	कीना
×				2			
धाते	टेधा	तेटे	धाधा	तेटे	धागे	धिंना	गीना
0				3			

प्रस्तार

तेटे	धागे	धिंना	गीना	तेटे	धागे	धिंना	गीना
×				2			
धाते	टेधा	तेटे	धाधा	तेटे	धागे	तिंना	कीना
0				3			
तेटे	ताके	तिंना	कीना	तेटे	ताके	तिंना	कीना
×				2			
धाते	टेधा	तेटे	धाधा	तेटे	धागे	धिंना	गीना
0				3			

प्रस्तार

तेटे	धागे	धिंना	गीना	तेटे	धागे	धिंना	गीना
×				2			
धाते	टेधा	तेटे	धाधा	तेटे	धागे	तिंना	कीना
0				3			
तेटे	ताके	तिंना	कीना	तेटे	ताके	तिंना	कीना
×				2			
धाते	टेधा	तेटे	धाधा	तेटे	धागे	धिंना	गीना
0				3			

तिहाई

धाते	टेधा	तेटे	धाधा	तेटे	धागे	धिंना	गीना
×				2			
धा	ऽ	ऽ	ऽ	धाते	टेधा	तेटे	धाधा
0				3			
तेटे	धागे	धिंना	गीना	धा	ऽ	ऽ	ऽ
×				2			
धाते	टेधा	तेटे	धाधा	तेटे	धागे	धिंना	गीना
0				3			
धा							
×							

कायदा–2

धाती	धगि	नधा	तिरकिट	धाती	धागे	तिंना	कीना
×				2			
ताती	तकि	नता	तिरकिट	धाती	धागे	धिंना	गीना
0				3			

प्रस्तार

धाती	धगि	नधा	तिरकिट	धाती	धगि	नधा	तिरकिट
×				2			
धाती	धगि	नधा	तिरकिट	धाती	धागे	तिंना	कीना
0				3			
ताती	तकि	नता	तिरकिट	ताती	तकि	नता	तिरकिट
×				2			
धाती	धगि	नधा	तिरकिट	धाती	धागे	धिंना	गीना
0				3			

प्रस्तार

धाती	धगि	नधा	तिरकिट	धगि	नधा	तिरकिट	धाती
×				2			
धाती	धगि	नधा	तिरकिट	धाती	धागे	तिंना	कीना
0				3			
ताती	तकि	नता	तिरकिट	तकि	नता	तिरकिट	ताती
×				2			
धाती	धगि	नधा	तिरकिट	धाती	धागे	धिंना	गीना
0				3			

प्रस्तार

धाती	धाती	धगि	नधा	तिरकिट	धगि	नधा	तिरकिट
×				2			
धाती	धगि	नधा	तिरकिट	धाती	धागे	तिंना	कीना
0				3			
ताती	ताती	तकि	नता	तिरकिट	तकि	नता	तिरकिट
×				2			
धाती	धगि	नधा	तिरकिट	धाती	धागे	धिंना	गीना
0				3			

प्रस्तार

धाती	धगि	नधा	तिरकिट	धाती	धागे	धिंना	गीना
×				2			
धाती	धगि	नधा	तिरकिट	धाती	धागे	तिंना	कीना
0				3			
तकि	नता	तिरकिट	ताती	ताती	ताके	तिंना	कीना
×				2			
धाती	धगि	नधा	तिरकिट	धाती	धागे	धिंना	गीना
0				3			

प्रस्तार

धगि	नधा	तिरकिट	धाती	धाती	धागे	तिंना	कीना
×				2			
तकि	नता	तिरकिट	धाती	धाती	धागे	धिंना	गीना
0				3			

प्रस्तार

धगि	नधा	तिरकिट	धाती	धगि	नधा	तिरकिट	धाती
×				2			
धगि	नधा	तिरकिट	धाती	धाती	धागे	तिंना	कीना
×				3			
तकि	नता	तिरकिट	धाती	तकि	नता	तिरकिट	धाती
0				2			
धगि	नधा	तिरकिट	धाती	धाती	धागे	धिंना	गीना
×				3			

प्रस्तार

धगि	नधा	तिरकिट	धाऽतिर	किटधाऽ	तिरकिट	धाती	धाती
×				2			
धगि	नधा	तिरकिट	धाती	धाती	धागे	तिंना	कीना
0				3			
तकि	नता	तिरकिट	ताऽतिर	किटताऽ	तिरकिट	ताती	ताती
×				2			
धगि	नधा	तिरकिट	धाती	धाती	धागे	धिंना	गीना
0				3			

प्रस्तार

धाती	धागे	धिंना	गीना	धाती	धागे	धिंना	गीना
×				2			
धाती	धगि	नधा	तिरकिट	धाती	धागे	तिंना	कीना
0				3			
ताती	ताके	तिंना	कीना	ताती	ताके	तिंना	कीना
×				2			
धाती	धगि	नधा	तिरकिट	धाती	धागे	धिंना	गीना
0				3			

तिहाई

धाती	धगि	नधा	तिरकिट	धाती	धागे	धिंना	गीना
0				2			
धा	ऽ	ऽ	ऽ	धाती	धगि	नधा	तिरकिट
0				3			
धाती	धागे	धिंना	गीना	धा	ऽ	ऽ	ऽ
0				2			
धाती	धगि	नधा	तिरकिट	धाती	धागे	धिंना	गीना
0				3			
धा							
×							

कायदा-3

धाऽतिर	किटधेऽ	तेटे	गिना	धाती	गिना	तिंना	किना
×				2			
ताऽतिर	किटधेऽ	तेटे	गिना	धाती	गिना	धिंना	गिना
0				3			

प्रस्तार

धाऽतिर	किटधेऽ	तेटे	गिना	धाऽतिर	किटधेऽ	तेटे	गिना
×				2			
धाऽतिर	किटधेऽ	तेटे	गिना	धाती	गिना	तिंना	किना
0				3			
ताऽतिर	किटतेऽ	तेटे	किना	ताऽतिर	किटतेऽ	तेटे	किना
×				2			
धाऽतिर	किटधेऽ	तेटे	गिना	धाती	गिना	धिंना	गिना
0				3			

प्रस्तार

धाऽतिर	किटधेऽ	तेटे	ऽधे	तेटे	ऽधे	तेटे	गिना
×				2			
धाऽतिर	किटधेऽ	तेटे	गिना	धाती	गिना	तिंना	किना
0				3			
ताऽतिर	किटतेऽ	तेटे	ऽतें	तेटे	ऽते	तेटे	किना
×				2			
धाऽतिर	किटधेऽ	तेटे	गिना	धाती	गिना	धिना	गिना
0				3			

प्रस्तार

धाऽतिर	किटधेऽ	तेटे	धाऽतिर	किटधेऽ	तेटे	ऽधे	तेटे
×				2			
धाऽतिर	किटधेऽ	तेटे	गिना	धाती	गिना	तिंना	किना
0				3			
तऽतिर	किटतेऽ	तेटे	ताऽतिर	किटतेऽ	तेटे	ऽते	तेटे
×				2			
धाऽतिर	किटधेऽ	तेटे	गिना	धाती	गिना	धिंना	गिना
0				3			

प्रस्तार

धाऽतिर	किटधेऽ	तेटे	ऽधे	ऽधे	ऽधे	तेटे	गिना
×				2			
धाऽतिर	किटधेऽ	तेटे	गिना	धाती	गिना	तिंना	किना
0				3			
तऽतिर	किटतेऽ	तेटे	ऽते	ऽते	ऽते	तेटे	किना
×				2			
धाऽतिर	किटधेऽ	तेटे	गिना	धाती	गिना	धिंना	गिना
0				3			

प्रस्तार

धाऽतिर	किटधेऽ	तेटे	गिना	धाती	गिना	धाती	गिना
×				2			
धाऽतिर	किटधेऽ	तेटे	गिना	धाती	गिना	तिंना	किना
0				3			
तऽतिर	किटतेऽ	तेटे	किना	ताती	किना	ताती	किना
×				2			
धाऽतिर	किटधेऽ	तेटे	गिना	धाती	गिना	धिंना	गिना
0				3			

प्रस्तार

धाऽतिर	किटधेऽ	तेटे	गिना	धाती	गिना	धाती	गिना
×				2			
धाऽतिर	किटधेऽ	तेटे	गिना	धाती	गिना	तिंना	किना
0				3			
तऽतिर	किटतेऽ	तेटे	किना	ताती	किना	ताती	किना
×				2			
धाऽतिर	किटधेऽ	तेटे	गिना	धाती	गिना	धिंना	गिना
0				3			

प्रस्तार

तेटे	गिना	धाती	गिना	धिंना	गिना	तेटे	गिना
×				2			
धाऽतिर	किटधेऽ	तेटे	गिना	धाती	गिना	तिंना	किना
0				3			
तेटे	किना	ताती	किना	तिंना	किना	तेटे	गिना
×				2			
धाऽतिर	किटधेऽ	तेटे	गिना	धाती	गिना	धिंना	गिना
0				3			

प्रस्तार

धाती	गिना	धिंना	गिना	धाती	गिना	धिंना	गिना
×				2			
धाऽतिर	किटधेऽ	तेटे	गिना	धाती	गिना	तिंना	किना
0				3			
ताती	किना	तिंना	किना	ताती	किना	तिंना	किना
×				2			
धाऽतिर	किटधेऽ	तेटे	गिना	धाती	गिना	धिंना	गिना
0				3			

तिहाई

धाऽतिर	किटधेऽ	तेटे	गिना	धाती	गिना	धिंना	गिना
×				2			
धा	ऽ	ऽ	ऽ	धाऽतिर	किटधेऽ	तेटे	गिना
0				3			
धाती	गिना	धिंना	गिना	धा	ऽ	ऽ	ऽ
×				2			
धाऽतिर	किटधेऽ	तेटे	गिना	धाती	गिना	धिंना	गिना
0				3			
धा							
×							

कायदा-4

धाऽक्रधा	तीधागिना	धातीधागे	धिंनागिना	धातीधागि	नाधातीधा	गिनाधागे	तिंनाकिना
×				2			
ताऽक्रता	तीताकिना	तातीताके	तिंनाकिना	धातीधागि	नाधातीधा	गिनाधागे	धिंनागिना
0				3			

प्रस्तार

धाऽक्रधा	तीधागिना	धातीधागे	धिंनागिना	धाऽक्रधा	तीधागिना	धातीधागे	धिंनागिना
×				2			
धाऽक्रधा	तीधागिना	धातीधागे	धिंनागिना	धातीधागि	नाधातीधा	गिनाधागे	तिंनाकिना
0				3			
ताऽक्रता	तीताकिना	तातीताके	तिंनाकिना	ताऽक्रता	तीताकिना	तातीताके	तिंनाकिना
×				2			
धाऽक्रधा	तीधागिना	धातीधागे	धिंनागिना	धातीधागि	नाधातीधा	गिनाधागे	धिंनागिना
0				3			

प्रस्तार

धाऽक्रधा	तीधागिना	धातीधागे	धिंनागिना	धातीधागे	धिंनागिना	धातीधागे	धिंनागिना
×				2			
धाऽक्रधा	तीधागिना	धातीधागे	धिंनागिना	धातीधागि	नाधातीधा	गिनाधागे	तिंनाकिना
0				3			
ताऽक्रता	तीताकिना	तातीताके	तिंनाकिना	तातीताके	तिंनाकिना	तातीताके	तिंनाकिना
×				2			
धाऽक्रधा	तीधागिना	धातीधागे	धिंनागिना	धातीधागि	नाधातीधा	गिनाधागे	धिंनागिना
0				3			

प्रस्तार

धाऽक्रधा	तीधाऽधा	तीधाऽधा	तीधागिना	धातीधगि	नधातीध	गिनधागे	तिंनाकिना
×				2			
ताऽक्रता	तीताऽता	तीताऽता	तीताकिना	धातीधगि	नधातीध	गिनधागे	धिंनागिना
0				3			

प्रस्तार

धाऽक्रधा	तीधाऽक्र	धातीऽधा	तीधागिना	धातीधगि	नधातीध	गिनधागे	तिंनाकिना
×				2			
ताऽक्रता	तीताऽक्र	तातीऽता	तीताकिना	धातीधगि	नधातीध	गिनधागे	धिंनागिना
0				3			

प्रस्तार

धाऽक्रधा	ऽतीऽधा	ऽतीऽधा	तीधागिना	धातीधगि	नधातीध	गिनधागे	तिंनाकिना
×				2			
ताऽक्रता	ऽतीऽता	ऽतीऽता	तीताकिना	धातीधगि	नधातीध	गिनधागे	धिंनागिना
0				3			

प्रस्तार

धातीधगि	नधातीध	गिनधागे	तिंनाकिना	तातीतकि	नतातीध	गिनधागे	धिंनागिना
×				2			
धातीधगि	नधातीध	गिनधागे	तिंनाकिना	तातीतकि	नतातीध	गिनधागे	धिंनागिना
0				3			

प्रस्तार

धातीधगि	नधातीध	गिनधाती	धगिनधा	गेधिंनागि	नधातीध	गिनधागे	तिंनाकिना
×				2			
तातीतकि	नतातीत	किनताती	तकिनधा	गेधिंनागि	नधातीध	गिनधागे	धिंनागिना
0				3			

प्रस्तार

धातीऽधा	तीधगिन	धातीऽधा	तीधगिन	धातीधगि	नधातीध	गिनधागे	तिंनाकिना
×				2			
तातीऽता	तीतकिन	तातीऽता	तीतकिन	धातीधगि	नधातीध	गिनधागे	धिंनागिना
0				3			

प्रस्तार

धातीऽधा	ऽतीऽधा	ऽतीऽधा	तीधगिन	धातीधगि	नधातीध	गिनधागे	तिंनाकिना
×				2			
तातीऽता	ऽतीऽता	ऽतीऽता	तीतकिन	धातीधगि	नधातीध	गिनधागे	धिंनागिना
0				3			

तिहाई

धातीधगि	नधातीध	गिनधागे	धिंनागिना	धा	ऽ	धातीधगि	नधातीध
×				2			
गिनधागे	धिंनागिना	धा	ऽ	धातीधगि	नधातीध	गिनधागे	धिंनागिना
0				3			
धा							
×							

कायदा-5

धाऽतेटे ×	गिनातेटे	क्रधातेटे	गिनातिंना
केड़नकतिरकिट 2	तकताऽतिरकिट	धेटेधागे	तिंनाकिना
ताऽतेटे 0	किनातेटे	क्रतातेटे	किनातिंना
केड़नकतिरकिट 3	तकताऽतिरकिट	धेटेधागे	धिंनागिना

प्रस्तार

धाऽतेटे ×	गिनातेटे	क्रधातेटे	गिनातिंना
धाऽतेटे 2	गिनातेटे	क्रधातेटे	गिनातिंना
धाऽतेटे 0	गिनातेटे	क्रधातेटे	गिनातिंना
केड़नकतिरकिट 3	तकताऽतिरकिट	धेटेधागे	तिंनाकिना
ताऽतेटे ×	किनातेटे	क्रतातेटे	किनातिंना
ताऽतेटे 2	किनातेटे	क्रतातेटे	किनातिंना
धाऽतेटे 0	गिनातेटे	क्रधातेटे	गिनातिंना
केड़नकतिरकिट 3	तकताऽतिरकिट	धेटेधागे	धिंनागिना

प्रस्तार

धाऽतेटे ×	गिनातेटे	क्रधातेटे	गिनातिंना
क्रधातेटे 2	गिनातिंना	क्रधातेटे	गिनातिंना
धाऽतेटे 0	गिनातेटे	क्रधातेटे	गिनातिंना
केड़नकतिरकिट 3	तकताऽतिरकिट	धेटेधागे	तिंनाकिना
ताऽतेटे ×	किनातेटे	क्रतातेटे	किनातिंना

क्रतातेटे	किनातिंना	क्रतातेटे	किनातिंना
2			
धाऽतेटे	गिनातेटे	क्रधातेटे	गिनातिंना
0			
केड़नकतिरकिट	तकताऽतिरकिट	धेटेधागे	धिंनागिना
3			

प्रस्तार

धाऽतेटे	गिनातेटे	क्रधातेटे	गिनातिंना
×			
क्रधातेटे	क्रधातेटे	क्रधातेटे	गिनातिंना
2			
धाऽतेटे	गिनातेटे	क्रधातेटे	गिनातिंना
0			
केड़नकतिरकिट	तकताऽतिरकिट	धेटेधागे	तिंनाकिना
3			
ताऽतेटे	किनातेटे	क्रतातेटे	किनातिंना
×			
क्रतातेटे	क्रतातेटे	क्रतातेटे	किनातिंना
2			
धाऽतेटे	गिनातेटे	क्रधातेटे	गिनातिंना
0			
केड़नकतिरकिट	तकताऽतिरकिट	धेटेधागे	धिंनागिना
3			

प्रस्तार

केड़नकतिरकिट	तकताऽतिरकिट	धेटेधागे	तिंनाकिना
×			
केड़नकतिरकिट	तकताऽतिरकिट	धेटेधागे	धिंनागिना
2			
केड़नकतिरकिट	तकताऽतिरकिट	धेटेधागे	तिंनाकिना
0			
केड़नकतिरकिट	तकताऽतिरकिट	धेटेधागे	धिंनागिना
3			

प्रस्तार

केड़नकतिरकिट ×	तकताऽतिरकिट	केड़नकतिरकिट	तकताऽतिरकिट
केड़नकतिरकिट 2	तकताऽतिरकिट	धेटेधागे	तिंनाकिना
केड़नकतिरकिट 0	तकताऽतिरकिट	केड़नकतिरकिट	तकताऽतिरकिट
केड़नकतिरकिट 3	तकताऽतिरकिट	धेटेधागे	धिंनागिना

प्रस्तार

केड़नकतिरकिट ×	तकताऽतिरकिट	ऽऽताऽतिरकिट	ऽऽताऽतिरकिट
केड़नकतिरकिट 2	तकताऽतिरकिट	धेटेधागे	तिंनाकिना
केड़नकतिरकिट 0	तकताऽतिरकिट	ऽऽताऽतिरकिट	ऽऽताऽतिरकिट
केड़नकतिरकिट 3	तकताऽतिरकिट	धेटेधागे	धिंनागिना

प्रस्तार

केड़नकतिरकिट ×	तकताऽतिरकिट	धेटेधागे	तिंनागिना
धेटेधागे 2	तिंनागिना	धेटेधागे	तिंनागिना
केड़नकतिरकिट 0	तकताऽतिरकिट	धेटेधागे	धिंनागिना
धेटेधागे 3	धिंनागिना	धेटेधागे	धिंनागिना

तिहाई

केड़नकतिरकिट ×	तकताऽतिरकिट	धेटेधागे	धिंनागिना
धा 2	ऽ	केड़नकतिरकिट	तकताऽतिरकिट
धेटेधागे 0	धिंनागिना	धा	ऽ
केड़नकतिरकिट 3	तकताऽतिरकिट	धेटेधागे	धिंनागिना
धा ×			

कायदा-6

धाधिं	ऽधा	तिरकिट	धिंधा	तिरकिट	तक्धिन	तक्धिन	धिंनागिना
×				2			
तक्धड़ा	ऽनधाऽ	तिरकिट	धिंधा	तिरकिट	तक्धिन	तक्तिन	तिंनाकिना
0				3			
तातिं	ऽता	तिरकिट	तिंता	तिरकिट	तक्तिन	तक्तिन	तिंनाकिना
×				2			
तक्धड़ा	ऽनधाऽ	तिरकिट	धिंधा	तिरकिट	तक्धिन	तक्धिन	धिंनागिना
0				3			

प्रस्तार

धाधिं	ऽधा	तिरकिट	धिंधा	तिरकिट	तक्धिन	तक्धिन	धिंनागिना
×				2			
धाधिं	ऽधा	तिरकिट	धिंधा	तिरकिट	तक्धिन	तक्धिन	धिंनागिना
0				3			
धाधिं	ऽधा	तिरकिट	धिंधा	तिरकिट	तक्धिन	तक्धिन	धिंनागिना
×				2			
तक्धड़ा	ऽनधाऽ	तिरकिट	धिंधा	तिरकिट	तक्धिन	तक्तिन	तिंनाकिना
0				3			
तातिं	ऽता	तिरकिट	तिंता	तिरकिट	तक्तिन	तक्तिन	तिंनाकिना
×				2			
तातिं	ऽता	तिरकिट	तिंता	तिरकिट	तक्तिन	तक्तिन	तिंनाकिना
0				3			
धाधिं	ऽधा	तिरकिट	धिंधा	तिरकिट	तक्धिन	तक्धिन	धिंनागिना
×				2			
तक्धड़ा	ऽनधाऽ	तिरकिट	धिंधा	तिरकिट	तक्धिन	तक्धिन	धिंनागिना
0				3			

प्रस्तार

धाधिं	ऽधा	तिरकिट	धिंधा	तिरकिट	तक्धिन	तक्धिन	धिंनागिना
×				2			
तिरकिट	तक्धिन	तक्धिन	धिंनागिना	तिरकिट	तक्धिन	तक्धिन	धिंनागिना
0				3			
धाधिं	ऽधा	तिरकिट	धिंधा	तिरकिट	तक्धिन	तक्धिन	धिंनागिना
×				2			
तक्धड़ा	ऽनधाऽ	तिरकिट	धिंधा	तिरकिट	तक्धिन	तक्तिन	तिंनाकिना
0				3			
तातिं	ऽता	तिरकिट	तिंता	तिरकिट	तक्तिन	तक्तिन	तिंनाकिना
×				2			

तिरकिट	तक्‌तिन	तक्‌तिन	तिंनाकिना	तिरकिट	तक्‌तिन	तक्‌तिन	तिंनाकिना
0				3			
धाधिं	ऽधा	तिरकिट	धिंधा	तिरकिट	तक्‌धिन	तक्‌धिन	धिंनागिना
×				2			
तक्धड़ा	ऽनधाऽ	तिरकिट	धिंधा	तिरकिट	तक्‌धिन	तक्‌धिन	धिंनागिना
0				3			

प्रस्तार

धाधिं	ऽधा	तिरकिट	धाधिं	ऽधा	तिरकिट	धिंधा	तिरकिट
×				2			
धाधिं	ऽधा	तिरकिट	धिंधा	तिरकिट	तक्‌धिन	तक्‌धिन	धिंनागिना
0				3			
धाधिं	ऽधा	तिरकिट	धिंधा	तिरकिट	तक्‌धिन	तक्‌धिन	धिंनागिना
×				2			
तक्धड़ा	ऽनधाऽ	तिरकिट	धिंधा	तिरकिट	तक्‌धिन	तक्‌तिन	तिंनाकिना
0				3			
तातिं	ऽता	तिरकिट	तातिं	ऽता	तिरकिट	तिंता	तिरकिट
×				2			
तातिं	ऽता	तिरकिट	तिंता	तिरकिट	तक्‌तिन	तक्‌तिन	तिंनाकिना
0				3			
धाधिं	ऽधा	तिरकिट	धिंधा	तिरकिट	तक्‌धिन	तक्‌धिन	धिंनागिना
×				2			
तक्धड़ा	ऽनधाऽ	तिरकिट	धिंधा	तिरकिट	तक्‌धिन	तक्‌धिन	धिंनागिना
0				3			

प्रस्तार

तिरकिट	तक्‌धिन	तक्‌धिन	धिंनागिना	तिरकिट	तक्‌धिन	तक्‌धिन	धिंनागिना
×				2			
तक्धड़ा	ऽनधाऽ	तिरकिट	धिंधा	तिरकिट	तक्‌धिन	तक्‌तिन	तिंनाकिना
0				3			
तिरकिट	तक्‌तिन	तक्‌तिन	तिंनाकिना	तिरकिट	तक्‌तिन	तक्‌तिन	तिंनाकिना
×				2			
तक्धड़ा	ऽनधाऽ	तिरकिट	धिंधा	तिरकिट	तक्‌धिन	तक्‌धिन	धिंनागिना
0				3			

प्रस्तार

तक्धड़ा	ऽनधाऽ	तिरकिट	धिंधा	तिरकिट	तक्‌धिन	तक्‌तिन	तिंनाकिना
×				2			
तक्कड़ा	ऽनताऽ	तिरकिट	तिंता	तिरकिट	तक्‌धिन	तक्‌धिन	धिंनागिना
0				3			

तक्धड़ा	ऽनधाऽ	तिरकिट	धिंधा	तिरकिट	तकूधिन	तकूतिन	तिंनाकिना
×				2			
तक्कड़ा	ऽनताऽ	तिरकिट	तिंता	तिरकिट	तकूधिन	तकूधिन	धिंनागिना
0				3			

प्रस्तार

तक्धड़ा	ऽनधाऽ	तक्धड़ा	ऽनधाऽ	तक्धड़ा	ऽनधाऽ	तिरकिट	धिंधा
×				2			
तक्धड़ा	ऽनधाऽ	तिरकिट	धिंधा	तिरकिट	तकूधिन	तकूतिन	तिंनाकिना
0				3			
तक्कड़ा	ऽनताऽ	तक्कड़ा	ऽनताऽ	तक्कड़ा	ऽनताऽ	तिरकिट	तिंता
×				2			
तक्धड़ा	ऽनधाऽ	तिरकिट	धिंधा	तिरकिट	तकूधिन	तकूधिन	धिंनागिना
0				3			

तिहाई

तिरकिट	तकूधिन	तकूधिन	धिंनागिना	धा	ऽ	तिरकिट	तकूधिन
×				2			
तकूधिन	धिंनागिना	धा	ऽ	तिरकिट	तकूधिन	तकूधिन	धिंनागिना
0				3			
धा							
×							

कायदा-7

धाऽऽधा	तित्धागिना	तिंनाऽधा	तित्धागिना
×			
तिंनाकिना	धाऽऽधा	तित्धागिना	तिंनाकिना
2			
धाऽऽधा	तित्धागिना	तिंनाकिना	केड़नकतिरकिट
0			
तकताऽतिरकिट	धाऽऽधा	तित्धागिना	तिंनाकिना
3	ताऽऽता	तित्ताकिना	तिंनाऽता
तित्ताकिना			
×			
तिंनाकिना	ताऽऽता	तित्ताकिना	तिंनाकिना
2			
धाऽऽधा	तित्धागिना	तिंनाकिना	केड़नकतिरकिट
0			
तकताऽतिरकिट	धाऽऽधा	तित्धागिना	धिंनागिना
3			

प्रस्तार

धाऽऽधा	तित्धागिना	तिंनाऽधा	तित्धागिना
×			
तिंनाऽधा	तित्धागिना	तिंनाऽधा	तित्धागिना
2			
धाऽऽधा	तित्धागिना	तिंनाकिना	केड़नकतिरकिट
0			
तकताऽतिरकिट	धाऽऽधा	तित्धागिना	तिंनाकिना
3			
ताऽऽता	तित्ताकिना	तिंनाऽता	तित्ताकिना
×			
तिंनाऽता	तित्ताकिना	तिंनाऽता	तित्ताकिना
2			
धाऽऽधा	तित्धागिना	तिंनाकिना	केड़नकतिरकिट
0			
तकताऽतिरकिट	धाऽऽधा	तित्धागिना	धिंनागिना
3			

प्रस्तार

धाऽऽधा	तित्धागिना	तिंनाधाऽ	ऽधातित्धा
×			
गिनातिंना	धाऽऽधा	तित्धागिना	तिंनाकिना
2			
धाऽऽधा	तित्धागिना	तिंनाकिना	केड़नकतिरकिट
0			
तकताऽतिरकिट	धाऽऽधा	तित्धागिना	तिंनाकिना
3			
ताऽऽता	तित्ताकिना	तिंनाताऽ	ऽतातित्ता
×			
किनातिंना	ताऽऽता	तित्ताकिना	तिंनाकिना
2			
धाऽऽधा	तित्धागिना	तिंनाकिना	केड़नकतिरकिट
0			
तकताऽतिरकिट	धाऽऽधा	तित्धागिना	धिंनागिना
3			

प्रस्तार

धाऽऽधा	तित्धागिना	तिंनातित्धा	गिनातिंना
×			
तित्धागिना	धाऽऽधा	तित्धागिना	तिंनाकिना
2			
धाऽऽधा	तित्धागिना	तिंनाकिना	केड़नकतिरकिट
0			
तकताऽतिरकिट	धाऽऽधा	तित्धागिना	तिंनाकिना
3			
ताऽऽता	तित्ताकिना	तिंनातित्त	किनातिंना
×			
तित्ताकिना	ताऽऽता	तित्ताकिना	तिंनाकिना
2			
धाऽऽधा	तित्धागिना	तिंनाकिना	केड़नकतिरकिट
0			
तकताऽतिरकिट	धाऽऽधा	तित्धागिना	धिंनागिना
3			

प्रस्तार

धाऽऽधा	तित्धागिना	तिंनातित्धा	गिनातिंना
×			
तित्धागिना	तिंनाऽधा	तित्धागिना	तिंनाकिना
2			
ताऽऽता	तित्ताकिना	तिंनातित्धा	गिनातिंना
0			
तित्धागिना	तिंनाऽधा	तित्धागिना	धिंनागिना
3			

प्रस्तार

धाऽऽधा	तित्धागिना	तिंनातित्धा	ऽधातित्धा
×			
गिनातिंना	तित्धाऽधा	तित्धागिना	तिंनाकिना
2			
ताऽऽता	तित्ताकिना	तिंनातित्धा	ऽधातित्धा
0			
गिनातिंना	तित्धाऽधा	तित्धागिना	धिंनागिना
3			

प्रस्तार

धाऽऽधा	तित्धागिना	तिंनाकिना	केड़नकतिरकिट
×			
तकताऽतिरकिट	धाऽऽधा	तित्धागिना	तिंनाकिना
2			
ताऽऽता	तित्ताकिना	तिंनाकिना	केड़नकतिरकिट
0			
तकताऽतिरकिट	धाऽऽधा	तित्धागिना	धिंनागिना
3			

प्रस्तार

केड़नकतिरकिट	तकताऽतिरकिट	धाऽऽधा	तित्धागिना
×			
तिंनाकिना	धाऽऽधा	तित्धागिना	तिंनाकिना
2			
केड़नातिरकिट	तकताऽतिरकिट	ताऽऽता	तित्ताकिना
0			
तिंनाकिना	धाऽऽधा	तित्धागिना	धिंनागिना
3			

प्रस्तार

केड़नकतिरकिट	तकताऽऽऽता	तिरकिटतकताऽ	ऽऽताऽतिरकिट
×			
तकताऽतिरकिट	धाऽऽधा	तित्धागिना	तिंनाकिना
2			
केड़नकतिरकिट	तकताऽऽऽता	तिरकिटतकताऽ	ऽऽताऽतिरकिट
0			
तकताऽतिरकिट	धाऽऽधा	तित्धागिना	धिंनागिना
3			

बेदम-तिहाई

केड़नकतिरकिट	तकताऽतिरकिट	धाऽऽधा	तित्धागिना
×			
धिंनागिना	धाऽ,केड़नक	तिरकिटतकताऽ	तिरकिटधाऽ,
2			
ऽधा,तित्धा	गिनाधिंना	गिनाधाऽ	केड़नकतिरकिट
0			
तकताऽतिरकिट	धाऽऽधा	तित्धागिना	धिंनागिना
धा			
3	×		

कायदा-8

धाऽघे	ड़ाऽन	धागेति	रकिट	धाऽघे	ड़नग	धिनधिं	नागिन
×				2			
धिनधिं	नागिन	धागेति	रकिट	धाऽघे	ड़नग	तिनतिं	नाकिन
0				3			
ताऽके	ड़ाऽन	ताकेति	रकिट	ताऽके	ड़नक	तिनतिं	नाकिन
×				2			
धिनधिं	नागिन	धागेति	रकिट	धाऽघे	ड़नग	धिनधिं	नागिन
0				3			

प्रस्तार

धाऽघे	ड़ाऽन	धागेति	रकिट	धाऽघे	ड़नग	धिनधिं	नागिन
×				2			
धाऽघे	ड़ाऽन	धागेति	रकिट	धाऽघे	ड़नग	धिनधिं	नागिन
0				3			
धाऽघे	ड़ाऽन	धागेति	रकिट	धाऽघे	ड़नग	धिनधिं	नागिन
×				2			
धिनधिं	नागिन	धागेति	रकिट	धाऽघे	ड़नग	तिनतिं	नाकिन
0				3			
ताऽके	ड़ाऽन	ताकेति	रकिट	ताऽके	ड़नक	तिनतिं	नाकिन
×				2			
ताऽके	ड़ाऽन	ताकेति	रकिट	ताऽके	ड़नक	तिनतिं	नाकिन
0				3			
धाऽघे	ड़ाऽन	धागेति	रकिट	धाऽघे	ड़नग	धिनधिं	नागिन
×				2			
धिनधिं	नागिन	धागेति	रकिट	धाऽघे	ड़नग	धिनधिं	नागिन
0				3			

प्रस्तार

धाऽघे	ड़ाऽन	धागेति	रकिट	धाऽघे	ड़ाऽन	धागेति	रकिट
×				2			
धाऽघे	ड़ाऽन	धागेति	रकिट	धाऽघे	ड़नग	धिनधिं	नागिन
0				3			
धाऽघे	ड़ाऽन	धागेति	रकिट	धाऽघे	ड़नग	धिनधिं	नागिन
×				2			
धिनधिं	नागिन	धागेति	रकिट	धाऽघे	ड़नग	तिनतिं	नाकिन
0				3			
ताऽके	ड़ाऽन	ताकेति	रकिट	ताऽके	ड़ाऽन	ताकेति	रकिट
×				2			

ताऽके	ड़ाऽन	ताकेति	रकिट	ताऽके	ड़नक	तिनतिं	नाकिन
0				3			
धाऽघे	ड़ाऽन	धागेति	रकिट	धाऽघे	ड़नग	धिनधिं	नागिन
×				2			
धिनधिं	नागिन	धागेति	रकिट	धाऽघे	ड़नग	धिनधिं	नागिन
0				3			

प्रस्तार

धाऽघे	ड़ाऽन	धागेति	रकिट	धाऽघे	ड़नग	धिनधिं	नागिन
×				2			
धाऽघे	ड़नग	धिनधिं	नागिन	धाऽघे	ड़नग	धिनधिं	नागिन
0				3			
धाऽघे	ड़ाऽन	धागेति	रकिट	धाऽघे	ड़नग	धिनधिं	नागिन
×				2			
धिनधिं	नागिन	धागेति	रकिट	धाऽघे	ड़नग	तिनतिं	नाकिन
0				3			
ताऽके	ड़ाऽन	ताकेति	रकिट	ताऽके	ड़नक	तिनतिं	नाकिन
×				2			
ताऽके	ड़नक	तिनतिं	नाकिन	ताऽके	ड़नक	तिनतिं	नाकिन
0				3			
धाऽघे	ड़ाऽन	धागेति	रकिट	धाऽघे	ड़नग	धिनधिं	नागिन
×				2			
धिनधिं	नागिन	धागेति	रकिट	धाऽघे	ड़नग	धिनधिं	नागिन
0				3			

प्रस्तार

धाऽघे	ड़ाऽन	धागेति	रकिट	धाऽघे	ड़नग	तिनतिं	नाकिन
×				2			
ताऽके	ड़ाऽन	ताकेति	रकिट	धाऽघे	ड़नग	धिनधिं	नागिन
0				3			
धाऽघे	ड़ाऽन	धागेति	रकिट	धाऽघे	ड़नग	तिनतिं	नाकिन
×				2			
ताऽके	ड़ाऽन	ताकेति	रकिट	धाऽघे	ड़नग	धिनधिं	नागिन
0				3			

प्रस्तार

धाऽघे	ड़ाऽन	धाऽघे	ड़ाऽन	धाऽघे	ड़ाऽन	धागेति	रकिट
×				2			
धाऽघे	ड़ाऽन	धागेति	रकिट	धाऽघे	ड़नग	तिनतिं	नाकिन
0				3			

ताऽके	ड़ाऽन	ताऽके	ड़ाऽन	ताऽके	ड़ाऽन	ताकेति	रकिट
×				2			
धाऽघे	ड़ाऽन	धागेति	रकिट	धाऽघे	ड़नग	धिनधिं	नागिन
0				3			

प्रस्तार

धाऽघे	ड़नग	धिनधिं	नागिन	धाऽघे	ड़नग	धिनधिं	नागिन
×				2			
धाऽघे	ड़ाऽन	धागेति	रकिट	धाऽघे	ड़नग	तिनतिं	नाकिन
0				3			
ताऽके	ड़नक	तिनतिं	नाकिन	ताऽके	ड़नक	तिनतिं	नाकिन
×				2			
धाऽघे	ड़ाऽन	धागेति	रकिट	धाऽघे	ड़नग	धिनधिं	नागिन
0				3			

प्रस्तार

धाऽघे	ड़नग	धिनधिं	नागिन	धिनधिं	नागिन	धिनधिं	नागिन
×				2			
धाऽघे	ड़ाऽन	धागेति	रकिट	धाऽघे	ड़नग	तिनतिं	नाकिन
0				3			
ताऽके	ड़नक	तिनतिं	नाकिन	तिनतिं	नाकिन	तिनतिं	नाकिन
×				2			
धाऽघे	ड़ाऽन	धागेति	रकिट	धाऽघे	ड़नग	धिनधिं	नागिन
0				3			

प्रस्तार

धिनधिं	नागिन	धिनधिं	नागिन	धाऽघे	ड़नग	धिनधिं	नागिन
×				2			
धाऽघे	ड़ाऽन	धागेति	रकिट	धाऽघे	ड़नग	तिनतिं	नाकिन
0				3			
तिनतिं	नाकिन	तिनतिं	नाकिन	ताऽके	ड़नक	तिनतिं	नाकिन
×				2			
धाऽघे	ड़ाऽन	धागेति	रकिट	धाऽघे	ड़नग	धिनधिं	नागिन
0				3			

प्रस्तार

धिनधिं	नागिन	धिनधिं	नागिन	धिनधिं	नागिन	धिनधिं	नागिन
×				2			
धाऽघे	ड़ाऽन	धागेति	रकिट	धाऽघे	ड़नग	तिनतिं	नाकिन
0				3			

तिनतिं	नाकिन	तिनतिं	नाकिन	तिनतिं	नाकिन	तिनतिं	नाकिन
×				2			
धाऽघे	ड़ाऽन	धागेति	रकिट	धाऽघे	ड़नग	धिनधिं	नागिन
0				3			

प्रस्तार

धिनधि	नधिन	धिनधिं	नागिन	धाऽघे	ड़नग	धिनधिं	नागिन
×				2			
धाऽघे	ड़ाऽन	धागेति	रकिट	धाऽघे	ड़नग	तिनतिं	नाकिन
0				3			
तिनति	नातिन	तिनतिं	नाकिन	ताऽके	ड़नक	तिनतिं	नाकिन
×				2			
धाऽघे	ड़ाऽन	धागेति	रकिट	धाऽघे	ड़नग	धिनधिं	नागिन
0				3			

तिहाई

धाऽघे	ड़ाऽन	धागेति	रकिट	धाऽघे	ड़नग	धिनधिं	नागिन	
×				2				
धा	ऽ	ऽ	ऽ	धाऽघे	ड़ाऽन	धागेति	रकिट	
0				3				
धाऽघे	ड़नग	धिनधिं	नागिन	धा	ऽ	ऽ	ऽ	
×				2				
धाऽघे	ड़ाऽन	धागेति	रकिट	धाऽघे	ड़नग	धिनधिं	नागिन	धा
0				3				×

कायदा-9

धाऽतिरकिट	तकतिरकिट	धाड़गि	नगिन
×			
धाड़गि	नधाड़	धाड़कि	नकिन
2			
ताऽतिरकिट	तकतिरकिट	ताड़कि	नकिन
0			
धाड़गि	नधाड़	धाड़गि	नगिन
3			

प्रस्तार

धाऽतिरकिट	तकतिरकिट	धाड़गि	नगिन
×			
धाऽतिरकिट	तकतिरकिट	धाड़गि	नगिन
2			

धाऽतिरकिट	तकतिरकिट	धाड़गि	नगिन
0			
धाड़गि	नधाड़	धाड़कि	नकिन
3			
ताऽतिरकिट	तकतिरकिट	ताड़कि	नकिन
×			
ताऽतिरकिट	तकतिरकिट	ताड़कि	नकिन
2			
धाऽतिरकिट	तकतिरकिट	धाड़गि	नगिन
0			
धाड़गि	नधाड़	धाड़गि	नगिन
3			

प्रस्तार

धाऽतिरकिट	तकतिरकिट	धाऽतिरकिट	तकतिरकिट
×			
धाऽतिरकिट	तकतिरकिट	धाड़गि	नगिन
2			
धाऽतिरकिट	तकतिरकिट	धाड़गि	नगिन
0			
धाड़गि	नधाड़	धाड़कि	नकिन
3			
ताऽतिरकिट	तकतिरकिट	ताऽतिरकिट	तकतिरकिट
×			
ताऽतिरकिट	तकतिरकिट	ताड़कि	नकिन
2			
धाऽतिरकिट	तकतिरकिट	धाड़गि	नगिन
0			
धाड़गि	नधाड़	धाड़गि	नगिन
3			

प्रस्तार

धाऽतिरकिट	तकतिरकिट	धाऽतिरकिट	तकतिरकिट
×			
धाड़गि	नधाड़	गिनधा	ड़गिन
2			
धाऽतिरकिट	तकतिरकिट	धाड़गि	नगिन
0			
धाड़गि	नधाड़	धाड़कि	नकिन
3			

ताऽतिरकिट ×	तकतिरकिट	ताऽतिरकिट	तकतिरकिट
ताड़कि 2	नताड़	किनता	ड़किन
धाऽतिरकिट 0	तकतिरकिट	धाड़गि	नगिन
धाड़गि 3	नधाड	धाड़गि	नगिन

प्रस्तार

धाऽतिरकिट ×	तकतिरकिट	तकतकतिर	किटतकतक
तिरकिटतक 2	तकतिरकिट	धाड़गि	नगिन
धाऽतिरकिट 0	तकतिरकिट	धाड़गि	नगिन
धाड़गि 3	नधाड़	धाड़कि	नकिन
ताऽतिरकिट ×	तकतिरकिट	तकतकतिर	किटतकतक
तिरकिटतक 2	तकतिरकिट	ताड़कि	नकिन
धाऽतिरकिट 0	तकतिरकिट	धाड़गि	नगिन
धाड़गि 3	नधाड	धाड़गि	नगिन

प्रस्तार

धाड़गि ×	नधाड़	धाड़कि	नकिन
ताड़कि 2	नधाड़	धाड़गि	नगिन
धाड़गि 0	नधाड़	धाड़कि	नकिन
ताड़कि 3	नधाड़	धाड़गि	नगिन

प्रस्तार

धाड़गि ×	नगिन	धाड़गि	नगिन

धाड़गि 2	नधाड़	धाड़कि	नकिन
ताड़कि 0	नकिन	ताड़कि	नकिन
धाड़गि 3	नधाड	धाड़गि	नगिन

प्रस्तार

धाड़गि ×	नधाड़	गिनधा	ड़गिन
धाड़गि 2	नधाड़	धाड़कि	नकिन
ताड़कि 0	नताड़	किनता	ड़किन
धाड़गि 3	नधाड	धाड़गि	नगिन

तिहाई

धाड़गि ×	नधाड़	धाड़गि	नगिन
धा 2	ऽ	धाड़गि	नधाड़
धाड़गि 0	नगिन	धा	ऽ
धाड़गि 3	नधाड	धाड़गि	नगिन
धा ×			

कायदा (अजराड़ा)-10

धाऽऽ ×	घेतक	धिनधिं	नागिन	धाड़गे 2	गेतक	तिनतिं	नाकिन
ताऽऽ 0	केतक	तिनतिं	नाकिन	धाड़गे 3	गेतक	धिनधिं	नागिन

प्रस्तार

धाऽऽ ×	घेतक	धिनधिं	नागिन	धाऽऽ 2	घेतक	धिनधिं	नागिन
धाऽऽ 0	घेतक	धिनधिं	नागिन	धाड़ग 3	गेतक	धिनधिं	नागिन

ताऽऽ	केतक	तिनतिं	नाकिन	ताऽऽ	केतक	तिनतिं	नाकिन
×				2			
धाऽऽ	घेतक	धिनधिं	नागिन	धाड़ग	गेतक	धिनधिं	नागिन
0				3			

प्रस्तार

धाऽऽ	घेतक	धाऽऽ	घेतक	धाऽऽ	घेतक	धिनधिं	नागिन
×				2			
धाऽऽ	घेतक	धिनधिं	नागिन	धाड़ग	गेतक	तिनतिं	नाकिन
0				3			
ताऽऽ	केतक	ताऽऽ	केतक	ताऽऽ	केतक	तिनतिं	नाकिन
×				2			
धाऽऽ	घेतक	धिनधिं	नागिन	धाड़ग	गेतक	धिनधिं	नागिन
0				3			

प्रस्तार

धाऽऽ	घेतक	धिनधिं	नागिन	घेतक	घेतक	धिनधिं	नागिन
×				2			
धाऽऽ	घेतक	धिनधिं	नागिन	धाड़ग	गेतक	तिनतिं	नाकिन
0				3			
ताऽऽ	केतक	तिनतिं	नाकिन	केतक	केतक	तिनतिं	नाकिन
×				2			
धाऽऽ	घेतक	धिनधिं	नागिन	धाड़ग	गेतक	धिनधिं	नागिन
0				3			

प्रस्तार

घेतक	धिनधिं	नागिन	घेतक	धिनधिं	नागिन	धिनधिं	नागिन
×				2			
धाऽऽ	घेतक	धिनधिं	नागिन	धाड़ग	गेतक	तिनतिं	नाकिन
0				3			
केतक	तिनतिं	नाकिन	केतक	तिनतिं	नाकिन	तिनतिं	नाकिन
×				2			
धाऽऽ	घेतक	धिनधिं	नागिन	धाड़ग	गेतक	धिनधिं	नागिन
0				3			

प्रस्तार

घेतक	धिनधिं	नागिन	धिनधिं	नागिन	घेतक	धिनधिं	नागिन
×				2			
धाऽऽ	घेतक	धिनधिं	नागिन	धाड़ग	गेतक	तिनतिं	नाकिन
0				3			

केतक	तिनतिं	नाकिन	तिनतिं	नाकिन	केतक	तिनतिं	नाकिन	
×				2				
धाऽऽ	घेतक	धिनधिं	नागिन	धाड़ग	गेतक	धिनधिं	नागिन	
0				3				

प्रस्तार

घेतक	घेतक	धिनधिं	नागिन	घेतक	घेतक	धिनधिं	नागिन	
×				2				
धाऽऽ	घेतक	धिनधिं	नागिन	धाड़ग	गेतक	तिनतिं	नाकिन	
0				3				
केतक	केतक	तिनतिं	नाकिन	केतक	केतक	तिनतिं	नाकिन	
×				2				
धाऽऽ	घेतक	धिनधिं	नागिन	धाड़ग	गेतक	धिनधिं	नागिन	
0				3				

प्रस्तार

धिनधिं	नागिन	धिनधिं	नागिन	घेतक	धिनधिं	नागिन	घेतक	
×				2				
धाऽऽ	घेतक	धिनधिं	नागिन	धाड़ग	गेतक	तिनतिं	नाकिन	
0				3				
तिनतिं	नाकिन	तिनतिं	नाकिन	केतक	तिनतिं	नाकिन	केतक	
0				2				
धाऽऽ	घेतक	धिनधिं	नागिन	धाड़ग	गेतक	धिनधिं	नागिन	
0				3				

तिहाई

धाऽऽ	घेतक	धिनधिं	नागिन	धाड़ग	गेतक	धिनधिं	नागिन	
×				2				
धा	ऽ	ऽ	ऽ	धाऽऽ	घेतक	धिनधिं	नागिन	
0				3				
धाड़ग	गेतक	धिनधिं	नागिन	धा	ऽ	ऽ	ऽ	
×				2				
धाऽऽ	घेतक	धिनधिं	नागिन	धाड़ग	गेतक	धिनधिं	नागिन	धा
0				3				×

कायदा (अजराड़ा)-11

धिंन्न	धगिन	धाऽऽ	धगिन	धात्रक	धिनग	धिनधिं	नागिन
×				2			
धगिन	धात्रक	धेतेटे	धगिन	धात्रक	धिनग	तिनतिं	नाकिन
0				3			
तिंन्न	तकिन	ताऽऽ	तकिन	तात्रक	तिनक	तिनतिं	नाकिन
×				2			
धगिन	धात्रक	धेतेटे	धगिन	धात्रक	धिनग	धिनधिं	नागिन
0				3			

प्रस्तार

धिंन्न	धगिन	धाऽऽ	धगिन	धात्रक	धिनग	धिनधिं	नागिन
×				2			
धिंन्न	धगिन	धाऽऽ	धगिन	धात्रक	धिनग	धिनधिं	नागिन
0				3			
धिंन्न	धगिन	धाऽऽ	धगिन	धात्रक	धिनग	धिनधिं	नागिन
×				2			
धगिन	धात्रक	धेतेटे	धगिन	धात्रक	धिनग	तिनतिं	नाकिन
0				3			
तिंन्न	तकिन	ताऽऽ	तकिन	तात्रक	तिनक	तिनतिं	नाकिन
×				2			
तिंन्न	तकिन	ताऽऽ	तकिन	तात्रक	तिनक	तिनतिं	नाकिन
0				3			
धिंन्न	धगिन	धाऽऽ	धगिन	धात्रक	धिनग	धिनधिं	नागिन
×				2			
धगिन	धात्रक	धेतेटे	धगिन	धात्रक	धिनग	धिनधिं	नागिन
0				3			

प्रस्तार

धिंन्न	धगिन	धाऽऽ	धगिन	धिंन्न	धगिन	धाऽऽ	धगिन
×				2			
धिंन्न	धगिन	धाऽऽ	धगिन	धात्रक	धिनग	धिनधिं	नागिन
0				3			
धिंन्न	धगिन	धाऽऽ	धगिन	धात्रक	धिनग	धिनधिं	नागिन
×				2			
धगिन	धात्रक	धेतेटे	धगिन	धात्रक	धिनग	तिनतिं	नाकिन
0				3			
तिंन्न	तकिन	ताऽऽ	तकिन	तिंन्न	तकिन	ताऽऽ	तकिन
×				2			

तिंन्न	तकिन	ताऽऽ	तकिन	तात्रक	तिनक	तिनतिं	नाकिन
0				3			
धिंन्न	धगिन	धाऽऽ	धगिन	धात्रक	धिनग	धिनधिं	नागिन
×				2			
धगिन	धात्रक	धेतेटे	धगिन	धात्रक	धिनग	धिनधिं	नागिन
0				3			

प्रस्तार

धिंन्न	धगिन	धाऽऽ	धगिन	धात्रक	धिनग	धिनधिं	नागिन
×				2			
धात्रक	धिनग	धिनधिं	नागिन	धात्रक	धिनग	धिनधिं	नागिन
0				3			
धिंन्न	धगिन	धाऽऽ	धगिन	धात्रक	धिनग	धिनधिं	नागिन
×				2			
धगिन	धात्रक	धेतेटे	धगिन	धात्रक	धिनग	तिनतिं	नाकिन
0				3			
तिंन्न	तकिन	ताऽऽ	तकिन	तात्रक	तिनक	तिनतिं	नाकिन
×				2			
तात्रक	तिनक	तिनतिं	नाकिन।	तात्रक	तिनक	तिनतिं	नाकिन
0				3			
धिंन्न	धगिन	धाऽऽ	धगिन	धात्रक	धिनग	धिनधिं	नागिन
×				2			
धगिन	धात्रक	धेतेटे	धगिन	धात्रक	धिनग	धिनधिं	नागिन
0				3			

प्रस्तार

धगिन	धात्रक	धेतेटे	धगिन	धात्रक	धिनग	तिनतिं	नाकिन
×				2			
तकिन	तात्रक	तेतेटे	तकिन	धात्रक	धिनग	धिनधिं	नागिन
0				3			
धगिन	धात्रक	धेतेटे	धगिन	धात्रक	धिनग	तिनतिं	नाकिन
×				2			
तकिन	तात्रक	तेतेटे	तकिन	धात्रक	धिनग	धिनधिं	नागिन
0				3			

प्रस्तार

धगिन	धात्रक	धेतेटे	धगिन	धगिन	धात्रक	धेतेटे	धगिन
×				2			
धगिन	धात्रक	धेतेटे	धगिन	धात्रक	धिनग	तिनतिं	नाकिन
0				3			

तकिन	तात्रक	तेतेटे	तकिन।	तकिन	तात्रक	तेतेटे	तकिन
×				2			
धगिन	धात्रक	धेतेटे	धगिन	धात्रक	धिनग	धिनधिं	नागिन
0				3			

प्रस्तार

धगिन	धात्रक	धगिन	धात्रक	धगिन	धात्रक	धेतेटे	धगिन
×				2			
धगिन	धात्रक	धेतेटे	धगिन	धात्रक	धिनग	तिनतिं	नाकिन
0				3			
तकिन	तात्रक	तकिन	तात्रक	तकिन	तात्रक	तेतेटे	तकिन
×				2			
धगिन	धात्रक	धेतेटे	धगिन	धात्रक	धिनग	धिनधिं	नागिन
0				3			

प्रस्तार

धगिन	धात्रक	धेतेटे	धगिन	धात्रक	धेतेटे	धेतेटे	धगिन
×				2			
धगिन	धात्रक	धेतेटे	धगिन	धात्रक	धिनग	तिनतिं	नाकिन
0				3			
तकिन	तात्रक	तेतेटे	तकिन	तात्रक	तेतेटे	तेतेटे	तकिन
×				2			
धगिन	धात्रक	धेतेटे	धगिन	धात्रक	धिनग	धिनधिं	नागिन
0				3			

प्रस्तार

धगिन	धात्रक	धेतेटे	धात्रक	धेतेटे	धात्रक	धेतेटे	धगिन
×				2			
धगिन	धात्रक	धेतेटे	धगिन	धात्रक	धिनग	तिनतिं	नाकिन
0				3			
तकिन	तात्रक	तेतेटे	तात्रक	तेतेटे	तात्रक	तेतेटे	तकिन
×				2			
धगिन	धात्रक	धेतेटे	धगिन	धात्रक	धिनग	धिनधिं	नागिन
0				3			

प्रस्तार

धात्रक	धिनग	तिनतिं	नाकिन	तात्रक	धिनग	धिनधिं	नागिन
×				2			
धात्रक	धिनग	तिनतिं	नाकिन	तात्रक	धिनग	धिनधिं	नागिन
0				3			

धात्रक	धिनग	तिनतिं	नाकिन	तात्रक	धिनग	धिनधिं	नागिन
×				2			
धात्रक	धिनग	तिनतिं	नाकिन	तात्रक	धिनग	धिनधिं	नागिन
0				3			

तिहाई

धात्रक	धिनग	धिनधिं	नागिन	धा	ऽ	धात्रक	धिनग
×				2			
धिनधिं	नागिन	धा	ऽ	धात्रक	धिनग	धिनधिं	नागिन
0				3			
धा							
×							

कायदा-लखनऊ-12

धाऽतिर	किटधिऽ	नागे	धिना	गिना	धागे	तिना	किना
×				2			
ताऽतिर	किटतिऽ	नाके	तिना	गिना	धागे	धिना	गिना
0				3			

प्रस्तार

धाऽतिर	किटधिऽ	नागे	धिना	धाऽतिर	किटधिऽ	नागे	धिना
×				2			
धाऽतिर	किटधिऽ	नागे	धिना	गिना	धागे	तिना	किना
0				3			
ताऽतिर	किटतिऽ	नाके	तिना	ताऽतिर	किटतिऽ	नाके	तिना
×				2			
धाऽतिर	किटधिऽ	नागे	धिना	गिना	धागे	धिना	गिना
0				3			

प्रस्तार

धाऽतिर	किटधिऽ	नागे	धाऽतिर	किटधिऽ	नागे	धिना	गिना
×				2			
धाऽतिर	किटधिऽ	नागे	धिना	गिना	धागे	तिना	किना
0				3			
ताऽतिर	किटतिऽ	नाके	ताऽतिर	किटतिऽ	नाके	तिना	किना
×				2			
धाऽतिर	किटधिऽ	नागे	धिना	गिना	धागे	धिना	गिना
0				3			

प्रस्तार

धाऽतिर	किटधिऽ	नागे	धिना	ऽऽ	ऽधि	नागे	धिना
×				2			
धाऽतिर	किटधिऽ	नागे	धिना	गिना	धागे	तिना	किना
0				3			
ताऽतिर	किटतिऽ	नाके	तिना	ऽऽ	ऽति	नाके	तिना
×				2			
धाऽतिर	किटधिऽ	नागे	धिना	गिना	धागे	धिना	गिना
0				3			

प्रस्तार

धाऽतिर	किटधिऽ	नागे	तिरकिट	धिना	गेऽतिर	किटधिऽ	नागे
×				2			
धाऽतिर	किटधिऽ	नागे	धिना	गिना	धागे	तिना	किना
0				3			
ताऽतिर	किटतिऽ	नाके	तिरकिट	तिना	केऽतिर	किटतिऽ	नाके
×				2			
धाऽतिर	किटधिऽ	नागे	धिना	गिना	धागे	धिना	गिना
0				3			

प्रस्तार

गिना	धागे	धिना	गिना	गिना	धागे	धिना	गिना
×				2			
धाऽतिर	किटधिऽ	नागे	धिना	गिना	धागे	तिना	किना
0				3			
किना	ताके	तिना	किना	किना	ताके	तिना	किना
×				2			
धाऽतिर	किटधिऽ	नागे	धिना	गिना	धागे	धिना	गिना
0				3			

तिहाई

धाऽतिर	किटधिऽ	नागे	धिना	गिना	धागे	धिना	गिना
×				2			
धा	ऽ	ऽ	ऽ	धाऽतिर	किटधिऽ	नागे	धिना
0				3			
गिना	धागे	धिना	गिना	धा	ऽ	ऽ	ऽ
×				2			
धाऽतिर	किटधिऽ	नागे	धिना	गिना	धागे	धिना	गिना
0				3			
धा							
×							

कायदा-फर्रूखाबाद-13

धागेतेटे	धागेत्रक	धिंनागिना	धागेतेटे	धगिनधा	त्रकधेटे	धागेत्रक	तिंनाकिना
×				2			
ताकेतेटे	ताकेत्रक	तिंनाकिना	ताकेतेटे	धगिनधा	त्रकधेटे	धागेत्रक	धिंनागिना
0				3			

प्रस्तार

धागेतेटे	धागेत्रक	धिंनागिना	धागेतेटे	धागेतेटे	धागेत्रक	धिंनागिना	धागेतेटे
×				2			
धागेतेटे	धागेत्रक	धिंनागिना	धागेतेटे	धगिनधा	त्रकधेटे	धागेत्रक	तिंनाकिना
0				3			
ताकेतेटे	ताकेत्रक	तिंनाकिना	ताकेतेटे	ताकेतेटे	ताकेत्रक	तिंनाकिना	ताकेतेटे
×				2			
धागेतेटे	धागेत्रक	धिंनागिना	धागेतेटे	धगिनधा	त्रकधेटे	धागेत्रक	धिंनागिना
0				3			

प्रस्तार

धागेतेटे	धागेत्रक	धिंनागिना	धागेतेटे	धागेत्रक	धिंनागिना	धागेत्रक	धिंनागिना
×				2			
धागेतेटे	धागेत्रक	धिंनागिना	धागेतेटे	धगिनधा	त्रकधेटे	धागेत्रक	तिंनाकिना
0				3			
ताकेतेटे	ताकेत्रक	तिंनाकिना	ताकेतेटे	ताकेत्रक	तिंनाकिना	ताकेत्रक	तिंनाकिना
×				2			
धागेतेटे	धागेत्रक	धिंनागिना	धागेतेटे	धगिनधा	त्रकधेटे	धागेत्रक	धिंनागिना
0				3			

प्रस्तार

धगिनधा	त्रकधेटे	धागेत्रक	तिंनाकिना	तकिनता	त्रकधेटे	धागेत्रक	धिंनागिना
×				2			
धगिनधा	त्रकधेटे	धागेत्रक	तिंनाकिना	तकिनता	त्रकधेटे	धागेत्रक	धिंनागिना
0				3			

प्रस्तार

धगिनधा	त्रकधेटे	धगिनधा	त्रकधेटे	धगिनधा	त्रकधेटे	धागेत्रक	तिंनाकिना
×				2			
तकिनता	त्रकतेटे	तकिनता	त्रकतेटे	धगिनधा	त्रकधेटे	धागेत्रक	धिंनागिना
0				3			

प्रस्तार

धगिनधा	त्रकधगि	नधात्रक	धेटेधेटे	धगिनधा	त्रकधेटे	धागेत्रक	तिंनाकिना
×				2			
तकिनता	त्रकतकि	नतात्रक	तेटेतेटे	धगिनधा	त्रकधेटे	धागेत्रक	धिंनागिना
0				3			

प्रस्तार

धगिनधा	त्रकधेटे	धेटेधगि	नधात्रक	धगिनधा	त्रकधेटे	धागेत्रक	तिंनाकिना
×				2			
तकिनता	त्रकतेटे	तेटेतकि	नतात्रक	धगिनधा	त्रकधेटे	धागेत्रक	धिंनागिना
0				3			

प्रस्तार

धेटेधगि	नधात्रक	धेटेधगि	नधात्रक	धगिनधा	त्रकधेटे	धागेत्रक	तिंनाकिना
×				2			
तेटेतकि	नतात्रक	तेटेतकि	नतात्रक	धगिनधा	त्रकधेटे	धागेत्रक	धिंनागिना
0				3			

तिहाई

धगिनधा	त्रकधेटे	धागेत्रक	धिंनागिना।	धा	ऽ	धगिनधा	त्रकधेटे
×				2			
धागेत्रक	धिंनागिना	धा	ऽ	धगिनधा	त्रकधेटे	धागेत्रक	धिंनागिना
0				3			
धा							
×							

कायदा-फर्रुखाबाद-14

धिनघेड़नग	तक्घेड़ाऽन	धिनगिनधागे	त्रकधिनगिन
×			
धिनगिनधिन	गिनतकतक	धिनगिधागे	त्रकतिनगिन
2			
तिनकेड़नक	तक्केड़ाऽन	तिनकिनताके	त्रकतिनकिन
0			
धिनगिनधिन	गिनतकतक	धिनगिनधागे	त्रकधिनगिन
3			

प्रस्तार

धिनघेड़नग	तक्घेड़ाऽन	धिनगिनधागे	त्रकधिनगिन
×			

धिनघेड़नग 2	तक्घेड़ाऽन	धिनगिनधागे	त्रकधिनगिन
धिनघेड़नग 0	तक्घेड़ाऽन	धिनगिनधागे	त्रकधिनगिन
धिनगिनधिन 3	गिनतकतक	धिनगिधागे	त्रकतिनगिन
तिनकेड़नक ×	तक्केड़ाऽन	तिनकिनताके	त्रकतिनकिन
तिनकेड़नक 2	तक्केड़ाऽन	तिनकिनताके	त्रकतिनकिन
धिनघेड़नग 0	तक्घेड़ाऽन	धिनगिनधागे	त्रकधिनगिन
धिनगिनधिन 3	गिनतकतक	धिनगिनधागे	त्रकधिनगिन

प्रस्तार

धिनघेड़नग ×	तक्घेड़ाऽन	धिनघेड़नग	तक्घेड़ाऽन
धिनघेड़नग 2	तक्घेड़ाऽन	धिनगिनधागे	त्रकधिनगिन
धिनघेड़नग 0	तक्घेड़ाऽन	धिनगिनधागे	त्रकधिनगिन
धिनगिनधिन 3	गिनतकतक	धिनगिधागे	त्रकतिनगिन
तिनकेड़नक ×	तक्केड़ाऽन	तिनकेड़नक	तक्केड़ाऽन
तिनकेड़नक 2	तक्केड़ाऽन	तिनकिनताके	त्रकतिनकिन
धिनघेड़नग 0	तक्घेड़ाऽन	धिनगिनधागे	त्रकधिनगिन
धिनगिनधिन 3	गिनतकतक	धिनगिनधागे	त्रकधिनगिन

प्रस्तार

धिनघेड़नग ×	तक्घेड़ाऽन	धिनगिनधागे	त्रकधिनगिन
धिनगिनधागे 2	त्रकधिनगिन	धिनगिनधागे	त्रकधिनगिन
धिनघेड़नग 0	तक्घेड़ाऽन	धिनगिनधागे	त्रकधिनगिन

धिनगिनधिन	गिनतकतक	धिनगिधागे	त्रकतिनगिन
3			
तिनकेड़नक	तक्केड़ाऽन	तिनकिनताके	त्रकतिनकिन
×			
तिनकिनताके	त्रकतिनकिन	तिनकिनताके	त्रकतिनकिन
2			
धिनघेड़नग	तक्घेड़ाऽन	धिनगिनधागे	त्रकधिनगिन
0			
धिनगिनधिन	गिनतकतक	धिनगिनधागे	त्रकधिनगिन
3			

प्रस्तार

धिनघेड़नग	तक्घेड़ाऽन	तक्घेड़ाऽन	तक्घेड़ाऽन
×			
धिनगिनधागे	तक्घेड़ाऽन	धिनगिनधागे	त्रकधिनगिन
2			
धिनघेड़नग	तक्घेड़ाऽन	धिनगिनधागे	त्रकधिनगिन
0			
धिनगिनधिन	गिनतकतक	धिनगिधागे	त्रकतिनगिन
3			
तिनकेड़नक	तक्केड़ाऽन	तक्केड़ाऽन	तक्केड़ाऽन
×			
तिनकिनताके	तक्केड़ाऽन	तिनकिनताके	त्रकतिनकिन
2			
धिनघेड़नग	तक्घेड़ाऽन	धिनगिनधागे	त्रकधिनगिन
0			
धिनगिनधिन	गिनतकतक	धिनगिनधागे	त्रकधिनगिन
3			

प्रस्तार

धिनगिनधिन	गिनतकतक	धिनगिनधागे	त्रकतिनगिन
×			
तिनकिनतिन	किनतकतक	धिनगिनधागे	त्रकधिनगिन
2			
धिनगिनधिन	गिनतकतक	धिनगिनधागे	त्रकतिनगिन
0			
तिनकिनतिन	किनतकतक	धिनगिनधागे	त्रकधिनगिन
3			

प्रस्तार

धिनगिनधिन	गिनतकतक	धिनगिनधिन	गिनतकतक
×			
धिनगिनधिन	गिनतकतक	धिनगिनधागे	त्रकधिनगिन
2			
तिनकिनतिन	किनतकतक	तिनकिनतिन	किनतकतक
0			
धिनगिनधिन	गिनतकतक	धिनगिनधागे	त्रकधिनगिन
3			

प्रस्तार

धिनगिनधिन	गिनधिनगिन	धिनगिनधिन	गिनतकतक
×			
धिनगिनधिन	गिनतकतक	धिनगिनधागे	त्रकधिनगिन
2			
तिनकिनतिन	किनतिनकिन	तिनकिनतिन	किनतकतक
0			
धिनगिनधिन	गिनतकतक	धिनगिनधागे	त्रकधिनगिन
3			

प्रस्तार

धिनगिनतक	तकतकतक	धिनगिनधिन	गिनतकतक
×			
धिनगिनधिन	गिनतकतक	धिनगिनधागे	त्रकधिनगिन
2			
तिनकिनतक	तकतकतक	तिनकिनतिन	किनतकतक
0			
धिनगिनधिन	गिनतकतक	धिनगिनधागे	त्रकधिनगिन
3			

प्रस्तार

धिनगिनतक	तकधिनगिन	तिनकिनतक	तकधिनगिन
×			
धिनगिनतक	तकधिनगिन	तिनकिनतक	तकधिनगिन
2			
धिनगिनतक	तकधिनगिन	तिनकिनतक	तकधिनगिन
0			
धिनगिनतक	तकधिनगिन	तिनकिनतक	तकधिनगिन
3			

प्रस्ता

तकतकतिन ×	किनतिनकिन	तकतकधिन	गिनधिनगिन
तकतकतिन 2	किनतिनकिन	तकतकधिन	गिनधिनगिन
तकतकतिन 0	किनतिनकिन	तकतकधिन	गिनधिनगिन
तकतकतिन 3	किनतिनकिन	तकतकधिन	गिनधिनगिन

प्रस्तार

तकतकतिन ×	किनतकतक	धिनगिनतक	तकतिनकिन
तकतकधिन 2	गिनतकतक	तिनकिनतक	तकधिनगिन
तकतकतिन 0	किनतकतक	धिनगिनतक	तकतिनकिन
तकतकधिन 3	गिनतकतक	तिनकिनतक	तकधिनगिन

प्रस्तार

तकतकतक ×	तकतिनकिन	तकतकतक	तकधिनगिन
तकतकतक 2	तकतिनकिन	तकतकतक	तकधिनगिन
तकतकतक 0	तकतिनकिन	तकतकतक	तकधिनगिन
तकतकतक 3	तकतिनकिन	तकतकतक	तकधिनगिन

तिहाईः-

तकतकतक ×	तकतिनकिन	तकतकतक	तकधिनगिन
धाऽऽ 2	तकताकतक	तकधिनगिन	धाऽऽ
तकतकतक 0	तकधिनगिन	धाऽऽ	तकतकतक
तकतिनकिन 3	तकतकतक	तकधिनगिन	धाऽऽ

तकतकतक	तकधिनगिन	धाऽऽ	तकतकतक
×			
तकधिनगिन	धाऽऽ	तकतकतक	तकतिनकिन
2			
तकतकतक	तकधिनगिन	धाऽऽ	तकतकतक
0			
तकधिनगिन	धाऽऽ	तकतकतक	तकधिनगिन
3			
धा			
×			

कायदा-पंजाब-15

धाधागेधे	तेटेतीधा	गिनाधागे	धिंनागिना
×			
धेटेधेटे	धगिनधा	तीधागिन	तिंनाकिना
2			
ताताकेते	तेटेतीता	किनाताके	तिंनाकिना
0			
धेटेधेटे	धगिनधा	तीधागिन	धिंनागिना
3			

प्रस्तार

धाधागेधे	तेटेतीधा	गिनाधागे	धिंनागिना
×			
धाधागेधे	तेटेतीधा	गिनाधागे	धिंनागिना
2			
धाधागेधे	तेटेतीधा	गिनाधागे	धिंनागिना
0			
धेटेधेटे	धगिनधा	तीधागिन	तिंनाकिना
3			
ताताकेते	तेटेतीता	किनाताके	तिंनाकिना
×			
ताताकेते	तेटेतीता	किनाताके	तिंनाकिना
2			
धाधागेधे	तेटेतीधा	गिनाधागे	धिंनागिना
0			
धेटेधेटे	धगिनधा	तीधागिन	धिंनागिना
3			

प्रस्तार

धाधागेधे	तेटेतीधा	गिनाधाधा	गेधेतेटे
×			
तीधागिना	धागेधिंना	गिनाधागे	धिंनागिना
2			
धाधागेधे	तेटेतीधा	गिनाधागे	धिंनागिना
0			
धेटेधेटे	धगिनधा	तीधागिन	तिंनाकिना
3			
ताताकेते	तेटेतीता	किनाताता	केतेतेटे
×			
तीताकिना	ताकेतिंना	किनाताके	तिंनाकिना
2			
धाधागेधे	तेटेतीधा	गिनाधागे	धिंनागिना
0			
धेटेधेटे	धगिनधा	तीधागिन	धिंनागिना
3			

प्रस्तार

धाधागेधे	तेटेधाधा	गेधेतेटे	तीधागिना
×			
धागेधिंना	धागेधिंना	गिनाधागे	धिंनागिना
2			
धाधागेधे	तेटेतीधा	गिनाधागे	धिंनागिना
0			
धेटेधेटे	धगिनधा	तीधागिन	तिंनाकिना
3			
ताताकेते	तेटेताता	केतेतेटे	तीताकिना
×			
ताकेतिंना	ताकेतिंना	किनाताके	तिंनाकिना
2			
धाधागेधे	तेटेतीधा	गिनाधागे	धिंनागिना
0			
धेटेधेटे	धगिनधा	तीधागिन	धिंनागिना
3			

प्रस्तार

धाधागेधे	तेटेधाधा	गेधेतेटे	धाधागेधे
×			
तेटेधाधा	गेधेतेटे	ऽधातीधा	गिनाधागे
2			
धाधागेधे	तेटेतीधा	गिनाधागे	धिंनागिना
0			
धेटेधेटे	धगिनधा	तीधागिन	तिंनाकिना
3			
ताताकेते	तेटेताता	केतेतेटे	ताताकेते
×			
तेटेताता	केतेतेटे	ऽतातीता	किनाताके
2			
धाधागेधे	तेटेतीधा	गिनाधागे	धिंनागिना
0			
धेटेधेटे	धगिनधा	तीधागिन	धिंनागिना
3			

प्रस्तार

धाधागेधे	तेटेतीधा	ऽधातीधा	ऽधातीधा
×			
गिनाधागे	ऽधातीधा	गिनाधागे	तिंनाकिना
2			
ताताकेते	तेटेतीता	ऽतातीता	ऽतातीता
0			
गिनाधागे	ऽधातीधा	गिनाधागे	धिंनागिना
3			

प्रस्तार

ऽधातीधा	गिनाधागे	धिंनागिना	ऽधातीधा
×			
गिनाधागे	ऽधातीधा	गिनाधागे	तिंनाकिना
2			
ऽतातीता	किनाताके	तिंनाकिना	ऽधातीधा
0			
गिनाधागे	ऽधातीधा	गिनाधागे	धिंनागिना
3			

तिहाई

ऽधातीधा	ऽधातीधा	ऽधातीधा	गिनाधागे
×			
धिंनागिना	धाऽऽधा	तीधाऽधा	तीधाऽधा
2			
तीधागिना	धागेधिंना	गिनाधाऽ	ऽधातीधा
0			
ऽधातीधा	ऽधातीधा	गिनाधागे	धिंनागिना
3			
धा			
×			

गत-कायदा-16

धाऽक्र	धेतेटे	धाऽतिरकिट	धेतेटे
×			
धिरधिरकिट	धाड़धा	धिनधिं	नाऽकिटतक
2			
ताऽकिटतक	ताऽकिटतक	तिरकिटतक	ताऽकिटतक
0			
धिरधिरकिट	धाड़धा	तिनतिं	नाऽकिटतक
3			
ताऽक्र	तेतेटे	ताऽतिरकिट	तेतेटे
×			
तिरतिरकिट	ताड़ता	तिनतिं	नाऽकिटतक
2			
ताऽकिटतक	ताऽकिटतक	तिरकिटतक	ताऽकिटतक
0			
धिरधिरकिट	धाड़धा	धिनधिं	नाऽकिटतक
3			

प्रस्तार

धाऽक्र	धेतेटे	धाऽतिरकिट	धेतेटे
×			
धिरधिरकिट	धाड़धा	धिनधिं	नाऽकिटतक
2			
धाऽक्र	धेतेटे	धाऽतिरकिट	धेतेटे
0			
धिरधिरकिट	धाड़धा	धिनधिं	नाऽकिटतक
3			

धाऽक्र	धेतेटे	धाऽतिरकिट	धेतेटे
×			
धिरधिरकिट	धाड़धा	धिनधिं	नाऽकिटतक
2			
ताऽकिटतक	ताऽकिटतक	तिरकिटतक	ताऽकिटतक
0			
धिरधिरकिट	धाड़धा	तिनतिं	नाऽकिटतक
3			
ताऽक्र	तेतेटे	ताऽतिरकिट	तेतेटे
×			
तिरतिरकिट	ताड़ता	तिनतिं	नाऽकिटतक
2			
ताऽक्र	तेतेटे	ताऽतिरकिट	तेतेटे
0			
तिरतिरकिट	ताड़ता	तिनतिं	नाऽकिटतक
3			
धाऽक्र	धेतेटे	धाऽतिरकिट	धेतेटे
×			
धिरधिरकिट	धाड़धा	धिनधिं	नाऽकिटतक
2			
ताऽकिटतक	ताऽकिटतक	तिरकिटतक	ताऽकिटतक
0			
धिरधिरकिट	धाड़धा	धिनधिं	नाऽकिटतक
3			

प्रस्तार

धाऽक्र	धेतेटे	धाऽतिरकिट	धेतेटे
×			
धिरधिरकिट	धाड़धा	धिनधिं	नाऽकिटतक
2			
धिरधिरकिट	धाड़धा	धिनधिं	नाऽकिटतक
0			
धिरधिरकिट	धाड़धा	धिनधिं	नाऽकिटतक
3			
धाऽक्र	धेतेटे	धाऽतिरकिट	धेतेटे
×			
धिरधिरकिट	धाड़धा	धिनधिं	नाऽकिटतक
2			
ताऽकिटतक	ताऽकिटतक	तिरकिटतक	ताऽकिटतक
0			

धिरधिरकिट	धाड़धा	तिनतिं	नाऽकिटतक
3			
ताऽक्र	तेतेटे	ताऽतिरकिट	तेतेटे
×			
तिरतिरकिट	ताड़ता	तिनतिं	नाऽकिटतक
2			
तिरतिरकिट	ताड़ता	तिनतिं	नाऽकिटतक
0			
तिरतिरकिट	ताड़ता	तिनतिं	नाऽकिटतक
3			
धाऽक्र	धेतेटे	धाऽतिरकिट	धेतेटे
×			
धिरधिरकिट	धाड़धा	धिनधिं	नाऽकिटतक
2			
ताऽकिटतक	ताऽकिटतक	तिरकिटतक	ताऽकिटतक
0			
धिरधिरकिट	धाड़धा	धिनधिं	नाऽकिटतक
3			

प्रस्तार

धाऽक्र	धेतेटे	धाऽतिरकिट	धेतेटे
×			
धाऽक्र	धेतेटे	धाऽतिरकिट	धेतेटे
2			
धाऽक्र	धेतेटे	धाऽतिरकिट	धेतेटे
0			
धिरधिरकिट	धाड़धा	धिनधिं	नाऽकिटतक
3			
धाऽक्र	धेतेटे	धाऽतिरकिट	धेतेटे
×			
धिरधिरकिट	धाड़धा	धिनधिं	नाऽकिटतक
2			
ताऽकिटतक	ताऽकिटतक	तिरकिटतक	ताऽकिटतक
0			
धिरधिरकिट	धाड़धा	तिनतिं	नाऽकिटतक
3			
ताऽक्र	तेतेटे	ताऽतिरकिट	तेतेटे
×			
ताऽक्र	तेतेटे	ताऽतिरकिट	तेतेटे
2			

ताऽक्र	तेतेटे	ताऽतिरकिट	तेतेटे
0			
तिरतिरकिट	ताड़ता	तिनतिं	नाऽकिटतक
3			
धाऽक्र	धेतेटे	धाऽतिरकिट	धेतेटे
×			
धिरधिरकिट	धाड़धा	धिनधिं	नाऽकिटतक
2			
ताऽकिटतक	ताऽकिटतक	तिरकिटतक	ताऽकिटतक
0			
धिरधिरकिट	धाड़धा	धिनधिं	नाऽकिटतक
3			

प्रस्तार

ताऽकिटतक	ताऽकिटतक	तिरकिटतक	ताऽकिटतक
×			
धिरधिरकिट	धाड़धा	तिनतिं	नाऽकिटतक
2			
ताऽकिटतक	ताऽकिटतक	तिरकिटतक	ताऽकिटतक
0			
धिरधिरकिट	धाड़धा	धिनधिं	नाऽकिटतक
3			

प्रस्तार

ताऽकिटतक	ताऽकिटतक	तिरकिटतक	ताऽकिटतक
×			
ताऽकिटतक	ताऽकिटतक	तिरकिटतक	ताऽकिटतक
2			
ताऽकिटतक	ताऽकिटतक	तिरकिटतक	ताऽकिटतक
0			
धिरधिरकिट	धाड़धा	तिनतिं	नाऽकिटतक
3			
ताऽकिटतक	ताऽकिटतक	तिरकिटतक	ताऽकिटतक
×			
ताऽकिटतक	ताऽकिटतक	तिरकिटतक	ताऽकिटतक
2			
ताऽकिटतक	ताऽकिटतक	तिरकिटतक	ताऽकिटतक
0			
धिरधिरकिट	धाड़धा	धिनधिं	नाऽकिटतक
3			

प्रस्तार

ताऽकिटतक ×	ताऽकिटतक	तिरकिटतक	ताऽकिटतक
तिरकिटतक 2	ताऽकिटतक	तिरकिटतक	ताऽकिटतक
ताऽकिटतक 0	ताऽकिटतक	तिरकिटतक	ताऽकिटतक
धिरधिरकिट 3	धाड़धा	तिनतिं	नाऽकिटतक
ताऽकिटतक ×	ताऽकिटतक	तिरकिटतक	ताऽकिटतक
तिरकिटतक 2	ताऽकिटतक	तिरकिटतक	ताऽकिटतक
ताऽकिटतक 0	ताऽकिटतक	तिरकिटतक	ताऽकिटतक
धिरधिरकिट 3	धाड़धा	धिनधिं	नाऽकिटतक

प्रस्तार

धिरधिरकिट ×	धाड़धा	तिनतिं	नाऽकिटतक
तिरतिरकिट 2	धाड़धा	धिनधिं	नाऽकिटतक
धिरधिरकिट 0	धाड़धा	तिनतिं	नाऽकिटतक
तिरतिरकिट 3	धाड़धा	धिनधिं	नाऽकिटतक

प्रस्तार

धिरधिरकिट ×	धाड़धा	धिरधिरकिट	धाड़धा
धिरधिरकिट 2	धाड़धा	तिनतिं	नाऽकिटतक
तिरतिरकिट 0	ताड़ता	तिरतिरकिट	ताड़ता
धिरधिरकिट 3	धाड़धा	धिनधिं	नाऽकिटतक

तिहाई

धिरधिरकिट	धाड़धा	धिनधिं	नाऽकिटतक
×			
धाऽऽ	धिनधिं	नाऽकिटतक	धाऽऽ
2			
धिनधिं	नाऽकिटतक	धाऽऽ	धिरधिरकिट
0			
धाड़धा	धिनधिं	नाऽकिटतक	धाऽऽ
3			
धिनधिं	नाऽकिटतक	धाऽऽ	धिनधिं
×			
नाऽकिटतक	धाऽऽ	धिरधिरकिट	धाड़धा
2			
धिनधिं	नाऽकिटतक	धाऽऽ	धिनधिं
0			
नाऽकिटतक	धाऽऽ	धिनधिं	नाऽकिटतक
3			
धा			
×			

3

ताल-रूपक

कायदा-1

धाऽगिना	धातीधागे	धिंनागिना।	धाऽगिना	तेटेगिना।	धातीधागे	तिंनाकिना।
0			1		2	
ताऽकिना	तातीताके	तिंनाकिना।	धाऽगिना	तेटेगिना।	धातीधागे	धिंनागिना।
0			1		2	

प्रस्तार

धाऽगिना	धातीधागे	धिंनागिना।	धातीधागे	धिंनागिना।	धातीधागे	धिंनागिना।
0			1		2	
धाऽगिना	धातीधागे	धिंनागिना।	धाऽगिना	तेटेगिना।	धातीधागे	तिंनाकिना।
0			1		2	
ताऽकिना	तातीताके	तिंनाकिना।	तातीताके	तिंनाकिना।	तातीताके	तिंनाकिना।
0			1		2	
धाऽगिना	धातीधागे	धिंनागिना।	धाऽगिना	तेटेगिना।	धातीधागे	धिंनागिना।
0			1		2	

प्रस्तार

धाऽगिना	धाऽगिना	धाऽगिना।	धातीधागे	धिंनागिना।	धातीधागे	धिंनागिना।
0			1		2	
धाऽगिना	धातीधागे	धिंनागिना।	धाऽगिना	तेटेगिना।	धातीधागे	तिंनाकिना।
0			1		2	
ताऽकिना	ताऽकिना	ताऽकिना।	तातीताके	तिंनाकिना।	तातीताके	तिंनाकिना।
0			1		2	
धाऽगिना	धातीधागे	धिंनागिना।	धाऽगिना	तेटेगिना।	धातीधागे	धिंनागिना।
0			1		2	

प्रस्तार

तेटेगिना	धातीधागे	धिंनागिना।	धातीधागे	धिंनागिना।	धातीधागे	धिंनागिना।
0			1		2	
धाऽगिना	धातीधागे	धिंनागिना।	धाऽगिना	तेटेगिना।	धातीधागे	तिंनाकिना।
0			1		2	
तेटेकिना	तातीताके	तिंनाकिना।	तातीताके	तिंनाकिना।	तातीताके	तिंनाकिना।
0			1		2	
धाऽगिना	धातीधागे	धिंनागिना।	धाऽगिना	तेटेगिना।	धातीधागे	धिंनागिना।
0			1		2	

प्रस्तार

धाऽगिना	तेटेगिना	धातीगिना।	धाऽगिना	तेटेगिना।	धातीधागे	तिंनाकिना।
0			1		2	
ताऽकिना	तेटेकिना	तातीकिना।	धाऽगिना	तेटेगिना।	धातीधागे	धिंनागिना।
0			1		2	
धाऽगिना	तेटेगिना	धातीगिना।	धाऽगिना	तेटेगिना।	धातीधागे	तिंनाकिना।
0			1		2	
ताऽकिना	तेटेकिना	तातीकिना।	धाऽगिना	तेटेगिना।	धातीधागे	धिंनागिना।
0			1		2	

प्रस्तार

तेटेगिना	धातीधागे	धिंनागिना।	तेटेगिना	धातीगिना।	धातीधागे	तिंनाकिना।
0			1		2	
तेटेकिना	तातीताके	तिंनाकिना।	तेटेगिना	धातीगिना।	धातीधागे	धिंनागिना।
0			1		2	
तेटेगिना	धातीधागे	धिंनागिना।	तेटेगिना	धातीगिना।	धातीधागे	तिंनाकिना।
0			1		2	
तेटेकिना	तातीताके	तिंनाकिना।	तेटेगिना	धातीगिना।	धातीधागे	धिंनागिना।
0			1		2	

प्रस्तार

तेटेतेटे	गिनातेटे	तेटेगिना।	तेटेगिना	धातीगिना।	धातीधागे	तिंनाकिना।
0			1		2	
तेटेतेटे	किनातेटे	तेटेकिना।	तेटेगिना	धातीगिना।	धातीधागे	धिंनागिना।
0			1		2	
तेटेतेटे	गिनातेटे	तेटेगिना।	तेटेगिना	धातीगिना।	धातीधागे	तिंनाकिना।
0			1		2	
तेटेतेटे	किनातेटे	तेटेकिना।	तेटेगिना	धातीगिना।	धातीधागे	धिंनागिना।
0			1		2	

तिहाई

तेटेगिना	धातीगिना	धातीधागे।	धिंनागिना	धा।	तेटेगिना	धातीगिना।
0			1		2	
धातीधागे	धिंनागिना	धा।	तेटेगिना	धातीगिना।	धातीधागे	धिंनागिना।
0			1		2	
धा						
0						

कायदा-2

धगिनधा	त्रकधागे	धिंनागिना।	धगिनधा	त्रकधिन।	गिनाधागे	तिंनाकिना।
0	1	2	1		2	
तकिनता	त्रकताके	तिंनाकिना।	धगिनधा	त्रकधिन।	गिनधागे	धिंनागिना।
0	1	2	1		2	

प्रस्तार

धगिनधा	त्रकधागे	धिंनागिना।	त्रकधागे	धिंनागिना।	त्रकधागे	धिंनागिना।
0			1		2	
धगिनधा	त्रकधागे	धिंनागिना।	धगिनधा	त्रकधिन।	गिनाधागे	तिंनाकिना।
0			1		2	
तकिनता	त्रकताके	तिंनाकिना।	त्रकताके	तिंनाकिना।	त्रकताके	तिंनाकिना।
0			1		2	
धगिनधा	त्रकधागे	धिंनागिना।	धगिनधा	त्रकधिन।	गिनधागे	धिंनागिना।
0			1		2	

प्रस्तार

धगिनधा	त्रकधागे	धिंनाऽधा।	त्रकधागे	धिंनाऽधा।	त्रकधागे	धिंनागिना।
0			1		2	
धगिनधा	त्रकधागे	धिंनागिना।	धगिनधा	त्रकधिन।	गिनाधागे	तिंनाकिना।
0			1		2	
तकिनता	त्रकताके	तिंनाऽता।	त्रकताके	तिंनाऽता।	त्रकताके	तिंनाकिना।
0			1		2	
धगिनधा	त्रकधागे	धिंनागिना।	धगिनधा	त्रकधिन।	गिनधागे	धिंनागिना।
0			1		2	

प्रस्तार

धगिनधा	त्रकधगि	नधात्रक।	धागेधिंना	धागेधिंना।	गिनाधागे	धिंनागिना।
0			1		2	
धगिनधा	त्रकधागे	धिंनागिना।	धगिनधा	त्रकधिन।	गिनाधागे	तिंनाकिना।
0			1		2	

तकिनता	त्रकतकि	नतात्रक।	ताकेतिंना	ताकेतिंना।	किनाताके	तिंनाकिना।
0			1		2	
धगिनधा	त्रकधागे	धिंनागिना।	धगिनधा	त्रकधिन।	गिनधागे	धिंनागिना।
0			1		2	

प्रस्तार

धगिनधा	त्रकधिंना	गिनाधागे।	धगिनधा	त्रकधिन।	गिनाधागे	तिंनाकिना।
0			1		2	
तकिनता	त्रकतिंना	किनाताके।	धगिनधा	त्रकधिन।	गिनधागे	धिंनागिना।
0			1		2	
धगिनधा	त्रकधिंना	गिनाधागे।	धगिनधा	त्रकधिन।	गिनाधागे	तिंनाकिना।
0			1		2	
तकिनता	त्रकतिंना	किनाताके।	धगिनधा	त्रकधिन।	गिनधागे	धिंनागिना।
0			1		2	

प्रस्तार

धगिनधा	त्रकधिंना	गिनाधागे।	धिंनागिना	धागेधिंना।	गिनाधागे	धिंनागिना।
0			1		2	
धगिनधा	त्रकधिंना	गिनाधागे।	धगिनधा	त्रकधिन।	गिनाधागे	तिंनाकिना।
0			1		2	
तकिनता	त्रकतिंना	किनाताके।	तिंनाकिना	ताकेतिंना।	किनाताके	तिंनाकिना।
0			1		2	
धगिनधा	त्रकधिंना	गिनाधागे।	धगिनधा	त्रकधिन।	गिनाधागे	धिंनागिना।
0			1		2	

प्रस्तार

धागेधिंना	गिनाधागे	धिंनागिना।	धगिनधा	त्रकधिन।	गिनाधागे	तिंनाकिना।
0			1		2	
ताकेतिंना	किनाताके	तिंनाकिना।	धगिनधा	त्रकधिन।	गिनाधागे	धिंनागिना।
0			1		2	
धागेधिंना	गिनाधागे	धिंनागिना।	धगिनधा	त्रकधिन।	गिनाधागे	तिंनाकिना।
0			1		2	
ताकेतिंना	किनाताके	तिंनाकिना।	धगिनधा	त्रकधिन।	गिनाधागे	धिंनागिना।
0			1		2	

तिहाई

धगिनधा	त्रकधिन	गिनाधागे।	धिंनागिना	धा।	धगिनधा	त्रकधिन।
0			1		2	
गिनाधागे	धिंनागिना	धा।	धगिनधा	त्रकधिन।	गिनाधागे	धिंनागिना।
0			1		2	
धा						
0						

कायदा-3

घेड़नग	धिरधिर	किटतक।	धाऽतिर	किटतक।	तिंना	किटतक।
0			1		2	
केड़नक	तिरतिर	किटतक।	धाऽतिर	किटतक।	धिंना	किटतक।
0			1		2	

प्रस्तार

घेड़नग	धिरधिर	किटतक।	धिरधिर	किटतक।	धिरधिर	किटतक।
0			1		2	
घेड़नग	धिरधिर	किटतक।	धाऽतिर	किटतक।	तिंना	किटतक।
0			1		2	
केड़नक	तिरतिर	किटतक।	तिरतिर	किटतक।	तिरतिर	किटतक।
0			1		2	
घेड़नग	धिरधिर	किटतक।	धाऽतिर	किटतक।	धिंना	किटतक।
0			1		2	

प्रस्तार

घेड़नग	धिरधिर	किटतक।	घेड़नग	घेड़नग।	धिरधिर	किटतक।
0			1		2	
घेड़नग	धिरधिर	किटतक।	धाऽतिर	किटतक।	तिंना	किटतक।
0			1		2	
केड़नक	तिरतिर	किटतक।	केड़नक	केड़नक।	तिरतिर	किटतक।
0			1		2	
घेड़नग	धिरधिर	किटतक।	धाऽतिर	किटतक।	धिंना	किटतक।
0			1		2	

प्रस्तार

घेड़नग	धिरधिर	किटतक।	धेत्	ऽ।	धिरधिर	किटतक।
0			1		2	
घेड़नग	धिरधिर	किटतक।	धाऽतिर	किटतक।	तिंना	किटतक।
0			1		2	
केड़नक	तिरतिर	किटतक।	तेत्	ऽ।	तिरतिर	किटतक।
0			1		2	
घेड़नग	धिरधिर	किटतक।	धाऽतिर	किटतक।	धिंना	किटतक।
0			1		2	

प्रस्तार

घेड़नग	धिरधिर	किटतक।	धेत्	ऽ।	धिरधिर	किटतक।
0			1		2	

घेड़नग	धिरधिर	किटतक।	धेत्	ऽ।	धिरधिर	किटतक।
0			1		2	
घेड़नग	धिरधिर	किटतक।	धेत्	ऽ।	धिरधिर	किटतक।
0			1		2	
घेड़नग	धिरधिर	किटतक।	धाऽतिर	किटतक।	तिंना	किटतक।
0			1		2	
केड़नक	तिरतिर	किटतक।	तेत्	ऽ।	तिरतिर	किटतक।
0			1		2	
केड़नक	तिरतिर	किटतक।	तेत्	ऽ।	तिरतिर	किटतक।
0			1		2	
घेड़नग	धिरधिर	किटतक।	धेत्	ऽ।	धिरधिर	किटतक।
0			1		2	
घेड़नग	धिरधिर	किटतक।	धाऽतिर	किटतक।	धिंना	किटतक।
0			1		2	

प्रस्तार

घेड़नग	धिरधिर	किटतक।	धेत्	धेत्।	धिरधिर	किटतक।
0			1		2	
घेड़नग	धिरधिर	किटतक।	धाऽतिर	किटतक।	तिंना	किटतक।
0			1		2	
केड़नक	तिरतिर	किटतक।	तेत्	तेत्।	तिरतिर	किटतक।
0			1		2	
घेड़नग	धिरधिर	किटतक।	धाऽतिर	किटतक।	धिंना	किटतक।
0			1		2	

प्रस्तार

धेत्	धिरधिर	किटतक।	धेत्	धेत्।	धिरधिर	किटतक।
0			1		2	
घेड़नग	धिरधिर	किटतक।	धाऽतिर	किटतक।	तिंना	किटतक।
0			1		2	
तेत्	तिरतिर	किटतक।	तेत्	तेत्।	तिरतिर	किटतक।
0			1		2	
घेड़नग	धिरधिर	किटतक।	धाऽतिर	किटतक।	धिंना	किटतक।
0			1		2	

प्रस्तार

धेत्	धिरधिर	किटतक।	धेत्	धेत्।	धिरधिर	किटतक।
0			1		2	
धेत्	धिरधिर	किटतक।	धाऽतिर	किटतक।	तिंना	किटतक।
0			1		2	

तेत्	तिरतिर	किटतक।	तेत्	तेत्।	तिरतिर	किटतक।
0			1		2	
धेत्	धिरधिर	किटतक।	धाऽतिर	किटतक।	धिंना	किटतक।
0			1		2	

प्रस्तार

धेत्	धिरधिर	किटतक।	धेत्	धेत्।	धिरधिर	किटतक।
0			1		2	
तेत्	तिरतिर	किटतक।	धेत्	धेत्।	धिरधिर	किटतक।
0			1		2	
धेत्	धिरधिर	किटतक।	धेत्	धेत्।	धिरधिर	किटतक।
0			1		2	
तेत्	तिरतिर	किटतक।	धेत्	धेत्।	धिरधिर	किटतक।
0			1		2	

प्रस्तार

धेत्	धिरधिर	किटतक।	धेत्	धिरधिर।	किटतक	धेत्।
0			1		2	
धिरधिर	किटतक	धेत्।	धिरधिर	किटतक।	धिरधिर	किटतक।
0			1		2	
तेत्	तिरतिर	किटतक।	तेत्	तिरतिर।	किटतक	धेत्।
0			1		2	
धिरधिर	किटतक	धेत्।	धिरधिर	किटतक।	धिरधिर	किटतक।
0			1		2	

तिहाई

किटतक	धेत्	धिरधिर।	किटतक	धा।	किटतक	धेत्।
0	1	2				
धिरधिर	किटतक	धा।	किटतक	धेत्।	धिरधिर	किटतक।
0	1	2				
धा						
0						

कायदा-4

धगिनधा	तेटेगिन	धिंनागिना।	धगिनधा	तेटेगिन।	तकतिन	तिंनाकिना।
0			1		2	
तकिनता	तेटेकिन	तिंनाकिना।	धगिनधा	तेटेगिन।	तकधिन	धिंनागिना।
0			1		2	

प्रस्तार

धगिनधा	तेटेगिन	धिंनागिना।	तेटेगिन	धिंनागिना।	तेटेगिन	धिंनागिना।
0			1		2	
धगिनधा	तेटेगिन	धिंनागिना।	धगिनधा	तेटेगिन।	तकतिन	तिंनाकिना।
0			1		2	
तकिनता	तेटेकिन	तिंनाकिना।	तेटेकिन	तिंनाकिना।	तेटेकिन	तिंनाकिना।
0			1		2	
धगिनधा	तेटेगिन	धिंनागिना।	धगिनधा	तेटेगिन।	तकधिन	धिंनागिना।
0			1		2	

प्रस्तार

धगिनधा	तेटधगि	नधातेटे।	धगिनधा	तेटेगिन।	तकधिन	धिंनागिना।
0			1		2	
धगिनधा	तेटेगिन	धिंनागिना।	धगिनधा	तेटेगिन।	तकतिन	तिंनाकिना।
0			1		2	
तकिनता	तेटेतकि	नतातेटे।	तकिनता	तेटेकिन।	तकतिन	तिंनाकिना।
0			1		2	
धगिनधा	तेटेगिन	धिंनागिना।	धगिनधा	तेटेगिन।	तकधिन	धिंनागिना।
0			1		2	

प्रस्तार

धगिनधा	तेटेगिन	धिंनाऽधा।	तेटेगिन	धिंनाऽधा।	तेटेगिन	धिंनागिना।
0			1		2	
धगिनधा	तेटेगिन	धिंनागिना।	धगिनधा	तेटेगिन।	तकतिन	तिंनाकिना।
0			1		2	
तकिनता	तेटेकिन	तिंनाऽता।	तेटेकिन	तिंनाऽता।	तेटेकिन	तिंनाकिना।
0			1		2	
धगिनधा	तेटेगिन	धिंनागिना।	धगिनधा	तेटेगिन।	तकधिन	धिंनागिना।
0			1		2	

प्रस्तार

तेटेगिन	तकधिन	धिंनागिना।	धगिनधा	तेटेगिन।	तकतिन	तिंनाकिना।
0			1		2	
तेटेकिन	तकतिन	तिंनाकिना।	धगिनधा	तेटेगिन।	तकधिन	धिंनागिना।
0			1		2	
तेटेगिन	तकधिन	धिंनागिना।	धगिनधा	तेटेगिन।	तकतिन	तिंनाकिना।
0			1		2	
तेटेकिन	तकतिन	तिंनाकिना।	धगिनधा	तेटेगिन।	तकधिन	धिंनागिना।
0			1		2	

प्रस्तार

तकधिन	तकधिन	धिंनागिना।	धगिनधा	तेटेगिन।	तकतिन	तिंनाकिना।
0			1		2	
तकतिन	तकतिन	तिंनाकिना।	धगिनधा	तेटेगिन।	तकधिन	धिंनागिना।
0			1		2	
तकधिन	तकधिन	धिंनागिना।	धगिनधा	तेटेगिन।	तकतिन	तिंनाकिना।
0			1		2	
तकतिन	तकतिन	तिंनाकिना।	धगिनधा	तेटेगिन।	तकधिन	धिंनागिना।
0			1		2	

प्रस्तार

तकधिन	तकधिन	धिंनागिना।	तकधिन	धिंनागिना।	तकधिन	धिंनागिना।
0			1		2	
तकधिन	तकधिन	धिंनागिना।	धगिनधा	तेटेगिन।	तकतिन	तिंनाकिना।
0			1		2	
तकतिन	तकतिन	तिंनाकिना।	तकतिन	तिंनाकिना।	तकतिन	तिंनाकिना।
0			1		2	
तकधिन	तकधिन	धिंनागिना।	धगिनधा	तेटेगिन।	तकधिन	धिंनागिना।
0			1		2	

प्रस्तार

तकतक	तकधिन	धिंनागिना।	तकतक	धिनधिना।	गिनधिन	धिंनागिना।
0			1		2	
तकधिन	तकधिन	धिंनागिना।	धगिनधा	तेटेगिन।	तकतिन	तिंनाकिना।
0			1		2	
तकतक	तकतिन	तिंनाकिना।	तकतक	तिंनतिंना।	किनतिन	तिंनाकिना।
0			1		2	
तकधिन	तकधिन	धिंनागिना।	धगिनधा	तेटेगिन।	तकधिन	धिंनागिना।
0			1		2	

प्रस्तार

तकतक	तकतक	तकधिन।	तकतक	धिनधिना।	गिनधिन	धिंनागिना।
0			1		2	
तकधिन	तकधिन	धिंनागिना।	धगिनधा	तेटेगिन।	तकतिन	तिंनाकिना।
0			1		2	
तकतक	तकतक	तकतिन।	तकतक	तिंनतिंना।	किनतिन	तिंनाकिना।
0			1		2	
तकधिन	तकधिन	धिंनागिना।	धगिनधा	तेटेगिन।	तकधिन	धिंनागिना।
0			1		2	

तिहाई

धगिनधा	तेटेगिन	तकधिन।	धिंनागिना	धा।	धगिनधा	तेटेगिन।
0			1		2	
तकधिन	धिंनागिना	धा।	धगिनधा	तेटेगिन।	तकधिन	धिंनागिना।
0			1		2	
धा						
0						

रेला-

धाऽतिर	किटतक	तिरकिट।	धाती	धाऽतिर।	किटतक	तिरकिट।
0			1		2	
ताऽतिर	किटतक	तिरकिट।	धाती	धाऽतिर।	किटतक	तिरकिट।
0			1		2	

प्रस्तार

धाऽतिर	किटतक	तिरकिट।	धाऽतिर	किटतक।	तिरकिट	धाती।
0			1		2	
धाऽतिर	किटतक	तिरकिट।	धाती	धाऽतिर।	किटतक	तिरकिट।
0			1		2	
ताऽतिर	किटतक	तिरकिट।	ताऽतिर	किटतक।	तिरकिट	ताती।
0			1		2	
धाऽतिर	किटतक	तिरकिट।	धाती	धाऽतिर।	किटतक	तिरकिट।
0			1		2	

प्रस्तार

धाऽतिर	किटतक	तिरकिट।	धाऽतिर	किटतक।	धाऽतिर	किटतक।
0			1		2	
धाऽतिर	किटतक	तिरकिट।	धाती	धाऽतिर।	किटतक	तिरकिट।
0			1		2	
ताऽतिर	किटतक	तिरकिट।	ताऽतिर	किटतक।	ताऽतिर	किटतक।
0			1		2	
धाऽतिर	किटतक	तिरकिट।	धाती	धाऽतिर।	किटतक	तिरकिट।
0			1		2	

प्रस्तार

धाऽतिर	किटतक	तिरकिट।	धाती	धाती।	धाऽतिर	किटतक।
0			1		2	
धाऽतिर	किटतक	तिरकिट।	धाती	धाऽतिर।	किटतक	तिरकिट।
0			1		2	

ताऽतिर	किटतक	तिरकिट।	ताती	ताती।	ताऽतिर	किटतक।
0			1		2	
धाऽतिर	किटतक	तिरकिट।	धाती	धाऽतिर।	किटतक	तिरकिट।
0			1		2	

प्रस्तार

धाती	धाऽतिर	किटतक।	धाती	धाती।	धाऽतिर	किटतक।
0			1		2	
धाऽतिर	किटतक	तिरकिट।	धाती	धाऽतिर।	किटतक	तिरकिट।
0			1		2	
ताती	ताऽतिर	किटतक।	ताती	ताती।	ताऽतिर	किटतक।
0			1		2	
धाऽतिर	किटतक	तिरकिट।	धाती	धाऽतिर।	किटतक	तिरकिट।
0			1		2	

प्रस्तार

धाऽतिर	किटतक	तिरकिट।	धाऽतिर	किटतक।	तिरकिट	धाऽतिर।
0			1		2	
किटतक	तिरकिट	धाऽतिर।	किटतक	तिरकिट।	धाऽतिर	किटतक।
0			1		2	
ताऽतिर	किटतक	तिरकिट।	ताऽतिर	किटतक।	तिरकिट	धाऽतिर।
0			1		2	
किटतक	तिरकिट	धाऽतिर।	किटतक	तिरकिट।	धाऽतिर	किटतक।
0			1		2	

प्रस्तार

तिरकिट	तकतिर	किटतक।	तिरकिट	तकतिर।	किटतक	धाती।
0			1		2	
धाऽतिर	किटतक	तिरकिट।	धाती	धाऽतिर।	किटतक	तिरकिट।
0			1		2	
तिरकिट	तकतिर	किटतक।	तिरकिट	तकतिर।	किटतक	ताती।
0			1		2	
धाऽतिर	किटतक	तिरकिट।	धाती	धाऽतिर।	किटतक	तिरकिट।
0			1		2	

तिहाई

धाती	धाऽतिर	किटतक।	तिरकिट	धा।	धाती	धाऽतिर।
0			1		2	
किटतक	तिरकिट	धा।	धाती	धाऽतिर।	किटतक	तिरकिट।
0			1		2	
धा						
0						

रूपकताल में टुकड़ा

टुकड़ा

धागेतेटे	कतेटेधे	तेटेधागे।	तेटेकत	गदिगन।	धाती	धा।	
0			1		2		
तेटेकत	गदिगन	धाती।	धा	तेटेकत।	गदिगन	धाती।	ती
0			1		2		0

टुकड़ा

धातेटेधे	तेटेघिना	तेटेधाते।	टेधेतेटे	धाऽकत।	धाऽऽऽ	घिनातेटे।	
0			1		2		
धातेटेधे	तेटेधाऽ	कतधाऽ।	ऽऽघिना	तेटेधाते।	टेधेतेटे	धाऽकत।	ती
0			1		2		0

टुकड़ा

धात्रकधे	तेटेकत	गदिगन।	नागेतेटे	कतधाऽ।	ऽऽकत	धाऽऽऽ।	
0			1		2		
कतधाऽ	ऽऽताऽ	क्रधाऽन।	धाऽताऽ	क्रधाऽन।	धाऽताऽ	क्रधाऽन।	ती
0			1		2		0

टुकड़ा

धिरधिरकिटतक	धाऽतिरकिटतक	तिरकिटतकधाऽ।	तिरकिटधाऽ	नधाऽन।	धाऽ,धाऽतिर	किटतकतिरकिट	
0			1		2		
तकधाऽतिरकिट	धाऽनधा	ऽनधाऽ।	धाऽतिरकिटतक	तिरकिटतकधाऽ।	तिरकिटधाऽ	नधाऽन।	ती
0			1		2		0

टुकड़ा

कत्रकधे	तेटेधात्र	कधेतेटे।	क्रधेऽधे	तेटेकत।	गदिगन	घिन्तड़ा।	
0			1		2		
ऽनधाऽ	कतगदि	गनघिन्।	तड़ाऽन	धाऽकत।	गदिगन	घिन्तड़ा।	ती
0			1		2		0

चक्रदार-टुकड़ा

धगिनत	किटधागे	त्रकधेते।	टेक्रधाती	धाऽतधा।	ऽतधाऽ	क्रधातीधा।
0			1		2	
ऽतधाऽ	तधाऽक्र	धातीधाऽ।	तधाऽत	धा।	धगिनत	किटधागे।
0			1		2	
त्रकधेते	टेक्रधाती	धाऽतधा।	ऽतधाऽ	क्रधातीधा।	ऽतधाऽ	तधाऽक्र।
0			1		2	
धातीधाऽ	तधाऽत	धा।	धगिनत	किटधागे।	त्रकधेते	टेक्रधाती।
0			1		2	

धाऽतधा	ऽतधाऽ	क्रधातीधा।	ऽतधाऽ	तधाऽक्र।	धातीधाऽ	तधाऽत।	धा
0			1		2		0

फरमाईशी चक्रदार

त्रकधेत्	ऽत्रक	धेत्ऽ।	धिरधिरकिटतक	धाऽतिरकिटतक।	धिरधिरकिटतक	तक्क्ड़ाँ।	
0			1		2		
धा	तक्क्ड़ाँ	धा।	तक्क्ड़ाँ	धा।	त्रकधेत्	ऽत्रक।	
0			1		2		
धेत्ऽ	धिरधिरकिटतक	धाऽतिरकिटतक।	धिरधिरकिटतक	तक्क्ड़ाँ।	धा	तक्क्ड़ाँ।	
0			1		2		
धा	तक्क्ड़ाँ	धा।	त्रकधेत्	ऽत्रक।	धेत्ऽ	धिरधिरकिटतक।	
0			1		2		
धाऽतिरकिटतक	धिरधिरकिटतक	तक्क्ड़ाँ।	धा	तक्क्ड़ाँ।	धा	तक्क्ड़ाँ।	धा
0			1		2	0	

कमाली चक्रदार

धेटेधेटे	क्रधेऽधे	तेटेधागे।	तेटेक्रधे	तेटेधागे।	तेटेकत	गदिगन।	
0			1		2		
धा	धा	धा।	तेटेकत	गदिगन।	धा	धा।	
0			1		2		
धा	तेटेकत	गदिगन।	धा	धा।	धा	ऽ।	
0			1		2		
ऽ	धेटेधेटे	क्रधेऽधे।	तेटेधागे	तेटेक्रधे।	तेटेधागे	तेटेकत।	
0			1		2		
गदिगन	धा	धा।	धा	तेटेकत।	गदिगन	धा।	
0			1		2		
धा	धा	तेटेकत।	गदिगन	धा।	धा	धा।	
0			1		2		
ऽ	ऽ	धेटेधेटे।	क्रधेऽधे	तेटेधागे।	तेटेक्रधे	तेटेधागे।	
0			1		2		
तेटेकत	गदिगन	धा।	धा	धा।	तेटेकत	गदिगन।	
0			1		2		
धा	धा	धा।	तेटेकत	गदिगन।	धा	धा।	धा
0			1		2		0

4

नौ एवं अठारह मात्रा में रचनाएं

नौ मात्रे का कायदा

धाऽ गिना धाते टेधे तेटे धाती धागे तिंना किना।
ताऽ किना ताते टेते तेटे धाती धागे धिंना गिना।

प्रस्तार

धाऽ गिना धाऽ गिना धाऽ गिना धाते टेधे तेटे। धाऽ गिना धाते टेधे तेटे धाती धागे तिंना किना।
ताऽ किना ताऽ किना ताऽ किना ताते टेते तेटे। धाऽ गिना धाते टेधे तेटे धाती धागे धिंना गिना।

प्रस्तार

धाते टेधे तेटे धाते टेधे तेटे धाते टेधे तेटे। धाऽ गिना धाते टेधे तेटे धाती धागे तिंना किना।
ताते टेते तेटे ताते टेते तेटे ताते टेते तेटे। धाऽ गिना धाते टेधे तेटे धाती धागे धिंना गिना।

प्रस्तार

धाते टेधे तेटे धाऽ ऽऽ गिना धाते टेधे तेटे। धाऽ गिना धाते टेधे तेटे धाती धागे तिंना किना।
ताते टेते तेटे ताऽ ऽऽ किना ताते टेते तेटे। धाऽ गिना धाते टेधे तेटे धाती धागे धिंना गिना।

प्रस्तार

तेटे धेते टेते टेधे तेटे धाती धागे धिंना गिना। धाऽ गिना धाते टेधे तेटे धाती धागे तिंना किना।
तेटे तेते टेते टेते तेटे ताती ताके तिंना किना। धाऽ गिना धाते टेधे तेटे धाती धागे धिंना गिना।

प्रस्तार

धाते टेधे तेटे धाती धागे धाती धागे धिंना गिना। धाऽ गिना धाते टेधे तेटे धाती धागे तिंना किना।
ताते टेते तेटे ताती ताके ताती ताके तिंना किना। धाऽ गिना धाते टेधे तेटे धाती धागे धिंना गिना।

प्रस्तार

तेटे धाती धागे धिंना धागे धिंना धागे धिंना गिना। धाऽ गिना धाते टेधे तेटे धाती धागे तिंना किना।
तेटे ताती ताके तिंना ताके तिंना ताके तिंना किना।धाऽ गिना धाते टेधे तेटे धाती धागे धिंना गिना।

तिहाई

धाती धागे धिंना गिना धाऽऽ धाती धागे। धिंना गिना धाऽऽ धाती धागे धिंना गिना। धा

9 मात्रे का कायदा-2

(त्रक के स्थान पर तिरकिट भी बजेगा)

धागे त्रक धीना गीना त्रक धागे नागे तीना कीना।
ताके त्रक तीना कीना त्रक धागे नागे धीना गीना।

प्रस्तार

धागे त्रक धागे त्रक धागे त्रक धीना गीना त्रक। धागे त्रक धीना गीना त्रक धागे नागे तीना कीना।
ताके त्रक ताके त्रक ताके त्रक तीना कीना त्रक। धागे त्रक धीना गीना त्रक धागे नागे धीना गीना।

प्रस्तार

धागे त्रक धीना गीना धागे त्रक धीना गीना त्रक। धागे त्रक धीना गीना त्रक धागे नागे तीना कीना।
ताके त्रक तीना कीना ताके त्रक तीना कीना त्रक। धागे त्रक धीना गीना त्रक धागे नागे धीना गीना।

प्रस्तार

त्रक धीना गीना त्रक धीना गीना त्रक धीना गीना। धागे त्रक धीना गीना त्रक धागे नागे तीना कीना।
त्रक तीना कीना त्रक तीना कीना त्रक तीना कीना। धागे त्रक धीना गीना त्रक धागे नागे धीना गीना।

प्रस्तार

धागे त्रक धीना गीना धा ऽ त्रक धीना गीना। धागे त्रक धीना गीना त्रक धागे नागे तीना कीना।
ताके त्रक तीना कीना ता ऽ त्रक तीना कीना। धागे त्रक धीना गीना त्रक धागे नागे धीना गीना।

प्रस्तार

धागे त्रक धीना त्रक धीना त्रक धीना गीना त्रक। धागे त्रक धीना गीना त्रक धागे नागे तीना कीना।
ताके त्रक तीना त्रक तीना त्रक तीना कीना त्रक। धागे त्रक धीना गीना त्रक धागे नागे धीना गीना।

प्रस्तार

त्रक धीना ऽधा त्रक धीना ऽधा त्रक धीना गीना। धागे त्रक धीना गीना त्रक धागे नागे तीना कीना।
त्रक तीना ऽता त्रक तीना ऽता त्रक तीना कीना। धागे त्रक धीना गीना त्रक धागे नागे धीना गीना।

प्रस्तार

त्रक धीना गीना धागे त्रक धीना गीना धागे त्रक। धागे त्रक धीना गीना त्रक धागे नागे तीना कीना।
त्रक तीना कीना ताके त्रक तीना कीना ताके त्रक। धागे त्रक धीना गीना त्रक धागे नागे धीना गीना।

प्रस्तार

त्रक धागे नागे धीना गीना धागे नागे धीना गीना। धागे त्रक धीना गीना त्रक धागे नागे तीना कीना।
त्रक ताके नाके तीना कीना ताके नाके तीना कीना। धागे त्रक धीना गीना त्रक धागे नागे धीना गीना।

प्रस्तार

गीना धागे गीना धागे गीना धागे नागे धीना गीना। धागे त्रक धीना गीना त्रक धागे नागे तीना कीना।
कीना ताके कीना ताके कीना ताके नाके तीना कीना। धागे त्रक धीना गीना त्रक धागे नागे धीना गीना।

प्रस्तार

गीना धागे नागे धीना गीना धा ऽ धीना गीना। धागे त्रक धीना गीना त्रक धागे नागे तीना कीना।
कीना ताके कीना ताके कीना ता ऽ तीना कीना। धागे त्रक धीना गीना त्रक धागे नागे धीना गीना।

तिहाई

धागे नागे धीना गीना धा ऽ ऽ धागे नागे। धीना गीना धा ऽऽ धागे नागे धीना गीना। धा

तिहाई

धागे नागे धीना गीना धा धीना गीना धा धीना। गीना धा ऽ ऽ धागे नागे धीना गीना धा
धीना गीना धा धीना गीना धा ऽऽ धागे। नागे धीना गीना धा धीना गीना धा धीना गीना। धा

तिहाई

धागे त्रक धीना गीना त्रक धागे नागे धीना गीना। धाधा धा ऽ ऽ धागे त्रक धीना गीना त्रक
धागे नागे धीना गीना धाधा धा ऽऽ धागे। त्रक धीना गीना त्रक धागे नागे धीना गीना धाधा। धा

तिहाई

धागे त्रक धीना गीना त्रक धागे नागे धीना गीना। धाऽ ऽत्र कधा गेना गेधी नागी नाधा ऽऽ त्रक।
धागे नागे धीना गीना धा ऽ ऽ धागे त्रक। धीना गीना त्रक धागे नागे धीना गीना धाऽ ऽत्र।
कधा गेना गेधी नागी नाधा ऽऽ त्रक धागे नागे। धीना गीना धा ऽ ऽ धागे त्रक धीना गीना।
त्रक धागे नागे धीना गीना धाऽ ऽत्र कधा गेना। गेधी नागी नाधा ऽऽ त्रक धागे नागे धीना गीना। धा

9 मात्रे का कायदा-3

धाऽतिर किटतक तेत् धिरधिर किटतक धाऽतिर किटतक तिंना किटतक।
ताऽतिर किटतक तेत् तिरतिर किटतक धाऽतिर किटतक धिंना किटतक।

प्रस्तार

धाऽतिर किटतक तेत् धिरधिर किटतक धिरधिर किटतक धिरधिर किटतक।
धाऽतिर किटतक तेत् धिरधिर किटतक धाऽतिर किटतक तिंना किटतक।
ताऽतिर किटतक तेत् तिरतिर किटतक तिरतिर किटतक तिरतिर किटतक।
धाऽतिर किटतक तेत् धिरधिर किटतक धाऽतिर किटतक धिंना किटतक।

प्रस्तार

धाऽतिर किटतक तेत् किटतक तेत् किटतक तेत् धिरधिर किटतक।
धाऽतिर किटतक तेत् धिरधिर किटतक धाऽतिर किटतक तिंना किटतक।

ताऽतिर	किटतक	तेत्	किटतक	तेत्	किटतक	तेत्	तिरतिर	किटतक।
धाऽतिर	किटतक	तेत्	धिरधिर	किटतक	धाऽतिर	किटतक	धिंना	किटतक।

प्रस्तार

धाऽतिर	किटतक	धाऽतिर	किटतक	धाऽतिर	किटतक	तेत्	धिरधिर	किटतक।
धाऽतिर	किटतक	तेत्	धिरधिर	किटतक	धाऽतिर	किटतक	तिंना	किटतक।
ताऽतिर	किटतक	ताऽतिर	किटतक	ताऽतिर	किटतक	तेत्	तिरतिर	किटतक।
धाऽतिर	किटतक	तेत्	धिरधिर	किटतक	धाऽतिर	किटतक	धिंना	किटतक।

प्रस्तार

तेत्	धिरधिर	किटतक	तेत्	धिरधिर	किटतक	तेत्	धिरधिर	किटतक।
धाऽतिर	किटतक	तेत्	धिरधिर	किटतक	धाऽतिर	किटतक	तिंना	किटतक।
तेत्	तिरतिर	किटतक	तेत्	तिरतिर	किटतक	तेत्	तिरतिर	किटतक।
धाऽतिर	किटतक	तेत्	धिरधिर	किटतक	धाऽतिर	किटतक	धिंना	किटतक।

प्रस्तार

धाऽतिर	किटतक	तेत्	ऽ	धाऽतिर	किटतक	तेत्	धिरधिर	किटतक।
धाऽतिर	किटतक	तेत्	धिरधिर	किटतक	धाऽतिर	किटतक	तिंना	किटतक।
ताऽतिर	किटतक	तेत्	ऽ	ताऽतिर	किटतक	तेत्	तिरतिर	किटतक।
धाऽतिर	किटतक	तेत्	धिरधिर	किटतक	धाऽतिर	किटतक	धिंना	किटतक।

प्रस्तार

तेत्	धिरधिर	किटतक	तेत्	धिरधिर	किटतक	तेत्	धिरधिर	किटतक।
धाऽतिर	किटतक	तेत्	धिरधिर	किटतक	धाऽतिर	किटतक	तिंना	किटतक।
तेत्	तिरतिर	किटतक	तेत्	तिरतिर	किटतक	तेत्	तिरतिर	किटतक।
धाऽतिर	किटतक	तेत्	धिरधिर	किटतक	धाऽतिर	किटतक	धिंना	किटतक।

प्रस्तार

तेत्	धिरधिर	किटतक	धिरधिर	किटतक	धिरधिर	किटतक	धाऽतिर	किटतक।
धाऽतिर	किटतक	तेत्	धिरधिर	किटतक	धाऽतिर	किटतक	तिंना	किटतक।
तेत्	तिरतिर	किटतक	तिरतिर	किटतक	तिरतिर	किटतक	ताऽतिर	किटतक।
धाऽतिर	किटतक	तेत्	धिरधिर	किटतक	धाऽतिर	किटतक	धिंना	किटतक।

प्रस्तार

धिरधिर	किटतक	तेत्	ऽ	किटतक	तेत्	ऽ	किटतक	तेत्।
धाऽतिर	किटतक	तेत्	धिरधिर	किटतक	धाऽतिर	किटतक	तिंना	किटतक।
तिरतिर	किटतक	तेत्	ऽ	किटतक	तेत्	ऽ	किटतक	तेत्।
धाऽतिर	किटतक	तेत्	धिरधिर	किटतक	धाऽतिर	किटतक	धिंना	किटतक।

तिहाई

किटतक	तेत्	धिरधिर	किटतक	धा	ऽ		ऽ	किटतक	तेत्।
धिरधिर	किटतक	धा	ऽ	ऽ	किटतक	तेत्	धिरधिर	किटतक।	धा

9 मात्रे का कायदा-4

धाऽतिर	किटतक	तिरकिट	धिंना	गिना	तिरकिट	धागे	तिंना	किना।
ताऽतिर	किटतक	तिरकिट	धिंना	गिना	तिरकिट	धागे	धिंना	गिना।

प्रस्तार

धाऽतिर	किटतक	तिरकिट	धिंना	गिना	तिरकिट	धिंना	गिना	तिरकिट।
धाऽतिर	किटतक	तिरकिट	धिंना	गिना	तिरकिट	धागे	तिंना	किना।
ताऽतिर	किटतक	तिरकिट	तिंना	किना	तिरकिट	तिंना	किना	तिरकिट।
धाऽतिर	किटतक	तिरकिट	धिंना	गिना	तिरकिट	धागे	धिंना	गिना।

प्रस्तार

धाऽतिर	किटतक	तिरकिट	धाऽतिर	किटतक	तिरकिट	धिंना	गिना	तिरकिट।
धाऽतिर	किटतक	तिरकिट	धिंना	गिना	तिरकिट	धागे	तिंना	किना।
ताऽतिर	किटतक	तिरकिट	ताऽतिर	किटतक	तिरकिट	तिंना	किना	तिरकिट।
धाऽतिर	किटतक	तिरकिट	धिंना	गिना	तिरकिट	धागे	धिंना	गिना।

प्रस्तार

धाऽतिर	किटतक	तिरकिट	धिंना	धाऽतिर	किटतक	तिरकिट	धिंना	गिना।
धाऽतिर	किटतक	तिरकिट	धिंना	गिना	तिरकिट	धागे	तिंना	किना।
ताऽतिर	किटतक	तिरकिट	तिंना	ताऽतिर	किटतक	तिरकिट	तिंना	किना।
धाऽतिर	किटतक	तिरकिट	धिंना	गिना	तिरकिट	धागे	धिंना	गिना।

प्रस्तार

धाऽतिर	किटतक	तिरकिट	धिंना	तिरकिट	धिंना	तिरकिट	धिंना	गिना।
धाऽतिर	किटतक	तिरकिट	धिंना	गिना	तिरकिट	धागे	तिंना	किना।
ताऽतिर	किटतक	तिरकिट	तिंना	तिरकिट	तिंना	तिरकिट	तिंना	किना।
धाऽतिर	किटतक	तिरकिट	धिंना	गिना	तिरकिट	धागे	धिंना	गिना।

प्रस्तार

धाऽतिर	किटतक	धाऽतिर	किटतक	धाऽतिर	किटतक	तिरकिट	धिंना	गिना।
धाऽतिर	किटतक	तिरकिट	धिंना	गिना	तिरकिट	धागे	तिंना	किना।
ताऽतिर	किटतक	ताऽतिर	किटतक	ताऽतिर	किटतक	तिरकिट	तिंना	किना।
धाऽतिर	किटतक	तिरकिट	धिंना	गिना	तिरकिट	धागे	धिंना	गिना।

प्रस्तार

तिरकिट	धिंना	गिना	तिरकिट	धिंना	गिना	तिरकिट	धिंना	गिना।
धाऽतिर	किटतक	तिरकिट	धिंना	गिना	तिरकिट	धागे	तिंना	किना।
तिरकिट	तिंना	किना	तिरकिट	तिंना	किना	तिरकिट	तिंना	किना।
धाऽतिर	किटतक	तिरकिट	धिंना	गिना	तिरकिट	धागे	धिंना	गिना।

प्रस्तार

धिंना	गिना	तिरकिट	धागे	धिंना	गिना	धागे	धिंना	गिना
धाऽतिर	किटतक	तिरकिट	धिंना	गिना	तिरकिट	धागे	तिंना	किना
तिंना	किना	तिरकिट	ताके	तिंना	किना	ताके	तिंना	किना
धाऽतिर	किटतक	तिरकिट	धिंना	गिना	तिरकिट	धागे	धिंना	गिना

प्रस्तार

तिरकिट	धागे	धिंना	गिना	धागे	धिंना	धागे	धिंना	गिना।
धाऽतिर	किटतक	तिरकिट	धिंना	गिना	तिरकिट	धागे	तिंना	किना।
तिरकिट	ताके	तिंना	किना	ताके	तिंना	ताके	तिंना	किना।
धाऽतिर	किटतक	तिरकिट	धिंना	गिना	तिरकिट	धागे	धिंना	गिना।

तिहाई

धाऽतिर	किटतक	तिरकिट	धिंना	गिना	तिरकिट	धा	तिरकिट	धा।	
तिरकिट	धा	ऽ	ऽ	धाऽतिर	किटतक	तिरकिट	धिंना	गिना।	
तिरकिट	धा	तिरकिट	धा	तिरकिट	धा	ऽ	ऽ	धाऽतिर।	
किटतक	तिरकिट	धिंना	गिना	तिरकिट	धा	तिरकिट	धा	तिरकिट।	धा

9 मात्रे का कायदा-5

धातेटे	धेतेटे	तेटेक्र	धेतेटे	धातेटे	धेतेटे	धगिन	तिनतिं	नाकिना।
तातेटे	तेतेटे	तेटेक्र	धेतेटे	धातेटे	धेतेटे	धगिन	धिनधिं	नागिना।

प्रस्तार

धातेटे	धेतेटे	तेटेक्र	धेतेटे	तेटेक्र	धेतेटे	धेतेटे	तेटेक्र	धेतेटे।
धातेटे	धेतेटे	तेटेक्र	धेतेटे	धातेटे	धेतेटे	धगिन	तिनतिं	नाकिना।
तातेटे	तेतेटे	तेटेक्र	तेतेटे	तेटेक्र	तेतेटे	तेतेटे	तेटेक्र	तेतेटे।
धातेटे	धेतेटे	तेटेक्र	धेतेटे	धातेटे	धेतेटे	धगिन	धिनधिं	नागिना।

प्रस्तार

धातेटे	धेतेटे	तेटेक्र	धेतेटे	क्रधेते	टेतेटे	तेटेक्र	धेतेटे	धगिन।
धातेटे	धेतेटे	तेटेक्र	धेतेटे	धातेटे	धेतेटे	धगिन	तिनतिं	नाकिना।
तातेटे	तेतेटे	तेटेक्र	तेतेटे	क्रतेते	टेतेटे	तेटेक्र	तेतेटे	तकिन।
धातेटे	धेतेटे	तेटेक्र	धेतेटे	धातेटे	धेतेटे	धगिन	धिनधिं	नागिना।

प्रस्तार

तेटेक्र	धेतेटे	तेटेक्र	धेतेटे	तेटेक्र	धेतेटे	धातेटे	धेतेटे	धगिन।	
धातेटे	धेतेटे	तेटेक्र	धेतेटे	धातेटे	धेतेटे	धगिन	तिनतिं	नाकिना।	
तेटेक्र	तेतेटे	तेटेक्र	तेतेटे	तेटेक्र	तेतेटे	तातेटे	तेतेटे	तकिन।	
धातेटे	धेतेटे	तेटेक्र	धेतेटे	धातेटे	धेतेटे	धगिन	धिनधिं	नागिना।	

प्रस्तार

तेटेते	टेक्रधे	तेटेक्र	धेतेटे	तेटेक्र	धेतेटे	धातेटे	धेतेटे	धगिन।	
धातेटे	धेतेटे	तेटेक्र	धेतेटे	धातेटे	धेतेटे	धगिन	तिनतिं	नाकिना।	
तेटेते	टेक्रते	तेटेक्र	तेतेटे	तेटेक्र	तेतेटे	ता	तेटे	तेतेटे	तकिन।
धातेटे	धेतेटे	तेटेक्र	धेतेटे	धातेटे	धेतेटे	धगिन	धिनधिं	नागिना।	

प्रस्तार

धेतेटे	धगिन	धिनधिं	नागिना	धातेटे	धेतेटे	धगिन	तिनतिं	नाकिना।
तेतेटे	तकिन	तिनतिं	नाकिना	धातेटे	धेतेटे	धगिन	धिनधिं	नागिना।
धेतेटे	धगिन	धिनधिं	नागिना	धातेटे	धेतेटे	धगिन	तिनतिं	नाकिना।
तेतेटे	तकिन	तिनतिं	नाकिना	धातेटे	धेतेटे	धगिन	धिनधिं	नागिना।

प्रस्तार

धेतेटे	धगिन	धेतेटे	धगिन	धातेटे	धेतेटे	धगिन	तिनतिं	नाकिना।
तेतेटे	तकिन	तेतेटे	तकिन	तातेटे	धेतेटे	धगिन	धिनधिं	नागिना।
धेतेटे	धगिन	धेतेटे	धगिन	धातेटे	धेतेटे	धगिन	तिनतिं	नाकिना।
तेतेटे	तकिन	तेतेटे	तकिन	तातेटे	धेतेटे	धगिन	धिनधिं	नागिना।

प्रस्तार

धातेटे	धेतेटे	धगिन	धिनधिं	नागिना	धिनधिं	नागिना	तिनतिं	नाकिना।
तातेटे	तेतेटे	तकिन	धिनधिं	नागिना	धिनधिं	नागिना	धिनधिं	नागिना।
धातेटे	धेतेटे	धगिन	धिनधिं	नागिना	धिनधिं	नागिना	तिनतिं	नाकिना।
तातेटे	तेतेटे	तकिन	धिनधिं	नागिना	धिनधिं	नागिना	धिनधिं	नागिना।

प्रस्तार

धगिन	धगिन	धिनधिं	नागिना	धगिन	धिनधिं	नागिना	तिनतिं	नाकिना
तकिन	तकिन	तिनतिं	नाकिन	धगिन	धिनधिं	नागिना	धिनधिं	नागिना
धगिन	धगिन	धिनधिं	नागिना	धगिन	धिनधिं	नागिना	तिनतिं	नाकिना
तकिन	तकिन	तिनतिं	नाकिन	धगिन	धिनधिं	नागिना	धिनधिं	नागिना

तिहाई

धिनधिं	नागिना	धिनधिं	नागिना	धा	ऽ	ऽ	धिनधिं	नागिना	
धिनधिं	नागिना	धा	ऽ	ऽ	धिनधिं	नागिना	धिनधिं	नागिना।	धा

9 या 18 मात्रे का टुकड़ा

टुकड़ा

1. धागेतेटे तेटेधागे तेटेक्रधे ऽधेतेटे धागेतेटे कतगदि गनधाऽ नधाऽन धा-
धागेतेटे कतगदि गनधाऽ नधाऽन धा- धागेतेटे कतगदि गनधाऽ नधाऽन। धा

टुकड़ा

2. कतुऽतेटे तेटेघेघे तेटेघेघे तेटेतेटे घेघेतेटे कतगदि गनधाऽ नधाऽन धा-
घेघेतेटे कतगदि गनधाऽ नधाऽन धा- घेघेतेटे कतगदि गनधाऽ नधाऽन। धा

टुकड़ा

3. ताधा ऽकत धाऽ कतधिन् तड़ाऽन धाऽ कत्ऽधिरधिर किटतकतिरकिट तक्ड़ाँऽत
धाऽ ऽकत्ऽ धिरधिरकिटतक तिरकिटतक्ड़ाँ ऽतधाऽ ऽऽ कत्ऽधिरधिर किटतकतिरकिट तक्ड़ाँऽत। धा

टुकड़ा

4. तिरकिट धेत् धिरधिर किटतक धाती धाऽ ऽऽ धाती धाऽ।
ऽऽ धाती धाऽ, ऽ तिर किटधेत् ऽ धिर धिरकिट तकधाऽ तीधा।
ऽऽ ऽधा तीधा ऽऽ ऽधा तीधा ऽऽ तिरकिट धेत् धिरधिर।
धिरधिर किटतक धाती धाऽ ऽऽ धाती धाऽ ऽऽ धाती। धा

9 या 18 मात्रे का साधारण-चक्रदार

1. किटतकता किटतकता तिंन्नाकिटतक ताऽतिरकिटतक तिरकिटधेत्-
धिरधिरकिटतक तक्ड़ाँ धा-धिरधिर किटतकतक्।
क्ड़ाँ,धा- धिरधिरकिटतक तक्ड़ाँ धा.... धिरधिरकिटतक
तक्ड़ाँ धा-धिरधिर किटतकतक् क्ड़ाँ,धा-।
धिरधिरकिटतक तक्ड़ाँ धा.... धिरधिरकिटतक तक्ड़ाँ
धा-धिरधिर किटतकतक् क्ड़ाँ,धा- धिरधिरकिटतक।
तक्ड़ाँ धा.... ऽ ऽ किटतकता
किटतकता तिंन्नाकिटतक ताऽतिरकिटतक तिरकिटधेत्-।
धिरधिरकिटतक तक्ड़ाँ धा-धिरधिर किटतकतक् क्ड़ाँ,धा-
धिरधिरकिटतक तक्ड़ाँ धा.... धिरधिरकिटतक।
तक्ड़ाँ धा-धिरधिर किटतकतक् क्ड़ाँ,धा- धिरधिरकिटतक
तक्ड़ाँ धा.... धिरधिरकिटतक तक्ड़ाँ।
धा-धिरधिर किटतकतक् क्ड़ाँ,धा- धिरधिरकिटतक तक्ड़ाँ
धा..... ऽ ऽ किटतकता।
किटतकता तिंन्नाकिटतक ताऽतिरकिटतक तिरकिटधेत्- धिरधिरकिटतक
तक्ड़ाँ धा-धिरधिर किटतकतक् क्ड़ाँ,धा-।
धिरधिरकिटतक तक्ड़ाँ धा.... धिरधिरकिटतक तक्ड़ाँ
धा-धिरधिर किटतकतक् क्ड़ाँ,धा- धिरधिरकिटतक।

तक्क्ड़ाँ	धा....	धिरधिरकिटतक	तक्क्ड़ाँ	धा-धिरधिर
किटतकतक्	क्ड़ाँ,धा-	धिरधिरकिटतक	तक्क्ड़ाँ।	धा

साधारण-चक्रदार

2.	धागेतेटे	तागेतेटे	तकदिन्	नागेतेटे	तेटेतगि	ऽन्नधेत्	तगिन्न	धेत्ता	त्रकधेत्।
	तगिन्न	त्रकधेत्	तगिन्न	त्रकधेत्	तगिन्न	धा.....	त्रकधेत्	तगिन्न	त्रकधेत्।
	तगिन्न	त्रकधेत्	तगिन्न	धा......	त्रकधेत्	तगिन्न	त्रकधेत्	तगिन्न	त्रकधेत्।
	तगिन्न	धा.....	ऽ	ऽ	धागेतेटे	तागेतेटे	तकदिन्	नागेतेटे	तेटेतगि।
	ऽन्नधेत्	तगिन्न	धेत्ता	त्रकधेत्	तगिन्न	त्रकधेत्	तगिन्न	त्रकधेत्	तगिन्न।
	धा.....	त्रकधेत्	तगिन्न	त्रकधेत्	तगिन्न	त्रकधेत्	तगिन्न	धा......	त्रकधेत्।
	त्रकधेत्	तगिन्न	त्रकधेत्	तगिन्न	त्रकधेत्	धा....	ऽ	ऽ	धागेतेटे।
	तागेतेटे	तकदिन्	नागेतेटे	तेटेतगि	ऽन्नधेत्	तगिन्न	धेत्ता	त्रकधेत्	तगिन्न।
	त्रकधेत्	तगिन्न	त्रकधेत्	तगिन्न	धा.....	त्रकधेत्	तगिन्न	त्रकधेत्	तगिन्न।
	त्रकधेत्	तगिन्न	धा......	त्रकधेत्	तगिन्न	त्रकधेत्	तगिन्न	त्रकधेत्	तगिन्न।
	धा।								

फरमाईशी-चक्रदार

1. घिन्तड़ा ऽनघेड़ नगतक तिरकिट तकिटत किटघिन् तड़ाऽन धा.... धिरधिरकिटतक।

धाऽतिरकिटतक धिरधिरकिटतक धाऽतिरकिटतक धिरधिरकिटतक धाऽतिरकिटतक

तक्क्ड़ाँ ऽधा ऽधिरधिर किटतकतकिट।

धा...... तक्क्ड़ाँ ऽधा ऽधिरधिर किटतकतकिट धा..... तक्क्ड़ाँ ऽधा ऽधिरधिर।

किटतकतकिट धा..... ऽ ऽ घिन्तड़ा ऽनघेड़ नगतक तिरकिट तकिटत।

किटघिन् तड़ाऽन धा.... धिरधिरकिटतक धाऽतिरकिटतक

धिरधिरकिटतक धाऽतिरकिटतक धिरधिरकिटतक धाऽतिरकिटतक।

तक्क्ड़ाँ ऽधा ऽधिरधिर किटतकतकिट धा..... तक्क्ड़ाँ ऽधा ऽधिरधिर किटतकतकिट।

धा....... तक्क्ड़ाँ ऽधा ऽधिरधिर किटतकतकिट धा...... ऽऽ घिन्तड़ा।

ऽनघेड़ नगतक तिरकिट तकिटत किटघिन् तड़ाऽन धा.... धिरधिरकिटतक धाऽतिरकिटतक।

धिरधिरकिटतक धाऽतिरकिटतक धिरधिरकिटतक धाऽतिरकिटतक तक्क्ड़ाँ

ऽधा ऽधिरधिर किटतकतकिट धा..... ।

तक्क्ड़ाँ ऽधा ऽधिरधिर किटतकतकिट धा...... तक्क्ड़ाँ ऽधा ऽधिरधिर किटतकतकिट। धा

9 या 18 मात्रे का कमाली चक्रदार (10 आवृत्ति में)

धिरधिरकिटतक तकिटधा धिरधिरकिटतक तकिटधा धिरधिरकिटतक तकिटधा

ऽतकिट धातकिट धाते। ऽटे कऽ ताऽकत् धिरधिरकत् ऽधिरधिर कत्धिरधिर

किटतकधिरधिर किटतकधिरधिर किटतकतकिट। धा..... धा...... धाधिरधिर किटतकतकिट

धा...... धा...... धाधिरधिर किटतकतकिट धा..... । धा...... धा...... ऽऽ धिरधिरकिटतक

तकिटधा धिरधिरकिटतक तकिटधा धिरधिरकिटतक। तकिटधा ऽतकिट धातकिट धाते

ऽटे कऽ ताऽकत् धिरधिरकत् ऽधिरधिर। कत्धिरधिर किटतकधिरधिर किटतकधिरधिर

किटतकतकिट धा..... धा...... धाधिरधिर किटतकतकिट धा...... । धा...... धाधिरधिर

किटतकतकिट धा..... धा...... धा...... ऽ ऽ धिरधिरकिटतक। तकिटधा धिरधिरकिटतक

तकिटधा धिरधिरकिटतक तकिटधा ऽतकिट धातकिट धाते ऽटे। कऽ ताऽकत् धिरधिरकत्

ऽधिरधिर कत्धिरधिर किटतकधिरधिर किटतकधिरधिर किटतकतकिट धा..... ।

धा...... धाधिरधिर किटतकतकिट धा...... धा...... धाधिरधिर किटतकतकिट धा..... धा... । धा

9 या 18 मात्रे का कमाली चक्रदार

(दूसरा प्रकार) (14 आवृत्ति में)

धिरधिरकिटतक	तकिटधा	धिरधिरकिटतक	तकिटधा	धिरधिरकिटतक	तकिटधा				
ऽतकिट	धातकिट	धाते।	ऽटे	कऽ	ताऽकत्	धिरधिरकत्	ऽधिरधिर	कत्धिरधिर	
किटतकधिरधिर	किटतकधिरधिर	किटतकतकिट।	धा...	धा...	धा ..	ताऽकत्	धिरधिरकत्		
ऽधिरधिर	कत्धिरधिर	किटतकधिरधिर	किटतकधिरधिर।	किटतकतकिट	धा...	धा...	धा...		
ताऽकत्	धिरधिरकत्	ऽधिरधिर	कत्धिरधिर	किटतकधिरधिर।	किटतकधिरधिर	किटतकतकिट			
धा...	धा...	धा...	ऽ...	ऽ...	धिरधिरकिटतक	तकिटधा।	धिरधिरकिटतक	तकिटधा	धरधिरकिटतक
तकिटधा	ऽतकिट	धातकिट	धाते	ऽटे	कऽ।	ताऽकत्	धिरधिरकत्	ऽधिरधिर	कत्धिरधिर
किटतकधिरधिर	किटतकधिरधिर	किटतकतकिट	धा...	धा...।	धा...	ताऽकत्	धिरधिरकत्		
ऽधिरधिर	कत्धिरधिर	किटतकधिरधिर	किटतकधिरधिर	किटतकतकिट	धा...।	धा...	धा...		
ताऽकत्	धिरधिरकत्	ऽधिरधिर	कत्धिरधिर	किटतकधिरधिर	किटतकधिरधिर	किटतकतकिट।			
धा...	धा...	धा...	ऽ...	ऽ...	धिरधिरकिटतक	तकिटधा	धिरधिरकिटतक	तकिटधा।	
धिरधिरकिटतक	तकिटधा	ऽतकिट	धातकिट	धाते	ऽटे	कऽ	ताऽकत्	धिरधिरकत्।	
ऽधिरधिर	कत्धिरधिर	किटतकधिरधिर	किटतकधिरधिर	किटतकतकिट	धा...धा...	धा...	ताऽकत्।		
धिरधिरकत्	ऽधिरधिर	कत्धिरधिर	किटतकधिरधिर	किटतकधिरधिर	किटतकतकिट	धा...धा...धा...।			
ताऽकत्	धिरधिरकत्	ऽधिरधिर	कत्धिरधिर	किटतकधिरधिर	किटतकधिरधिर	किटतकतकिट	धा...धा...।		
धा									

5

झपताल में रचनाएं

कायदा-1

धागेत्रक	धीनागीना।	धाऽगिना	धागेनागे	तीनाकीना।
×		2		
ताकेत्रक	तीनाकीना।	धाऽगिना	धागेनागे	धीनागीना।
0		3		

प्रस्तार

धागेत्रक	धीनागीना।	धागेत्रक	धागेत्रक	धीनागीना।
×		2		
धागेत्रक	धीनागीना।	धाऽगिना	धागेनागे	तीनाकीना।
0		3		
ताकेत्रक	तीनाकीना।	ताकेत्रक	ताकेत्रक	तीनाकीना।
×		2		
धागेत्रक	धीनागीना।	धाऽगिना	धागेनागे	धीनागीना।
0		3		

प्रस्तार

धागेत्रक	धीनागीना।	धा	धीनागीना	धागेत्रक।
×		2		
धागेत्रक	धीनागीना।	धाऽगिना	धागेनागे	तीनाकीना।
0		3		
ताकेत्रक	तीनाकीना।	ता	तीनाकीना	ताकेत्रक।
×		2		
धागेत्रक	धीनागीना।	धाऽगिना	धागेनागे	धीनागीना।
0		3		

प्रस्तार

धागेत्रक	धीनागीना।	त्रकधीना	गीनात्रक	धीनागीना।
×		2		
धागेत्रक	धीनागीना।	धाऽगिना	धागेनागे	तीनाकीना।
0		3		
ताकेत्रक	तीनाकीना।	त्रकतीना	कीनात्रक	तीनाकीना।
×		2		
धागेत्रक	धीनागीना।	धाऽगिना	धागेनागे	धीनागीना।
0		3		

प्रस्तार

धागेत्रक	धीनागीना।	धाऽ	धीनागीना	धाऽ।
×		2		
धीनागीना	धाऽ।	धीनागीना	धागेनागे	तीनाकीना।
0		3		
ताकेत्रक	तीनाकीना।	ताऽ	तीनाकीना	ताऽ।
×		2		
धीनागीना	धाऽ।	धीनागीना	धागेनागे	धीनागीना।
0		3		

प्रस्तार

धागेनागे	धीनागीना।	धाऽगिना	धागेनागे	तीनाकीना।
×		2		
ताकेनाके	तीनाकीना।	धाऽगिना	धागेनागे	धीनागीना।
0		3		
धागेनागे	धीनागीना।	धाऽगिना	धागेनागे	तीनाकीना।
×		2		
ताकेनाके	तीनाकीना।	धाऽगिना	धागेनागे	धीनागीना।
0		3		

तिहाई

धाऽगिना	धागेनागे।	धीनागीना	धाऽधाऽ	गिनाधागे।
×		2		
नागेधीना	गीनाधाऽ।	धाऽगिना	धागेनागे	धीनागीना।
0		3		
धा				
×				

कायदा-2

धाऽ	घेड़नग।	तेत्	धिरधिर	किटतक।	धाऽ	घेड़नग।	तिरकिट	तिंना	किटतक।
×		2			0		3		
ताऽ	केड़नक।	तेत्	तिरतिर	किटतक।	धाऽ	घेड़नग।	तिरकिट	धिंना	किटतक।
×		2			0		3		
धाऽ	घेड़नग।	तेत्	धिरधिर	किटतक।	धाऽ	घेड़नग।	तिरकिट	तिंना	किटतक।
×		2			0		3		
ताऽ	केड़नक।	तेत्	तिरतिर	किटतक।	धाऽ	घेड़नग।	तिरकिट	धिंना	किटतक।
×		2			0		3		

प्रस्तार

धाऽ	घेड़नग।	तेत्	धिरधिर	किटतक।	धाऽ	घेड़नग।	तेत्	धिरधिर	किटतक।
×		2			0		3		
धाऽ	घेड़नग।	तेत्	धिरधिर	किटतक।	धाऽ	घेड़नग।	तिरकिट	तिंना	किटतक।
×		2			0		3		
ताऽ	केड़नक।	तेत्	तिरतिर	किटतक।	ताऽ	केड़नक।	तेत्	तिरतिर	किटतक।
×		2			0		3		
धाऽ	घेड़नग।	तेत्	धिरधिर	किटतक।	धाऽ	घेड़नग।	तिरकिट	धिंना	किटतक।
×		2			0		3		

प्रस्तार

धाऽ	घेड़नग।	तेत्	धिरधिर	किटतक।	धिरधिर	किटतक।	तेत्	धिरधिर	किटतक।
×		2			0		3		
धाऽ	घेड़नग।	तेत्	धिरधिर	किटतक।	धाऽ	घेड़नग।	तिरकिट	तिंना	किटतक।
×		2			0		3		
ताऽ	केड़नक।	तेत्	तिरतिर	किटतक।	तिरतिर	किटतक।	तेत्	तिरतिर	किटतक।
×		2			0		3		
धाऽ	घेड़नग।	तेत्	धिरधिर	किटतक।	धाऽ	घेड़नग।	तिरकिट	धिंना	किटतक।
×		2			0		3		

प्रस्तार

धाऽ	घेड़नग।	धाऽ	घेड़नग	तेत्।	धिरधिर	किटतक।	तेत्	धिरधिर	किटतक।
×		2			0		3		
धाऽ	घेड़नग।	तेत्	धिरधिर	किटतक।	धाऽ	घेड़नग।	तिरकिट	तिंना	किटतक।
×		2			0		3		
ताऽ	केड़नक।	ताऽ	केड़नक	तेत्।	तिरतिर	किटतक।	तेत्	तिरतिर	किटतक।
×		2			0		3		
धाऽ	घेड़नग।	तेत्	धिरधिर	किटतक।	धाऽ	घेड़नग।	तिरकिट	धिंना	किटतक।
×		2			0		3		

प्रस्तार

धाऽ	घेड़नग।	तेत्	ऽ	घेड़नग।	धाऽ	घेड़नग।	तिरकिट	धिंना	किटतक।
×		2			0		3		
धाऽ	घेड़नग।	तेत्	धिरधिर	किटतक।	धाऽ	घेड़नग।	तिरकिट	तिंना	किटतक।
×		2			0		3		
ताऽ	केड़नक।	तेत्	ऽ	केड़नक।	ताऽ	केड़नक।	तिरकिट	तिंना	किटतक।
×		2			0		3		
धाऽ	घेड़नग।	तेत्	धिरधिर	किटतक।	धाऽ	घेड़नग।	तिरकिट	धिंना	किटतक।
×		2			0		3		

प्रस्तार

धिरधिर	किटतक।	धेत्	धिरधिर	किटतक।	धिरधिर	किटतक।	तिरकिट	धिंना	किटतक।
×		2			0		3		
धाऽ	घेड़नग।	तेत्	धिरधिर	किटतक।	धाऽ	घेड़नग।	तिरकिट	तिंना	किटतक।
×		2			0		3		
तिरतिर	किटतक।	तेत्	तिरतिर	किटतक।	तिरतिर	किटतक।	तिरकिट	तिंना	किटतक।
×		2			0		3		
धाऽ	घेड़नग।	तेत्	धिरधिर	किटतक।	धाऽ	घेड़नग।	तिरकिट	धिंना	किटतक।
×		2			0		3		

प्रस्तार

धिरधिर	किटतक।	धेत्	धिरधिर	किटतक।	धिरधिर	किटतक।	धेत्	धिरधिर	किटतक।
×		2			0		3		
धिरधिर	किटतक।	धेत्	धिरधिर	किटतक।	धिरधिर	किटतक।	तिरकिट	तिंना	किटतक।
×		2			0		3		
तिरतिर	किटतक।	तेत्	तिरतिर	किटतक।	तिरतिर	किटतक।	तेत्	तिरतिर	किटतक।
×		2			0		3		
धिरधिर	किटतक।	धेत्	धिरधिर	किटतक।	धिरधिर	किटतक।	तिरकिट	धिंना	किटतक।
×		2			0		3		

प्रस्तार

धिरधिर	किटतक।	तिरकिट	तिंना	किटतक।	तिरतिर	किटतक।	तिरकिट	धिंना	किटतक।
×		2			0		3		
धिरधिर	किटतक।	तिरकिट	तिंना	किटतक।	तिरतिर	किटतक।	तिरकिट	धिंना	किटतक।
×		2			0		3		

तिहाई

तिरकिट	धिंना।	किटतक	तिरकिट	धिंना।	किटतक	धा।	तिरकिट	धिंना	किटतक।
×		2			0		3		

तिरकिट धिंना।	किटतक धा तिरकिट।	धिंना किटतक।	तिरकिट धिंना किटतक।
×	2	0	3
धा			
×			

तिहाई

धिरधिर किटतक।	तिरकिट धिंऽनाऽ किटतक।	धाऽऽ ऽ।	ऽ धिर धिरकिट तकतिर।
×	2	0	3
किटधिंऽ नाऽकिट।	तकधाऽ ऽऽ ऽऽ।	धिरधिर किटतक।	तिरकिट धिऽनाऽ किटतक।
×	2	0	3
धा			
×			

कायदा-3

धातेटेधे तेटेक्रधे।	तेटेगिना धातीधागे तिंनाकिना।
×	2
तातेटेते तेटेक्रधे।	तेटेगिना धातीधागे धिंनागिना।
0	3

प्रस्तार

धातेटेधे तेटेक्रधे।	तेटेधाते टेधेतेटे	क्रधेतेटे। धातेटेधे तेटेक्रधे।	तेटेगिना धातीधागे तिंनाकिना।
×	2	0	3
तातेटेते तेटेक्रते।	तेटेताते टेतेतेटे	क्रतेतेटे। धातेटेधे तेटेक्रधे।	तेटेगिना धातीधागे धिंनागिना।
×	2	0	3

प्रस्तार

धातेटेधे तेटेक्रधे।	तेटेक्रधे तेटेक्रधे	तेटेगिना। धातेटेधे तेटेक्रधे।	तेटेगिना धातीधागे तिंनाकिना।
×	2	0	3
तातेटेते तेटेक्रते।	तेटेक्रते तेटेक्रते	तेटेकिना। धातेटेधे तेटेक्रधे।	तेटेगिना धातीधागे धिंनागिना।
×	2	0	3

प्रस्तार

धातेटेधे तेटेक्रधे।	तेटेगिना तेटेगिना	तेटेगिना। धातेटेधे तेटेक्रधे।	तेटेगिना धातीधागे तिंनाकिना।
×	2	0	3
तातेटेते तेटेक्रते।	तेटेकिना तेटेकिना	तेटेकिना। धातेटेधे तेटेक्रधे।	तेटेगिना धातीधागे धिंनागिना।
×	2	0	3

प्रस्तार

धातेटेधे तेटेधाते।	टेधेतेटे धाऽक्रधे	तेटेगिना। धातेटेधे तेटेक्रधे।	तेटेगिना धातीधागे तिंनाकिना।
×	2	0	3

तातेटेते तेटेताते।	टेतेतेटे ताऽक्रते	तेटेकिना। धातेटेधे तेटेक्रधे।	तेटेगिना धातीधागे धिंनागिना।
×	2	0	3

प्रस्तार

धातेटेधे तेटेक्रधे।	तेटेऽधे तेटेक्रधे	तेटेगिना। धातेटेधे तेटेक्रधे।	तेटेगिना धातीधागे तिंनाकिना।
×	2	0	3
तातेटेते तेटेक्रते।	तेटेऽते तेटेक्रते	तेटेकिना। धातेटेधे तेटेक्रधे।	तेटेगिना धातीधागे धिंनागिना।
×	2	0	3

प्रस्तार

धातेटेधे तेटेऽधे।	तेटेऽधे तेटेक्रधे	तेटेगिना। धातेटेधे तेटेक्रधे।	तेटेगिना धातीधागे तिंनाकिना।
×	2	0	3
तातेटेते तेटेऽते।	तेटेऽते तेटेक्रते	तेटेकिना। धातेटेधे तेटेक्रधे।	तेटेगिना धातीधागे धिंनागिना।
×	2	0	3

प्रस्तार

तेटेक्रधे तेटेगिना।	धातीधागे धातीधागे	तिंनाकिना। तेटेक्रते तेटेकिना।	धातीधागे धातीधागे धिंनागिना।
×	2	0	3
तेटेक्रधे तेटेगिना।	धातीधागे धातीधागे	तिंनाकिना। तेटेक्रते तेटेकिना।	धातीधागे धातीधागे धिंनागिना।
×	2	0	3

प्रस्तार

धातीधागे धिंनागिना।	धातीधागे धातीधागे तिंनाकिना।
×	2
तातीताके तिंनाकिना।	धातीधागे धातीधागे धिंनागिना।
0	3
धातीधागे धिंनागिना।	धातीधागे धातीधागे तिंनाकिना।
×	2
तातीताके तिंनाकिना।	धातीधागे धातीधागे धिंनागिना।
0	3

तिहाई

धातीधागे धातीधागे।	धिंनागिना धाऽधाती धागेधाती।
×	2
धागेधिंना गिनाधाऽ।	धातीधागे धातीधागे धिंनागिना।
0	3
धा	
×	

तिहाई

धातीधागे धिंनागिना।	धा ऽ धातीधागे।
0	2
धिंनागिना धा।	ऽ धातीधागे धिंनागिना।
0	3
धा	
×	

कायदा-4

धाऽघेड़ नगतेटे।	घेड़नग तिरकिट तकधिन।	धाऽतेटे घेड़नग।	तिरकिट तकतिन तिंनाकिना।
×	2	0	3
ताऽकेड़ नकतेटे।	केड़नक तिरकिट तकतिन।	धाऽतेटे घेड़नग।	तिरकिट तकधिन धिनागिना।
×	2	0	3

प्रस्तार

धाऽघेड़ नगतेटे।	घेड़नग तिरकिट तकधिन।	धाऽघेड़ नगतेटे।	घेड़नग तिरकिट तकधिन।
×	2	0	3
धाऽघेड़ नगतेटे।	घेड़नग तिरकिट तकधिन।	धाऽतेटे घेड़नग।	तिरकिट तकतिन तिंनाकिना।
×	2	0	3
ताऽकेड़ नकतेटे।	केड़नक तिरकिट तकतिन।	ताऽकेड़ नकतेटे।	केड़नक तिरकिट तकतिन।
×	2	0	3
धाऽघेड़ नगतेटे।	घेड़नग तिरकिट तकधिन।	धाऽतेटे घेड़नग।	तिरकिट तकधिन धिनागिना।
×	2	0	3

प्रस्तार

धाऽघेड़ नगधाऽ।	घेड़नग तिरकिट तकधिन।	धाऽतेटे घेड़नग।	तिरकिट तकतिन तिंनाकिना।
×	2	0	3
ताऽकेड़ नकताऽ।	केड़नक तिरकिट तकतिन।	धाऽतेटे घेड़नग।	तिरकिट तकधिन धिनागिना।
×	2	0	3

प्रस्तार

धाऽतेटे घेड़नग।	तिरकिट तकतिन तिंनाकिना।	ताऽतेटे घेड़नग।	तिरकिट तकधिन धिंनागिना।
×	2	0	3
धाऽतेटे घेड़नग।	तिरकिट तकतिन तिंनाकिना।	ताऽतेटे घेड़नग।	तिरकिट तकधिन धिंनागिना।
×	2	0	3

प्रस्तार

धाऽतेटे घेड़नग।	धाऽतेटे घेड़नग तिरकिट।	धाऽतेटे घेड़नग।	तिरकिट तकतिन तिंनाकिना।
×	2	0	3

ताऽतेटे केड़नक।	ताऽतेटे केड़नक तिरकिट।	धाऽतेटे घेड़नग।	तिरकिट तकधिन धिंनागिना।
×	2	0	3

प्रस्तार

तकधिन धिंनागिना।	तकधिन तकधिन धिंनागिना।	धाऽतेटे घेड़नग।	तिरकिट तकतिन तिंनाकिना।
×	2	0	3
तकतिन तिंनाकिना।	तकतिन तकतिन तिंनाकिना।	धाऽतेटे घेड़नग।	तिरकिट तकधिन धिंनागिना।
×	2	0	3

प्रस्तार

तकधिन धिंनागिना।	धिनधिंना गिनाधिन धिंनागिना।	धाऽतेटे घेड़नग।	तिरकिट तकतिन तिंनाकिना।
×	2	0	3
तकतिन तिंनाकिना।	तिनतिंना किनातिन तिंनाकिना।	धाऽतेटे घेड़नग।	तिरकिट तकधिन धिंनागिना।
×	2	0	3

तिहाई

धाऽतेटे घेड़नग।	तिरकिट तकधिन धिंनागिना।	धाऽ ऽऽ।	ऽ धा तेटेघेड़ नगतिर।	
×	2	0	3	
किटतक धिनधिंना।	गिनाधाऽ ऽऽ ऽऽ।	धाऽतेटे घेड़नग।	तिरकिट तकधिन धिंनागिना।	धा
×	2	0	3	

तिहाई

तिरकिट तकधिन।	धिंनागिना धाऽतिर किटतक।	
×	2	
धिनधिंना गिनाधाऽ।	तिरकिट तकधिन धिंनागिना।	धा
0	3	×

कायदा-5

घ्ड़ान् धाऽतिर।	घेड़नग धिरधिर किटतक।	घ्ड़ान् धाऽतिर।	किटतक तिंना किटतक।
×	2	0	3
क्ड़ान् ताऽतिर।	केड़नक तिरतिर किटतक।	घ्ड़ान् धाऽतिर।	किटतक तिंना किटतक।
×	2	0	3

प्रस्तार

घ्ड़ान् धाऽतिर।	घेड़नग धिरधिर किटतक।	घ्ड़ान् धाऽतिर।	घेड़नग धिरधिर किटतक।
×	2	0	3
घ्ड़ान् धाऽतिर।	घेड़नग धिरधिर किटतक।	घ्ड़ान् धाऽतिर।	किटतक तिंना किटतक।
×	2	0	3
क्ड़ान् ताऽतिर।	केड़नक तिरतिर किटतक।	क्ड़ान् ताऽतिर।	केड़नक तिरतिर किटतक।
×	2	0	3

घ्ड़ान्	धाऽतिर।	घेड़नग	धिरधिर	किटतक।	घ्ड़ान्	धाऽतिर।	किटतक	धिंना	किटतक।
×		2			0		3		

प्रस्तार

घ्ड़ान्	धाऽतिर।	घेड़नग	धिरधिर	किटतक।	धिरधिर	किटतक।	घेड़नग	धिरधिर	किटतक।
×		2			0		3		
घ्ड़ान्	धाऽतिर।	घेड़नग	धिरधिर	किटतक।	घ्ड़ान्	धाऽतिर।	किटतक	तिंना	किटतक।
×		2			0		3		
क्ड़ान्	ताऽतिर।	केड़नक	तिरतिर	किटतक।	तिरतिर	किटतक।	केड़नक	तिरतिर	किटतक।
×		2			0		3		
घ्ड़ान्	धाऽतिर।	घेड़नग	धिरधिर	किटतक।	घ्ड़ान्	धाऽतिर।	किटतक	धिंना	किटतक।
×		2			0		3		

प्रस्तार

घ्ड़ान्	धाऽतिर।	घेड़नग	घ्ड़ान्	धाऽतिर।	घेड़नग	धिरधिर।	किटतक	धिरधिर	किटतक।
×		2			0		3		
घ्ड़ान्	धाऽतिर।	घेड़नग	धिरधिर	किटतक।	घ्ड़ान्	धाऽतिर।	किटतक	तिंना	किटतक।
×		2			0		3		
क्ड़ान्	ताऽतिर।	केड़नक	क्ड़ान्	ताऽतिर।	केड़नक	तिरतिर।	किटतक	तिरतिर	किटतक।
×		2			0		3		
घ्ड़ान्	धाऽतिर।	घेड़नग	धिरधिर	किटतक।	घ्ड़ान्	धाऽतिर।	किटतक	धिंना	किटतक।
×		2			0		3		

प्रस्तार

घ्ड़ान्	धाऽतिर।	घेड़नग	धिरधिर	किटतक।	घ्ड़ान्	धाऽतिर।	किटघ्ड़ा	ऽन्धाऽ	तिरकिट।
×		2			0		3		
घ्ड़ान्	धाऽतिर।	घेड़नग	धिरधिर	किटतक।	घ्ड़ान्	धाऽतिर।	किटतक	तिंना	किटतक।
×		2			0		3		
क्ड़ान्	ताऽतिर।	केड़नक	तिरतिर	किटतक।	क्ड़ान्	ताऽतिर।	किटक्ड़ा	ऽनता	तिरकिट।
×		2			0		3		
घ्ड़ान्	धाऽतिर।	घेड़नग	धिरधिर	किटतक।	घ्ड़ान्	धाऽतिर।	किटतक	धिंना	किटतक।
×		2			0		3		

प्रस्तार

घ्ड़ान्	धाऽतिर।	घेड़नग	घेड़नग	घेड़नग।	घ्ड़ान्	धाऽतिर।	किटघ्ड़ा	ऽन्धाऽ	तिरकिट।
×		2			0		3		
घ्ड़ान्	धाऽतिर।	घेड़नग	धिरधिर	किटतक।	घ्ड़ान्	धाऽतिर।	किटतक	तिंना	किटतक।
×		2			0		3		
क्ड़ान्	ताऽतिर।	केड़नक	केड़नक	केड़नक।	क्ड़ान्	ताऽतिर।	किटक्ड़ा	ऽनता	तिरकिट।
×		2			0		3		

घ्ड़ान्	धाऽतिर।	घेड़नग	धिरधिर	किटतक।	घ्ड़ान्	धाऽतिर।	किटतक	धिंना	किटतक।
×		2			0		3		

तिहाई

घ्ड़ान्	धाऽतिर।	घेड़नग	धिरधिर	किटतक।	घ्ड़ान्	धाऽतिर।	किटतक	धिंना	किटतक।	
×		2			0		3			
धा	धिंना।	किटतक	धा	धिंना।	किटतक	धा।	घ्ड़ान्	धाऽतिर	घेड़नग।	
×		2			0		3			
धिरधिर	किटतक।	घ्ड़ान्	धाऽतिर	किटतक।	धिंना	किटतक।	धा	धिंना	किटतक।	
×		2			0		3			
धा	धिंना।	किटतक	धा	घ्ड़ान्।	धाऽतिर	घेड़नग।	धिरधिर	किटतक	घ्ड़ान्।	
×		2			0		3			
धाऽतिर	किटतक।	धिंना	किटतक	धा।	धिंना	किटतक।	धा	धिंना	किटतक।	धा
×		2			0		3			×

रेला

धाऽतिरकिटतक	तिरकिट,धाती।	धाऽतिरकिटतक	तिरकिटधाऽतिर	किटतकतिरकिट।
×		2		
ताऽतिरकिटतक	तिरकिट,ताती।	धाऽतिरकिटतक	तिरकिटधाऽतिर	किटतकतिरकिट।
0		3		

प्रस्तार

धाऽतिरकिटतक	तिरकिट,धाती।	धाऽतिरकिटतक	तिरकिट,धाती	धाऽतिरकिटतक।
×		2		
धाऽतिरकिटतक	तिरकिट,धाती।	धाऽतिरकिटतक	तिरकिटधाऽतिर	किटतकतिरकिट।
0		3		
ताऽतिरकिटतक	तिरकिट,ताती।	ताऽतिरकिटतक	तिरकिट,ताती	ताऽतिरकिटतक।
×		2		
धाऽतिरकिटतक	तिरकिट,धाती।	धाऽतिरकिटतक	तिरकिटधाऽतिर	किटतकतिरकिट।
0		3		

प्रस्तार

धाऽतिरकिटतक	तिरकिट,धाती।	धाऽतिरकिटतक	धाऽतिरकिटतक	तिरकिट,धाती।
×		2		
धाऽतिरकिटतक	तिरकिट,धाती।	धाऽतिरकिटतक	तिरकिटधाऽतिर	किटतकतिरकिट।
0		3		
ताऽतिरकिटतक	तिरकिट,ताती।	ताऽतिरकिटतक	ताऽतिरकिटतक	तिरकिट,ताती।
×		2		
धाऽतिरकिटतक	तिरकिट,धाती।	धाऽतिरकिटतक	तिरकिटधाऽतिर	किटतकतिरकिट।
0		3		

प्रस्तार

धाती,धाऽतिर	किटतकतिरकिट।	धाऽतिरकिटतक	तिरकिटधाऽतिर	किटतकतिरकिट।
×		2		
धाऽतिरकिटतक	तिरकिट,धाती।	धाऽतिरकिटतक	तिरकिटधाऽतिर	किटतकतिरकिट।
0		3		
ताती,ताऽतिर	किटतकतिरकिट।	ताऽतिरकिटतक	तिरकिटताऽतिर	किटतकतिरकिट।
×		2		
धाऽतिरकिटतक	तिरकिट,धाती।	धाऽतिरकिटतक	तिरकिटधाऽतिर	किटतकतिरकिट।
0		3		

प्रस्तार

धाती,धाऽतिर	किटतकतिरकिट।	धाऽतिरकिटतक	तिरकिटधाऽतिर	किटतकतिरकिट।
×		2		
ताती,ताऽतिर	किटतकतिरकिट।	धाऽतिरकिटतक	तिरकिटधाऽतिर	किटतकतिरकिट।
0		3		
धाती,धाऽतिर	किटतकतिरकिट।	धाऽतिरकिटतक	तिरकिटधाऽतिर	किटतकतिरकिट।
×		2		
ताती,ताऽतिर	किटतकतिरकिट।	धाऽतिरकिटतक	तिरकिटधाऽतिर	किटतकतिरकिट।
0		3		

प्रस्तार

धाती,धाऽतिर	किटतकधाऽतिर।	किटतकधाऽतिर	किटतकधाऽतिर	किटतकतिरकिट।
×		2		
ताती,ताऽतिर	किटतकताऽतिर।	किटतकधाऽतिर	किटतकधाऽतिर	किटतकतिरकिट।
0		3		
धाती,धाऽतिर	किटतकधाऽतिर।	किटतकधाऽतिर	किटतकधाऽतिर	किटतकतिरकिट।
×		2		
ताती,ताऽतिर	किटतकताऽतिर।	किटतकधाऽतिर	किटतकधाऽतिर	किटतकतिरकिट।
0		3		

तिहाई

धाऽतिरकिटतक	तिरकिटधाऽतिर।	किटतकतिरकिट	धाऽ,धाऽतिर	किटतकतिरकिट।
×		2		
धाऽतिरकिटतक	तिरकिटधाऽ,।	धाऽतिरकिटतक	तिरकिटधाऽतिर	किटतकतिरकिट।
0		3		
धा				
×				

तिहाई

धाती,धाऽतिर	किटतकतिरकिट।	धाऽतिरकिटतक	तिरकिटधाऽतिर	किटतकतिरकिट।
×		2		
धाऽ	ऽऽ।	ऽ धाती	धाऽतिरकिटतक	तिरकिटधाऽतिर।
0		3		
किटतकतिरकिट	धाऽतिरकिटतक।	तिरकिट,धा	ऽऽ	ऽऽ।
×		2		
धाती,धाऽतिर	किटतकतिरकिट।	धाऽतिरकिटतक	तिरकिटधाऽतिर	किटतकतिरकिट।
0		3		
धा				
×				

कायदा-6

धा	घेड़नग।	तिरकिट	तकधिन	धिनागिन।	धिनधिना	गिनधागे।	तिरकिट	तकतिन	तिनाकिन।
×		2			0		3		
ता	केड़नक।	तिरकिट	तकतिन	तिनाकिन।	धिनधिना	गिनधागे।	तिरकिट	तकधिन	धिनागिन।
×		2			0		3		

प्रस्तार

धा	घेड़नग।	तिरकिट	तकधिन	धिनागिन।	धा	घेड़नग।	तिरकिट	तकधिन	धिनागिन।
×		2			0		3		
धा	घेड़नग।	तिरकिट	तकधिन	धिनागिन।	धिनधिना	गिनधागे।	तिरकिट	तकतिन	तिनाकिन।
×		2			0		3		
ता	केड़नक।	तिरकिट	तकतिन	तिनाकिन।	ता	केड़नक।	तिरकिट	तकतिन	तिनाकिन।
×		2			0		3		
धा	घेड़नग।	तिरकिट	तकधिन	धिनागिन।	धिनधिना	गिनधागे।	तिरकिट	तकधिन	धिनागिन।
×		2			0		3		

प्रस्तार

धा	घेड़नग।	तिरकिट	धा	घेड़नग।	तिरकिट	तकधिन।	धिनागिन	तकधिन	धिनागिन।
×		2			0		3		
धा	घेड़नग।	तिरकिट	तकधिन	धिनागिन।	धिनधिना	गिनधागे।	तिरकिट	तकतिन	तिनाकिन।
×		2			0		3		
ता	केड़नक।	तिरकिट	ता	केड़नक।	तिरकिट	तकतिन।	तिनाकिन	तकतिन	तिनाकिन।
×		2			0		3		
धा	घेड़नग।	तिरकिट	तकधिन	धिनागिन।	धिनधिना	गिनधागे।	तिरकिट	तकधिन	धिनागिन।
×		2			0		3		

प्रस्तार

धा	घेड़नग।	तिरकिट	धा	ऽ।	धा	ऽ।	धा	घेड़नग	तिरकिट।
×		2			0		3		
धा	घेड़नग।	तिरकिट	तकधिन	धिनागिन।	धिनधिना	गिनधागे।	तिरकिट	तकतिन	तिनाकिन।
×		2			0		3		
ता	केड़नक।	तिरकिट	ता	ऽ।	ता	ऽ।	ता	केड़नक	तिरकिट।
×		2			0		3		
धा	घेड़नग।	तिरकिट	तकधिन	धिनागिन।	धिनधिना	गिनधागे।	तिरकिट	तकधिन	धिनागिन।
×		2			0		3		

प्रस्तार

ऽधा	ऽघेड़।	नगधा,	घेड़नग	तिरकिट।	धाऽघेड़	नगतिर।	किटधाऽ	घेड़नग	तिरकिट।
×		2			0		3		
धा	घेड़नग।	तिरकिट	तकधिन	धिनागिन।	धिनधिना	गिनधागे।	तिरकिट	तकतिन	तिनाकिन।
×		2			0		3		
ऽता	ऽकेड़।	नकता,	केड़नक	तिरकिट।	ताऽकेड़	नकतिर।	किटताऽ	केड़नक	तिरकिट।
×		2			0		3		
धा	घेड़नग।	तिरकिट	तकधिन	धिनागिन।	धिनधिना	गिनधागे।	तिरकिट	तकधिन	धिनागिन।
×		2			0		3		

प्रस्तार

धा	घेड़नग।	धा	घेड़नग	धा।	घेड़नग	तिरकिट।	तकधिन	तकधिन	धिनागिन।
×		2			0		3		
धा	घेड़नग।	तिरकिट	तकधिन	धिनागिन।	धिनधिना	गिनधागे।	तिरकिट	तकतिन	तिनाकिन।
×		2			0		3		
ता	केड़नक।	ता	केड़नक	ता।	केड़नक	तिरकिट।	तकतिन	तकतिन	तिनाकिन।
×		2			0		3		
धा	घेड़नग।	तिरकिट	तकधिन	धिनागिन।	धिनधिना	गिनधागे।	तिरकिट	तकधिन	धिनागिन।
×		2			0		3		

प्रस्तार

धा	घेड़नग।	तिरकिट	तकधिन	धिनागिन।	धिनधिना	गिनधिन।	धिनागिन	तकधिन	धिनागिन।
×		2			0		3		
धा	घेड़नग।	तिरकिट	तकधिन	धिनागिन।	धिनधिना	गिनधागे।	तिरकिट	तकतिन	तिनाकिन।
×		2			0		3		
ता	केड़नक।	तिरकिट	तकतिन	तिनाकिन।	तिनतिना	किनतिन।	तिनाकिन	तकतिन	तिनाकिन।
×		2			0		3		
धा	घेड़नग।	तिरकिट	तकधिन	धिनागिन।	धिनधिना	गिनधागे।	तिरकिट	तकधिन	धिनागिन।
×		2			0		3		

प्रस्तार

तकधिन धिनागिन।	तकधिन तकधिन धिनागिन।	धिनधिना गिनधागे।	तिरकिट तकतिन तिनाकिन।
×	2	0	3
तकतिन तिनाकिन।	तकतिन तकतिन तिनाकिन।	धिनधिना गिनधागे।	तिरकिट तकधिन धिनागिन।
×	2	0	3

प्रस्तार

तकतक तकधिन।	धिनागिन तकधिन धिनागिन।	धिनधिना गिनधागे।	तिरकिट तकतिन तिनाकिन।
×	2	0	3
तकतक तकतिन।	तिनाकिन तकतिन तिनाकिन।	धिनधिना गिनधागे।	तिरकिट तकधिन धिनागिन।
×	2	0	3

प्रस्तार

तकतक तकतक।	तकतक तकधिन धिनागिन।	धिनधिना गिनधागे।	तिरकिट तकतिन तिनाकिन।
×	2	0	3
तकतक तकतक।	तकतक तकतिन तिनाकिन।	धिनधिना गिनधागे।	तिरकिट तकधिन धिनागिन।
×	2	0	3

प्रस्तार

धिनधिना गिनधागे।	तिरकिट तकतिन तिनाकिन।	तिनतिना किनताके।	तिरकिट तकधिन धिनागिन।
×	2	0	3
धिनधिना गिनधागे।	तिरकिट तकतिन तिनाकिन।	तिनतिना किनताके।	तिरकिट तकधिन धिनागिन।
×	2	0	3

प्रस्तार

ऽधिनधिनागिन।	धिनधिना गिनधिन धिनागिन।	धिनधिना गिनधागे।	तिरकिट तकतिन तिनाकिन।
×	2	0	3
ऽतिनतिनाकिन।	तिनतिना किनतिन तिनाकिन।	धिनधिना गिनधागे।	तिरकिट तकधिन धिनागिन।
×	2	0	3

प्रस्तार

धिनधिन धिनधिना।	गिनधिन धिनधिन धिनागिन।	धिनधिना गिनधागे।	तिरकिट तकतिन तिनाकिन।
×	2	0	3
तिनतिन तिनतिना।	किनतिन तिनतिन तिनाकिन।	धिनधिना गिनधागे।	तिरकिट तकधिन धिनागिन।
×	2	0	3

प्रस्तार

तकतिन तिनाकिन।	तकधिन धिनागिन तकतिन।	तिनाकिन तकधिन।	धिनागिन तकतिन तिनाकिन।
×	2	0	3

तकधिन धिनागिन।	तकतिन तिनाकिन तकधिन।	धिनागिन तकतिन।	तिनाकिन तकधिन धिनागिन।
×	2	0	3

तिहाई

तकधिन धिनागिन।	तकधिन धिनागिन तकधिन।	धिनागिन धा।	तकधिन धिनागिन तकधिन।	
×	2	0	3	
धिनागिन तकधिन।	धिनागिन धा तकधिन।	धिनागिन तकधिन।	धिनागिन तकधिन धिनागिन।	धा
×	2	0	3	×

झपताल में टुकड़ा, फरमाईशी एवं कमाली

टुकड़ा

कतेटेधे तेटेधागे।	तेटेतेटे कतेटेधे तेटेकत।	धाऽकते टेधेतेटे।	कतधाऽ कतेटेधे तेटेकत।	धा
×	2	0	3	×

टुकड़ा

तिरकिट धेत्।	धिरधिर किटतक धाऽतिर।	किटतक तक्।	क्ड़ाँ धा...... किटतक।
×	2	0	3
धाऽतिर किटतक।	तक् क्ड़ाँ धा......।	किटतक धाऽतिर।	किटतक तक् क्ड़ाँ।
×	2	0	3
धा			
×			

टुकड़ा

कतेटेधे तेटेक्रधे।	तेटेकत धाऽकत धाऽकत।	धाऽतेटे कतधाऽ।	कतधाऽ कतधाऽ तेटेकत।	
×	2	0	3	
धाऽकत धाऽकत।	धा... ऽ... कतेटेधे।	तेटेक्रधे तेटेकत।	धाऽकत धाऽकत धाऽतेटे।	
×	2	0	3	
कतधाऽ कतधाऽ।	कतधाऽ तेटेकत धाऽकत।	धाऽकत धा...।	ऽ... कतेटेधे तेटेक्रधे।	
×	2	0	3	
तेटेकत धाऽकत।	धाऽकत धाऽतेटे कतधाऽ।	कतधाऽ कतधाऽ।	तेटेकत धाऽकत धाऽकत।	धा
×	2	0	3	×

टुकड़ा-चक्रदार

धाऽतीऽ धाऽक्रधा।	ऽनधिना तेटेकत गदिगन।	कत्तेटे कतेटेधे।	तेटेकत घिन्तड़ा ऽनधाऽ।
×	2	0	3

घेतिरकिटतक ताऽतिरकिटतक।	तेटेकतगदिगन धाऽ,तेटेकत गदिगनधाऽ।
×	2
तेटेकतगदिगन धा...।	धाऽतीऽ धाऽक्रधा ऽनधिना।
0	3

तेटेकत	गदिगन।	कत्तेटे	कतेटेधे	तेटेकत।	
×		2			
घिन्तड़ा	ऽनधाऽ।	घेतिरकिटतक	ताऽतिरकिटतक	तेटेकतगदिगन।	
0		3			
धाऽ,तेटेकत	गदिगनधाऽ।	तेटेकतगदिगन	धा.........	धाऽतीऽ।	
×		2			
धाऽक्रधा	ऽनघिना।	तेटेकत	गदिगन	कत्तेट।	
0		3			
कतेटेधे	तेटेकत।	घिन्तड़ा	ऽनधाऽ	घेतिरकिटतक।	
×		2			
ताऽतिरकिटतक	तेटेकतगदिगन।	धाऽ,तेटेकत	गदिगनधाऽ	तेटेकतगदिगन।	धा
0		3			×

झपताल में फरमाईशी चक्रदार

धिरधिरकिटतकता...	कततगिदिन्... |	
×		
नगधेतूऽकत	घिन्तड़ाऽनधा	तूनाघिन्तड़ा |
2		
ऽनधातूना	घिन्तड़ाऽनधा |	
0		
तूनाकते	टेऽधिरधिरकिटतकधिरधिर	किटतकधिरधिरकिटतकतकिट |
3		
धाऽकते	टेऽधिरधिरकिटतकधिरधिर |	
×		
किटतकधिरधिरकिटतकतकिट	धाऽकते	टेऽधिरधिरकिटतकधिरधिर |
2		
किटतकधिरधिरकिटतकतकिट	धा... |	
0		
धिरधिरकिटतकता...	कततगिदिन्...	नगधेतूऽकत |
3		
घिन्तड़ाऽनधा	तूनाघिन्तड़ा |	
×		
ऽनधातूना	घिन्तड़ाऽनधा	तूनाकते |
2		
टेऽधिरधिरकिटतकधिरधिर	किटतकधिरधिरकिटतकतकिट |	
0		
धाऽकते	टेऽधिरधिरकिटतकधिरधिर	किटतकधिरधिरकिटतकतकिट |
3		
धाऽकते	टेऽधिरधिरकिटतकधिरधिर |	
×		
किटतकधिरधिरकिटतकतकिट	धा...	धिरधिरकिटतकता... |
2		

कततगिदिन्...	नगधेतूऽकत |		
0			
घिन्तड़ाऽनधा	तूनाघिन्तड़ा	ऽनधातूना |	
घिन्तड़ाऽनधा	तूनाकते |		
×			
टेऽधिरधिरकिटतकधिरधिर	किटतकधिरधिरकिटतकतकिट	धाऽकते |	
2			
टेऽधिरधिरकिटतकधिरधिर	किटतकधिरधिरकिटतकतकिट |		
0			
धाऽकते	टेऽधिरधिरकिटतकधिरधिर	किटतकधिरधिरकिटतकतकिट |	धा
3			×

झपताल में कमाली चक्रदार परन

कऽतधे	तेटेकत।
×	
गदिगन	कऽतधेतेटे।
0	
धा...	धा...।
×	
धा...	धा...।
0	
धा...	धा...।
×	
तेटेकत	गदिगन।
0	
कऽतधेतेटे	कतगदिगन।
×	
धा...	धा...।
0	
धा...	धा...।
×	
धा...	धा...।
0	
गदिगन	धात्रकधे।
×	
कतगदिगन	धात्रकधेतेटे।
0	
धा...	धात्रकधेतेटे।
×	

गदिगन	धात्रकधे	तेटेकत।
2		
कतगदिगन	धात्रकधेतेटे	कतगदिगन।
3		
धा...धात्रकधेतेटे	कतगदिगन।	
2		
धा...धात्रकधेतेटे	कतगदिगन।	
3		
धा...	ऽ...	कऽतधे।
2		
धात्रकधे	तेटेकत	गदिगन।
3		
धात्रकधेतेटे	कतगदिगन	धा...।
2		
धात्रकधेतेटे	कतगदिगन	धा...।
3		
धात्रकधेतेटे	कतगदिगन	धा...।
2		
ऽ...	कऽतधे	तेटेकत।
3		
तेटेकत	गदिगन	कऽतधेतेटे।
2		
कतगदिगन	धा...धा...।	
3		
कतगदिगन	धा...धा...।	
2		

धा...	धात्रकधेतेटे।	कतगदिगन	धा...धा...।	धा
0		3		×

झपताल में कमाली चक्रदार

धेत्धेत्	त्रकधेत्।	ऽत्रक	धेत्ऽ	धिरधिरकिटतक।	
×		2			
धाऽतिरकिटतक	धिरधिरकिटतक।	धाऽतिरकिटतक	धिरधिरकिटतक	धाऽकत।	
0		3			
धा...	धा...।	धा...	धिरधिरकिटतक	धाऽकत।	
×		2			
धा...	धा...।	धा...	धिरधिरकिटतक	धाऽकत।	
0		3			
धा...	धा...।	धा...	ऽ...	धेत्धेत्।	
×		2			
त्रकधेत्	ऽत्रक।	धेत्ऽ	धिरधिरकिटतक	धाऽतिरकिटतक।	
0		3			
धिरधिरकिटतक	धाऽतिरकिटतक।	धिरधिरकिटतक	धाऽकत	धा...।	
×		2			
धा...	धा...।	धिरधिरकिटतक	धाऽकत	धा...।	
0		3			
धा...	धा...।	धिरधिरकिटतक	धाऽकत	धा...।	
×		2			
धा...	धा...।	ऽ...	धेत्धेत्	त्रकधेत्।	
0		3			
ऽत्रक	धेत्ऽ।	धिरधिरकिटतक	धाऽतिरकिटतक	धिरधिरकिटतक।	
×		2			
धाऽतिरकिटतक	धिरधिरकिटतक।	धाऽकत	धा...धा...।		
0		3			
धा...	धिरधिरकिटतक।	धाऽकत	धा...धा...।		
×		2			
धा...	धिरधिरकिटतक।	धाऽकत	धा...धा...।		धा
0		3			×

6

ग्यारह एवं बाईस मात्रा में रचनाएं

कायदा-1

धागे	तिरकिट	धिंना	गिना	धा-	गिना	तिरकिट	धागे	नागे	तिंना	किना।
ताके	तिरकिट	तिंना	किना	धा-	गिना	तिरकिट	धागे	नागे	धिंना	गिना।

प्रस्तार

धागे	तिरकिट	धिंना	गिना	धा-	तिरकिट	धिंना	गिना	तिरकिट	धिंना	गिना।
धागे	तिरकिट	धिंना	गिना	धा-	गिना	तिरकिट	धागे	नागे	तिंना	किना।
ताके	तिरकिट	तिंना	किना	ता-	तिरकिट	तिंना	किना	तिरकिट	तिंना	किना।
धागे	तिरकिट	धिंना	गिना	धा-	गिना	तिरकिट	धागे	नागे	धिंना	गिना।

प्रस्तार

धागे	तिरकिट	धिंना	गिना	धा-	ऽ	धिंना	गिना	तिरकिट	धिंना	गिना।
धागे	तिरकिट	धिंना	गिना	धा-	गिना	तिरकिट	धागे	नागे	तिंना	किना।
ताके	तिरकिट	तिंना	किना	ता-	ऽ	तिंना	किना	तिरकिट	तिंना	किना।
धागे	तिरकिट	धिंना	गिना	धा-	गिना	तिरकिट	धागे	नागे	धिंना	गिना।

प्रस्तार

धागे	तिरकिट	धिंना	तिरकिट	धिंना	तिरकिट	धिंना	गिना	तिरकिट	धिंना	गिना।
धागे	तिरकिट	धिंना	गिना	धा-	गिना	तिरकिट	धागे	नागे	तिंना	किना।
ताके	तिरकिट	तिंना	तिरकिट	तिंना	तिरकिट	तिंना	किना	तिरकिट	तिंना	किना।
धागे	तिरकिट	धिंना	गिना	धा-	गिना	तिरकिट	धागे	नागे	धिंना	गिना।

प्रस्तार

धा- ऽ	धिंना	गिना	धागे	तिरकिट	धिंना	गिना	तिरकिट	धिंना	गिना।	
धागे	तिरकिट	धिंना	गिना	धा-	गिना	तिरकिट	धागे	नागे	तिंना	किना।
ता-	ऽ	तिंना	किना	ताके	तिरकिट	तिंना	किना	तिरकिट	तिंना	किना।
धागे	तिरकिट	धिंना	गिना	धा-	गिना	तिरकिट	धागे	नागे	धिंना	गिना।

प्रस्तार

तिरकिट	धिंना	गिना	धा-	तिरकिट	धिंना	गिना	धा-	तिरकिट	धिंना	गिना।
धागे	तिरकिट	धिंना	गिना	धा-	गिना	तिरकिट	धागे	नागे	तिंना	किना।
तिरकिट	तिंना	किना	ता-	तिरकिट	तिंना	किना	ता-	तिरकिट	तिंना	किना।
धागे	तिरकिट	धिंना	गिना	धा-	गिना	तिरकिट	धागे	नागे	धिंना	गिना।

प्रस्तार

धा-	गिना	तिरकिट	धागे	नागे	धिंना	गिना	धागे	नागे	धिंना	गिना।
धागे	तिरकिट	धिंना	गिना	धा-	गिना	तिरकिट	धागे	नागे	तिंना	किना।
ता-	किना	तिरकिट	ताके	नाके	तिंना	किना	ताके	नाके	तिंना	किना।
धागे	तिरकिट	धिंना	गिना	धा-	गिना	तिरकिट	धागे	नागे	धिंना	गिना।

प्रस्तार

धा-	गिना	धा-	गिना	धा-	गिना	तिरकिट	धागे	नागे	धिंना	गिना।
धागे	तिरकिट	धिंना	गिना	धा-	गिना	तिरकिट	धागे	नागे	तिंना	किना।
ता-	किना	ता-	किना	ता-	किना	तिरकिट	ताके	नाके	तिंना	किना।
धागे	तिरकिट	धिंना	गिना	धा-	गिना	तिरकिट	धागे	नागे	धिंना	गिना।

तिहाई

गिना	तिरकिट	धागे	नागे	धिंना	गिना	धा	ऽ	गिना	तिरकिट	धागे।
नागे	धिंना	गिना	धा ऽ	गिना	तिरकिट	धागे	नागे	धिंना	गिना।	धा

कायदा-2

धा-	घेड़	नग	धागे	तेटे	घड़ा	ऽन	धागे	तिरकिट	तिंना	कत्त।
ता-	केड़	नक	ताके	तेटे	घड़ा	ऽन	धागे	तिरकिट	धिंना	कत्त।

प्रस्तार

धा-	घेड़	नग	धागे	तेटे	घड़ा	ऽन	धागे	तेटे	घड़ा	ऽन।
धा-	घेड़	नग	धागे	तेटे	घड़ा	ऽन	धागे	तिरकिट	तिंना	कत्त।
ता-	केड़	नक	ताके	तेटे	कड़ा	ऽन	ताके	तेटे	कड़ा	ऽन।
धा-	घेड़	नग	धागे	तेटे	घड़ा	ऽन	धागे	तिरकिट	धिंना	कत्त।

प्रस्तार

धा-	घेड़	नग	धागे	तेटे	घड़ा	ऽन	तेटे	तेटे	घड़ा	ऽन।
धा-	घेड़	नग	धागे	तेटे	घड़ा	ऽन	धागे	तिरकिट	तिंना	कत्त।
ता-	केड़	नक	ताके	तेटे	कड़ा	ऽन	तेटे	तेटे	कड़ा	ऽन।
धा-	घेड़	नग	धागे	तेटे	घड़ा	ऽन	धागे	तिरकिट	धिंना	कत्त।

प्रस्तार

धा-	घेड़	नग	धा-	घेड़	नग	धा-	घेड़	नग	धागे	तेटे।
धा-	घेड़	नग	धागे	तेटे	घड़ा	ऽन	धागे	तिरकिट	तिंना	कत्त।
ता-	केड़	नक	ता-	केड़	नक	ता-	केड़	नक	ताके	तेटे।
धा-	घेड़	नग	धागे	तेटे	घड़ा	ऽन	धागे	तिरकिट	धिंना	कत्त।

प्रस्तार

धा-	घेड़	नग	धा-	ऽ	घेड़	नग	धा-	ऽ	घेड़	नग।
धा-	घेड़	नग	धागे	तेटे	घड़ा	ऽन	धागे	तिरकिट	तिंना	कत्त।
ता-	केड़	नक	ता-	ऽ	केड़	नक	ता-	ऽ	केड़	नक।
धा-	घेड़	नग	धागे	तेटे	घड़ा	ऽन	धागे	तिरकिट	धिंना	कत्त।

प्रस्तार

धागे	तेटे	घड़ा	ऽन	तेटे	घड़ा	ऽन	तेटे	घड़ा	ऽन	धागे।
धा-	घेड़	नग	धागे	तेटे	घड़ा	ऽन	धागे	तिरकिट	तिंना	कत्त।
ताके	तेटे	कड़ा	ऽन	तेटे	कड़ा	ऽन	तेटे	कड़ा	ऽन	ताके।
धा-	घेड़	नग	धागे	तेटे	घड़ा	ऽन	धागे	तिरकिट	धिंना	कत्त।

प्रस्तार

धागे	तेटे	घड़ा	ऽन	घड़ा	ऽन	घड़ा	ऽन	धागे	तेटे	तेटे।
धा-	घेड़	नग	धागे	तेटे	घड़ा	ऽन	धागे	तिरकिट	तिंना	कत्त।
ताके	तेटे	कड़ा	ऽन	कड़ा	ऽन	कड़ा	ऽन	ताके	तेटे	तेटे।
धा-	घेड़	नग	धागे	तेटे	घड़ा	ऽन	धागे	तिरकिट	धिंना	कत्त।

प्रस्तार

तेटे	घड़ा	ऽन	तेटे	घड़ा	ऽन	तेटे	घड़ा	ऽन	धागे	तिरकिट।
धा-	घेड़	नग	धागे	तेटे	घड़ा	ऽन	धागे	तिरकिट	तिंना	कत्त।
तेटे	कड़ा	ऽन	तेटे	कड़ा	ऽन	तेटे	कड़ा	ऽन	ताके	तिरकिट।
धा-	घेड़	नग	धागे	तेटे	घड़ा	ऽन	धागे	तिरकिट	धिंना	कत्त।

तिहाई

घड़ा	ऽन	धागे	तिरकिट	धिंना	कत्त	धा	ऽ	घड़ा	ऽन	धागे।
तिरकिट	धिंना	कत्त	धा ऽ	घड़ा	ऽन	धागे	तिरकिट	धिंना	कत्त।	धा

कायदा-3

धाऽतिर	किटतक	धिरधिर	किटतक	घेड़नग	धिरधिर	किटतक	धाऽतिर	किटतक	तिंना	किटतक।
ताऽतिर	किटतक	तिरतिर	किटतक	घेड़नग	धिरधिर	किटतक	धाऽतिर	किटतक	धिंना	किटतक।

प्रस्तार

धाऽतिर	किटतक	धिरधिर	किटतक	घेड़नग	धिरधिर	किटतक	धाऽतिर	किटतक	धिरधिर	किटतक।
धाऽतिर	किटतक	धिरधिर	किटतक	घेड़नग	धिरधिर	किटतक	धाऽतिर	किटतक	तिंना	किटतक।
ताऽतिर	किटतक	तिरतिर	किटतक	केड़नक	तिरतिर	किटतक	ताऽतिर	किटतक	तिरतिर	किटतक।
धाऽतिर	किटतक	धिरधिर	किटतक	घेड़नग	धिरधिर	किटतक	धाऽतिर	किटतक	धिंना	किटतक।

प्रस्तार

धाऽतिर	किटतक	धिरधिर	किटतक	घेड़नग	धिरधिर	किटतक	घेड़नग	घेड़नग	धिरधिर	किटतक।
धाऽतिर	किटतक	धिरधिर	किटतक	घेड़नग	धिरधिर	किटतक	धाऽतिर	किटतक	तिंना	किटतक।
ताऽतिर	किटतक	तिरतिर	किटतक	केड़नक	तिरतिर	किटतक	केड़नक	केड़नक	तिरतिर	किटतक।
धाऽतिर	किटतक	धिरधिर	किटतक	घेड़नग	धिरधिर	किटतक	धाऽतिर	किटतक	धिंना	किटतक।

प्रस्तार

धाऽतिर	किटतक	धिरधिर	किटतक	घेड़नग	धिरधिर	किटतक	धिरधिर	किटतक	धिरधिर	किटतक।
धाऽतिर	किटतक	धिरधिर	किटतक	घेड़नग	धिरधिर	किटतक	धाऽतिर	किटतक	तिंना	किटतक।
ताऽतिर	किटतक	तिरतिर	किटतक	केड़नक	तिरतिर	किटतक	तिरतिर	किटतक	तिरतिर	किटतक।
धाऽतिर	किटतक	धिरधिर	किटतक	घेड़नग	धिरधिर	किटतक	धाऽतिर	किटतक	धिंना	किटतकं

प्रस्तार

धाऽतिर	किटतक	धिरधिर	किटतक	धा-	घेड़नग	धिरधिर	किटतक	घेड़नग	धिरधिर	किटतक।
धाऽतिर	किटतक	धिरधिर	किटतक	घेड़नग	धिरधिर	किटतक	धाऽतिर	किटतक	तिंना	किटतक।
ताऽतिर	किटतक	तिरतिर	किटतक	ता-	केड़नक	तिरतिर	किटतक	केड़नक	तिरतिर	किटतक।
धाऽतिर	किटतक	धिरधिर	किटतक	घेड़नग	धिरधिर	किटतक	धाऽतिर	किटतक	धिंना	किटतक।

प्रस्तार

धाऽतिर	किटतक	धिरधिर	किटतक	धिरधिर	कत्-	धिरधिर	किटतक	घेड़नग	धिरधिर	किटतक।
धाऽतिर	किटतक	धिरधिर	किटतक	घेड़नग	धिरधिर	किटतक	धाऽतिर	किटतक	तिंना	किटतक।
ताऽतिर	किटतक	तिरतिर	किटतक	तिरतिर	कत्-	तिरतिर	किटतक	केड़नक	तिरतिर	किटतक।
धाऽतिर	किटतक	धिरधिर	किटतक	घेड़नग	धिरधिर	किटतक	धाऽतिर	किटतक	धिंना	किटतक।

प्रस्तार

घेड़नग	धिरधिर	किटतक	घेड़नग	धिरधिर	किटतक	घेड़नग	धिरधिर	किटतक	धिरधिर	किटतक।
धाऽतिर	किटतक	धिरधिर	किटतक	घेड़नग	धिरधिर	किटतक	धाऽतिर	किटतक	तिंना	किटतक।
केड़नक	तिरतिर	किटतक	केड़नक	तिरतिर	किटतक	केड़नक	तिरतिर	किटतक	तिरतिर	किटतक।
धाऽतिर	किटतक	धिरधिर	किटतक	घेड़नग	धिरधिर	किटतक	धाऽतिर	किटतक	धिंना	किटतकं।

प्रस्तार

घेड़नग	धिरधिर	किटतक	धा-	घेड़नग	धिरधिर	किटतक	धा-	घेड़नग	धिरधिर	किटतक।
धाऽतिर	किटतक	धिरधिर	किटतक	घेड़नग	धिरधिर	किटतक	धाऽतिर	किटतक	तिंना	किटतक।

केड़नक	तिरतिर	किटतक	ता-	केड़नक	तिरतिर	किटतक	ता-	केड़नक	तिरतिर	किटतक।
धाऽतिर	किटतक	धिरधिर	किटतक	घेड़नग	धिरधिर	किटतक	धाऽतिर	किटतक	धिंना	किटतक।

प्रस्तार

घेड़नग	धिरधिर	किटतक	धाऽतिर	किटतक	धिंना	किटतक	धाऽतिर	किटतक	धिंना	किटतक।
धाऽतिर	किटतक	धिरधिर	किटतक	घेड़नग	धिरधिर	किटतक	धाऽतिर	किटतक	तिंना	किटतक।
केड़नक	तिरतिर	किटतक	ताऽतिर	किटतक	तिंना	किटतक	ताऽतिर	किटतक	तिंना	किटतक।
धाऽतिर	किटतक	धिरधिर	किटतक	घेड़नग	धिरधिर	किटतक	धाऽतिर	किटतक	धिंना	किटतक।

तिहाई

धिरधिर	किटतक	धाऽतिर	किटतक	धिंना	किटतक	धा-	ऽ	धिरधिर	किटतक	धाऽतिर।	
किटतक	धिंना	किटतक	धा-	ऽ	धिरधिर	किटतक	धाऽतिर	किटतक	धिंना	किटतक।	धा

रेला-

धाऽतिर	घेड़नग	दिनतक	धाऽतिर	किटतक	धाऽतिर	घेड़नग	दिनतक	धाऽतिर	घेड़नग	दिनतक।
ताऽतिर	केड़नक	तिनतक	ताऽतिर	किटतक	धाऽतिर	घेड़नग	दिनतक	धाऽतिर	घेड़नग	दिनतक।

प्रस्तार

धाऽतिर	घेड़नग	दिनतक	धाऽतिर	किटतक	धा-	धाऽतिर	घेड़नग	दिनतक	धाऽतिर	किटतक।
धाऽतिर	घेड़नग	दिनतक	धाऽतिर	किटतक	धाऽतिर	घेड़नग	दिनतक	धाऽतिर	घेड़नग	दिनतक।
ताऽतिर	केड़नक	तिनतक	ताऽतिर	किटतक	ता-	ताऽतिर	केड़नक	तिनतक	ताऽतिर	किटतक।
धाऽतिर	घेड़नग	दिनतक	धाऽतिर	किटतक	धाऽतिर	घेड़नग	दिनतक	धाऽतिर	घेड़नग	दिनतक।

प्रस्तार

धाऽतिर	किटतक	धाऽतिर	घेड़नग	दिनतक	धाऽतिर	घेड़नग	दिनतक	धाऽतिर	घेड़नग	दिनतक।
धाऽतिर	घेड़नग	दिनतक	धाऽतिर	किटतक	धाऽतिर	घेड़नग	दिनतक	धाऽतिर	घेड़नग	दिनतक।
ताऽतिर	किटतक	ताऽतिर	केड़नक	तिनतक	ताऽतिर	केड़नक	तिनतक	ताऽतिर	केड़नक	तिनतक।
धाऽतिर	घेड़नग	दिनतक	धाऽतिर	किटतक	धाऽतिर	घेड़नग	दिनतक	धाऽतिर	घेड़नग	दिनतक।

प्रस्तार

धाऽतिर	किटतक	धाऽतिर	किटतक	धाऽतिर	किटतक	धाऽतिर	घेड़नग	दिनतक	धाऽतिर	किटतक।
धाऽतिर	घेड़नग	दिनतक	धाऽतिर	किटतक	धाऽतिर	घेड़नग	दिनतक	धाऽतिर	घेड़नग	दिनतक।
ताऽतिर	किटतक	ताऽतिर	किटतक	ताऽतिर	किटतक	ताऽतिर	केड़नक	तिनतक	ताऽतिर	किटतक।
धाऽतिर	घेड़नग	दिनतक	धाऽतिर	किटतक	धाऽतिर	घेड़नग	दिनतक	धाऽतिर	घेड़नग	दिनतक।

प्रस्तार

धाऽतिर	किटधाऽ	तिरकिट	धाऽतिर	किटतक	धाऽतिर	घेड़नग	दिनतक	धाऽतिर	घेड़नग	दिनतक।
धाऽतिर	घेड़नग	दिनतक	धाऽतिर	किटतक	धाऽतिर	घेड़नग	दिनतक	धाऽतिर	घेड़नग	दिनतक।
ताऽतिर	किटताऽ	तिरकिट	ताऽतिर	किटतक	ताऽतिर	केड़नक	तिनतक	ताऽतिर	केड़नक	तिनतक।
धाऽतिर	घेड़नग	दिनतक	धाऽतिर	किटतक	धाऽतिर	घेड़नग	दिनतक	धाऽतिर	घेड़नग	दिनतक।

प्रस्तार

दिनतक	धाऽतिर	किटतक	दिनतक	धाऽतिर	किटतक	धाऽतिर	घेड़नग	दिनतक	धाऽतिर	किटतक।
धाऽतिर	घेड़नग	दिनतक	धाऽतिर	किटतक	धाऽतिर	घेड़नग	दिनतक	धाऽतिर	घेड़नग	दिनतक।
तिनतक	ताऽतिर	किटतक	तिनतक	ताऽतिर	किटतक	ताऽतिर	केड़नक	तिनतक	ताऽतिर	किटतक।
धाऽतिर	घेड़नग	दिनतक	धाऽतिर	किटतक	धाऽतिर	घेड़नग	दिनतक	धाऽतिर	घेड़नग	दिनतक।

प्रस्तार

धाऽतिर	घेड़नग	दिनतक	धाऽतिर	घेड़नग	दिनतक	धाऽतिर	घेड़नग	दिनतक	धाऽतिर	किटतक।
धाऽतिर	घेड़नग	दिनतक	धाऽतिर	किटतक	धाऽतिर	घेड़नग	दिनतक	धाऽतिर	घेड़नग	दिनतक।
ताऽतिर	केड़नक	तिनतक	ताऽतिर	केड़नक	तिनतक	ताऽतिर	केड़नक	तिनतक	ताऽतिर	किटतक।
धाऽतिर	घेड़नग	दिनतक	धाऽतिर	किटतक	धाऽतिर	घेड़नग	दिनतक	धाऽतिर	घेड़नग	दिनतक।

प्रस्तार

घेड़नग	दिनतक	धाऽतिर	किटतक	दिनतक	धाऽतिर	किटतक	घेड़नग	दिनतक	धाऽतिर	किटतक।
धाऽतिर	घेड़नग	दिनतक	धाऽतिर	किटतक	धाऽतिर	घेड़नग	दिनतक	धाऽतिर	घेड़नग	दिनतक।
केड़नक	तिनतक	ताऽतिर	किटतक	तिनतक	ताऽतिर	किटतक	केड़नक	तिनतक	ताऽतिर	किटतक।
धाऽतिर	घेड़नग	दिनतक	धाऽतिर	किटतक	धाऽतिर	घेड़नग	दिनतक	धाऽतिर	घेड़नग	दिनतक।

प्रस्तार

धा	ऽ	ऽ	धाऽतिर	किटतक	धाऽतिर	घेड़नग	दिनतक	धाऽतिर	घेड़नग	दिनतक।
ता	ऽ	ऽ	ताऽतिर	किटतक	धाऽतिर	घेड़नग	दिनतक	धाऽतिर	घेड़नग	दिनतक।
धा	ऽ	ऽ	धाऽतिर	किटतक	धाऽतिर	घेड़नग	दिनतक	धाऽतिर	घेड़नग	दिनतक।
ता	ऽ	ऽ	ताऽतिर	किटतक	धाऽतिर	घेड़नग	दिनतक	धाऽतिर	घेड़नग	दिनतक।

तिहाई

धाऽतिर	घेड़नग	दिनतक	धाऽतिर	घेड़नग	दिनतक	धा	ऽ	धाऽतिर	घेड़नग	दिनतक।	
धाऽतिर	घेड़नग	दिनतक	धा	ऽ	धाऽतिर	घेड़नग	दिनतक	धाऽतिर	घेड़नग	दिनतक।	धा

टुकड़ा

धा-	तूना	किटतक	ताऽतिर	किटतक	तिरकिट	तकताऽ	तिरकिट	धा-	ती-	धा-।	
तिरकिट	तकताऽ	तिरकिट	धा-	ती-	धा-	तिरकिट	तकताऽ	तिरकिट	धा-	ती-।	धा

टुकड़ा

त्रकधेत्	धिरधिरकिटतक	धाऽतिरकिटतक	धिरधिरकिटतक	तक्क्ड़ाँ	धाऽकत	धा-	
धिरधिरकिटतक	तक्क्ड़ाँ	धाऽकत	धा-।	धिरधिरकिटतक	तक्क्ड़ाँ	धाऽकत	धा-
त्रकधेत्	धिरधिरकिटतक	धाऽतिरकिटतक	धिरधिरकिटतक	तक्क्ड़ाँ	धाऽकत	धा-।	
धिरधिरकिटतक	तक्क्ड़ाँ	धाऽकत	धा-	धिरधिरकिटतक	तक्क्ड़ाँ	धाऽकत	धा-
त्रकधेत्	धिरधिरकिटतक	धाऽतिरकिटतक।	धिरधिरकिटतक	तक्क्ड़ाँ	धाऽकत	धा-	
धिरधिरकिटतक	तक्क्ड़ाँ	धाऽकत	धा-	धिरधिरकिटतक	तक्क्ड़ाँ	धाऽकत।	धा

फरमाइशी चक्रदार

धिरधिरकिटतक	तकिटधा	धिरधिरकिटतक	तकिटधा	तकिटधा	तकिटधा
धिरधिरकिटतक	तकिटधा	कत्धिरधिर	किटतकतकिट	धाऽतीऽ।	धा-धिरधिर
किटतकतकिट	धाऽतीऽ	धा-धिरधिर	किटतकतकिट	धाऽतीऽ	धा ऽ
धिरधिरकिटतक	तकिटधा	धिरधिरकिटतक।	तकिटधा	तकिटधा	तकिटधा
धिरधिरकिटतक	तकिटधा	कत्धिरधिर	किटतकतकिट	धाऽतीऽ	धा-धिरधिर
किटतकतकिट	धाऽतीऽ।	धा-धिरधिर	किटतकतकिट	धाऽतीऽ	धा ऽ
धिरधिरकिटतक	तकिटधा	धिरधिरकिटतक	तकिटधा	तकिटधा	तकिटधा।
धिरधिरकिटतक	तकिटधा	कत्धिरधिर	किटतकतकिट	धाऽतीऽ	धा-धिरधिर
किटतकतकिट	धाऽतीऽ	धा-धिरधिर	किटतकतकिट	धाऽतीऽ।	धा

फरमाइशी चक्रदार

धागेतेटे	तेटेतागे	तेटेतेटे	तकदिन्	नागेतेटे	तेटेतगि	ऽनधेत्	तगिन्न	धेत्ता	त्रकधेत्	तगिन्न।	
धा	तेटेतगि	ऽनधेत्	तगिन्न	धेत्ता	त्रकधेत्	तगिन्न	धा	तेटेतगि	ऽनधेत्	तगिन्न।	
धेत्ता	त्रकधेत्	तगिन्न	धा	धागेतेटे	तेटेतागे	तेटेतेटे	तकदिन्	नागेतेटे	तेटेतगि	ऽनधेत्।	
तगिन्न	धेत्ता	त्रकधेत्	तगिन्न	धा	तेटेतगि	ऽनधेत्	तगिन्न	धेत्ता	त्रकधेत्	तगिन्न।	
धा	तेटेतगि	ऽनधेत्	तगिन्न	धेत्ता	त्रकधेत्	तगिन्न	धा	धागेतेटे	तेटेतागे	तेटेतेटे।	
तकदिन्	नागेतेटे	तेटेतगि	ऽनधेत्	तगिन्न	धेत्ता	त्रकधेत्	तगिन्न	धा	तेटेतगि	ऽनधेत्।	
तगिन्न	धेत्ता	त्रकधेत्	तगिन्न	धा	तेटेतगि	ऽनधेत्	तगिन्न	धेत्ता	त्रकधेत्	तगिन्न।	धा

कमाली चक्रदार

धागेत्रक धेतेटेध गिनधाऽ क्रधातूना कतेटेदिं ऽनातेटे तेटेक्रधा ऽनकत्
धिरधिरकिटतक तिरकिटतकताऽ तेटेकतगदिगन।
धाऽधाऽ धा-तेटेकत गदिगनधाऽ धाऽधाऽ तेटेकतगदिगन धाऽधाऽ धा ऽ
धागेत्रक धेतेटेध गिनधाऽ। क्रधातूना कतेटेदिं ऽनातेटे तेटेक्रधा ऽनकत् धिरधिरकिटतक
तिरकिटतकताऽ तेटेकतगदिगन धाऽधाऽ धा-तेटेकत गदिगनधाऽ। धाऽधाऽ
तेटेकतगदिगन धाऽधाऽ धा ऽ धागेत्रक धेतेटेध गिनधाऽ क्रधातूना कतेटेदिं ऽनातेटे। तेटेक्रधा ऽनकत्
धिरधिरकिटतक तिरकिटतकताऽ तेटेकतगदिगन धाऽधाऽ धा-तेटेकत
गदिगनधाऽ धाऽधाऽ तेटेकतगदिगन धाऽधाऽ।
धा

कमाली-चक्रदार

धेटेधेटे	धागेतेटे	क्रधेतेटे	धागेतेटे	धेटेधागे	तेटेक्रधे	तेटेतेटे	धागेतेटे	कतगदि	गनधिन्	तड़ाऽन।	
धा	धा	धा	कतगदि	गनधिन्	तड़ाऽन	धा	धा	धा	कतगदि	गनधिन्।	
तड़ाऽन	धा	धा	धा	धेटेधेटे	धागेतेटे	क्रधेतेटे	धागेतेटे	धेटेधागे	तेटेक्रधे	तेटेतेटे।	
धागेतेटे	कतगदि	गनधिन्	तड़ाऽन	धा	धा	धा	कतगदि	गनधिन्	तड़ाऽन	धा।	
धा	धा	कतगदि	गनधिन्	तड़ाऽन	धा	धा	धा	धेटेधेटे	धागेतेटे	क्रधेतेटे।	
धागेतेटे	धेटेधागे	तेटेक्रधे	तेटेतेटे	धागेतेटे	कतगदि	गनधिन्	तड़ाऽन	धा	धा	धा।	
कतगदि	गनधिन्	तड़ाऽन	धा	धा	धा	कतगदि	गनधिन्	तड़ाऽन	धा	धा।	धा

7

ताल-एकताल

कायदा-1

धात्रकधे	तेटेक्रधे।	तेटेगिना	धात्रकधे।	तेटेगिना	तिंनाकिना।
×		0		2	
तात्रकते	तेटेक्रते।	तेटेकिना	धात्रकधे।	तेटेगिना	धिंनागिना।
0		3		4	

प्रस्तार

धात्रकधे	तेटेक्रधे।	तेटेगिना	धात्रकधे।	तेटेक्रधे	तेटेगिना।
×		0		2	
धात्रकधे	तेटेक्रधे।	तेटेगिना	धात्रकधे।	तेटेगिना	तिंनाकिना।
0		3		4	
तात्रकते	तेटेक्रते।	तेटेकिना	तात्रकते।	तेटेक्रते	तेटेकिना।
×		0		2	
धात्रकधे	तेटेक्रधे।	तेटेगिना	धात्रकधे।	तेटेगिना	धिंनागिना।
0		3		4	

प्रस्तार

धात्रकधे	तेटेधात्र।	कधेतेटे	धात्रकधे।	तेटेक्रधे	तेटेगिना।
×		0		2	
धात्रकधे	तेटेक्रधे।	तेटेगिना	धात्रकधे।	तेटेगिना	तिंनाकिना।
0		3		4	
तात्रकते	तेटेतात्र।	कतेतेटे	तात्रकते।	तेटेक्रते	तेटेकिना।
×		0		2	
धात्रकधे	तेटेक्रधे।	तेटेगिना	धात्रकधे।	तेटेगिना	धिंनागिना।
0		3		4	

प्रस्तार

धात्रकधे	तेटेक्रधे।	तेटेगिना	क्रधेतेटे।	गिनाक्रधे	तेटेगिना।
×		0		2	
धात्रकधे	तेटेक्रधे।	तेटेगिना	धात्रकधे।	तेटेगिना	तिंनाकिना।
0		3		4	
तात्रकते	तेटेक्रते।	तेटेकिना	क्रतेतेटे।	किनाक्रते	तेटेकिना।
×		0		2	
धात्रकधे	तेटेक्रधे।	तेटेगिना	धात्रकधे।	तेटेगिना	धिंनागिना।
0		3		4	

प्रस्तार

धात्रकधे	तेटेऽधे।	तेटेऽधे	तेटेक्रधे।	तेटेऽधे	तेटेगिना।
×		0		2	
धात्रकधे	तेटेक्रधे।	तेटेगिना	धात्रकधे।	तेटेगिना	तिंनाकिना।
0		3		4	
तात्रकते	तेटेऽते।	तेटेऽते	तेटेक्रते।	तेटेऽते	तेटेकिना।
×		0		2	
धात्रकधे	तेटेक्रधे।	तेटेगिना	धात्रकधे।	तेटेगिना	धिंनागिना।
0		3		4	

प्रस्तार

तेटेक्रधे	तेटेगिना।	धिंनागिना	तेटेक्रधे।	तेटेगिना	धिंनागिना।
×		0		2	
धात्रकधे	तेटेक्रधे।	तेटेगिना	धात्रकधे।	तेटेगिना	तिंनाकिना।
0		3		4	
तेटेक्रते	तेटेकिना।	तिंनाकिना	तेटेक्रते।	तेटेकिना	तिंनाकिना।
×		0		2	
धात्रकधे	तेटेक्रधे।	तेटेगिना	धात्रकधे।	तेटेगिना	धिंनागिना।
0		3		4	

प्रस्तार

तेटेक्रधे	तेटेगिना।	धिंनागिना	गिनाधिंना।	गिनागिना	धिंनागिना।
×		0		2	
धात्रकधे	तेटेक्रधे।	तेटेगिना	धात्रकधे।	तेटेगिना	तिंनाकिना।
0		3		4	
तेटेक्रते	तेटेकिना।	तिंनाकिना	तेटेकिना।	तिंनाकिना	तिंनाकिना।
×		0		2	
धात्रकधे	तेटेक्रधे।	तेटेगिना	धात्रकधे।	तेटेगिना	धिंनागिना।
0		3		4	

प्रस्तार

गिनाधिंना	गिनागिना।	धिंनागिना	धात्रकधे।	तेटेगिना	तिंनाकिना।
×		0		2	
किनातिंना	किनाकिना।	तिंनाकिना	धात्रकधे।	तेटेगिना	धिंनागिना।
0		3		4	
गिनाधिंना	गिनागिना।	धिंनागिना	धात्रकधे।	तेटेगिना	तिंनाकिना।
×		0		2	
किनातिंना	किनाकिना।	तिंनाकिना	धात्रकधे।	तेटेगिना	धिंनागिना।
0		3		4	

तिहाई

धात्रकधे	तेटेगिना।	धिंनागिना	धाऽ।	ऽधात्र	कधेतेटे।	
×		0		2		
गिनाधिंना	गिनाधा।	ऽ ऽ	धात्रकधे।	तेटेगिना	धिंनागिना	धा
0		3		4	×	

तिहाई

धात्रकधे	तेटेक्रधे।	तेटेगिना	धात्रकधे।	तेटेगिना	धिंनागिना।	
×		0		2		
धा	ऽ।	ऽ	धात्रकधे।	तेटेक्रधे	तेटेगिना।	
0		3		4		
धात्रकधे	तेटेगिना।	धिंनागिना	धा।	ऽ	ऽ।	
×		0				
धात्रकधे	तेटेक्रधे।	तेटेगिना	धात्रकधे।	तेटेगिना	धिंनागिना	धा
0		3		4		×

कायदा-2

धगि	नधा।	तिरकिट	धाधा।	तिरकिट	धागे।
×		0		2	
तिरकिट	धिंना।	किटतक	तिरकिट।	तकताऽ	तिरकिट।
0		3		4	
तकि	नता।	तिरकिट	ताता।	तिरकिट	ताके।
×		0		2	
तिरकिट	धिंना।	किटतक	तिरकिट।	तकधाऽ	तिरकिट।
0		3		4	

प्रस्तार

धगि नधा।	तिरकिट धाधा।	तिरकिट धागे।	धगि नधा।	तिरकिट धाधा।	तिरकिट धागे।
×	0	2	0	3	4
धगि नधा।	तिरकिट धाधा।	तिरकिट धागे।	तिरकिट धिंना।	किटतक तिरकिट।	तकताऽ तिरकिट।
×	0	2	0	3	
तकि नता।	तिरकिट ताता।	तिरकिट ताके।	तकि नता।	तिरकिट ताता।	तिरकिट ताके।
×	0	2	0	3	4
धगि नधा।	तिरकिट धाधा।	तिरकिट धागे।	तिरकिट धिंना।	किटतक तिरकिट।	तकधाऽ तिरकिट।
×	0	2	0	3	4

प्रस्तार

धगि नधा।	तिरकिट धगि।	नधा तिरकिट।	धगि नधा।	तिरकिट धाधा।	तिरकिट धागे।
×	0	2	0	3	4
धगि नधा।	तिरकिट धाधा।	तिरकिट धागे।	तिरकिट धिंना।	किटतक तिरकिट।	तकताऽ तिरकिट।
×	0	2	0	3	4
तकि नता।	तिरकिट तकि।	नता तिरकिट।	तकि नता।	तिरकिट ताता।	तिरकिट ताके।
×	0	2	0	3	4
धगि नधा।	तिरकिट धाधा।	तिरकिट धागे।	तिरकिट धिंना।	किटतक तिरकिट।	तकधाऽ तिरकिट।
×	0	2	0	3	4

प्रस्तार

धगि नधा।	तिरकिट धाधा।	तिरकिट धागे।	तिरकिट धिंना।	किटतक तिरकिट।	धिंना किटतक।
×	0	2	0	3	4
धगि नधा।	तिरकिट धाधा।	तिरकिट धागे।	तिरकिट धिंना।	किटतक तिरकिट।	तकताऽ तिरकिट।
×	0	2	0	3	4
तकि नता।	तिरकिट ताता।	तिरकिट ताके।	तिरकिट तिंना।	किटतक तिरकिट।	तिंना किटतक।
×	0	2	0	3	4
धगि नधा।	तिरकिट धाधा।	तिरकिट धागे।	तिरकिट धिंना।	किटतक तिरकिट।	तकधाऽ तिरकिट।
×	0	2	0	3	4

प्रस्तार

तिरकिट धिंना।	किटतक तिरकिट।	धिंना किटतक।	तिरकिट धिंना।	किटतक तिरकिट।	तकताऽ तिरकिट।
×	0	2	0	3	4
तिरकिट तिंना।	किटतक तिरकिट।	तिंना किटतक।	तिरकिट धिंना।	किटतक तिरकिट।	तकधाऽ तिरकिट।
×	0	2	0	3	4

तिहाई

तिरकिट धिंना।	किटतक तिरकिट।	तकधा- तिरकिट।	धा ऽ।	ऽ तिरकिट।	धिंना किटतक।
×	0	2	0	3	4
तिरकिट तकधा-।	तिरकिट धा।	ऽ ऽ।	तिरकिट धिंना।	किटतक तिरकिट।	तकधा- तिरकिट।
×	0	2	0	3	4
धा					
×					

कायदा-3

धाऽतिर	किटतक।	धाऽ	घेड़नग।	धिरधिर	किटतक।
×		0		2	
धाऽतिर	किटतक।	धाऽ	घेड़नग।	तिंना	किटतक।
0		3		4	
ताऽतिर	किटतक।	ताऽ	केड़नक।	तिरतिर	किटतक।
×		0		2	
धाऽतिर	किटतक।	धाऽ	घेड़नग।	धिंना	किटतक।
0		3		4	

प्रस्तार

धाऽतिर	किटतक।	धाऽ	घेड़नग।	धिरधिर	किटतक।
×		0		2	
धाऽतिर	किटतक।	धाऽ	घेड़नग।	धिरधिर	किटतक।
0		3		4	
धाऽतिर	किटतक।	धाऽ	घेड़नग।	धिरधिर	किटतक।
×		0		2	
धाऽतिर	किटतक।	धाऽ	घेड़नग।	तिंना	किटतक।
0		3		4	
ताऽतिर	किटतक।	ताऽ	केड़नक।	तिरतिर	किटतक।
×		0		2	
ताऽतिर	किटतक।	ताऽ	केड़नक।	तिरतिर	किटतक।
0		3		4	
धाऽतिर	किटतक।	धाऽ	घेड़नग।	धिरधिर	किटतक।
×		0		2	
धाऽतिर	किटतक।	धाऽ	घेड़नग।	धिंना	किटतक।
0		3		4	

प्रस्तार

धाऽतिर	किटतक।	धाऽ	धाऽतिर।	किटतक	धाऽ।
×		0		2	

धाऽतिर	किटतक।	धाऽ	घेड़नग।	धिरधिर	किटतक।
0		3		4	
धाऽतिर	किटतक।	धाऽ	घेड़नग।	धिरधिर	किटतक।
×		0		2	
धाऽतिर	किटतक।	धाऽ	घेड़नग।	तिंना	किटतक।
0		3		4	
ताऽतिर	किटतक।	ताऽ	ताऽतिर।	किटतक	ताऽ।
×		0		2	
ताऽतिर	किटतक।	ताऽ	केड़नक।	तिरतिर	किटतक।
0		3		4	
धाऽतिर	किटतक।	धाऽ	घेड़नग।	धिरधिर	किटतक।
×		0		2	
धाऽतिर	किटतक।	धाऽ	घेड़नग।	धिंना	किटतक।
0		3		4	

प्रस्तार

धाऽतिर	किटतक।	धाऽ	घेड़नग।	धिरधिर	किटतक।
×		0		2	
घेड़नग	धिरधिर।	किटतक	घेड़नग।	धिरधिर	किटतक।
0		3		4	
धाऽतिर	किटतक।	धाऽ	घेड़नग।	धिरधिर	किटतक।
×		0		2	
धाऽतिर	किटतक।	धाऽ	घेड़नग।	तिंना	किटतक।
0		3		4	
ताऽतिर	किटतक।	ताऽ	केड़नक।	तिरतिर	किटतक।
×		0		2	
केड़नक	तिरतिर।	किटतक	केड़नक।	तिरतिर	किटतक।
0		3		4	
धाऽतिर	किटतक।	धाऽ	घेड़नग।	धिरधिर	किटतक।
×		0		2	
धाऽतिर	किटतक।	धाऽ	घेड़नग।	धिंना	किटतक।
0		3		4	

प्रस्तार

धाऽ	घेड़नग।	धिरधिर	किटतक।	धिरधिर	किटतक।
×		0		2	
धाऽतिर	किटतक।	धाऽ	घेड़नग।	तिंना	किटतक।
0		3		4	
ताऽ	केड़नक।	तिरतिर	किटतक।	तिरतिर	किटतक।
×		0		2	

धाऽतिर	किटतक।	धाऽ	घेड़नग।	धिंना	किटतक।
0		3		4	

प्रस्तार

धाऽ	घेड़नग।	धिरधिर	किटतक।	धाऽ	घेड़नग।
×		0		2	
धिरधिर	किटतक।	धाऽ	घेड़नग।	धिरधिर	किटतक।
0		3		4	
धाऽ	घेड़नग।	धिरधिर	किटतक।	धिरधिर	किटतक।
×		0		2	
धाऽतिर	किटतक।	धाऽ	घेड़नग।	तिंना	किटतक।
0		3		4	
ताऽ	केड़नक।	तिरतिर	किटतक।	ताऽ	केड़नक।
×		0		2	
तिरतिर	किटतक।	ताऽ	केड़नक।	तिरतिर	किटतक।
0		3		4	
धाऽ	घेड़नग।	धिरधिर	किटतक।	धिरधिर	किटतक।
×		0		2	
धाऽतिर	किटतक।	धाऽ	घेड़नग।	धिंना	किटतक।
0		3		4	

प्रस्तार

धाऽ	घेड़नग।	धिरधिर	किटतक।	तिंना	किटतक।
×		0		2	
ताऽ	केड़नक।	धिरधिर	किटतक।	धिंना	किटतक।
0		3		4	
धाऽ	घेड़नग।	धिरधिर	किटतक।	तिंना	किटतक।
×		0		2	
ताऽ	केड़नक।	धिरधिर	किटतक।	धिंना	किटतक।
0		3		4	

तिहाई

धाऽ	घेड़नग।	धिरधिर	किटतक।	धिंना	किटतक।	
×		0		2		
धा	ऽ।	ऽ	धाऽ।	घेड़नग	धिरधिर।	
0		3		4		
किटतक	धिंना।	किटतक	धाऽ।	ऽ	ऽ।	
×		0		2		
धाऽ	घेड़नग।	धिरधिर	किटतक।	धिंना	किटतक।	धा
0		3		4		×

कायदा-4

तिरकिट	तकतक्।	घ्ड़ाऽन्	तिरकिट।	धिंना	किटतक।
×		0		2	
तिरकिट	धाऽतिर।	किटतक	तिरकिट।	तिंना	किटतक।
0		3		4	
तिरकिट	तकतक्।	क्ड़ाऽन्	तिरकिट।	तिंना	किटतक।
×		0		2	
तिरकिट	धाऽतिर।	किटतक	तिरकिट।	धिंना	किटतक।
0		3		4	

प्रस्तार

तिरकिट	तकतक्।	घ्ड़ाऽन्	तिरकिट।	धिंना	किटतक।
×		0		2	
तिरकिट	तकतक्।	घ्ड़ाऽन्	तिरकिट।	धिंना	किटतक।
0		3		4	
तिरकिट	तकतक्।	घ्ड़ाऽन्	तिरकिट।	धिंना	किटतक।
×		0		2	
तिरकिट	धाऽतिर।	किटतक	तिरकिट।	तिंना	किटतक।
0		3		4	
तिरकिट	तकतक्।	क्ड़ाऽन्	तिरकिट।	तिंना	किटतक।
×		0		2	
तिरकिट	तकतक्।	क्ड़ाऽन्	तिरकिट।	तिंना	किटतक।
0		3		4	
तिरकिट	तकतक्।	घ्ड़ाऽन्	तिरकिट।	धिंना	किटतक।
×		0		2	
तिरकिट	धाऽतिर।	किटतक	तिरकिट।	धिंना	किटतक।
0		3		4	

प्रस्तार

तिरकिट	तकतक्।	घ्ड़ाऽन्	तिरकिट।	तकतक्	घ्ड़ाऽन।
×		0		2	
तिरकिट	तकतक्।	घ्ड़ाऽन्	तिरकिट।	धिंना	किटतक।
0		3		4	
तिरकिट	तकतक्।	घ्ड़ाऽन्	तिरकिट।	धिंना	किटतक।
×		0		2	
तिरकिट	धाऽतिर।	किटतक	तिरकिट।	तिंना	किटतक।
0		3		4	
तिरकिट	तकतक्।	क्ड़ाऽन्	तिरकिट।	तकतक्	क्ड़ाऽन।
×		0		2	

तिरकिट	तकतक्।	क्ड़ाऽन्	तिरकिट।	तिंना	किटतक।
0		3		4	
तिरकिट	तकतक्।	घ्ड़ाऽन्	तिरकिट।	धिंना	किटतक।
×		0		2	
तिरकिट	धाऽतिर।	किटतक	तिरकिट।	धिंना	किटतक।
0		3		4	

प्रस्तार

तिरकिट	तकतक्।	घ्ड़ाऽन्	तिरकिट।	धिंना	किटतक।
×		0		2	
तिरकिट	धिंना।	किटतक	तिरकिट।	धिंना	किटतक।
0		3		4	
तिरकिट	तकतक्।	घ्ड़ाऽन्	तिरकिट।	धिंना	किटतक।
×		0		2	
तिरकिट	धाऽतिर।	किटतक	तिरकिट।	तिंना	किटतक।
0		3		4	
तिरकिट	तकतक्।	क्ड़ाऽन्	तिरकिट।	तिंना	किटतक।
×		0		2	
तिरकिट	तिंना।	किटतक	तिरकिट।	तिंना	किटतक।
0		3		4	
तिरकिट	तकतक्।	घ्ड़ाऽन्	तिरकिट।	धिंना	किटतक।
×		0		2	
तिरकिट	धाऽतिर।	किटतक	तिरकिट।	धिंना	किटतक।
0		3		4	

प्रस्तार

तिरकिट	तकतक्।	घ्ड़ाऽन्	तिरकिट।	तिंना	किटतक।
×		0		2	
तिरकिट	तकतक्।	क्ड़ाऽन्	तिरकिट।	धिंना	किटतक।
0		3		4	

प्रस्तार

तिरकिट	तकतक्।	घ्ड़ाऽन्	तक्घ्ड़ा।	ऽन्तक्	घ्ड़ाऽन्।
×		0		2	
तिरकिट	तकतक्।	घ्ड़ाऽन्	तिरकिट।	तिंना	किटतक।
0		3		4	
तिरकिट	तकतक्।	क्ड़ाऽन्	तक्क्ड़ा।	ऽन्तक्	क्ड़ाऽन्।
×		0		2	
तिरकिट	तकतक्।	घ्ड़ाऽन्	तिरकिट।	धिंना	किटतक।
0		3		4	

प्रस्तार

तिरकिट	तकतिर।	किटतक	तिरकिट।	तकतक्	घ्ड़ाऽन्।
×		0		2	
तिरकिट	तकतक्।	घ्ड़ाऽन्	तिरकिट।	तिंना	किटतक।
0		3		4	
तिरकिट	तकतिर।	किटतक	तिरकिट।	तकतक्	क्ड़ाऽन्।
×		0		2	
तिरकिट	तकतक्।	घ्ड़ाऽन्	तिरकिट।	धिंना	किटतक।
0		3		4	

प्रस्तार

तिरकिट	धिंना।	किटतक	तिरकिट।	धिंना	किटतक।
×		0		2	
तिरकिट	तकतक्।	घ्ड़ाऽन्	तिरकिट।	तिंना	किटतक।
0		3		4	
तिरकिट	तिंना।	किटतक	तिरकिट।	तिंना	किटतक।
×		0		2	
तिरकिट	तकतक्।	घ्ड़ाऽन्	तिरकिट।	धिंना	किटतक।
0		3		4	

तिहाई

तिरकिट	तकतक्।	घ्ड़ाऽन्	तिरकिट।	धिंना	किटतक।
×		0		2	
धा	ऽ।	ऽ	तिरकिट।	तकतक्	घ्ड़ाऽन्।
0		3		4	
तिरकिट	धिंना।	किटतक	धा।	ऽ	ऽ।
×		0		2	
तिरकिट	तकतक्।	घ्ड़ाऽन्	तिरकिट।	धिंना	किटतक।
0		3		4	
धा					
×					

कायदा-5

धाऽतेटे	तेटेघेड़।	नगतक	तिरकिट।	तकतिन	तिंनाकिन।
×		0		2	
ताऽतेटे	तेटेकेड़।	नकतक	तिरकिट।	तकधिन	धिंनागिन।
0		3		4	

प्रस्तार

धाऽतेटे	तेटेघेड़।	नगतक	तिरकिट।	तकतक	तिरकिट।
×		0		2	
धाऽतेटे	तेटेघेड़।	नगतक	तिरकिट।	तकतिन	तिंनाकिन।
0		3		4	
ताऽतेटे	तेटेकेड़।	नकतक	तिरकिट।	तकतक	तिरकिट।
×		0		2	
धाऽतेटे	तेटेघेड़।	नगतक	तिरकिट।	तकधिन	धिंनागिन।
0		3		4	

प्रस्तार

धाऽतेटे	तेटेघेड़।	नगतेटे	तेटेघेड़।	नगतक	तिरकिट।
×		0		2	
धाऽतेटे	तेटेघेड़।	नगतक	तिरकिट।	तकतिन	तिंनाकिन।
0		3		4	
ताऽतेटे	तेटेकेड़।	नकतेटे	तेटेकेड़।	नकतक	तिरकिट।
×		0		2	
धाऽतेटे	तेटेघेड़।	नगतक	तिरकिट।	तकधिन	धिंनागिन।
0		3		4	

प्रस्तार

तेटेघेड़	नगतक।	तिरकिट	तकधिन।	तकतिन	तिंनाकिन।
×		0		2	
तेटेकेड़	नकतक।	तिरकिट	तकधिन।	तकधिन	धिंनागिन।
0		3		4	
तेटेघेड़	नगतक।	तिरकिट	तकधिन।	तकतिन	तिंनाकिन।
×		0		2	
तेटेकेड़	नकतक।	तिरकिट	तकधिन।	तकधिन	धिंनागिन।
0		3		4	

प्रस्तार

तेटेघेड़	नगघेड़।	नगतक	तिरकिट।	तकतिन	तिंनाकिन।
×		0		2	
तेटेकेड़	नककेड़।	नकतक	तिरकिट।	तकधिन	धिंनागिन।
0		3		4	
तेटेघेड़	नगघेड़।	नगतक	तिरकिट।	तकतिन	तिंनाकिन।
×		0		2	
तेटेकेड़	नककेड़।	नकतक	तिरकिट।	तकधिन	धिंनागिन।
0		3		4	

प्रस्तार

घेड़नग	तकतिर।	किटतक	तिरकिट।	तकतिन	तिंनाकिन।
×		0		2	
केड़नक	तकतिर।	किटतक	तिरकिट।	तकधिन	धिंनागिन।
0		3		4	
घेड़नग	तकतिर।	किटतक	तिरकिट।	तकतिन	तिंनाकिन।
×		0		2	
केड़नक	तकतिर।	किटतक	तिरकिट।	तकधिन	धिंनागिन।
0		3		4	

प्रस्तार

घेड़नग	तकतिर।	किटधिन	धिंनागिन।	तकतिन	तिंनाकिन।
×		0		2	
केड़नक	तकतिर।	किटतिन	तिंनाकिन।	तकधिन	धिंनागिन।
0		3		4	
घेड़नग	तकतिर।	किटधिन	धिंनागिन।	तकतिन	तिंनाकिन।
×		0		2	
केड़नक	तकतिर।	किटतिन	तिंनाकिन।	तकधिन	धिंनागिन।
0		3		4	

तिहाई

धिंनागिन	तकधिन।	धिंनागिन	धाऽ।	ऽधिंना	गिनतक।
×		0		2	
धिनधिंना	गिनधाऽ।	ऽऽ	धिंनागिन।	तकधिन	धिंनागिन।
0		3		4	
धा					
×					

तिहाई

घेड़नग	तकतिर।	किटधिन	धिंनागिन।	तकधिन	धिंनागिन।	
×		0		2		
धा	ऽ।	ऽ	घेड़नग।	तकतिर	किटधिन।	
0		3		4		
धिंनागिन	तकधिन।	धिंनागिन	धा।	ऽ	ऽ।	
×		0		2		
घेड़नग	तकतिर।	किटधिन	धिंनागिन।	तकधिन	धिंनागिन।	धा
0		3		4		×

एकताल में टुकड़ा, फरमाईशी एवं कमाली

टुकड़ा

त्रकधेत्	धिरधिरकिटतक।	धाऽतिरकिटतक	तक्क्ड़ाँ।	ऽऽधिरधिर	किटतकतकिट।
×		0		2	
धाऽतीऽ	धाऽऽऽ।	धिरधिरकिटतक	तकिटधाऽ।	तीऽधाऽ	ऽऽधिरधिर।
0		3		4	
किटतकतकिट	धाऽतीऽ।	धा	ऽ।	ऽ	त्रकधेत्।
×		0		2	
धिरधिरकिटतक	धाऽतिरकिटतक।	तक्क्ड़ाँ	ऽऽधिरधिर।	किटतकतकिट	धाऽतीऽ।
0		3		4	
धाऽऽऽ	धिरधिरकिटतक।	तकिटधाऽ	तीऽधाऽ।	ऽऽधिरधिर	किटतकतकिट।
×		0		2	
धाऽतीऽ	धा।	ऽ	ऽ।	त्रकधेत्	धिरधिरकिटतक।
0		3		4	
धाऽतिरकिटतक	तक्क्ड़ाँ।	ऽऽधिरधिर	किटतकतकिट।	धाऽतीऽ	धाऽऽऽ।
×		0		2	
धिरधिरकिटतक	तकिटधाऽ।	तीऽधाऽ	ऽऽधिरधिर।	तकिटधाऽ	तीऽधाऽ।
0		3		4	
धा					
×					

टुकड़ा

दिंदिं	तेटेतेटे।	घेघेतेटे	घेघेदिंऽ।	नानाघेतिर	किटतकता।
×		0		2	
घेघेनाना	घेतिरकिटतक।	ता.......	घेघेनाना।	घेतिरकिटतक	ता.........।
0		3		4	
घेघेनाना	घेतिरकिटतक।	ता.......	ऽ.........।	ऽ............	दिंदिं।
×		0		2	
तेटेतेटे	घेघेतेटे।	घेघेदिंऽ	नानाघेतिर।	किटतकता	घेघेनाना।
0		3		4	
घेतिरकिटतक	ता........।	घेघेनाना	घेतिरकिटतक।	ता..........	घेघेनाना।
×		0		2	
घेतिरकिटतक	ता........।	ऽ..........	ऽ............।	दिंदिं	तेटेतेटे।
0		3		4	
घेघेतेटे	घेघेदिंऽ।	नानाघेतिर	किटतकता।	घेघेनाना	घेतिरकिटतक।
×		0		2	
ता..............	घेघेनाना।	घेतिरकिटतक	ता............।	घेघेनाना	घेतिरकिटतक।
0		3		4	
ता					
×					

फरमाईशी चक्रदार टुकड़ा

धाऽनधिकिट	नगिनधिकिट।	धिक्कताऽन	धिग्गिदिगन।	धगेऽदिगिन	धाऽदिंऽताऽ।
×		0		2	
कत्ऽऽतिरकिटतक	ताऽनताऽऽ।	तिरकिटतकताऽन	ताऽऽतिरकिटतक।	ताऽनताऽक्र	धाऽनधाऽन।
0		3		4	
धा............	कत्ऽऽतिरकिटतक।	ताऽनताऽऽ	तिरकिटतकताऽन।	ताऽऽतिरकिटतक	ताऽनताऽक्र।
×		0		2	
धाऽनधाऽन	धा.......।	कत्ऽऽतिरकिटतक	ताऽनताऽऽ।	तिरकिटतकताऽन	ताऽऽतिरकिटतक।
0		3		4	
ताऽनताऽक्र	धाऽनधाऽन।	धा.......	ऽ.......।	ऽ.......	धाऽनधिकिट।
×		0		2	
नगिनधिकिट	धिक्कताऽन।	धिग्गिदिगन	धगेऽदिगिन।	धाऽदिंऽताऽ	कत्ऽऽतिरकिटतक।
0		3		4	
ताऽनताऽऽ	तिरकिटतकताऽन।	ताऽऽतिरकिटतक	ताऽनताऽक्र।	धाऽनधाऽन	धा..........।
×		0		2	
कत्ऽऽतिरकिटतक	ताऽनताऽऽ।	तिरकिटतकताऽन	ताऽऽतिरकिटतक।	ताऽनताऽक्र	धाऽनधाऽन।
0		3		4	
धा..........	कत्ऽऽतिरकिटतक।	ताऽनताऽऽ	तिरकिटतकताऽन।	ताऽऽतिरकिटतक	ताऽनताऽक्र।
×		0		2	
धाऽनधाऽन	धा.......।	ऽ............	ऽ............।	धाऽनधिकिट	नगिनधिकिट।
0		3		4	
धिक्कताऽन	धिग्गिदिगन।	धगेऽदिगिन	धाऽदिंऽताऽ।	कत्ऽऽतिरकिटतक	ताऽनताऽऽ।
×		0		2	
तिरकिटतकताऽन	ताऽऽतिरकिटतक।	ताऽनताऽक्र	धाऽनधाऽन।	धा...........	कत्ऽऽतिरकिटतक।
0		3		4	
ताऽनताऽऽ	तिरकिटतकताऽन।	ताऽऽतिरकिटतक	ताऽनताऽक्र।	धाऽनधाऽन	धा...........।
×		0		2	
कत्ऽऽतिरकिटतक	ताऽनताऽऽ।	तिरकिटतकताऽन	ताऽऽतिरकिटतक।	ताऽनताऽक्र	धाऽनधाऽन।
0		3		4	
धा					
×					

कमाली चक्रदार परन

धागेतिरकिट	कत्ऽऽधि।	किटधाऽ	क्रधातूना।	धात्रकधे	तेटेक्रधे।
×		0		2	
तेटेकत	गदिगन।	नातेतूऽधा	ऽतिरकिटतक्।	क्ड़ाँऽऽधा	तेटेकतगदिगन।
0		3		4	
धा........	धा.........।	धा..........	ऽतिरकिटतक्।	क्ड़ाँऽऽधा	तेटेकतगदिगन।
×		0		2	

धा........	धा......... ।	धा..........	ऽतिरकिटतक् ।	क्ड़ाँऽऽधा	तेटेकतगदिगन	
0		3		4		
धा........	धा......... ।	धा..........	ऽ.............. ।	ऽ............	धागेतिरकिट ।	
×		0		2		
कत्ऽऽधि	किटधाऽ ।	क्रधातूना	धात्रकधे ।	तेटेक्रधे	तेटेकत ।	
0		3		4		
गदिगन	नातेतूऽधा ।	ऽतिरकिटतक्	क्ड़ाँऽऽधा ।	तेटेकतगदिगन	धा........ ।	
×		0		2		
धा.........	धा......... ।	ऽतिरकिटतक्	क्ड़ाँऽऽधा ।	तेटेकतगदिगन	धा........ ।	
0		3		4		
धा.........	धा......... ।	ऽतिरकिटतक्	क्ड़ाँऽऽधा ।	तेटेकतगदिगन	धा........ ।	
×		0		2		
धा.........	धा......... ।	ऽ.........	ऽ........... ।	धागेतिरकिट	कत्ऽऽधि ।	
0		3		4		
किटधाऽ	क्रधातूना ।	धात्रकधे	तेटेक्रधे ।	तेटेकत	गदिगन ।	
×		0		2		
नातेतूऽधा	ऽतिरकिटतक् ।	क्ड़ाँऽऽधा	तेटेकतगदिगन ।	धा........	धा......... ।	
0		3		4		
धा...........	ऽतिरकिटतक् ।	क्ड़ाँऽऽधा	तेटेकतगदिगन ।	धा........	धा......... ।	
×		0		2		
धा...........	ऽतिरकिटतक् ।	क्ड़ाँऽऽधा	तेटेकतगदिगन ।	धा........	धा......... ।	धा
0		3		4		×

8

तेरह मात्रा में रचनाएं

सूचना-13 मात्रे के किसी भी ताल में निम्नलिखित कायदे बजाए जा सकते हैं:-

कायदा-1

धागे	तिरकिट	धिंना	गिना	धा-	गिना	तिरकिट	धा-	गिना	धागे	नागे	तिंना	किना।
ताके	तिरकिट	तिंना	किना	ता-	किना	तिरकिट	धा-	गिना	धागे	नागे	धिंना	गिना।

प्रस्तार

धागे	तिरकिट	धिंना	गिना	धा-	गिना	तिरकिट	धा-	गिना	तिरकिट	धा-	गिना	तिरकिट।
धागे	तिरकिट	धिंना	गिना	धा-	गिना	तिरकिट	धा-	गिना	धागे	नागे	तिंना	किना।
ताके	तिरकिट	तिंना	किना	ता-	किना	तिरकिट	ता-	किना	तिरकिट	ता-	किना	तिरकिट।
धागे	तिरकिट	धिंना	गिना	धा-	गिना	तिरकिट	धा-	गिना	धागे	नागे	धिंना	गिना।

प्रस्तार

धागे	तिरकिट	धिंना	गिना	धा-	ऽ	धिंना	गिना	धा-	ऽ	धिंना	गिना	तिरकिट।
धागे	तिरकिट	धिंना	गिना	धा-	गिना	तिरकिट	धा-	गिना	धागे	नागे	तिंना	किना।
ताके	तिरकिट	तिंना	किना	ता-	ऽ	तिंना	किना	ता-	ऽ	तिंना	किना	तिरकिट।
धागे	तिरकिट	धिंना	गिना	धा-	गिना	तिरकिट	धा-	गिना	धागे	नागे	धिंना	गिना।

प्रस्तार

धागे	तिरकिट	धिंना	गिना	तिरकिट	धिंना	गिना	तिरकिट	धिंना	गिना	धा-	गिना	तिरकिट।
धागे	तिरकिट	धिंना	गिना	धा-	गिना	तिरकिट	धा-	गिना	धागे	नागे	तिंना	किना।
ताके	तिरकिट	तिंना	किना	तिरकिट	तिंना	किना	तिरकिट	तिंना	किना	ता-	किना	तिरकिट।
धागे	तिरकिट	धिंना	गिना	धा-	गिना	तिरकिट	धा-	गिना	धागे	नागे	धिंना	गिना।

प्रस्तार

धागे	तिरकिट	धिंना	गिना	धा-	तिरकिट	धिंना	गिना	धा-	तिरकिट	धिंना	गिना	धा-।

धागे तिरकिट धिंना गिना धा- गिना तिरकिट धा- गिना धागे नागे तिंना किना।
ताके तिरकिट तिंना किना ता- तिरकिट तिंना किना ता- तिरकिट तिंना किना ता-।
धागे तिरकिट धिंना गिना धा- गिना तिरकिट धा- गिना धागे नागे धिंना गिना।

प्रस्तार

धागे तिरकिट धिंना धागे तिरकिट धिंना धागे तिरकिट धिंना गिना धा- तिरकिट धिंना।
धागे तिरकिट धिंना गिना धा- गिना तिरकिट धा- गिना धागे नागे तिंना किना।
ताके तिरकिट तिंना ताके तिरकिट तिंना ताके तिरकिट तिंना किना ता- तिरकिट तिंना।
धागे तिरकिट धिंना गिना धा- गिना तिरकिट धा- गिना धागे नागे धिंना गिना।

प्रस्तार

धा- गिना तिरकिट धा- गिना धागे नागे धिंना गिना धागे नागे धिंना गिना।
धागे तिरकिट धिंना गिना धा- गिना तिरकिट धा- गिना धागे नागे तिंना किना।
ता- किना तिरकिट ता- किना ताके नाके तिंना किना ताके नाके तिंना किना।
धागे तिरकिट धिंना गिना धा- गिना तिरकिट धा- गिना धागे नागे धिंना गिना।

प्रस्तार

धिंना गिना धा- गिना धिंना गिना धा- गिना धिंना गिना धा- गिना तिरकिट।
धागे तिरकिट धिंना गिना धा- गिना तिरकिट धा- गिना धागे नागे तिंना किना।
तिंना किना ता- किना तिंना किना ता- किना तिंना किना ता- किना तिरकिट।
धागे तिरकिट धिंना गिना धा- गिना तिरकिट धा- गिना धागे नागे धिंना गिना।

तिहाई

गिना तिरकिट धा- गिना धागे नागे धिंना गिना धा- गिना तिरकिट धा- गिना।
धागे नागे धिंना गिना धा- गिना तिरकिट धा- गिना धागे नागे धिंना गिना। धा

कायदा-2

धाऽतिर किटधाऽ गिना धागे धिंना ऽधा गिना धागे धिंना गिना धागे तिंना किना।
ताऽतिर किटताऽ किना ताके तिंना ऽधा गिना धागे धिंना गिना धागे धिंना गिना।

प्रस्तार

धाऽतिर किटधाऽ गिना धाऽतिर किटधाऽ गिना धाऽतिर किटधाऽ गिना धागे धिंना ऽधा गिना।
धाऽतिर किटधाऽ गिना धागे धिंना ऽधा गिना धागे धिंना गिना धागे तिंना किना।
ताऽतिर किटताऽ किना ताऽतिर किटताऽ किना ताऽतिर किटताऽ किना ताके तिंना ऽता किना।
धाऽतिर किटधाऽ गिना धागे धिंना ऽधा गिना धागे धिंना गिना धागे धिंना गिना।

प्रस्तार

धाऽतिर किटधाऽ गिना धागे धिंना ऽधा गिना धिंना ऽधा गिना धिंना ऽधा गिना।
धाऽतिर किटधाऽ गिना धागे धिंना ऽधा गिना धागे धिंना गिना धागे तिंना किना।

ताऽतिर किटताऽ किना ताके तिंना ऽता किना तिंना ऽता किना तिंना ऽता किना।

धाऽतिर किटधाऽ गिना धागे धिंना ऽधा गिना धागे धिंना गिना धागे धिंना गिना।

प्रस्तार

धाऽतिर किटधाऽ गिना धागे धिंना ऽधा गिना धागे धिंना ऽधा गिना धिंना गिना।

धाऽतिर किटधाऽ गिना धागे धिंना ऽधा गिना धागे धिंना गिना धागे तिंना किना।

ताऽतिर किटताऽ किना ताके तिंना ऽता किना ताके तिंना ऽता किना तिंना किना।

धाऽतिर किटधाऽ गिना धागे धिंना ऽधा गिना धागे धिंना गिना धागे धिंना गिना।

प्रस्तार

धाऽतिर किटधाऽ गिना तिरकिट धगि नाऽतिर किटधाऽ गिना धागे धिंना ऽधा गिना धागे।

धाऽतिर किटधाऽ गिना धागे धिंना ऽधा गिना धागे धिंना गिना धागे तिंना किना।

ताऽतिर किटताऽ किना तिरकिट तकि नाऽतिर किटताऽ किना ताके तिंना ऽता किना ताके।

धाऽतिर किटधाऽ गिना धागे धिंना ऽधा गिना धागे धिंना गिना धागे धिंना गिना।

प्रस्तार

धाऽतिर किटधाऽ तिरकिट धाऽतिर किटधाऽ गिना धागे धिंना ऽधा गिना धागे धिंना गिना।

धाऽतिर किटधाऽ गिना धागे धिंना ऽधा गिना धागे धिंना गिना धागे तिंना किना।

ताऽतिर किटताऽ तिरकिट ताऽतिर किटताऽ किना ताके तिंना ऽता किना ताके तिंना किना।

धाऽतिर किटधाऽ गिना धागे धिंना ऽधा गिना धागे धिंना गिना धागे धिंना गिना।

प्रस्तार

गिना धागे धिंना ऽधा गिना धागे धिंना ऽधा गिना धागे धिंना ऽधा गिना धागे।

धाऽतिर किटधाऽ गिना धागे धिंना ऽधा गिना धागे धिंना गिना धागे तिंना किना।

किना ताके तिंना ऽता किना ताके तिंना ऽता किना ताके तिंना ऽता किना ताके।

धाऽतिर किटधाऽ गिना धागे धिंना ऽधा गिना धागे धिंना गिना धागे धिंना गिना।

प्रस्तार

धाऽतिर किटधाऽ गिना धागे धिंना ऽधा धागे धिंना ऽधा धागे धिंना ऽधा गिना।

धाऽतिर किटधाऽ गिना धागे धिंना ऽधा गिना धागे धिंना गिना धागे तिंना किना।

ताऽतिर किटताऽ किना ताके तिंना ऽता ताके तिंना ऽता ताके तिंना ऽता किना।

धाऽतिर किटधाऽ गिना धागे धिंना ऽधा गिना धागे धिंना गिना धागे धिंना गिना।

प्रस्तार

धागे धिंना ऽधा गिना धागे धिंना गिना धिंना ऽधा गिना धागे धिंना गिना।

धाऽतिर किटधाऽ गिना धागे धिंना ऽधा गिना धागे धिंना गिना धागे तिंना किना।

ताके तिंना ऽता किना ताके तिंना किना तिंना ऽता किना ताके तिंना किना।

धाऽतिर किटधाऽ गिना धागे धिंना ऽधा गिना धागे धिंना गिना धागे धिंना गिना।

तिहाई

गिना	धागे	धिंना	ऽधा	गिना	धागे	धिंना	गिना	धा	गिना	धागे	धिंना	ऽधा।
गिना	धागे	धिंना	गिना	धा	गिना	धागे	धिंना	ऽधा	गिना	धागे	धिंना	गिना।
धा												

कायदा-3

धाऽतिर	किटतक	धिरधिर	किटतक	धिरधिर	धिरधिर	किटतक
धिरधिर	किटतक	धाऽतिर	किटतक	तिंना	किटतक।	
ताऽतिर	किटतक	तिरतिर	किटतक	तिरतिर	तिरतिर	किटतक
धिरधिर	किटतक	धाऽतिर	किटतक	धिंना	किटतक।	

प्रस्तार

धाऽतिर	किटतक	धिरधिर	किटतक	धाऽतिर	किटतक	धिरधिर	किटतक
धिरधिर	धिरधिर	किटतक	धिरधिर	किटतक।			
धाऽतिर	किटतक	धिरधिर	किटतक	धिरधिर	धिरधिर	किटतक	
धिरधिर	किटतक	धाऽतिर	किटतक	तिंना	किटतक।		
ताऽतिर	किटतक	तिरतिर	किटतक	ताऽतिर	किटतक	तिरतिर	किटतक
तिरतिर	तिरतिर	किटतक	तिरतिर	किटतक।			
धाऽतिर	किटतक	धिरधिर	किटतक	धिरधिर	धिरधिर	किटतक	
धिरधिर	किटतक	धाऽतिर	किटतक	धिंना	किटतक।		

प्रस्तार

धाऽतिर	किटतक	धिरधिर	किटतक	धिरधिर	किटतक	धिरधिर	किटतक
धिरधिर	धिरधिर	किटतक	धिरधिर	किटतक।			
धाऽतिर	किटतक	धिरधिर	किटतक	धिरधिर	धिरधिर	किटतक	
धिरधिर	किटतक	धाऽतिर	किटतक	तिंना	किटतक।		
ताऽतिर	किटतक	तिरतिर	किटतक	तिरतिर	किटतक	तिरतिर	किटतक
तिरतिर	तिरतिर	किटतक	तिरतिर	किटतक।			
धाऽतिर	किटतक	धिरधिर	किटतक	धिरधिर	धिरधिर	किटतक	
धिरधिर	किटतक	धाऽतिर	किटतक	धिंना	किटतक।		

प्रस्तार

धाऽतिर	किटतक	धिरधिर	किटतक	धिरधिर	धिरधिर	किटतक
धिरधिर	धिरधिर	किटतक	धिरधिर	धिरधिर	किटतक।	
धाऽतिर	किटतक	धिरधिर	किटतक	धिरधिर	धिरधिर	किटतक
धिरधिर	किटतक	धाऽतिर	किटतक	तिंना	किटतक।	
ताऽतिर	किटतक	तिरतिर	किटतक	तिरतिर	तिरतिर	किटतक

तिरतिर	तिरतिर	किटतक	तिरतिर	तिरतिर	किटतक।	
धाऽतिर	किटतक	धिरधिर	किटतक	धिरधिर	धिरधिर	किटतक
धिरधिर	किटतक	धाऽतिर	किटतक	धिंना	किटतक।	

प्रस्तार

धिरधिर	किटतक	धिरधिर	धिरधिर	किटतक	धिरधिर	किटतक
धिरधिर	धिरधिर	किटतक	धिरधिर	धिरधिर	किटतक।	
धाऽतिर	किटतक	धिरधिर	किटतक	धिरधिर	धिरधिर	किटतक
धिरधिर	किटतक	धाऽतिर	किटतक	तिंना	किटतक।	
तिरतिर	किटतक	तिरतिर	तिरतिर	किटतक	तिरतिर	किटतक
तिरतिर	तिरतिर	किटतक	तिरतिर	तिरतिर	किटतक।	
धाऽतिर	किटतक	धिरधिर	किटतक	धिरधिर	धिरधिर	किटतक
धिरधिर	किटतक	धाऽतिर	किटतक	धिंना	किटतक।	

प्रस्तार

धिरधिर	किटतक	धिरधिर	धिरधिर	किटतक	धिरधिर	किटतक
धाऽतिर	किटतक	धाऽतिर	किटतक	धिंना	किटतक।	
धाऽतिर	किटतक	धिरधिर	किटतक	धिरधिर	धिरधिर	किटतक
धिरधिर	किटतक	धाऽतिर	किटतक	तिंना	किटतक।	
तिरतिर	किटतक	तिरतिर	तिरतिर	किटतक	तिरतिर	किटतक
ताऽतिर	किटतक	ताऽतिर	किटतक	तिंना	किटतक।	
धाऽतिर	किटतक	धिरधिर	किटतक	धिरधिर	धिरधिर	किटतक
धिरधिर	किटतक	धाऽतिर	किटतक	धिंना	किटतक।	

प्रस्तार

धिरधिर	किटतक	धिरधिर	धिरधिर	किटतक	धिरधिर	किटतक
धिरधिर	किटतक	धाऽतिर	किटतक	तिंना	किटतक।	
तिरतिर	किटतक	तिरतिर	तिरतिर	किटतक	धिरधिर	किटतक
धिरधिर	किटतक	धाऽतिर	किटतक	धिंना	किटतक।	

प्रस्तार

धिरधिर	किटतक	धाऽतिर	किटतक	धिंना	किटतक	तिरकिट
धिंना	किटतक	धाऽतिर	किटतक	तिंना	किटतक।	
तिरतिर	किटतक	ताऽतिर	किटतक	तिंना	किटतक	तिरकिट
धिंना	किटतक	धाऽतिर	किटतक	धिंना	किटतक।	

प्रस्तार

धिरधिर	किटतक	धिरधिर	किटतक	धिरधिर	किटतक	तिरकिट
धिंना	किटतक	धाऽतिर	किटतक	तिंना	किटतक।	

तिरतिर	किटतक	तिरतिर	किटतक	तिरतिर	किटतक	तिरकिट
धिंना	किटतक	धाऽतिर	किटतक	धिंना	किटतक।	

प्रस्तार

धिरधिर	किटतक	धिरधिर	किटतक	धिरधिर	किटतक	धिरधिर	किटतक
धिरधिर	किटतक	तिरकिट	तिंना	किटतक।			
तिरतिर	किटतक	तिरतिर	किटतक	तिरतिर	किटतक	तिरतिर	किटतक
धिरधिर	किटतक	तिरकिट	धिंना	किटतक।			

तिहाई

किटतक	धिरधिर	किटतक	धिरधिर	किटतक	तिरकिट	धिंना	किटतक
धा	किटतक	धिरधिर	किटतक	धिरधिर।			
किटतक	तिरकिट	धिंना	किटतक	धा	किटतक	धिरधिर	किटतक
धिरधिर	किटतक	तिरकिट	धिंना	किटतक।	धा		

तिहाई

किटतक	धिरधिर	किटतक	धिरधिर	किटतक	तिरकिट	धिंना	किटतक
धा	तिरकिट	धिंना	किटतक	धा।	तिरकिट	धिंना	किटतक
धा	ऽ	किटतक	धिरधिर	किटतक	धिरधिर	किटतक	तिरकिट
धिंना	किटतक।	धा	तिरकिट	धिंना	किटतक	धा	तिरकिट
धिंना	किटतक	धा	ऽ	किटतक	धिरधिर	किटतक।	धिरधिर
किटतक	तिरकिट	धिंना	किटतक	धा	तिरकिट	धिंना	किटतक
धा	तिरकिट	धिंना	किटतक।	धा			

रेला

धाऽतिर	किटतक	तिरकिट	धाती	धाऽतिर	किटतक	धाऽतिर	किटतक
तिरकिट	धाती	धाऽतिर	किटतक	तिरकिट।			
ताऽतिर	किटतक	तिरकिट	ताती	ताऽतिर	किटतक	धाऽतिर	किटतक
तिरकिट	धाती	धाऽतिर	किटतक	तिरकिट।			

प्रस्तार

धाऽतिर	किटतक	तिरकिट	धाती	धाऽतिर	किटतक	धाती	धाऽतिर	किटतक
तिरकिट	धाती	धाऽतिर	किटतक।					
ताऽतिर	किटतक	तिरकिट	ताती	ताऽतिर	किटतक	धाती	धाऽतिर	किटतक
तिरकिट	धाती	धाऽतिर	किटतक।					

प्रस्तार

धाऽतिर	किटतक	तिरकिट	धाती	धाऽतिर	किटतक	धाती	धाऽतिर	किटतक
धाती	धाऽतिर	किटतक	तिरकिट।					

ताऽतिर किटतक तिरकिट ताती ताऽतिर किटतक धाती धाऽतिर किटतक
धाती धाऽतिर किटतक तिरकिट।

प्रस्तार

धाऽतिर किटतक तिरकिट धाऽतिर किटतक तिरकिट धाऽतिर किटतक तिरकिट
धाती धाऽतिर किटतक तिरकिट।
ताऽतिर किटतक तिरकिट ताऽतिर किटतक तिरकिट धाऽतिर किटतक तिरकिट
धाती धाऽतिर किटतक तिरकिट।

प्रस्तार

धाऽतिर किटतक तिरकिट धाती धाऽतिर किटतक तिरकिट धाऽतिर किटतक तिरकिट
धाऽतिर किटतक तिरकिट।
ताऽतिर किटतक तिरकिट ताती ताऽतिर किटतक तिरकिट धाऽतिर किटतक तिरकिट
धाऽतिर किटतक तिरकिट।

प्रस्तार

धाती धाऽतिर किटतक धाती धाऽतिर किटतक धाती धाऽतिर किटतक
धाती धाऽतिर किटतक तिरकिट।
ताती ताऽतिर किटतक ताती ताऽतिर किटतक धाती धाऽतिर किटतक
धाती धाऽतिर किटतक तिरकिट।

प्रस्तार

धाती धाती धाऽतिर किटतक तिरकिट धाती धाती धाऽतिर किटतक तिरकिट
धाऽतिर किटतक तिरकिट।
ताती ताती ताऽतिर किटतक तिरकिट ताती ताती धाऽतिर किटतक तिरकिट
धाऽतिर किटतक तिरकिट।

प्रस्तार

धाती धाती धाऽतिर किटतक धाऽतिर किटतक तिरकिट धाती धाऽतिर किटतक
धाऽतिर किटतक तिरकिट।
ताती ताती ताऽतिर किटतक ताऽतिर किटतक तिरकिट धाती धाऽतिर किटतक
धाऽतिर किटतक तिरकिट।

तिहाई

किटतक तिरकिट धाती धाऽतिर किटतक धाऽतिर किटतक तिरकिट धा किटतक तिरकिट
धाती धाऽतिर। किटतक धाऽतिर किटतक तिरकिट धा किटतक तिरकिट धाती धाऽतिर
किटतक धाऽतिर किटतक तिरकिट। धा

तेरह मात्रा में टुकड़ा, फरमाईशी एवं कमाली

टुकड़ा

धा तूना किटतक ताऽतिर किटतक तिरकिट तकताऽ तिरकिट धाऽ ऽती ऽऽ
धाऽकिट तकतिर। किटतक ताऽतिर किटधाऽ ऽऽ तीऽ ऽधा किटतक तिरकिट तकताऽ तिरकिट धाऽ
ऽती ऽऽ। धा

टुकड़ा

त्रकधेत् धिरधिरकिटतक धाऽतिरकिटतक धिरधिरकिटतक तिरकिटतकताऽ तेटेकतगदिगन
धा-धिरधिर किटतकतिरकिट तकताऽतेटेकत गदिगनधा- धिरधिरकिटतक तिरकिटतकताऽ
तेटेकतगदिगन। धा

टुकड़ा

धाऽतिरकिटतक ता-धाऽतिर किटतकता- धित्ता धिक्कता ऽनधाऽ तिरकिटतकताऽ
ऽधाऽत धा ऽ ऽधाऽत धा ऽ ऽधाऽत धा तिरकिटतकताऽ ऽधाऽत धा ऽ ऽधाऽत
धा ऽ ऽधाऽत धा तिरकिटतकताऽ ऽधाऽत धा ऽ ऽधाऽत धा ऽ ऽधाऽत। धा

चक्रदार टुकड़ा

किटतकता- तुना,किटतक ताऽतिरकिटतक धेत्-धिरधिर किटतकधाऽतिर किटतकधा-
किटतकता- धिरधिरकिटतक धा-धिरधिर किटतकधा- धिरधिरकिटतक धा धिरधिरकिटतक।
धा-धिरधिर किटतकधा- धिरधिरकिटतक धा धिरधिरकिटतक धा-धिरधिर किटतकधा-
धिरधिरकिटतक धा किटतकता- तुना,किटतक ताऽतिरकिटतक धेत्-धिरधिर। किटतकधाऽतिर
किटतकधा- किटतकता- धिरधिरकिटतक धा-धिरधिर किटतकधा-
धिरधिरकिटतक धा धिरधिरकिटतक धा-धिरधिर किटतकधा- धिरधिरकिटतक धा।
धिरधिरकिटतक धा-धिरधिर किटतकधा- धिरधिरकिटतक धा किटतकता- तुना,किटतक
ताऽतिरकिटतक धेत्-धिरधिर किटतकधाऽतिर किटतकधा- किटतकता- धिरधिरकिटतक।
धा-धिरधिर किटतकधा- धिरधिरकिटतक धा धिरधिरकिटतक धा-धिरधिर किटतकधा-
धिरधिरकिटतक धा धिरधिरकिटतक धा-धिरधिर किटतकधा- धिरधिरकिटतक। धा

फरमाइशी चक्रदार

कऽतधेतेटे कतगदिगन धात्रकधेतेटे कतगदिगन धागेतेटेधागे तेटेक्रधेतेटे
धात्रकधेतेटे कतगदिगन कऽतधेतेटे कतगदिगन धात्रकधे तेटेकत गदिगन
कऽतधेतेटे कतगदिगन धात्रकधेतेटे कतगदिगन। धा-धात्रकधे तेटेकत गदिगन
कऽतधेतेटे कतगदिगन धात्रकधेतेटे कतगदिगन धा-धात्रकधे तेटेकत गदिगन
कऽतधेतेटे कतगदिगन धात्रकधेतेटे कतगदिगन धा कऽतधेतेटे कतगदिगन
धात्रकधेतेटे कतगदिगन। धागेतेटेधागे तेटेक्रधेतेटे धात्रकधेतेटे कतगदिगन
कऽतधेतेटे कतगदिगन धात्रकधे तेटेकतगदिगन कऽतधेतेटे कतगदिगन धात्रकधेतेटे कतगदिगन
धा-धात्रकधे तेटेकतगदिगन कऽतधेतेटे कतगदिगन धात्रकधेतेटे कतगदिगन। धा-धात्रकधे

तेटेकतगदिगन	कऽतधेतेटे	कतगदिगन	धात्रकधेतेटे	कतगदिगन	धा	कऽतधेतेटे	कतगदिगन
धात्रकधेतेटे	कतगदिगन	धागेतेटेधागे	तेटेक्रधेतेटे	धात्रकधेतेटे	कतगदिगन।		
कऽतधेतेटे	कतगदिगन	धात्रकधे	तेटेकत	गदिगन	कऽतधेतेटे	कतगदिगन	
धात्रकधेतेटे	कतगदिगन	धा-धात्रकधे	तेटेकत	गदिगन	कऽतधेतेटे	कतगदिगन	
धात्रकधेतेटे	कतगदिगन	धा-धात्रकधे	तेटेकत	गदिगन	कऽतधेतेटेकत	गदिगन	
धात्रकधेतेटे	कतगदिगन।	धा					

कमाली चक्रदार

धागेतेटे	क्रधेऽधे	तेटेक्रधे	तेटेकत	गदिगन	नागेतेटे	कतगदि	गनघिन्	तड़ाऽन	धा-
कतधाऽ	तेटेकत	गदिगन।	धाऽधाऽ	धाऽतेटे	कतगदि	गनधाऽ	धाऽधाऽ	तेटेकत	गदिगन
धाऽधाऽ	धा-	धागेतेटे	क्रधेऽधे	तेटेक्रधे	तेटेकत।	गदिगन	नागेतेटे	कतगदि	गनघिन्
तड़ाऽनधा-	कतधाऽ	तेटेकत	गदिगन	धाऽधाऽ	धाऽतेटे	कतगदि	गनधाऽ।	धाऽधाऽ	
तेटेकतगदिगन	धाऽधाऽ	धा-	धागेतेटे	क्रधेऽधे	तेटेक्रधे	तेटेकत	गदिगन	नागेतेटे	
कतगदि	गनघिन्।	तड़ाऽन	धा-	कतधाऽ	तेटेकत	गदिगन	धाऽधाऽ	धाऽतेटे	कतगदि
गनधाऽ	धाऽधाऽ	तेटेकत	गदिगन	धाऽधाऽ।	धा				

कमाली चक्रदार

कऽत्ते	टेतेटे	क्रधेऽ	धेतेटे	धेटेक्र	धेतेटे	कतग	दिगन	तकिट	घिनाते	टेतेटे	कतग	दिगन।
धा...	धा...	धा...	घिनाते	टेतेटे	कतग	दिगन	धा...	धा...	धा...	घिनाते	टेतेटे	कतग।
दिगन	धा...	धा...	धा...	ऽ....	कऽत्ते	टेतेटे	क्रधेऽ	धेतेटे	धेटेक्र	धेतेटे	कतग	दिगन।
तकिट	घिनाते	टेतेटे	कतग	दिगन	धा...	धा...	धा...	घिनाते	टेतेटे	कतग	दिगन	धा...।
धा...	धा...	घिनाते	टेतेटे	कतग	दिगन	धा...	धा...	धा...	ऽ....	कऽत्ते	टेतेटे	क्रधेऽ।
धेतेटे	धेटेक्र	धेतेटे	कतग	दिगन	तकिट	घिनाते	टेतेटे	कतग	दिगन	धा...	धा...	धा...।
घिनाते	टेतेटे	कतग	दिगन	धा...	धा...	धा...	घिनाते	टेतेटे	कतग	दिगन	धा...	धा...।
धा												

9

आड़ाचारताल में रचनाएं

कायदा-1

ठाह लय में-

धागे	त्रक।	धीना	गीना।	धा	ऽ।	धीना	गीना।	धाऽ	गीना।	धागे	नागे।	तीना	कीना।
×		2		0		3		0		4		0	
तागे	त्रक।	तीना	कीना।	ता	ऽ।	तीना	कीना।	धाऽ	गीना।	धागे	नागे।	धीना	गीना।
×		2		0		3		0		4		0	

दोगुनी लय में-

धागेत्रक	धीनागीना।	धाऽ	धीनागीना।	धाऽगीना	धागेनागे।	तीनाकीना,	ताकेत्रक।
×		2		0		3	
तीनाकीना	ताऽ।	तीनाकीना	धाऽगीना।	धागेनागे	धीनागीना।		
0		4		0			

प्रस्तार

धागेत्रक	धीनागीना।	धाऽ	धीनागीना।	धाऽगीना	धाऽगीना।	धीनागीना,	धागेत्रक।
×		2		0		3	
धीनागीना	धाऽ।	धीनागीना	धाऽगीना।	धागेनागे	तीनाकीना।		
0		4		0			
ताकेत्रक	तीनाकीना।	ताऽ	तीनाकीना।	ताऽकीना	ताऽकीना।	तीनाकीना,	धागेत्रक।
×		2		0		3	
धीनागीना	धाऽ।	धीनागीना	धाऽगीना।	धागेनागे	धीनागीना।		
0		4		0			

प्रस्तार

धागेत्रक	धीनागीना।	धागेत्रक	धीनागीना।	धाऽगीना	धाऽगीना।	धीनागीना,	धागेत्रक।
×		2		0		3	
धीनागीना	धाऽ।	धीनागीना	धाऽगीना।	धागेनागे	तीनाकीना।		
0		4		0			

ताकेत्रक	तीनाकीना।	ताकेत्रक	तीनाकीना।	ताऽकीना	ताऽकीना।	तीनाकीना,	धागेत्रक।
×		2		0		3	
धीनागीना	धाऽ।	धीनागीना	धाऽगीना।	धागेनागे	धीनागीना।		
0		4		0			

प्रस्तार

धागेत्रक	धागेत्रक।	धागेत्रक	धीनागीना।	धाऽगीना	धाऽगीना।	धीनागीना,	धागेत्रक।
×		2		0		3	
धीनागीना	धाऽ।	धीनागीना	धाऽगीना।	धागेनागे	तीनाकीना।		
0		4		0			
ताकेत्रक	ताकेत्रक।	ताकेत्रक	तीनाकीना।	ताऽकीना	ताऽकीना।	तीनाकीना,	धागेत्रक।
×		2		0		3	
धीनागीना	धाऽ।	धीनागीना	धाऽगीना।	धागेनागे	धीनागीना।		
0		4		0			

प्रस्तार

धागेत्रक	धीनागीना।	त्रकधीना	गीनात्रक।	धीनागीना	धाऽ।	धीनागीना,	धागेत्रक।
×		2		0		3	
धीनागीना	धाऽ।	धीनागीना	धाऽगीना।	धागेनागे	तीनाकीना।		
0		4		0			
ताकेत्रक	तीनाकीना।	त्रकतीना	कीनात्रक।	तीनाकीना	ताऽ।	तीनाकीना,	धागेत्रक।
×		2		0		3	
धीनागीना	धाऽ।	धीनागीना	धाऽगीना।	धागेनागे	धीनागीना।		
0		4		0			

प्रस्तार

त्रकधीना	गीनाधागे।	त्रकधीना	गीनाधागे।	धीनागीना	धागेनागे।	तीनाकीना,	त्रकतीना।
×		2		0		3	
कीनाताके	त्रकतीना।	कीनाताके	धीनागीना।	धागेनागे	धीनागीना।		
0		4		0			

प्रस्तार

त्रकधीना	त्रकधीना।	त्रकधीना	गीनाधागे।	धीनागीना	धागेनागे।	तीनाकीना,	त्रकतीना।
×		2		0		3	
त्रकतीना	त्रकतीना।	कीनाताके	धीनागीना।	धागेनागे	धीनागीना।		
0		4		0			

प्रस्तार

धीनागीना	धागेधीना।	गीनाधागे	धीनागीना।	धाऽगीना	धागेनागे।	तीनाकीना,	तीनाकीना।
×		2		0		3	

ताकेतीना	कीनाताके।	तीनाकीना	धाऽगीना।	धागेनागे	धीनागीना।
0		4		0	

प्रस्तार

धागेनागे	तीनाकीना।	धागेनागे	धीनागीना।	धागेनागे	तीनाकीना।	धागेनागे	धीनागीना।
×		2		0		3	
धागेनागे	तीनाकीना।	धागेनागे	धीनागीना।	धागेनागे	तीनाकीना।		
0		4		0			
धागेनागे	धीनागीना।	धागेनागे	तीनाकीना।	धागेनागे	धीनागीना।	धागेनागे	तीनाकीना।
×		2		0		3	
धागेनागे	धीनागीना।	धागेनागे	तीनाकीना।	धागेनागे	धीनागीना।		
0		4		0			

तिहाई

धागेनागे	तीनाकीना।	धागेनागे	धीनागीना।	धा	धागेनागे।	तीनाकीना	धागेनागे।
×		2		0		3	
धीनागीना	धा।	धागेनागे	तीनाकीना।	धागेनागे	धीनागीना।	धा	
0		4		0		×	

कायदा-2

धाते	टेधे।	तेटे	गिना।	तेटे	गिना।	धाती,	धाते।	टेधे	तेटे।	गिना	धागे।	तिंना	किना।
×		2		0		3		0		4		0	
ताते	टेते।	तेटे	किना।	तेटे	किना।	ताती,	धाते।	टेधे	तेटे।	गिना	धागे।	धिंना	गिना।
×		2		0		3		0		4		0	

प्रस्तार

धाते	टेधे।	तेटे	गिना।	तेटे	गिना।	धाती,	धाते।	टेधे	तेटे।	गिना	तेटे।	गिना	धाती,।
×		2		0		3		0		4		0	
धाते	टेधे।	तेटे	गिना।	तेटे	गिना।	धाती,	धाते।	टेधे	तेटे।	गिना	धागे।	तिंना	किना।
×		2		0		3		0		4		0	
ताते	टेते।	तेटे	किना।	तेटे	किना।	ताती,	ताते।	टेते	तेटे।	किना	तेटे।	किना	ताती,।
×		2		0		3		0		4		0	
धाते	टेधे।	तेटे	गिना।	तेटे	गिना।	धाती,	धाते।	टेधे	तेटे।	गिना	धागे।	धिंना	गिना।
×		2		0		3		0		4		0	

प्रस्तार

धाते	टेधे।	तेटे	गिना।	धाते	टेधे।	तेटे	गिना।	धाते	टेधे।	तेटे	गिना।	तेटे	गिना।
×		2		0		3		0		4		0	
धाते	टेधे।	तेटे	गिना।	तेटे	गिना।	धाती,	धाते।	टेधे	तेटे।	गिना	धागे।	तिंना	किना।
×		2		0		3		0		4		0	

ताते टेते।	तेटे किना।	ताते टेते।	तेटे किना।	ताते टेते।	तेटे किना।	तेटे किना।
×	2	0	3	0	4	0
धाते टेधे।	तेटे गिना।	तेटे गिना।	धाती, धाते।	टेधे तेटे।	गिना धागे।	धिंना गिना।
×	2	0	3	0	4	0

प्रस्तार

धाते टेधे।	तेटे धाते।	टेधे तेटे।	गिना, धाते।	टेधे तेटे।	गिना धागे।	धिंना गिना।
×	2	0	3	0	4	0
धाते टेधे।	तेटे गिना।	तेटे गिना।	धाती, धाते।	टेधे तेटे।	गिना धागे।	तिंना किना।
×	2	0	3	0	4	0
ताते टेते।	तेटे ताते।	टेते तेटे।	किना, ताते।	टेते तेटे।	किना ताके।	तिंना किना।
×	2	0	3	0	4	0
धाते टेधे।	तेटे गिना।	तेटे गिना।	धाती, धाते।	टेधे तेटे।	गिना धागे।	धिंना गिना।
×	2	0	3	0	4	0

प्रस्तार

धाते टेधे।	तेटे गिना।	ऽऽ ऽधे।	तेटे, धाते।	टेधे तेटे।	गिना धागे।	तिंना किना।
×	2	0	3	0	4	0
ताते टेते।	तेटे किना।	ऽऽ ऽते।	तेटे, धाते।	टेधे तेटे।	गिना धागे।	धिंना गिना।
×	2	0	3	0	4	0

प्रस्तार

धाते टेधे।	तेटे गिना।	धाती गिना।	धाती, धाते।	टेधे तेटे।	गिना धागे।	तिंना किना।
×	2	0	3	0	4	0
ताते टेते।	तेटे किना।	ताती किना।	ताती, धाते।	टेधे तेटे।	गिना धागे।	धिंना गिना।
×	2	0	3	0	4	0

प्रस्तार

धाते टेधे।	तेटे गिना।	धाती धाती।	गिना, धाते।	टेधे तेटे।	गिना धागे।	तिंना किना।
×	2	0	3	0	4	0
ताते टेते।	तेटे किना।	ताती ताती।	किना, धाते।	टेधे तेटे।	गिना धागे।	धिंना गिना।
×	2	0	3	0	4	0

प्रस्तार

गिना धागे।	धिंना गिना।	धागे धिंना।	गिना, धाते।	टेधे तेटे।	गिना धागे।	तिंना किना।
×	2	0	3	0	4	0
किना ताके।	तिंना किना।	ताके तिंना।	किना, धाते।	टेधे तेटे।	गिना धागे।	धिंना गिना।
×	2	0	3	0	4	0

प्रस्तार

गिना धागे।	धिंना धागे।	धिंना धागे।	धिंना, धाते।	टेधे तेटे।	गिना धागे।	तिंना किना।
×	2	0	3	0	4	0
किना ताके।	तिंना ताके।	तिंना ताके।	तिंना, धाते।	टेधे तेटे।	गिना धागे।	धिंना गिना।
×	2	0	3	0	4	0

तिहाई

गिना धागे।	धिंना गिना।	धा गिना।	धागे धिंना।	गिना <u>धा</u>।	गिना धागे।	धिंना गिना।	धा
×	2	0	3	0	4	0	×

तिहाई

गिना धाते।	टेधे तेटे।	गिना धागे।	धिंना गिना।	धा ऽ।	गिना धाते।	टेधे तेटे।	
×	2	0	3	0	4	0	
गिना धागे।	धिंना गिना।	धा ऽ।	गिना, धाते।	टेधे तेटे।	गिना धागे।	धिंना गिना।	धा
×	2	0	3	0	4	0	×

कायदा-3

धगिनधा तेटेगिना।	धातीधागे धिंनागिना।	धातीगिना धातीधागे।	तिंनाकिना, तकिनता।
×	2	0	3
तेटेकिना तातीताके।	तिंनाकिना धातीगिना।	धातीधागे धिंनागिना।	
0	4	0	

प्रस्तार

धगिनधा तेटेगिना।	धातीधागे धिंनागिना।	धातीधागे धातीधागे।	धिंनागिना, धगिनधा।
×	2	0	3
तेटेगिना धातीधागे।	धिंनागिना धातीगिना।	धातीधागे तिंनाकिना।	
0	4	0	
तकिनता तेटेकिना।	तातीताके तिंनाकिना।	तातीताके तातीताके।	तिंनाकिना, धगिनधा।
×	2	0	3
तेटेगिना धातीधागे।	धिंनागिना धातीगिना।	धातीधागे धिंनागिना।	
0	4	0	

प्रस्तार

धगिनधा तेटेगिना।	धगिनधा तेटेगिना।	धातीधागे धातीधागे।	धिंनागिना, धगिनधा।
×	2	0	3
तेटेगिना धातीधागे।	धिंनागिना धातीगिना।	धातीधागे तिंनाकिना।	
0	4	0	
तकिनता तेटेकिना।	तकिनता तेटेकिना।	तातीताके तातीताके।	तिंनाकिना, धगिनधा।
×	2	0	3

तेटेगिना	धातीधागे।	धिंनागिना	धातीगिना।	धातीधागे	धिंनागिना।		
0		4		0			

प्रस्तार

धगिनधा	तेटेधगि।	नधातेटे	धगिनधा।	तेटेगिना	धातीधागे।	धिंनागिना,	धगिनधा।
×		2		0		3	
तेटेगिना	धातीधागे।	धिंनागिना	धातीगिना।	धातीधागे	तिंनाकिना।		
0		4		0			
तकिनता	तेटेतकि।	नतातेटे	तकिनता।	तेटेकिना	तातीताके।	तिंनाकिना,	धगिनधा।
×		2		0		3	
तेटेगिना	धातीधागे।	धिंनागिना	धातीगिना।	धातीधागे	धिंनागिना।		
0		4		0			

प्रस्तार

धगिनधा	तेटेऽधा।	तेटेऽधा	तेटेगिना।	धातीधागे	धातीधागे।	धिंनागिना,	धगिनधा।
×		2		0		3	
तेटेगिना	धातीधागे।	धिंनागिना	धातीगिना।	धातीधागे	तिंनाकिना।		
0		4		0			
तकिनता	तेटेऽता।	तेटेऽता	तेटेकिना।	तातीताके	तातीताके।	तिंनाकिना,	धगिनधा।
×		2		0		3	
तेटेगिना	धातीधागे।	धिंनागिना	धातीगिना।	धातीधागे	धिंनागिना।		
0		4		0			

प्रस्तार

धगिनधा	तेटेगिन।	धातेटेगि	नधातेटे।	धातीधागे	धातीधागे।	धिंनागिना,	धगिनधा।
×		2		0		3	
तेटेगिना	धातीधागे।	धिंनागिना	धातीगिना।	धातीधागे	तिंनाकिना।		
0		4		0			
तकिनता	तेटेकिन।	तातेटेकि	नतातेटे।	तातीताके	तातीताके।	तिंनाकिना,	धगिनधा।
×		2		0		3	
तेटेगिना	धातीधागे।	धिंनागिना	धातीगिना।	धातीधागे	धिंनागिना।		
0		4		0			

प्रस्तार

धगिनधा	तेटेगिन।	तेटेगिन	तेटेगिन।	धातीधागे	धातीधागे।	धिंनागिना,	धगिनधा।
×		2		0		3	
तेटेगिना	धातीधागे।	धिंनागिना	धातीगिना।	धातीधागे	तिंनाकिना।		
0		4		0			
तकिनता	तेटेकिन।	तेटेकिन	तेटेकिन।	तातीताके	तातीताके।	तिंनाकिना,	धगिनधा।
×		2		0		3	

तेटेगिना	धातीधागे।	धिंनागिना	धातीगिना।	धातीधागे	धिंनागिना।
0		4		0	

प्रस्तार

धातीगिन	धातीगिन।	धातीधागे	धिंनागिना।	धातीगिना	धातीधागे।	तिंनाकिना,	तातीकिन।
×		2		0		3	
तातीकिन	तातीताके।	तिंनाकिना	धातीगिना।	धातीधागे	धिंनागिना।		
0		4		0			

प्रस्तार

धातीगिन	धातीगिन।	धातीगिन	धातीगिन।	धातीगिना	धातीधागे।	तिंनाकिना,	तातीकिन।
×		2		0		3	
तातीकिन	तातीकिन।	तातीकिन	धातीगिना।	धातीधागे	धिंनागिना।		
0		4		0			

तिहाई

धातीगिन	धातीगिन।	धातीधागे	धिंनागिना।	धा	धातीगिन।	धातीगिन	धातीधागे।
×		2		0		3	
धिंनागिना	धा।	धातीगिन	धातीगिन।	धातीधागे	धिंनागिना।		
0		4		0			
धा							
×							

तिहाई

धातीगिन	धातीगिन।	धातीधागे	धिंनागिना।	धाऽधाती	धागेधिंना।	गिनाधाऽ	धातीधागे।
×		2		0		3	
धिंनागिना	धाऽधाती।	गिनाधाती	गिनाधाती।	धागेधिंना	गिनाधाऽ।		
0		4		0			
धातीधागे	धिंनागिना।	धाऽधाती	धागेधिंना।	गिनाधाऽ	धातीगिना।	धातीगिना	धातीधागे।
×		2		0		3	
धिंनागिना	धाऽधाती।	धागेधिंना	गिनाधाऽ।	धातीधागे	धिंनागिना।	धा	
0		4		0		×	

कायदा-4

तकधिन	तकिटधा।	तेटेगिन	धिंनागिन।	तकधिन	धातीधागे।	तिंनाकिना,	तकतिन।
×		2		0		3	
तकिटता	तेटेकिन।	तिंनाकिन	तकधिन।	धातीधागे	धिंनागिन।		
0		4		0			

प्रस्तार

तकधिन	तकिटधा।	तेटेगिन	तकिटधा।	तेटेगिन	तकिटधा।	तेटेगिन,	तकधिन।
×		2		0		3	
तकिटधा	तेटेगिन।	धिंनागिन	तकधिन।	धातीधागे	तिंनाकिना।		
0		4		0			
तकतिन	तकिटता।	तेटेकिन	तकिटता।	तेटेकिन	तकिटता।	तेटेकिन,	तकधिन।
×		2		0		3	
तकिटधा	तेटेगिन।	धिंनागिन	तकधिन।	धातीधागे	धिंनागिन।		
0		4		0			

प्रस्तार

तकधिन	तकिटधा।	तेटेगिन	धिंनागिन।	धातेटेधा	तेटेगिन।	धिंनागिन,	तकधिन।
×		2		0		3	
तकिटधा	तेटेगिन।	धिंनागिन	तकधिन।	धातीधागे	तिंनाकिना।		
0		4		0			
तकतिन	तकिटता।	तेटेकिन	तिंनाकिन।	तातेटेता	तेटेकिन।	तिंनाकिन,	तकधिन।
×		2		0		3	
तकिटधा	तेटेगिन।	धिंनागिन	तकधिन।	धातीधागे	धिंनागिना।		
0		4		0			

प्रस्तार

तकिटधा	तेटेगिन।	तकिटधा	तेटेगिन।	तकिटधा	तेटेगिन।	धिंनागिन,	तकधिन।
×		2		0		3	
तकिटधा	तेटेगिन।	धिंनागिन	तकधिन।	धातीधागे	तिंनाकिना।		
0		4		0			
तकिटता	तेटेकिन।	तकिटता	तेटेकिन।	तकिटता	तेटेकिन।	तिंनाकिना,	तकधिन।
×		2		0		3	
तकिटधा	तेटेगिन।	धिंनागिन	तकधिन।	धातीधागे	धिंनागिना।		
0		4		0			

प्रस्तार

तकिटधा	तेटेगिन।	धातेटेधा	तेटेगिन।	तकिटधा	तेटेगिन।	धिंनागिन,	तकधिन।
×		2		0		3	
तकिटधा	तेटेगिन।	धिंनागिन	तकधिन।	धातीधागे	तिंनाकिना।		
0		4		0			
तकिटता	तेटेकिन।	तातेटेता	तेटेकिन।	तकिटता	तेटेकिन।	तिंनाकिना,	तकधिन।
×		2		0		3	
तकिटधा	तेटेगिन।	धिंनागिन	तकधिन।	धातीधागे	धिंनागिना।		
0		4		0			

प्रस्तार

तकिटधा	तेटेगिन।	तकधिन	तकधिन।	तकिटधा	तेटेगिन।	धिंनागिन,	तकधिन।
×		2		0		3	
तकिटधा	तेटेगिन।	धिंनागिन	तकधिन।	धातीधागे	तिंनाकिना।		
0		4		0			
तकिटता	तेटेकिन।	तकतिन	तकतिन।	तकिटता	तेटेकिन।	तिंनाकिना,	तकधिन।
×		2		0		3	
तकिटधा	तेटेगिन।	धिंनागिन	तकधिन।	धातीधागे	धिंनागिना।		
0		4		0			

प्रस्तार

तकधिन	तकधिन।	धातीधागे	धिंनागिना।	तकधिन	धातीधागे।	धिंनागिन,	तकधिन।
×		2		0		3	
तकिटधा	तेटेगिन।	धिंनागिन	तकधिन।	धातीधागे	तिंनाकिना।		
0		4		0			
तकतिन	तकतिन।	तातीताके	तिंनाकिना।	तकतिन	तातीताके।	तिंनाकिना,	तकधिन।
×		2		0		3	
तकिटधा	तेटेगिन।	धिंनागिन	तकधिन।	धातीधागे	धिंनागिना।		
0		4		0			

प्रस्तार

तकधिन	तकधिन।	धिनतक	धिनधिन।	तकधिन	धातीधागे।	धिंनागिन,	तकधिन।
×		2		0		3	
तकिटधा	तेटेगिन।	धिंनागिन	तकधिन।	धातीधागे	तिंनाकिना।		
0		4		0			
तकतिन	तकतिन।	तिनतक	तिनतिन।	तकतिन	तातीताके।	तिंनाकिना,	तकधिन।
×		2		0		3	
तकिटधा	तेटेगिन।	धिंनागिन	तकधिन।	धातीधागे	धिंनागिना।		
0		4		0			

तिहाई

धिंनागिन	तकधिन।	धातीधागे	धिंनागिना।	धा	धिंनागिन।	तकधिन -	धातीधागे।
×		2		0		3	
धिंनागिना	धा।	धिंनागिन	तकधिन।	धातीधागे	धिंनागिना।	धा	
0		4		0		×	

आड़ाचारताल में टुकड़ा

टुकड़ा

धिरधिरकिटतक तकिटधा।	धिरधिरकिटतक तकिटधा।	तकिटधा तकिटधा।	धिरधिरकिटतक तकिटधा।
×	2	0	3
कत्धिरधिर किटतकतकिट।	धा,धिरधिर किटतकतकिट।	धा,धिरधिर किटतकतकिट।	
0	4	0	

धा....... कत्धिरधिर।	किटतकतकिट धा,धिरधिर।	किटतकतकिट धा,धिरधिर।	किटतकतकिट धा..।
×	2	0	3
कत्धिरधिर किटतकतकिट।	धा,धिरधिर किटतकतकिट।	धा,धिरधिर किटतकतकिट।	
0	4	0	
धा			
×			

टुकड़ा

धाऽतिर किटतक।	ता...धाऽतिर।	किटतक ता....।	धेत् .त्ता.।	धिक् कता।	ऽन धा...।	तिरकिट तकता..।
×	2	0	3	0	4	0
ऽधा ऽत।	धा... ऽ...।	तिरकिट तकता..।	ऽधा ऽत।	धा... ऽ...।	तिरकिट तकता...।	ऽधा ऽत।
×	2	0	3	0	4	0
धा						
×						

टुकड़ा

घेतिरकिटतक तागेतेटे।	कताऽघि नाऽधाऽ।	तूना घिनातूना।	धातूनाधा तूनाधातू।	नाऽऽधा तूनाधातू।
×	2	0	3	0
नाऽऽधा तूनाधातू।	ना......... घिनातूना।	धातूनाधा तूनाधातू।	नाऽऽधा तूनाधातू।	नाऽऽधा तूनाधातू।
4	0	×	2	0
ना........ घिनातूना।	धातूनाधा तूनाधातू।	नाऽऽधा तूनाधातू।	नाऽऽधा तूनाधातू।	ना
3	0	4	0	×

टुकड़ा

धागेतेटे धागेतेटे।	तेटेकत गदिगन।	नागेतेटे कतघिन्।	तड़ाऽन धाऽकत।	घिन्तड़ा ऽनधाऽ।	कतघिन् तड़ाऽन।
×	2	0	3	0	4
धा.........कतघिन्।	तड़ाऽन धाऽकत।	घिन्तड़ा ऽनधाऽ।	कतघिन् तड़ाऽन।	धा......कतघिन्।	तड़ाऽन धाऽकत।
0	×	2	0	3	0
घिन्तड़ा ऽनधाऽ।	कतघिन् तड़ाऽन।	धा			
4	0	×			

आड़ाचारताल में चक्रदार टुकड़ा

धिरधिरकत् धिरधिरकत्।	धिरधिरकिटतक धाऽतिरकिटतक।	धिरधिरकिटतक धाऽतिरकिटतक।
×	2	0

धिरधिरकिटतक धाऽतिरकिटतक।	धिरधिरकत् ऽधिरधिर।	किटतकतकिट धाती।	धा........ धिरधिरकत्।
3	0	4	0

ऽधिरधिर किटतकतकिट।	धाती धा.....।	धिरधिरकत् ऽधिरधिर।	किटतकतकिट धाती।	धा... ऽ....।
×	2	0	3	0

धिरधिरकत् धिरधिरकत्।	धिरधिरकिटतक धाऽतिरकिटतक।	धिरधिरकिटतक धाऽतिरकिटतक।
4	0	×

धिरधिरकिटतक धाऽतिरकिटतक।	धिरधिरकत् ऽधिरधिर।	किटतकतकिट धाती।	धा... धिरधिरकत्।
2	0	3	0

ऽधिरधिर किटतकतकिट।	धाती धा.....।	धिरधिरकत् ऽधिरधिर।	किटतकतकिट धाती।	धा... ऽ....।
4	0	×	2	0

धिरधिरकत् धिरधिरकत्।	धिरधिरकिटतक धाऽतिरकिटतक।	धिरधिरकिटतक धाऽतिरकिटतक।
3	0	4

धिरधिरकिटतक धाऽतिरकिटतक।	धिरधिरकत् ऽधिरधिर।	किटतकतकिट धाती।	धा... धिरधिरकत्।
0	×	2	0

ऽधिरधिर किटतकतकिट।	धाती धा...।	धिरधिरकत् ऽधिरधिर।	किटतकतकिट धाती।	धा
3	0	4	0	×

आड़ाचारताल में फरमाइशी चक्रदार

कतिरकिटधे तेटेकत।	कतिरकिटधे तेटेकत।	कतिरकिटधे तेटेकतिर।	किटधेतेटे कतकत।	घिन्तड़ा ऽनधाऽ।
×	2	0	3	0

तेटे कता।	तेटेकत गदिगन।	धा..... किटधेतेटे।	कतकत घिन्तड़ा।	ऽनधाऽ तेटे।	कता तेटेकत।
4	0	×	2	0	3

गदिगन धा.....।	किटधेतेटे कतकत।	घिन्तड़ा ऽनधाऽ।	तेटे कता।	तेटेकत गदिगन।	धा... कतिरकिटधे।
0	4	0	×	2	0

तेटेकत कतिरकिटधे।	तेटेकत कतिरकिटधे।	तेटेकतिर किटधेतेटे।	कतकत घिन्तड़ा।	ऽनधाऽ तेटे।
3	0	4	0	×

कता तेटेकत।	गदिगन धा.....।	किटधेतेटे कतकत।	घिन्तड़ा ऽनधाऽ।	तेटे कता।	तेटेकत गदिगन।
2	0	3	0	4	0

धा..... किटधेतेटे।	कतकत घिन्तड़ा।	ऽनधाऽ तेटे।	कता तेटेकत।	गदिगन धा.....।	कतिरकिटधे तेटेकत।
×	2	0	3	0	4

कतिरकिटधे तेटेकत।	कतिरकिटधे तेटेकतिर।	किटधेतेटे कतकत।	घिन्तड़ा ऽनधाऽ।	तेटे कता।
0	×	2	0	3

तेटेकत गदिगन।	धा..... किटधेतेटे।	कतकत घिन्तड़ा।	ऽनधाऽ तेटे।	कता तेटेकत।	गदिगन धा.....।
0	4	0	×	2	0

किटधेतेटे कतकत।	घिन्तड़ा ऽनधाऽ।	तेटे कता।	तेटेकत गदिगन।	धा
3	0	4	0	×

आड़ाचारताल में कमाली परन

धगेऽदि गिननागे।	तेटेकता ऽनधेत्।	तगिन्न धा........।	कत्धाऽ क्रधेत्ता।	ऽनकत गदिगन।
×	2	0	3	0

धाऽकिटतक ताऽकिटतक।	तिरकिटतकता तेटेकतगदिगन।	धा...... धा.....।	धाऽकत. गदिगन।	
4	0	×	2	
धाऽकिटतक ताऽकिटतक।	तिरकिटतकता तेटेकतगदिगन।	धा...... धा.....।	धाऽकत गदिगन।	
0	3	0	4	
धाऽकिटतक ताऽकिटतक।	तिरकिटतकता तेटेकतगदिगन।	धा...... धा.....।	धा....... धगेऽदि।	
0	×	2	0	
गिननागे तेटेकता।	ऽनधेत् तगिन्न।	धा...... कत्धाऽ।	क्रधेत्ता ऽनकत।	गदिगन धाऽकिटतक।
3	0	4	0	×
ताऽकिटतक तिरकिटतकता।	तेटेकतगदिगन धा......।	धा..... धाऽकत।	गदिगन धाऽकिटतक।	
2	0	3	0	
ताऽकिटतक तिरकिटतकता।	तेटेकतगदिगन धा......।	धा..... धाऽकत.।	गदिगन धाऽकिटतक।	
4	0	×	2	
ताऽकिटतक तिरकिटतकता।	तेटेकतगदिगन धा......।	धा..... धा.......।	धगेऽदि गिननागे।	
0	3	0	4	
तेटेकता ऽनधेत्।	तगिन्न धा....।	कत्धाऽ क्रधेत्ता।	ऽनकत गदिगन।	धाऽकिटतक ताऽकिटतक।
0	×	2	0	3
तिरकिटतकता तेटेकतगदिगन।	धा...... धा.....।	धाऽकत गदिगन।	धाऽकिटतक ताऽकिटतक।	
0	4	0	×	
तिरकिटतकता तेटेकतगदिगन।	धा...... धा.....।	धाऽकत गदिगन।	धाऽकिटतक ताऽकिटतक।	
2	0	3	0	
तिरकिटतकता तेटेकतगदिगन।	धा...... धा.....।	धा		
4	0	×		

10

पन्द्रह मात्रा में रचनाएं

(15 मात्रे के किसी भी ताल में वादन के लिए उपयुक्त)

कायदा-1

धाते	टेधे	तेटे	गिना	तेटे	गिना	धाते	टेधे	तेटे	गिना	तेटे	गिना	धागे	तिंना	किना।
ताते	टेते	तेटे	किना	तेटे	किना	धाते	टेधे	तेटे	गिना	तेटे	गिना	धागे	धिंना	गिना।

प्रस्तार

धाते	टेधे	तेटे	गिना	तेटे	गिना	धाते	टेधे	तेटे	गिना	तेटे	गिना	धाते	टेधे	तेटे।
धाते	टेधे	तेटे	गिना	तेटे	गिना	धाते	टेधे	तेटे	गिना	तेटे	गिना	धागे	तिंना	किना।
ताते	टेते	तेटे	किना	तेटे	किना	ताते	टेते	तेटे	किना	तेटे	किना	ताते	टेते	तेटे।
धाते	टेधे	तेटे	गिना	तेटे	गिना	धाते	टेधे	तेटे	गिना	तेटे	गिना	धागे	धिंना	गिना।

प्रस्तार

धाते	टेधे	तेटे	गिना	तेटे	गिना	तेटे	गिना	तेटे	धाते	टेधे	तेटे	धागे	धिंना	गिना।
धाते	टेधे	तेटे	गिना	तेटे	गिना	धाते	टेधे	तेटे	गिना	तेटे	गिना	धागे	तिंना	किना।
ताते	टेते	तेटे	किना	तेटे	किना	तेटे	किना	तेटे	ताते	टेते	तेटे	ताके	तिंना	किना।
धाते	टेधे	तेटे	गिना	तेटे	गिना	धाते	टेधे	तेटे	गिना	तेटे	गिना	धागे	धिंना	गिना।

प्रस्तार

धाते	टेधे	तेटे	धाते	टेधे	तेटे	धाते	टेधे	तेटे	गिना	तेटे	गिना	धागे	धिंना	गिना।
धाते	टेधे	तेटे	गिना	तेटे	गिना	धाते	टेधे	तेटे	गिना	तेटे	गिना	धागे	तिंना	किना।
ताते	टेते	तेटे	ताते	टेते	तेटे	ताते	टेते	तेटे	किना	तेटे	किना	ताके	तिंना	किना।
धाते	टेधे	तेटे	गिना	तेटे	गिना	धाते	टेधे	तेटे	गिना	तेटे	गिना	धागे	धिंना	गिना।

प्रस्तार

धाते	टेधे	तेटे	ऽधे	तेटे	ऽधे	तेटे	गिना	धाते	टेधे	तेटे	गिना	धागे	धिंना	गिना।

धाते	टेधे	तेटे	गिना	तेटे	गिना	धाते	टेधे	तेटे	गिना	तेटे	गिना	धागे	तिंना	किना।
ताते	टेते	तेटे	ऽते	तेटे	ऽते	तेटे	किना	ताते	टेते	तेटे	किना	ताके	तिंना	किना।
धाते	टेधे	तेटे	गिना	तेटे	गिना	धाते	टेधे	तेटे	गिना	तेटे	गिना	धागे	धिंना	गिना।

प्रस्तार

गिना	तेटे	गिना	धागे	धिंना	गिना	धाते	टेधे	तेटे	गिना	तेटे	गिना	धागे	धिंना	गिना।
धाते	टेधे	तेटे	गिना	तेटे	गिना	धाते	टेधे	तेटे	गिना	तेटे	गिना	धागे	तिंना	किना।
किना	तेटे	किना	ताके	तिंना	किना	ताते	टेते	तेटे	किना	तेटे	किना	ताके	तिंना	किना।
धाते	टेधे	तेटे	गिना	तेटे	गिना	धाते	टेधे	तेटे	गिना	तेटे	गिना	धागे	धिंना	गिना।

प्रस्तार

गिना	तेटे	गिना	धागे	धिंना	गिना	तेटे	गिना	धागे	गिना	धागे	गिना	धागे	धिंना	गिना।
धाते	टेधे	तेटे	गिना	तेटे	गिना	धाते	टेधे	तेटे	गिना	तेटे	गिना	धागे	तिंना	किना।
किना	तेटे	किना	ताके	तिंना	किना	तेटे	किना	ताके	किना	ताके	किना	ताके	तिंना	किना।
धाते	टेधे	तेटे	गिना	तेटे	गिना	धाते	टेधे	तेटे	गिना	तेटे	गिना	धागे	धिंना	गिना।

प्रस्तार

धेते	टेधे	तेटे	धागे	धिंना	गिना	धाते	टेधे	तेटे	गिना	तेटे	गिना	धागे	तिंना	किना।
तेते	टेते	तेटे	ताके	तिंना	किना	धाते	टेधे	तेटे	गिना	तेटे	गिना	धागे	धिंना	गिना।

प्रस्तार

धेते	टेधे	तेटे	धेते	टेधे	तेटे	धाते	टेधे	तेटे	गिना	तेटे	गिना	धागे	तिंना	किना।
तेते	टेते	तेटे	तेते	टेते	तेटे	धाते	टेधे	तेटे	गिना	तेटे	गिना	धागे	धिंना	गिना।

प्रस्तार

धेटे	धेटे	धेटे	धेते	टेधे	तेटे	धाते	टेधे	तेटे	गिना	तेटे	गिना	धागे	तिंना	किना।
तेटे	तेटे	तेटे	तेते	टेते	तेटे	धाते	टेधे	तेटे	गिना	तेटे	गिना	धागे	धिंना	गिना।

प्रस्तार

धागे	धिंना	गिना	धागे	धिंना	गिना	धाते	टेधे	तेटे	गिना	तेटे	गिना	धागे	तिंना	किना।
ताके	तिंना	किना	ताके	तिंना	किना	धाते	टेधे	तेटे	गिना	तेटे	गिना	धागे	धिंना	गिना।

तिहाई

धाते	टेधे	तेटे	गिना	तेटे	धागे	धिंना	गिना	धा	ऽ	ऽ	धाते	टेधे	तेटे	गिना।
तेटे	गिना	धागे	धिंना	गिना	धा	ऽ	ऽ	धाते	टेधे	तेटे	तेटे	धागे	धिंना	गिना।
धा														

कायदा-2

धा	घेड़नग	धिरधिर	किटतक	धाऽतिर	किटतक	धा	ऽ	घेड़नग	धिरधिर	किटतक

धाऽतिर किटतक तिंना किटतक।
ता केड़नक तिरतिर किटतक ताऽतिर किटतक धा ऽ घेड़नग धिरधिर किटतक
धाऽतिर किटतक धिंना किटतक।

प्रस्तार

धा घेड़नग धिरधिर किटतक धाऽतिर किटतक धा घेड़नग धिरधिर किटतक धाऽतिर किटतक
धा ऽ घेड़नग।
धा घेड़नग धिरधिर किटतक धाऽतिर किटतक धा ऽ घेड़नग धिरधिर किटतक
धाऽतिर किटतक तिंना किटतक।
ता केड़नक तिरतिर किटतक ताऽतिर किटतक ता केड़नक तिरतिर किटतक ताऽतिर किटतक
ता ऽ केड़नक।
धा घेड़नग धिरधिर किटतक धाऽतिर किटतक धा ऽ घेड़नग धिरधिर किटतक
धाऽतिर किटतक धिंना किटतक।

प्रस्तार

धा घेड़नग धिरधिर किटतक धा घेड़नग धिरधिर किटतक धा घेड़नग धिरधिर किटतक
घेड़नग धिरधिर किटतक।
धा घेड़नग धिरधिर किटतक धाऽतिर किटतक धा ऽ घेड़नग धिरधिर किटतक
धाऽतिर किटतक तिंना किटतक।
ता केड़नक तिरतिर किटतक ता केड़नक तिरतिर किटतक ता केड़नक तिरतिर किटतक
केड़नक तिरतिर किटतक।
धा घेड़नग धिरधिर किटतक धाऽतिर किटतक धा ऽ घेड़नग धिरधिर किटतक
धाऽतिर किटतक धिंना किटतक।

प्रस्तार

धा ऽ घेड़नग धिरधिर किटतक धाऽतिर किटतक धिरधिर किटतक धाऽतिर किटतक
धिरधिर किटतक धाऽतिर किटतक।
धा घेड़नग धिरधिर किटतक धाऽतिर किटतक धा ऽ घेड़नग धिरधिर किटतक
धाऽतिर किटतक तिंना किटतक।
ता ऽ केड़नक तिरतिर किटतक ताऽतिर किटतक तिरतिर किटतक ताऽतिर किटतक
तिरतिर किटतक ताऽतिर किटतक।
धा घेड़नग धिरधिर किटतक धाऽतिर किटतक धा ऽ घेड़नग धिरधिर किटतक
धाऽतिर किटतक धिंना किटतक।

प्रस्तार

धा ऽ घेड़नग धिरधिर किटतक घेड़नग धिरधिर किटतक घेड़नग धिरधिर किटतक
धाऽतिर किटतक तिंना किटतक।
ता ऽ केड़नक तिरतिर किटतक केड़नक तिरतिर किटतक घेड़नग धिरधिर किटतक
धाऽतिर किटतक धिंना किटतक।

प्रस्तार

धा घेड़नग धिरधिर किटतक धिरधिर किटतक घेड़नग धिरधिर किटतक धिरधिर किटतक
धाऽतिर किटतक तिंना किटतक।
ता केड़नक तिरतिर किटतक तिरतिर किटतक घेड़नग धिरधिर किटतक धिरधिर किटतक
धाऽतिर किटतक धिंना किटतक।

प्रस्तार

धा घेड़नग धिरधिर किटतक घेड़नग धिरधिर किटतक धिरधिर किटतक धिरधिर किटतक
धाऽतिर किटतक तिंना किटतक।
ता केड़नक तिरतिर किटतक केड़नक तिरतिर किटतक धिरधिर किटतक धिरधिर किटतक
धाऽतिर किटतक धिंना किटतक।

प्रस्तार

धिरधिर किटतक धिरधिर किटतक धिरधिर किटतक धा ऽ घेड़नग धिरधिर किटतक
धाऽतिर किटतक तिंना किटतक।
तिरतिर किटतक तिरतिर किटतक तिरतिर किटतक धा ऽ घेड़नग धिरधिर किटतक
धाऽतिर किटतक धिंना किटतक।

तिहाई

धा घेड़नग धिरधिर किटतक धाऽतिर किटतक धिंना किटतक धा ऽ ऽ धा
घेड़नग धिरधिर किटतक। धाऽतिर किटतक धिंना किटतक धा ऽ ऽ धा घेड़नग
धिरधिर किटतक धाऽतिर किटतक धिंना किटतक। धा

कायदा-3

धाऽतिर किटतक तिरकिट धागे धिंना गिना धाऽतिर किटतक तिरकिट
धिंना गिना धाती धागे तिंना किना।
ताऽतिर किटतक तिरकिट ताके तिंना किना धाऽतिर किटतक तिरकिट
धिंना गिना धाती धागे धिंना गिना।

प्रस्तार

धाऽतिर किटतक तिरकिट धागे धिंना गिना धाऽतिर किटतक तिरकिट
धागे धिंना गिना धागे धिंना गिना।
धाऽतिर किटतक तिरकिट धागे धिंना गिना धाऽतिर किटतक तिरकिट
धिंना गिना धाती धागे तिंना किना।
ताऽतिर किटतक तिरकिट ताके तिंना किना ताऽतिर किटतक तिरकिट
ताके तिंना किना ताके तिंना किना।
धाऽतिर किटतक तिरकिट धागे धिंना गिना धाऽतिर किटतक तिरकिट
धिंना गिना धाती धागे धिंना गिना।

प्रस्तार

धाऽतिर	किटतक	तिरकिट	धाऽतिर	किटतक	तिरकिट	धाऽतिर	किटतक	तिरकिट
धागे	धिंना	गिना	धागे	धिंना	गिना।			
धाऽतिर	किटतक	तिरकिट	धागे	धिंना	गिना	धाऽतिर	किटतक	तिरकिट
धिंना	गिना	धाती	धागे	तिंना	किना।			
ताऽतिर	किटतक	तिरकिट	ताऽतिर	किटतक	तिरकिट	ताऽतिर	किटतक	तिरकिट
ताके	तिंना	किना	ताके	तिंना	किना।			
धाऽतिर	किटतक	तिरकिट	धागे	धिंना	गिना	धाऽतिर	किटतक	तिरकिट
धिंना	गिना	धाती	धागे	धिंना	गिना।			

प्रस्तार

धाऽतिर	किटतक	तिरकिट	धागे	धिंना	गिना	धाऽतिर	किटतक	तिरकिट	तकतक	तिरकिट
तकतक	तिरकिट	तकतक	तिरकिट।							
धाऽतिर	किटतक	तिरकिट	धागे	धिंना	गिना	धाऽतिर	किटतक	तिरकिट		
धिंना	गिना	धाती	धागे	तिंना	किना।					
ताऽतिर	किटतक	तिरकिट	ताके	तिंना	किना	ताऽतिर	किटतक	तिरकिट	तकतक	तिरकिट
तकतक	तिरकिट	तकतक	तिरकिट।							
धाऽतिर	किटतक	तिरकिट	धागे	धिंना	गिना	धाऽतिर	किटतक	तिरकिट		
धिंना	गिना	धाती	धागे	धिंना	गिना।					

प्रस्तार

तिरकिट	तकतक	तिरकिट	धागे	धिंना	गिना	तिरकिट	तकतिर	किटतक
तिरकिट	तकतक	तिरकिट	धागे	तिंना	किना।			
तिरकिट	तकतक	तिरकिट	ताके	तिंना	किना	तिरकिट	तकतिर	किटतक
तिरकिट	तकतक	तिरकिट	धागे	धिंना	गिना।			

प्रस्तार

तिरकिट	तकतिर	किटतक	धागे	धिंना	गिना	तिरकिट	तकतिर	किटतक
तिरकिट	तकतक	तिरकिट	धागे	तिंना	किना।			
तिरकिट	तकतिर	किटतक	ताके	तिंना	किना	तिरकिट	तकतिर	किटतक
तिरकिट	तकतक	तिरकिट	धागे	धिंना	गिना।			

प्रस्तार

धागेधिंना	धागे	धिंना	धागे	धिंना	तिरकिट	तकतिर	किटतक	
तिरकिट	तकतक	तिरकिट	धागे	तिंना	किना।			
ताके	तिंना	ताके	तिंना	ताके	तिंना	तिरकिट	तकतिर	किटतक
तिरकिट	तकतक	तिरकिट	धागे	धिंना	गिना।			

तिहाई

तिरकिट तकतक तिरकिट धागे धिंना गिना धाऽ ऽधा ऽऽ धाऽ ऽतिर

किटतक तकतिर किटधा गेधिं।

नागि नाधा ऽऽ धाऽ ऽधा ऽऽ तिरकिट तकतक तिरकिट धागे धिंना

गिना धाऽ ऽधा ऽऽ। धा

तिहाई

तिरकिट तकतक तिरकिट तकतक तिरकिट तकतक तिरकिट धागे धिंना गिना धाऽ

धागे धिंना गिना धाऽ। धागे धिंना गिना धा ऽ ऽ तिरकिट तकतक तिरकिट

तकतक तिरकिट तकतक तिरकिट धागे धिंना। गिना धाऽ धागे धिंना गिना धाऽ

धागे धिंना गिना धा ऽ ऽ तिरकिट तकतक तिरकिट। तकतक तिरकिट तकतक तिरकिट

धागे धिंना गिना धाऽ धागे धिंना गिना धाऽ धागे धिंना गिना। धा

कायदा-4

धागे तिरकिट धागे नागे धिंना गिना धगि नधा तिरकिट धिना गिना धागे नागे तिंना किना।

ताके तिरकिट ताके नाके तिंना किना धगि नधा तिरकिट धिना गिना धागे नागे धिंना गिना।

प्रस्तार

धागे तिरकिट धागे नागे धिंना गिना धगि नधा तिरकिट धगि नधा तिरकिट धगि नधा तिरकिट।

धागे तिरकिट धागे नागे धिंना गिना धगि नधा तिरकिट धिना गिना धागे नागे तिंना किना।

ताके तिरकिट ताके नाके तिंना किना तकि नता तिरकिट तकि नता तिरकिट तकि नता तिरकिट।

धागे तिरकिट धागे नागे धिंना गिना धगि नधा तिरकिट धिना गिना धागे नागे धिंना गिना।

प्रस्तार

धागे तिरकिट धागे नागे धिंना गिना धागे नागे धिंना गिना तिरकिट धागे नागे धिंना गिना।

धागे तिरकिट धागे नागे धिंना गिना धगि नधा तिरकिट धिना गिना धागे नागे तिंना किना।

ताके तिरकिट ताके नाके तिंना किना नाके तिंना किना ताके तिरकिट ताके नाके तिंना किना।

धागे तिरकिट धागे नागे धिंना गिना धगि नधा तिरकिट धिना गिना धागे नागे धिंना गिना।

प्रस्तार

धगि नधा तिरकिट धिना गिना धागे नागे धिंना गिना धाऽ गिना धागे नागे तिंना किना।

तकि नता तिरकिट तिना किना ताके नाके तिना किना धाऽ गिना धागे नागे धिंना गिना।

प्रस्तार

धगि नधा तिरकिट धिना गिना तिरकिट धिना गिना तिरकिट धिना गिना धागे नागे तिंना किना।

तकि नता तिरकिट तिना किना तिरकिट तिना किना तिरकिट धिंना गिना धागे नागे धिंना गिना।

प्रस्तार

धगि नधा तिरकिट धिना तिरकिट धिना तिरकिट धिना गिना धाऽ गिना धागे नागे तिंना किना।

तकि नता तिरकिट तिना तिरकिट तिना तिरकिट तिना किना धाऽ गिना धागे नागे धिंना गिना।

प्रस्तार

तिरकिट धिना गिना तिरकिट धिना गिना तिरकिट धिना गिना धाऽ गिना धागे नागे तिंना किना।
तिरकिट तिना किना तिरकिट तिना किना तिरकिट धिंना गिना धाऽ गिना धागे नागे धिंना गिना।

प्रस्तार

धिना गिना तिरकिट धागे नागे धिंना गिना धागे नागे धिंना गिना धागे नागे तिंना किना।
तिना किना तिरकिट ताके नाके तिंना किना धागे नागे धिंना गिना धागे नागे धिंना गिना।

प्रस्तार

धाऽ गिना धागे नागे धिंना गिना धागे नागे धिंना धाऽ गिना धागे नागे तिंना किना।
ताऽ किना ताके नाके तिंना किना धागे नागे धिंना धाऽ गिना धागे नागे धिंना गिना।

प्रस्तार

गिना धागे नागे धिंना गिना गिना धागे नागे धिंना गिना गिना धागे नागे तिंना किना।
किना ताके नाके तिंना किना गिना धागे नागे धिंना गिना गिना धागे नागे धिंना गिना।

तिहाई

गिना धागे नागे धिंना गिना धाऽ ऽधा ऽऽ धा ऽ ऽ गिना धागे नागे धिंना।
गिना धाऽ ऽधा ऽऽ धा ऽ ऽ गिना धागे नागे धिंना गिना धाऽ ऽधा ऽऽ। धा

कायदा-5

धाऽगि नातेटे धातेटे धेतेटे धागेधिं नागिना धाऽगि नातेटे धेतेटे
धाऽगि नातेटे धेतेटे धगिन धागेतिं नाकिना।
ताऽकि नातेटे तातेटे तेतेटे ताकेतिं नाकिना धाऽगि नातेटे धेतेटे
धाऽगि नातेटे धेतेटे धागेधिं नागिना।

प्रस्तार

धाऽगि नातेटे धाऽगि नातेटे धाऽगि नातेटे धातेटे धातेटे धेतेटे
धाऽगि नातेटे धेतेटे धगिन धागेतिं नाकिना।
ताऽकि नातेटे ताऽकि नातेटे ताऽकि नातेट तातेटे तातेटे तेतेटे
धाऽगि नातेटे धेतेटे धगिन धागेधिं नागिना।

प्रस्तार

धाऽगि नातेटे धातेटे धेतेटे धातेटे धेतेटे धातेटे धातेटे धातेटे
धाऽगि नातेटे धेतेटे धगिन धागेतिं नाकिना।
ताऽकि नातेटे तातेटे तेतेटे तातेटे तेतेटे तातेटे तातेटे तेतेटे
धाऽगि नातेटे धेतेटे धगिन धागेधिं नागिना।

प्रस्तार

धाऽगि	नातेटे	धेतेटे	धाऽगि	नातेटे	धेतेटे	धाऽगि	नातेटे	धेतेटे
धाऽगि	नातेटे	धेतेटे	धगिन	धागेतिं	नाकिना।			
ताऽकि	नातेटे	तेतेटे	ताऽकि	नातेटे	तेतेटे	ताऽकि	नातेटे	तेतेटे
धाऽगि	नातेटे	धेतेटे	धगिन	धागेधिं	नागिना।			

प्रस्तार

धाऽगि	नातेटे	धेतेटे	धेतेटे	धेतेटे	धगिन	धाऽगि	नातेटे	धेतेटे
धाऽगि	नातेटे	धेतेटे	धगिन	धागेतिं	नाकिना।			
ताऽकि	नातेटे	तेतेटे	तेतेटे	तेतेटे	तकिन	धाऽगि	नातेटे	धेतेटे
धाऽगि	नातेटे	धेतेटे	धगिन	धागेधिं	नागिना।			

प्रस्तार

धेतेटे	धेतेटे	धेतेटे	धगिन	धागेधिं	नागिना	धाऽगि	नातेटे	धेतेटे
धाऽगि	नातेटे	धेतेटे	धगिन	धागेतिं	नाकिना।			
तेतेटे	तेतेटे	तेतेटे	तकिन	ताकेतिं	नाकिना	धाऽगि	नातेटे	धेतेटे
धाऽगि	नातेटे	धेतेटे	धगिन	धागेधिं	नागिना।			

प्रस्तार

धेटेधे	टेधेटे	धेतेटे	धगिन	धागेधिं	नागिना	धाऽगि	नातेटे	धेतेटे
धाऽगि	नातेटे	धेतेटे	धगिन	धागेतिं	नाकिना।			
तेटेते	टेतेटे	तेतेटे	तकिन	ताकेतिं	नाकिना	धाऽगि	नातेटे	धेतेटे
धाऽगि	नातेटे	धेतेटे	धगिन	धागेधिं	नागिना।			

तिहाई

गिनाते टेगिना तेटेगि नातेटे धेतेटे धगिन धागेधिं नागिना धा ऽ ऽ गिनाते टेगिना तेटेगि नातेटे। धेतेटे धगिन धागेधिं नागिना धा ऽ ऽ गिनाते टेगिना तेटेगि नातेटे धेतेटे धगिन धागेधिं नागिना। धा

पन्द्रह मात्रा में टुकड़ा, फरमाईशी एवं कमाली

टुकड़ा

तिरकिट धेत् ऽ धिरधिर किटतकधाऽतिर किटतक धिरधिर किटतक तक् क्ड़ाँ धिरधिर किटतक तकिट धा। धिरधिर किटतक तक् क्ड़ाँ धिरधिर किटतक तकिट धा धिरधिर किटतक तक् क्ड़ा धिरधिर किटतक तकिट। धा

टुकड़ा

किटतक ता तूना किटतक ताऽतिर किटतक तिरकिट तकतिर किटतक धेत् धिरधिर किटतक तिरकिट तकताऽ तेटेकत। गदिगन धा धिरधिर किटतक तिरकिट तकताऽ तेटेकत गदिगन धा

धिरधिर किटतक तिरकिट तकताऽ तेटेकत गदिगन।
धा

फरमाईशी चक्रदार

धाऽक्रधा	ऽनधाधा	क्रधाऽन	धागेधिंना	घेड़नगतिरकिट	तकताऽन
धाऽघेड़नगतिर	किटतकधाऽघेड़				
नगतिरकिटतक	धिरधिरकत्-	धिरधिरकिटतक	धाऽतिरकिटतक	तिरकिटतकधिर	धिरकिटधाऽ
नधाऽन।	धा	तिरकिटतकधिर	धिरकिटधाऽ	नधाऽन	धा
तिरकिटतकधिर	धिरकिटधाऽ	नधाऽन			
धाऽऽ	धाऽक्रधा	ऽनधाधा	क्रधाऽन	धागेधिंना।	घेड़नगतिरकिट
तकताऽन	धाऽघेड़नगतिर				
किटतकधाऽघेड़	नगतिरकिटतक	धिरधिरकत्-	धिरधिरकिटतक	धाऽतिरकिटतक	तिरकिटतकधिर
धिरकिटधाऽ	नधाऽन	धा	तिरकिटतकधिर	धिरकिटधाऽ	नधाऽन।
धा	तिरकिटतकधिर	धिरकिटधाऽ	नधाऽन	धाऽऽ	धाऽक्रधा
ऽनधाधा	क्रधाऽन	धागेधिंना	घेड़नगतिरकिट	तकताऽन	धाऽघेड़नगतिर
किटतकधाऽघेड़।	नगतिरकिटतक	धिरधिरकत्-	धिरधिरकिटतक	धाऽतिरकिटतक	तिरकिटतकधिर
धिरकिटधाऽ	नधाऽन	धा	तिरकिटतकधिर	धिरकिटधाऽ	नधाऽन
धा	तिरकिटतकधिर	धिरकिटधाऽ	नधाऽन।	धा	

फरमाईशी चक्रदार

धिरधिरकिटतक	तकिटधा	धिरधिरकिटतक	तकिटधा	धिरधिरकिटतक	तकिटधा
ऽतकिट	धातकिट				
धा	तेऽ	टेक	ऽता	गदिगन	धा,धिरधिर
किटतकतकिट।	धा	गदिगन	धा,धिरधिर	किटतकतकिट	धा
गदिगन	धा,धिरधिर	किटतकतकिट	धाऽऽ	धिरधिरकिटतक	तकिटधा
धिरधिरकिटतक	तकिटधा।	धिरधिरकिटतक	तकिटधा	ऽतकिट	धातकिट
धा	तेऽ	टेक	ऽता	गदिगन	धा,धिरधिर
किटतकतकिट	धा	गदिगन	धा,धिरधिर	किटतकतकिट।	धा
गदिगन	धा,धिरधिर	किटतकतकिट	धाऽऽ		
धिरधिरकिटतक	तकिटधा	धिरधिरकिटतक	तकिटधा	धिरधिरकिटतक	तकिटधा
ऽतकिट	धातकिट।				
धा	तेऽ	टेक	ऽता	गदिगन	धा,धिरधिर
किटतकतकिट	धा	गदिगन	धा,धिरधिर	किटतकतकिट	धा
गदिगन	धा,धिरधिर	किटतकतकिट।			
धा					

कमाली चक्रदार

कतिरकिटधे	तेटेकतिर	किटधेतेटे	क्रधेतेटे	कतिरकिटधे	तेटेधागे	तेटेकतिर	किटधेतेटे	कतगदि	गननागे
तेटेकते	टेतगिन	कतिरकिटधे	तेटेघिन्	तड़ाऽन।	धाधा	धाऽ	घिनृतड़ा	ऽनधाऽ	धाधा

ऽघिन्	तड़ाऽन	धाधा	धा	ऽ	ऽ	कतिरकिटधे	तेटेकतिर	किटधेतेटे	क्रधेतेटे।
कतिरकिटधे	तेटेधागे	तेटेकतिर	किटधेतेटे	कतगदि	गननागे	तेटेकते	टेतगिन	कतिरकिटधे	तेटेघिन्
तड़ाऽन	धाधा	धाऽ	घिनूतड़ा	ऽनधाऽ।	धाधा	ऽघिन्	तड़ाऽन	धाधा	धाऽऽ
कतिरकिटधे	तेटेकतिर	किटधेतेटे	क्रधेतेटे	कतिरकिटधे	तेटेधागे	तेटेकतिर	किटधेतेटे।	कतगदि	गननागे
तेटेकते	टेतगिन	कतिरकिटधे	तेटेघिन्						
तड़ाऽन	धाधा	धाऽ	घिनूतड़ा	ऽनधाऽ	धाधा	ऽघिन्	तड़ाऽन	धाधा।	धा

कमाली चक्रदार परन

धाऽत्रक	धेतूधेटे	धेटेधेटे	धागेतेटे	धेटेधेटे	क्रधेतूधे	तेटेधेटे	धागेतेटे	कतगदि
गनधाऽ	क्रधाऽन	धाऽकतूऽ	धिरधिरकिटतक	तक्ड़ाँऽधा	ऽक्रधाती।	धा	धा	
धा	क्रधाऽन	धाऽकतूऽ	धिरधिरकिटतक	तक्ड़ाँऽधा	ऽक्रधाती	धा	धा	
धा	क्रधाऽन	धाऽकतूऽ	धिरधिरकिटतक	तक्ड़ाँऽधा।	ऽक्रधाती	धा	धा	धाऽऽ
धाऽत्रक	धेतूधेटे	धेटेधेटे	धागेतेटे	धेटेधेटे	क्रधेतूधे	तेटेधेटे	धागेतेटे	
कतगदि।	गनधाऽ	क्रधाऽन	धाऽकतूऽ	धिरधिरकिटतक	तक्ड़ाँऽधा	ऽक्रधाती	धा	धा
धा	क्रधाऽन	धाऽकतूऽ	धिरधिरकिटतक	तक्ड़ाँऽधा	ऽक्रधाती	धा।	धा	धा
क्रधाऽन	धाऽकतूऽ	धिरधिरकिटतक	तक्ड़ाँऽधा	ऽक्रधाती	धा	धा	धाऽऽ	धाऽत्रक
धेतूधेटे	धेटेधेटे।	धागेतेटे	धेटेधेटे	क्रधेतूधे	तेटेधेटे	धागेतेटे	कतगदि	गनधाऽ
क्रधाऽन	धाऽकतूऽ	धिरधिरकिटतक	तक्ड़ाँऽधा	ऽक्रधाती	धा	धा	धा।	क्रधाऽन
धाऽकतूऽ	धिरधिरकिटतक	तक्ड़ाँऽधा	ऽक्रधाती	धा	धा	धा	क्रधाऽन	
धाऽकतूऽ	धिरधिरकिटतक	तक्ड़ाँऽधा	ऽक्रधाती	धा	धा।	धा		

11

सत्रह मात्रा में रचनाएं

(17 मात्रे के किसी भी ताल में वादन के लिए उपयुक्त)

कायदा-1

धाऽ	घेड़	नग	तिर	किट	तक	तक	तिर	किट	धाऽ	तिर	घेड़	नग	तिंऽ	नाऽ	केड़	नक।
ताऽ	केड़	नक	तिर	किट	तक	तक	तिर	किट	धाऽ	तिर	घेड़	नग	धिऽ	नाऽ	घेड़	नग।

प्रस्तार

धाऽ	घेड़	नग	तिर	किट	तक	तक	तिर	किट	धाऽ	ऽऽ	तिर	किट	तक	तक	तिर	किट।
धाऽ	घेड़	नग	तिर	किट	तक	तक	तिर	किट	धाऽ	तिर	घेड़	नग	तिंऽ	नाऽ	केड़	नक।
ताऽ	केड़	नक	तिर	किट	तक	तक	तिर	किट	ताऽ	ऽऽ	तिर	किट	तक	तक	तिर	किट।
धाऽ	घेड़	नग	तिर	किट	तक	तक	तिर	किट	धाऽ	तिर	घेड़	नग	धिऽ	नाऽ	घेड़	नग।

प्रस्तार

धाऽ	घेड़	नग	तिर	किट	तक	तक	तिर	किट	तक	तक	तिर	किट	तक	तक	तिर	किट।
धाऽ	घेड़	नग	तिर	किट	तक	तक	तिर	किट	धाऽ	तिर	घेड़	नग	तिंऽ	नाऽ	केड़	नक।
ताऽ	केड़	नक	तिर	किट	तक	तक	तिर	किट	तक	तक	तिर	किट	तक	तक	तिर	किट।
धाऽ	घेड़	नग	तिर	किट	तक	तक	तिर	किट	धाऽ	तिर	घेड़	नग	धिऽ	नाऽ	घेड़	नग।

प्रस्तार

धाऽ	घेड़	नग	तिर	किट	धाऽ	घेड़	नग	तिर	किट	धाऽ	ऽऽ	धाऽ	घेड़	नग	तिर	किट।
धाऽ	घेड़	नग	तिर	किट	तक	तक	तिर	किट	धाऽ	तिर	घेड़	नग	तिंऽ	नाऽ	केड़	नक।
ताऽ	केड़	नक	तिर	किट	ताऽ	केड़	नक	तिर	किट	ताऽ	ऽऽ	ताऽ	केड़	नक	तिर	किट।
धाऽ	घेड़	नग	तिर	किट	तक	तक	तिर	किट	धाऽ	तिर	घेड़	नग	धिऽ	नाऽ	घेड़	नग।

प्रस्तार

धाऽ	घेड़	नग	धाऽ	घेड़	नग	धाऽ	घेड़	नग	तिर	किट	तक	तक	तिर	किट	धाऽ	ऽऽ।
धाऽ	घेड़	नग	तिर	किट	तक	तक	तिर	किट	धाऽ	तिर	घेड़	नग	तिंऽ	नाऽ	केड़	नक।

ताऽ केड़ नक ताऽ केड़ नक ताऽ केड़ नक तिर किट तक तक तिर किट ताऽ ऽऽ।
धाऽ घेड़ नग तिर किट तक तक तिर किट धाऽ तिर घेड़ नग धिऽ नाऽ घेड़ नग।

प्रस्तार

घेड़ नग तक तिर किट धाऽ ऽऽ तक तिर किट धाऽ ऽऽ तक तिर किट धाऽ ऽऽ।
धाऽ घेड़ नग तिर किट तक तक तिर किट धाऽ तिर घेड़ नग तिंऽ नाऽ केड़ नक।
केड़ नक तक तिर किट ताऽ ऽऽ तक तिर किट ताऽ ऽऽ तक तिर किट ताऽ ऽऽ।
धाऽ घेड़ नग तिर किट तक तक तिर किट धाऽ तिर घेड़ नग धिऽ नाऽ घेड़ नग।

प्रस्तार

धाऽ ऽऽ ऽऽ घेड़ नग धिऽ नाऽ घेड़ नग धाऽ तिर घेड़ नग तिंऽ नाऽ केड़ नक।
ताऽ ऽऽ ऽऽ केड़ नक तिंऽ नाऽ केड़ नक धाऽ तिर घेड़ नग धिऽ नाऽ घेड़ नग।

प्रस्तार

धाऽ ऽऽ ऽऽ धाऽ ऽऽ ऽऽ धाऽ ऽऽ ऽऽ धाऽ तिर घेड़ नग तिंऽ नाऽ केड़ नक।
ताऽ ऽऽ ऽऽ ताऽ ऽऽ ऽऽ ताऽ ऽऽ ऽऽ धाऽ तिर घेड़ नग धिऽ नाऽ घेड़ नग।

तिहाई

घेड़ नग धिऽ नाऽ घेड़ नग धा घेड़ नग धिऽ नाऽ घेड़ नग धा घेड़ नग धिऽ नाऽ घेड़ नग।
धा

कायदा-2

धाऽ धिना गिना धागे नागे धिना गिना धागे त्रक धागे धिना गिना धागे नागे तिना किना।
ताऽ तिना किना ताके नाके तिना किना धागे त्रिक धागे धिना गिना धागे नागे धिना गिना।

प्रस्तार

धाऽ धिना गिना धागे नागे धिना गिना त्रिक धागे नागे धिना गिना धागे नागे धिना गिना।
धाऽ धिना गिना धागे नागे धिना गिना धागे त्रक धागे धिना गिना धागे नागे तिना किना।
ताऽ तिना किना ताके नाके तिना किना त्रक ताके नाके तिना किना ताके नाके तिना किना।
धाऽ धिना गिना धागे नागे धिना गिना धागे त्रक धागे धिना गिना धागे नागे धिंना गिना।

प्रस्तार

धाऽ धिना गिना धाऽ धिना गिना धाऽ धिना गिना त्रक धागे नागे धिना गिना।
धाऽ धिना गिना धागे नागे धिना गिना धागे त्रक धागे धिना गिना धागे नागे तिना किना।
ताऽ तिना किना ताऽ तिना किना ताऽ तिना किना त्रक ताके नाके तिना किना।
धाऽ धिना गिना धागे नागे धिना गिना धागे त्रक धागे धिना गिना धागे नागे धिंना गिना।

प्रस्तार

धागे त्रक धागे धिना गिना धागे नागे धिंना गिना धागे त्रक धिना गिना धागे नागे तिना किना।
ताके त्रक ताके तिना किना ताके नाके तिना किना धागे त्रक धिना गिना धागे नागे धिना गिना।

प्रस्तार

धागे त्रक धागे धिना गिना त्रक धागे धिना गिना धागे त्रक धिना गिना धागे नागे तिना किना।
ताके त्रक ताके तिना किना त्रक ताके तिना किना धागे त्रक धिना गिना धागे नागे धिना गिना।

प्रस्तार

धागे त्रक धागे धिना गिना धागे त्रक धागे धिना गिना त्रक धिना गिना धागे नागे तिना किना।
ताके त्रक ताके तिना किना ताके त्रक धागे धिना गिना त्रक धिना गिना धागे नागे धिना गिना।

प्रस्तार

धागे त्रक धागे धिना गिना धागे धिना गिना धागे धिना गिना धागे त्रक धागे नागे तिना किना।
ताके त्रक ताके तिना किना ताके तिना किनाधागे धिना गिना धागे त्रक धागे नागे धिना गिना।

प्रस्तार

धागे त्रक धागे त्रक धागे त्रक धागे धिना गिना धागे त्रक धिना गिना धागे नागे तिना किना।
ताके त्रक ताके त्रक ताके त्रक ताके तिना किना धागे त्रक धिना गिना धागे नागे धिना गिना।

प्रस्तार

धागे धिना गिना धागे धिना गिना धागे धिना गिना धागे त्रक धिना गिना धागे नागे तिना किना।
ताके तिना किना ताके तिना किना ताके तिना किना धागे त्रक धिना गिना धागे नागे धिना गिना।

तिहाई

धिना गिना धागे त्रक धिना गिना धागे नागे धिना गिना धा ऽ धिना गिना धागे त्रक धिना।
गिना धागे नागे धिना गिना धा ऽ धिना गिना धागे त्रक धिना गिना धागे नागे धिना गिना।
धा

तिहाई

धागे त्रक धिना गिना त्रक धिना गिना त्रक धिना गिना धागे नागे धिना गिना धा धिना गिना।
धा धिना गिना धा ऽ ऽ ऽ धागे त्रक धिना गिना त्रक धिना गिना त्रक धिना गिना।
धागे नागे धिना गिना धा धिना गिना धा धिना गिना धा ऽ ऽ ऽ धागे त्रक धिना।
त्रक धिना गिना त्रक धिना गिना धागे नागे धिना गिना धा धिना गिना धा धिना गिना।
धा

कायदा-3

धागे तेटे धागे नागे धिंना कत धाऽतिर किटधेऽ तेटे तेटे धागे तेटे तेटे धागे नागे तिंना कत।
ताके तेटे ताके नाके तिंना कत धाऽतिर किटधेऽ तेटे तेटे धागे तेटे तेटे धागे नागे धिंना कत।

प्रस्तार

धागे तेटे धागे नागे धिंना कत धागे तेटे धागे तेटे धागे तेटे तेटे धागे नागे धिंना कत।
धागे तेटे धागे नागे धिंना कत धाऽतिर किटधेऽ तेटे तेटे धागे तेटे तेटे धागे नागे तिंना कत।

ताके तेटे ताके नाके तिंना कत ताके तेटे ताके तेटे ताके तेटे तेटे ताके नाके तिंना कत।
धागे तेटे धागे नागे धिंना कत धाऽतिर किटधेऽ तेटे तेटे धागे तेटे तेटे धागे नागे धिंना कत।

प्रस्तार

धाऽतिर किटधेऽ तेटे तेटे धागे तेटे तेटे धागे तेटे तेटे धागे तेटे तेटे धागे नागे तिंना कत।
ताऽतिर किटतेऽ तेटे तेटे तके तेटे तेटे ताके तेटे तेटे धागे तेटे तेटे धागे नागे धिंना कत।

प्रस्तार

धाऽतिर किटधेऽ तेटे धाऽतिर किटधेऽ तेटे धाऽतिर किटधेऽ तेटे तेटे तेटे धागे नागे तिंना कत।
ताऽतिर किटतेऽ तेटे ताऽतिर किटतेऽ तेटे धाऽतिर किटधेऽ तेटे तेटे तेटे धागे नागे धिंना कत।

प्रस्तार

धाऽतिर किटधेऽ तेटे तेटे धाऽतिर किटधेऽ तेटे तेटे
धाऽतिर किटधेऽ तेटे धागे तेटे धागे नागे तिंना कत।
ताऽतिर किटतेऽ तेटे तेटे ताऽतिर किटतेऽ तेटे तेटे
धाऽतिर किटधेऽ तेटे धागे तेटे धागे नागे धिंना कत।

प्रस्तार

धागे नागे धिंना कत धागे नागे धिंना कत धाऽतिर किटधेऽ तेटे धागे तेटे धागे नागे तिंना कत।
ताके नाके तिंना कत ताके नाके तिंना कत धाऽतिर किटधेऽ तेटे धागे तेटे धागे नागे धिंना कत।

तिहाई

धाऽतिर किटधेऽ तेटे धागे तेटे तेटे धागे नागे धिंना कत धाऽ धाऽतिर किटधेऽ तेटे धागे तेटे।
तेटे धागे नागे धिंना कत धाऽ धाऽतिर किटधेऽ तेटे धागे तेटे तेटे धागे नागे धिंना कत। धा

तिहाई

धागे नागे धिंना कत धा धिंना कत धा धिंना कत धाऽ धागे नागे धिंना कत धा।
धिंना कत धा धिंना कत धाऽ धागे नागे धिंना कत धा धिंना कत धा धिंना कत।
धा

बाँट

धिन गिन तक धिन गिन तक तक धिन गिन धाड़ गिन तक धिन गिन तिन ताड़ किन।
तिन किन तक तिन किन तक तक तिन किन धाड़ गिन तक धिन गिन धिन धाड़ गिन।

प्रस्तार

धिन गिन तक धिन गिन तक तक धिन गिन तक तक धिन गिन तक तक धिन गिन।
धिन गिन तक धिन गिन तक तक धिन गिन धाड़ गिन तक धिन गिन तिन ताड़ किन।
तिन किन तक तिन किन तक तक तिन किन तक तक तिन किन तक तक तिन किन।
धिन गिन तक धिन गिन तक तक धिन गिन धाड़ गिन तक धिन गिन धिन धाड़ गिन।

प्रस्तार

धिन गिन तक धिन गिन तक धिन गिन तक धिन गिन तक धिन गिन धिन धाड़ गिन।
धिन गिन तक धिन गिन तक तक धिन गिन धाड़ गिन तक धिन गिन तिन ताड़ किन।
तिन किन तक तिन किन तक तिन किन तक तिन किन तक तिन किन तिन ताड़ किन।
धिन गिन तक धिन गिन तक तक धिन गिन धाड़ गिन तक धिन गिन धिन धाड़ गिन।

प्रस्तार

धिन गिन धिन गिन धिन गिन तक धिन गिन धिन गिन तक धिन गिन धिन धाड़ गिन।
धिन गिन तक धिन गिन तक तक धिन गिन धाड़ गिन तक धिन गिन तिन ताड़ किन।
तिन किन तिन किन तिन किन तक तिन किन तिन किन तक तिन किन तिन ताड़ किन।
धिन गिन तक धिन गिन तक तक धिन गिन धाड़ गिन तक धिन गिन धिन धाड़ गिन।

प्रस्तार

धिन गिन तक धिन गिन धिन धाड़ गिन धिन धाड़ गिन तक धिन गिन तिन ताड़ किन।
तिन किन तक तिन किन तिन ताड़ किन धिन धाड़ गिन तक धिन गिन धिन धाड़ गिन।

प्रस्तार

तक तक तक धिन गिन धिन धाड़ गिन धिन धाड़ गिन तक धिन गिन तिन ताड़ किन।
तक तक तक तिन किन तिन ताड़ किन धिन धाड़ गिन तक धिन गिन धिन धाड़ गिन।

प्रस्तार

तक तक तक तक तक धिन धाड़ गिन धिन धाड़ गिन तक धिन गिन तिन ताड़ किन।
तक तक तक तक तक तिन ताड़ किन धिन धाड़ गिन तक धिन गिन धिन धाड़ गिन।

प्रस्तार

धिन धाड़ गिन धिन धाड़ गिन धिन धाड़ गिन धिन गिन तक धिन गिन तिन ताड़ किन।
तिन ताड़ किन तिन ताड़ किन तिन ताड़ किन धिन गिन तक धिन गिन धिन धाड़ गिन।

प्रस्तार

धिन गिन धाड़ गिन धिन गिन धाड़ गिन धिन गिन धाड़ गिन धिन धिन धिन धाड़ गिन।
तिन किन ताड़ किन तिन किन ताड़ किन धिन गिन धाड़ गिन धिन धिन धिन धाड़ गिन।

तिहाई

धिन धिन धिन धाड़ गिन धिन धिन धिन धाड़ गिन धा ऽ धिन धिन धिन धाड़ गिन।
धिन धिन धिन धाड़ गिन धा ऽ धिन धिन धिन धाड़ गिन धिन धिन धिन धाड़ गिन।
धा

सत्रह मात्रा में टुकड़ा, फरमाईशी एवं कमाली

टुकड़ा

धाऽघेड़ नगतिर किटतकि टधाऽन धाऽतिर किटतकि टधाऽन धाऽतिर किटतकि टधाऽन धाऽ धाऽघेड़
नगतिर किटतकि टधाऽन धाऽतिर। किटतकि टधाऽन धाऽतिर किटतकि टधाऽन धाऽ धाऽघेड़ नगतिर
किटतकि टधाऽन धाऽतिर किटतकि टधाऽन धाऽतिर किटतकि टधाऽन। धा

टुकड़ा

तक्क्ड़ाँ ऽधा दिंता ऽधा घेड़नग तेत्धा घेड़नग धाऽघेड़ नगधाऽ घेड़नग धाऽ तक्क्ड़ाँ
ऽधा दिंता ऽधा घेड़नग। तेत्धा घेड़नग धाऽघेड़ नगधाऽ घेड़नग धाऽ तक्क्ड़ाँ ऽधा
दिंता ऽधा घेड़नग तेत्धा घेड़नग धाऽघेड़ नगधाऽ घेड़नग। धा

टुकड़ा

धात्रकधे तेटेकत गदिगन नागेतेटे कतगदि गनधिन् तड़ाऽन धाऽतड़ा ऽनधाऽ तड़ाऽन धाऽ धात्रकधे
तेटेकत गदिगन नागेतेटे कतगदि। गनधिन् तड़ाऽन धाऽतड़ा ऽनधाऽ तड़ाऽन धाऽ
तेटेकत गदिगन नागेतेटे कतगदि गनधिन् तड़ाऽन धाऽतड़ा ऽनधाऽ तड़ाऽन। धा

टुकड़ा

धाऽक्रधेतेटे धागेतेटेतेटे क्रधेऽधेतेटे कतगदिगन कतधाऽकत धाऽक्रधाऽन धाऽऽऽकत धाऽक्रधाऽन धाऽऽऽकत
धाऽक्रधाऽन धाऽ धाऽक्रधेतेटे धागेतेटेतेटे क्रधेऽधेतेटे कतगदिगन
कतधाऽकत। धाऽक्रधाऽन धाऽऽऽकत धाऽक्रधाऽन धाऽऽऽकत धाऽक्रधाऽन धाऽ धाऽक्रधेतेटे
धागेतेटेतेटे क्रधेऽधेतेटे कतगदिगन कतधाऽकत धाऽक्रधाऽन धाऽऽऽकत धाऽक्रधाऽन धाऽऽऽकत
धाऽक्रधाऽन।
धा

फरमाइशी चक्रदार

धाऽतिरकिटतक ताऽधाऽतिर किटतकताऽ धेत्ता धिक्कता ऽनधाऽ ऽधेत् ताधिक्
कताऽन धाऽ धेत्ता धिक्कता ऽनधाऽ किटतकतिरतिट तकतिरकिटतक तिरकिटतकता
ऽधाऽत। धा... किटतकतिरतिट तकतिरकिटतक तिरकिटतकता ऽधाऽत धा...
किटतकतिरतिट तकतिरकिटतक तिरकिटतकता ऽधाऽत धा... ऽ... धाऽतिरकिटतक
ताऽधाऽतिर किटतकताऽ धेत्ता धिक्कता। ऽनधाऽ ऽधेत् ताधिक् कताऽन
धाऽ धेत्ता
धिक्कता ऽनधाऽ किटतकतिरतिट तकतिरकिटतक तिरकिटतकता ऽधाऽत धा...
किटतकतिरतिट तकतिरकिटतक तिरकिटतकता ऽधाऽत। धा...
किटतकतिरतिट तकतिरकिटतक तिरकिटतकता ऽधाऽत धा... ऽ... धाऽतिरकिटतक ताऽधाऽतिर
किटतकताऽ धेत्ता धिक्कता ऽनधाऽ ऽधेत् ताधिक् कताऽन धाऽ।
धेत्ता धिक्कता ऽनधाऽ
किटतकतिरतिट तकतिरकिटतक तिरकिटतकता ऽधाऽत धा... किटतकतिरतिट तकतिरकिटतक

तिरकिटतकता ऽधाऽत धा... किटतकतिरतिट तकतिरकिटतक तिरकिटतकता ऽधाऽत। धा

कमाली चक्रदार

धिरधिरकत् ऽधिरधिर कत्ऽ धिरधिरकिटतक धाऽतिरकिटतक धाऽधेत्
धिरधिरकिटतक
धाऽतिरकिटतक धेत्धिरधिर किटतकधाऽतिर किटतकधेत् धिरधिरकिटतक धाऽतिरकिटतक
धेत्धिरधिर किटतकधिरधिर किटतकधिरधिर किटतकतकिट। धा... धा... धा,धिरधिर
किटतकतकिट धा... धा... धा,धिरधिर किटतकतकिट धा... धा... धा... ऽ...
धिरधिरकत् ऽधिरधिर कत्ऽ धिरधिरकिटतक धाऽतिरकिटतक। धाऽधेत् धिरधिरकिटतक
धाऽतिरकिटतक धेत्धिरधिर किटतकधाऽतिर किटतकधेत् धिरधिरकिटतक धाऽतिरकिटतक
धेत्धिरधिर किटतकधिरधिर किटतकधिरधिर किटतकतकिट धा... धा... धा,धिरधिर
किटतकतकिट धा...। धा... धा,धिरधिर किटतकतकिट धा... धा... धा... ऽ...
धिरधिरकत् ऽधिरधिर कत्ऽ धिरधिरकिटतक धाऽतिरकिटतक धाऽधेत् धिरधिरकिटतक
धाऽतिरकिटतक धेत्धिरधिर किटतकधाऽतिर। किटतकधेत् धिरधिरकिटतक धाऽतिरकिटतक
धेत्धिरधिर किटतकधिरधिर किटतकधिरधिर किटतकतकिट धा... धा... धा,धिरधिर
किटतकतकिट धा... धा... धा,धिरधिर किटतकतकिट धा... धा...। धा

12

उन्नीस मात्रा में रचनाएं

नव निर्मित ताल—शिव ताल, मात्रा 19, विभाग 5, ताली 4, खाली 1

ठेका- धा ऽ धिं ऽ	धा गे ना गे	तिर किट तू ना	क त्ता धी ना	धी धी ना
×	2	0	3	4

कायदा-1

धाऽतिर किटतक धाऽऽऽ घेड़नग	तिरकिट तकधाऽ तिरकिट तकतिंऽ	नाऽकिट तक,ताऽ तिरकिट तकताऽ
×	2	0
ऽऽकेड़ नकतिर किटतक धाऽतिर	किटतक धिंऽनाऽ किटतक	
3	4	

प्रस्तार

धाऽतिर किटतक धाऽऽऽ किटतक	धाऽऽऽ किटतक धाऽऽऽ घेड़नग	तिरकिट तक,धाऽ तिरकिट तकधाऽ
×	2	0
ऽऽघेड़ नगतिर किटतक धाऽतिर	किटतक तिंऽनाऽ किटतक	
3	4	
ताऽतिर किटतक ताऽऽऽ किटतक	ताऽऽऽ किटतक ताऽऽऽ केड़नक	तिरकिट तक,धाऽ तिरकिट तकधाऽ
×	2	0
ऽऽघेड़ नगतिर किटतक धाऽतिर	किटतक धिंऽनाऽ किटतक	
3	4	

प्रस्तार

धाऽतिर किटतक धाऽघेड़ नगतिर	किटधाऽ घेड़नग तिरकिट धाऽघेड़	नगतिर किट,धाऽ तिरकिट तकधाऽ
×	2	0
ऽऽघेड़ नगतिर किटतक धाऽतिर	किटतक तिंऽनाऽ किटतक	
3	4	
ताऽतिर किटतक ताऽकेड़ नकतिर	किटताऽ केड़नक तिरकिट ताऽकेड़	नकतिर किट,धाऽ तिरकिट तकधाऽ
×	2	0

ऽऽघेड़	नगतिर	किटतक	धाऽतिर	किटतक	धिंऽनाऽ	किटतक					
3				4							

प्रस्तार

धाऽतिर	किटतक	धाऽघेड़	नगतिर	किटतक	धाऽऽऽ	घेड़नग	तिरकिट	तकधाऽ	ऽऽ,धाऽ	तिरकिट	तकधाऽ
×				2				0			
ऽऽघेड़	नगतिर	किटतक	धाऽतिर	किटतक	तिंऽनाऽ	किटतक					
3				4							
ताऽतिर	किटतक	ताऽकेड़	नकतिर	किटतक	ताऽऽऽ	केड़नक	तिरकिट	तकताऽ	ऽऽ,,धाऽ	तिरकिट	तकधाऽ
×				2				0			
ऽऽघेड़	नगतिर	किटतक	धाऽतिर	किटतक	धिंऽनाऽ	किटतक					
3				4							

प्रस्तार

धाऽतिर	किटधाऽ	तिरकिट	धाऽतिर	किटतक	धाऽऽऽ	घेड़नग	तिरकिट	तकधाऽ	ऽऽ,धाऽ	तिरकिट	तकधाऽ
×				2				0			
ऽऽघेड़	नगतिर	किटतक	धाऽतिर	किटतक	तिंऽनाऽ	किटतक					
3				4							
ताऽतिर	किटताऽ	तिरकिट	ताऽतिर	किटतक	ताऽऽऽ	केड़नक	तिरकिट	तकताऽ	ऽऽ,,धाऽ	तिरकिट	तकधाऽ
×				2				0			
ऽऽघेड़	नगतिर	किटतक	धाऽतिर	किटतक	धिंऽनाऽ	किटतक					
3				4							

प्रस्तार

धाऽतिर	किटतक	धाऽऽऽ	घेड़नग	तिरकिट	तकतिर	किटतक	तिरकिट	तकधाऽ	ऽऽ,धाऽ	तिरकिट	तकधाऽ
×				2				0			
ऽऽघेड़	नगतिर	किटतक	धाऽतिर	किटतक	तिंऽनाऽ	किटतक					
3				4							
ताऽतिर	किटतक	ताऽऽऽ	केड़नक	तिरकिट	तकतिर	किटतक	तिरकिट	तकताऽ	ऽऽ,धाऽ	तिरकिट	तकधाऽ
×				2				0			
ऽऽघेड़	नगतिर	किटतक	धाऽतिर	किटतक	धिंऽनाऽ	किटतक					
3				4							

प्रस्तार

धाऽतिर	किटतक	धाऽतिर	किटतक	धाऽतिर	किटतक	धाऽऽऽ	घेड़नग	तिरकिट	तक,धाऽ	तिरकिट	तकधाऽ
×				2				0			
ऽऽघेड़	नगतिर	किटतक	धाऽतिर	किटतक	तिंऽनाऽ	किटतक					
3				4							
ताऽतिर	किटतक	ताऽतिर	किटतक	ताऽतिर	किटतक	ताऽऽऽ	केड़नक	तिरकिट	तक,धाऽ	तिरकिट	तकधाऽ
×				2				0			

ऽऽघेड़	नगतिर	किटतक	धाऽतिर	किटतक	धिंऽनाऽ	किटतक					
3				4							

प्रस्तार

घेड़नग	तिरकिट	तकतिर	किटतक	तिरकिट	तकधाऽ	तिरकिट	तकधिंऽ	नाऽकिट	तक,धाऽ	तिरकिट	तकधाऽ
×				2				0			
ऽऽघेड़	नगतिर	किटतक	धाऽतिर	किटतक	तिंऽनाऽ	किटतक					
3				4							
केड़नक	तिरकिट	तकतिर	किटतक	तिरकिट	तकताऽ	तिरकिट	तकतिंऽ	नाऽकिट	तक,धाऽ	तिरकिट	तकधाऽ
×				2				0			
ऽऽघेड़	नगतिर	किटतक	धाऽतिर	किटतक	धिंऽनाऽ	किटतक					
3				4							

प्रस्तार

घेड़नग	तिरकिट	तकधाऽ	ऽऽघेड़	नगतिर	किटतक	धाऽऽऽ	घेड़नग	तिरकिट	तक,धाऽ	तिरकिट	तकधाऽ
×				2				0			
ऽऽघेड़	नगतिर	किटतक	धाऽतिर	किटतक	तिंऽनाऽ	किटतक					
3				4							
केड़नक	तिरकिट	तकताऽ	ऽऽकेड़	नकतिर	किटतक	ताऽऽऽ	केड़नक	तिरकिट	तक,धाऽ	तिरकिट	तकधाऽ
×				2				0			
ऽऽघेड़	नगतिर.	किटतक	धाऽतिर	किटतक	धिंऽनाऽ	किटतक					
3				4							

तिहाई

धाऽतिर	किटतक	धाऽऽऽ	ऽऽघेड़	नगतिर	किटतक	धाऽधाऽ	तिरकिट	तकधाऽ	ऽऽऽऽ	घेड़नग	तिरकिट
×				2				0			
तकधाऽ	धाऽतिर	किटतक	धाऽऽऽ	ऽऽघेड़	नगतिर	किटतक	धा				
3				4			×				

तिहाई

धाऽऽऽ	घेड़नग	तिरकिट	तकतिर	किटतक	तिरकिट	धाऽधाऽ	ऽऽघेड़	नगतिर	किटतक	तिरकिट	तकतिर
×				2				0			
किटधाऽ	धाऽऽऽ	घेड़नग	तिरकिट	तकतिर	किटतक	तिरकिट	धा				
3				4			×				

कायदा-2

धाते टेधे तेटे गिना	धाते टेधा तीधा गेतिं	नाकि ना,ता तेटे तेते	टेगि नाधा तेटे धाती	धागे धिंना गिना
×	2	0	3	4

प्रस्तार

धाते टेधे तेटे गिना	धाते टेधे तेटे गिना	धाते टे,धा तेटे धेते	टेगि नाधा तेटे धाती	धागे तिंना किना
×	2	0	3	4
ताते टेते तेटे किना	ताते टेते तेटे किना	ताते टे,धा तेटे धेते	टेगि नाधा तेटे धाती	धागे धिंना गिना
×	2	0	3	4

प्रस्तार

धाते टेधे तेटे गिना	तेटे गिना तेटे गिना	धाते टे,धा तेटे धेते	टेगि नाधा तेटे धाती	धागे तिंना किना
×	2	0	3	4
ताते टेते तेटे किना	तेटे किना तेटे किना	ताते टे,धा तेटे धेते	टेगि नाधा तेटे धाती	धागे धिंना गिना
×	2	0	3	4

प्रस्तार

धाते टेधे तेटे ऽधे	तेटे गिना तेटे गिना	धाते टे,धा तेटे धेते	टेगि नाधा तेटे धाती	धागे तिंना किना
×	2	0	3	4
ताते टेते तेटे ऽते	तेटे किना तेटे किना	ताते टे,धा तेटे धेते	टेगि नाधा तेटे धाती	धागे धिंना गिना
×	2	0	3	4

प्रस्तार

धाते टेधे तेटे ऽधे	तेटे ऽधे तेटे गिना	धाते टे,धा तेटे धेते	टेगि नाधा तेटे धाती	धागे तिंना किना
×	2	0	3	4
ताते टेते तेटे ऽते	तेटे ऽते तेटे किना	ताते टे,धा तेटे धेते	टेगि नाधा तेटे धाती	धागे धिंना गिना
×	2	0	3	4

प्रस्तार

धाते टेधा तेटे धाते	तेधे तेटे तेटे गिना	धाते टे,धा तेटे धेते	टेगि नाधा तेटे धाती	धागे तिंना किना
×	2	0	3	4
ताते टेता तेटे ताते	तेते तेटे तेटे किना	ताते टे,धा तेटे धेते	टेगि नाधा तेटे धाती	धागे धिंना गिना
×	2	0	3	4

प्रस्तार

धाते टेधे तेटे ऽधा	ऽधा ऽधे तेटे गिना	धाते टे,धा तेटे धेते	टेगि नाधा तेटे धाती	धागे तिंना किना
×	2	0	3	4
ताते टेते तेटे ऽता	ऽता ऽते तेटे किना	ताते टे,धा तेटे धेते	टेगि नाधा तेटे धाती	धागे धिंना गिना
×	2	0	3	4

प्रस्तार

धाते टेधे ऽधे ऽधे	ऽधे तेटे गिना तेटे	धाते टे,धा तेटे धेते	टेगि नाधा तेटे धाती	धागे तिंना किना
×	2	0	3	4

ताते टेते ऽते ऽते	ऽते तेटे किना तेटे	ताते टे,धा तेटे धेते	टेगि नाधा तेटे धाती	धागे धिंना गिना
×	2	0	3	4

प्रस्तार

तेटे गिना तेटे धाते	टेते टेधा तेटे तेटे	धाते टे,धा तेटे धेते	टेगि नाधा तेटे धाती	धागे तिंना किना
×	2	0	3	4
तेटे किना तेटे ताते	टेते टेता तेटे तेटे	ताते टे,धा तेटे धेते	टेगि नाधा तेटे धाती	धागे धिंना गिना
×	2	0	3	4

प्रस्तार

तेटे गिना धाते टेधा किना	धाते टेगि नाधा तेटे	धाते टे,धा तेटे धेते	टेगि नाधा तेटे धाती	धागे तिंना
×	2	0	3	4
तेटे किना ताते टेता	ताते टेकि नाता तेटे	ताते टे,धा तेटे धेते	टेगि नाधा तेटे धाती	धागे धिंना गिना
×	2	0	3	4

तिहाई

धाती धागे धिंना गिना	तेटे धाती धाधा तीधा	गेधिं नागि नाते टेधा	तीधा धाती धागेधिंना	गिना तेटे धाती
×	2	0	3	4
धा				
×				

19 मात्रे का उठान

ताऽत्रक धेत्ता त्रकधेत् ऽत्रक धेत्ऽ त्रकधेत् धेटेधेटे धागेतेटे कतेटेधे तेटेकते
टेधेतेटे क्रधेतेटे क्रधेऽधे तेटेधात्र कधेतेटे कतगदि गनघिन् तड़ाऽन धात्रकधेतेटे।
कतगदिगन धाऽऽधेतेटे कतगदिगन धाऽऽधेतेटे कतगदिगन धा.... धात्रकधेतेटे
कतगदिगन धाऽऽधेतेटे कतगदिगन धाऽऽधेतेटे कतगदिगन धा.... धात्रकधेतेटे
कतगदिगन धाऽऽधेतेटे कतगदिगन धाऽऽधेतेटे कतगदिगन।
धा

19 मात्रे का चक्रदार

धागेतेटे तेटेधागे तेटेतेटे क्रधेतेटे धगेऽदि गिननागे तेटेकता ऽनकत धाऽतेटे कताऽन
कतधाऽ तेटेकता ऽनकत धाऽ तेटेकता ऽनकत धाऽतेटे कताऽन।
कतधाऽ तेटेकता ऽनकत धाऽ तेटेकता ऽनकत धाऽतेटे कताऽन कतधाऽ
तेटेकता ऽनकत धा, धागेतेटे तेटेधागे तेटेतेटे क्रधेतेटे धगेऽदि गिननागे।
तेटेकता ऽनकत धाऽतेटे कताऽन कतधाऽ तेटेकता ऽनकत धाऽ तेटेकता
ऽनकत धाऽतेटे कताऽन कतधाऽ तेटेकता ऽनकत धाऽ तेटेकता।
ऽनकत धाऽतेटे कताऽन कतधाऽ तेटेकता ऽनकत धा, धागेतेटे तेटेधागे तेटेतेटे
क्रधेतेटे धगेऽदि गिननागे तेटेकता ऽनकत धाऽतेटे कताऽन कतधाऽ तेटेकता।

ऽनकत	धा	ऽ	तेटेकता	ऽनकत	धाऽतेटे	कताऽन	कतधाऽ	तेटेकता	ऽनकत
धा	ऽ	तेटेकता	ऽनकत	धाऽतेटे	कताऽन	कतधाऽ	तेटेकता	ऽनकत।	
धा									

19 मात्रे का फरमाईशी चक्रदार

धिरधिरकिटतक	ता......	कतकगि	दिन्ऽ	नगधेत्	ऽनग	धेत्ऽ	कतधिन्	तड़ाऽन	कतधिन्
तड़ाऽन	धात्	नाधा	तूना	कते	टे,धिरधिर	किटतकधिरधिर	किटतकधिरधिर	किटतकतकिट।	
धा..	कते	टे,धिरधिर	किटतकधिरधिर	किटतकधिरधिर	किटतकतकिट	धा..	कते	टे,धिरधिर	
किटतकधिरधिर	किटतकधिरधिर	किटतकतकिट	धा..,	धिरधिरकिटतक	ता......	कतकगि	दिन्ऽ		
नगधेत्	ऽनग।	धेत्ऽ	कतधिन्	तड़ाऽन	कतधिन्	तड़ाऽन	धात्	नाधा	तूना
कते	टे,धिरधिर								
किटतकधिरधिर	किटतकधिरधिर	किटतकतकिट	धा..	कते	टे,धिरधिर	किटतकधिरधिर			
किटतकधिरधिर	किटतकतकिट।	धा..	कते	टे,धिरधिर	किटतकधिरधिर	किटतकधिरधिर			
किटतकतकिट	धा...,	धिरधिरकिटतक	ता......	कतकगि	दिन्ऽ	नगधेत्	ऽनग	धेत्ऽ	कतधिन्
तड़ाऽन	कतधिन्	तड़ाऽन	धात्।	नाधा	तूना	कते	टे,धिरधिर	किटतकधिरधिर	
किटतकधिरधिर	किटतकतकिट	धा..	कते	टे,धिरधिर	किटतकधिरधिर	किटतकधिरधिर			
किटतकतकिट	धा..	कते	टे,धिरधिर	किटतकधिरधिर	किटतकधिरधिर	किटतकतकिट।			
धा									

19 मात्रे का कमाली परण

धागेतेटे	धागेतेटे	तागेतेटे	तागेतेटे	क्रधेतेटे	क्रधेऽधे	तेटेघिन	नागेतेटे	किड़धेत्	धेत्धेत्	
तगिन्न	धाऽधागे	तेटेकत	गदिगन	धागेतेटे	कतगदि	गनधागे	तेटेकत	गदिगन।	धा...	धा...धा...
तेटेकत	गदिगन	धा...	धा...धा...	तेटेकत	गदिगन	धा...	धा...धा...	धागेतेटे		
धागेतेटे	तागेतेटे	तागेतेटे	क्रधेतेटे	क्रधेऽधे।	तेटेघिन	नागेतेटे	किड़धेत्	धेत्धेत्	तगिन्न	धाऽधागे
तेटेकत	गदिगन	धागेतेटे	कतगदि	गनधागे	तेटेकत	गदिगन	धा...	धा...धा...	तेटेकत	

गदिगन धा...। धा...धा... तेटेकत गदिगन धा... धा...धा... धागेतेटे धागेतेटे
तागेतेटे तागेतेटे क्रधेतेटे क्रधेऽधे तेटेघिन नागेतेटे किड़धेत् धेत्धेत् तगित्र धाऽधागे। तेटेकत
गदिगन धागेतेटे कतगदि गनधागे तेटेकत गदिगन धा... धा...धा... तेटेकत गदिगन
धा... धा... धा... तेटेकत गदिगन धा... धा...। धा

कमाली चक्रदार

धातेटे धातेटे धाधाते टेधागे तेटेधा गेतेटे कतग दिगन घिन्त ड़ाऽन धाऽऽ
धिरधिरकत् ऽधिरधिर कत्ऽ धेत्धिरधिर किटतकधेत् धिरधिरकिटतक धेत्धिरधिर
किटतकतकिट। **धा** धा धा धिरधिरकत् ऽधिरधिर कत्ऽ धेत्धिरधिर
किटतकधेत् धिरधिरकिटतक धेत्धिरधिर किटतकतकिट धा धा धा धिरधिरकत् ऽधिरधिर
कत्ऽ धेत्धिरधिर किटतकधेत्। धिरधिरकिटतक धेत्धिरधिर किटतकतकिट धा
धा धाऽ धातेटे धातेटे धाधाते टेधागे तेटेधा गेतेटे कतग दिगन घिन्त ड़ाऽन धाऽऽ
धिरधिरकत्। ऽधिरधिर कत्ऽ धेत्धिरधिर किटतकधेत् धिरधिरकिटतक धेत्धिरधिर
किटतकतकिट धा धा धा धिरधिरकत् ऽधिरधिर कत्ऽ धेत्धिरधिर किटतकधेत्
धिरधिरकिटतक धेत्धिरधिर किटतकतकिट धा। **धा** धा धिरधिरकत् ऽधिरधिर कत्ऽ
धेत्धिरधिर किटतकधेत् धिरधिरकिटतक धेत्धिरधिर किटतकतकिट धा धा धाऽ
धातेटे धातेटे धाधाते टेधागे तेटेधा। गेतेटे कतग दिगन घिन्त ड़ाऽन धाऽऽ
धिरधिरकत् ऽधिरधिर कत्ऽ धेत्धिरधिर किटतकधेत् धिरधिरकिटतक धेत्धिरधिर
किटतकतकिट धा धा धा धिरधिरकत् ऽधिरधिर। कत्ऽ धेत्धिरधिर किटतकधेत्
धिरधिरकिटतक धेत्धिरधिर किटतकतकिट धा धा धा धिरधिरकत् ऽधिरधिर कत्ऽ
धेत्धिरधिर किटतकधेत् धिरधिरकिटतक धेत्धिरधिर किटतकतकिट धा धा। **धा**